ROMANIAN-ENGLISH
ENGLISH-ROMANIAN
DICTIONARY

Mihai Miroiu

D0001385

HIPPOCRENE BOOKS
New York

Copyright© 1996 Hippocrene Books.

For information, address:
HIPPOCRENE BOOKS, INC.
171 Madison Avenue
New York, NY 10016

Library of Congress Cataloguing-in-Publication-Data

Miroiu, Mihai.
    Romanian-English, English-Romanian standard dictionary /
Mihai Miroiu.
        p.   cm.
    ISBN 0-7818-0444-2
    1. Romanian language--Dictionaries--English. 2. English
language--Dictionaries--Romanian.   I. Title
PC779.M57   1996   96-17264
459'.321--dc20   CIP

Printed in the United States of America.

For Liza, Mike, and Alex, with love

TABLE OF CONTENTS

ABBREVIATIONS - PRESCURTĂRI

ac accusative, acuzativ
adj adjective, adjectiv
adv adverb, adverb
art article, articol
atr attribute, atribut
comp comparative, comparativ
cond conditional, condiţional
conj conjunction, conjuncţie
dat dative, dativ
def definite, definit
f feminine (noun), (substantiv) feminin
impers impersonal, impersonal
ind indicative, indicativ
interj interjection, interjecţie
interog interrogative, interogativ

m masculine (noun), (substantiv) masculin
n neuter (noun), (substantiv) neutru
n noun, substantiv
num numeral, numeral
pers personal, personal
pl plural, plural
pos possessive, posesiv
pr pronoun, pronume
pred predicative, predicativ
prep preposition, prepoziţie
pres present, prezent
presc abbr., prescurtare
pret preterit, (timpul) trecut
pronom pronominal, pronominal
refl reflexive, reflexiv
relat relative, relativ

s noun, substantiv
sing singular, singular
smb somebody, cineva
smth something, ceva
sup superlative, superlativ
v aux auxiliary verb, verb
auxiliar

vi intransitive verb, verb
intranzitiv
vr reflexive verb, verb
reflexiv
vt transitive verb, verb
tranzitiv

GUIDE TO ROMANIAN PRONUNCIATION

Romanian began diverging from Latin at the beginning of the
second century. Dacia, the area which is now Romania was
made a Roman province, and the language used among the
colonists was a variety of Latin.

Throughout most of its history, Romanian has been
open to influences from neighboring languages but it has
preserved its basic Latin character.
Romanian uses the same alphabet as other European languages
with a few additions.

There is a close correspondence between spelling and
pronunciation. The spelling of Romanian is largely phonemic,
that is, with very few exceptions, the same letter represents the
same sound in all positions and in all the words.
In the Dictionary sound symbols are printed between brackets
and stressed syllables are preceded by an apostrophe.

Vowels
a [a] resembles the English vowel-sound in words like **come,
some, cut**.

ă [ă] represents a sound similar to the English vowel-sound in
words like **hurt, jerk**.

e [e] is almost the same as the English vowel-sound in words like **ten, pen, said**.

o [o] resembles the English vowel-sound in words like **caught, bought, pork**, but it is a little shorter and closer.

u [u] is shorter than the long English **oo** of **boot** and longer than the short English **oo** of **wood**.

î [î] has no near-equivalent in Standard English. It lies between the vowel sounds of the English words **reed** and **rude**, and is pronounced with spread lips. You can practice it by pronouncing the Romanian **i** (like English **ee** in **reed**] and keeping the lips spread raise the center of the tongue as high as you can and try to say [i]. Ex: rîd, cînt, blînd.

i [i] resembles the English **ee** or **i** sound in words like **sleep, feet, machine**. Ex: inimă, bine, fin. When it follows a consonant, is unstressed and in final position, it is slurred and scarcely audible. Ex: pomi, cerbi, negri. It [i] can also be a semi-vowel very similar to English **y** in **yard**. It occurs only in combination with other vowels, that is in diphthongs and triphthongs. Ex: vii, copiii, chiar.

Diphthongs and triphthongs are vocalic glides. Diphthongs may be falling, that is, the first element is accented, or rising, in which case the second element is accented.

ai [ai] -falling- resembles English **ai** in **Cairo, my**. Ex: mai, dai, nai.

au [au] -falling- is very much like the English diphthong in **out, now**. Ex: sau, dau, n-au.

ia [ia] -rising- is similar to **you** - in English **young**.
Ex: Maria, Anglia, hîrtia.

ea [ea] -rising- is similar to the diphthong [ia] described above,
but the semi-vowel [e] is more open than [i]. Ex: beat,
dumneata.

ui [ui] -falling- resembles the English glide in the first syllable
of the word **ruinous**. Ex: pui, sui, lui.

ei [ei] -falling- resembles the English diphthong in words like
beige, **day**. Ex: mei, lei, bei.

oa [wa] -rising- resembles the **wo**- in English **wonder**.
Ex: doar, goarnă, soare.

ie [ie] -rising- sounds very much like the English glide **ye**-
in **yes**. Ex: ied, ies, miez.
In a few words [ie] may appear also simply as **e**: el, este.

io [io] -rising- resembles the English glide **yo**- in **York**.
Ex: creion, Ion.

iu [iu] -falling- is a glide from Romanian [i] to Romanian [u].
Ex: fotoliu, iute.

ou [ou] -falling- is a glide from [o] towards [u]. The first
element is a fully rounded back vowel. Ex: nou, stilou, birou.

îi [îi] -falling- comprises a glide from the position of the vowel
[î] to that of the vowel [i]. Ex: pîine, mîine, cîine.

oi [oi] -falling- is very much like the English diphthong **oi** in
noise, **voice**. Ex: doi, soi.

4

uă [uă] -rising- is similar to the diphthong in the English word **influence**. Ex: două, nouă.

eu [eu] -falling- is a glide from Romanian [e] towards [u]. Ex: leu, meu, seu.

ua [wa] -rising- resembles **wo**-in English **won**. The two diphthongs [oa] and [ua], are similar, if not identical. Ex: aluat, ziua, luați.

ău [ău] -falling- resembles the English diphthong [ău] in **so**, **mow**. Ex: său, rău, tău.

iau [iau] -triphthong- is similar to the -**iaow** in English **miaow**. Ex: miaună.

ioa [iwa] is a triphthong: diphthong [wa] preceded by the semi-vowel [i]. Ex: creioane.

Consonants
b [b], **m** [m], **f** [f], **v** [v], **s** [s] are very similar to English **b**, **m**, **f**, **v**, **s** in **bad**, **mad**, **fat**, **vat**, **sat**.

p [p], **t** [t], **c** [k] are like English **p**, **t**, **k** in **spar**, **star**, **scar** but the Romanian consonants are not aspirated.

t [t], **d** [d], **n** [n], **l** [l], **r** [r], **s** [s] are dental sounds, that is, they are pronounced with the tip of the tongue against the upper teeth, and not against the teeth-ridge as in English.

l [l] is like English **l** before a vowel in such words as **live**, **like**, **along**.

5

r [r] is strongly trilled with the tip of the tongue and pronounced in all positions.

h [h] is pronounced in a similar way to English **h** in **hive**, **head**, **behave**. The sound occurs both before a vowel and after a vowel, and even at the end of words.

x [ks, gz] is pronounced like English **x** in **extreme** before consonants (=ks), and like English **x** in **exact** before vowels (=gz).

ş [sh], **z** [z] are very similar to the initial consonants in English **shed** and **zip** respectively. Romanian [z] is a dental sound.

ţ [ts] is similar to the **ts** at the end of English **bats**, but the Romanian sound is a dental, not an alveolar.

g [ge, gi] When followed by **e** or **i**, **g** is pronounced like the English **g**'s in **George**.

g [g] Except when followed by -**e** or -**i**, **g** is pronounced as English **g** in **great**, **garden**.

c [ce, ci] When followed by the letter **e** or **i**, it is pronounced like English **ch** in **chess**, **much**.

ch [k], **gh** [g] The digraphs **ch**, **gh** are used before -**e** and -**i** only. The sounds are very similar to the [k, g] represented by simple **c** and **g**.

j [zh] is almost the same as the English consonant sound represented by the letter **s** in **vision**, **measure**, **pleasure**.

GUIDE to ENGLISH PRONUNCIATION
(Noţiuni de pronunţie a limbii engleze)

Accentul este marcat printr-un apostrof care precede silaba accentuată.

Vocale

a vocală scurtă, asemănătoare cu un a românesc scurt; se obţine pronunţînd un a şi retrăgînd limba puţin înapoi.

a: vocală lungă, rostită în partea posterioară a cavităţii bucale.

e vocală scurtă, asemănătoare cu e românesc, însă mai deschisă.

I este o vocală scurtă, un sunet intermediar între i şi e din limba română.

I: vocală lungă, asemănătoare cu i românesc din cuvintele în care accentuăm această vocală în mod deosebit (ex. biine!).

æ vocală scurtă, intermediară între a şi e; e necunoscută în limba română şi se obţine deschizînd gura pentru a şi pronunţînd e.

o vocală scurtă, necunoscută limbii române - se pronunţă mult mai în fundul gurii decît o românesc şi cu gura mult mai deschisă.

o: vocală lungă; se obţine pronunţînd un o românesc lung din fundul gurii.

u vocală scurtă, foarte apropiată de <u>u</u> românesc; se pronunță cu buzele mai puțin rotunjite ca în cazul lui <u>u</u> din limba română.

u: vocală lungă, asemănătoare cu un <u>u</u> românesc prelungit.

ă vocală scurtă, niciodată accentuată, corespunzînd vocalei <u>ă</u> din limba română.

ă: vocală lungă, asemănătoare lui <u>ă</u> românesc prelungit; se rostește cu buzele ușor întredeschise și maxilarele apropiate.

Diftongi
ai asemănător cu diftongul românesc din cuvintele <u>nai</u>, <u>cai</u>, cu deosebirea că elementul al doilea al diftongului este sunetul <u>i</u> scurt englezesc.

au se apropie foarte mult de diftongul românesc din cuvintele <u>sau</u>, <u>dau</u>; elementul al doilea al diftongului este sunetul <u>u</u> scurt englezesc.

ău asemănător diftongului românesc din cuvintele <u>său</u>, <u>tău</u>; elementul al doilea al diftongului este sunetul <u>u</u> scurt englezesc.

ei asemănător diftongului românesc din cuvintele <u>cei</u>, <u>lei</u>; elementul al doilea al diftongului este sunetul <u>i</u> scurt englezesc.

oi asemănător diftongului românesc <u>oi</u> din cuvintele <u>roi</u>, <u>doi</u>; primul element <u>o</u> e mai deschis decît în limba română, cel de-al doilea fiind <u>i</u> scurt.

iă la rostirea acestui diftong trebuie avut în vedere sunetul specific englezesc <u>i</u>.

eă conţine vocala e̱ (mai deschisă decît vocala simplă e̱ şi mai închisă decît ă̱).

oă primul element al diftongului este vocala scurtă o̱ urmată fără efort de ă̱.

uă la pronunţarea acestui diftong trebuie avut în vedere sunetul specific englezesc u̱.

Triftongi
aiă se pronunţă într-o singură silabă ţinînd seama de caracterul vocalei englezeşti [i]: fi̱re (faiă), ti̱red (taiăd).

auă ca şi în cazul precedent elementul de mijloc, aici [u] nu este realizat pe deplin. Se obţine o pronunţie corectă a acestui triftong dacă se rosteşte într-o singură silabă grupul de sunete româneşti a̱iă̱.

Consoane
b, g, f, s, ş, v, z, x, m, n, j - pot fi considerate ca fiind identice cu consoanele corespunzătoare din limba română.

p consoană surdă, urmată de un uşor sunet ẖ (aspiraţie) cînd nu este precedată de altă consoană în silabă accentuată.

t asemănătoare cu sunetul ṯ românesc, cu deosebirea că la articularea ei vîrful limbii se sprijină pe alveole fiind urmată de aspiraţie.

d asemănătoare cu consoana ḏ din limba română, cu deosebirea că la articularea ei vîrful limbii se sprijină pe alveole.

k consoană surdă, urmată de aspirație cînd nu e precedată de altă consoană în silabă accentuată.

ð consoană sonoră; se obține pronunțînd un <u>d</u> sau <u>z</u> românesc cu vîrful limbii între dinți.

θ este perechea surdă a consoanei <u>ð</u>; la rostirea ei coardele vocale nu vibrează; se articulează ușor un <u>s</u> românesc, ținînd vîrful limbii între dinți.

r consoană fundamental deosebită de consoana românească <u>r</u> întrucît se rostește fără vibrație; se obține pronunțînd <u>j</u> cu gura mult deschisă.

h se pronunță cu aspirație (emitere de aer) mai puternică decît <u>h</u> în limba română.

ci consoană surdă aproape identică cu consoana românească din cuvinte ca <u>ceară</u>, <u>cinci</u>; se pronunță cu o ușoară aspirație.

gi corespondenta sonoră a consoanei surde <u>ci</u> foarte asemănătoare cu consoana românească din cuvinte ca <u>gingie</u>, <u>geam</u>.

ŋ asemănătoare cu consoana <u>n</u> din cuvintele în care <u>n</u> este urmat de <u>c</u> sau de g unde <u>n</u> devine, în parte, gutural (ex. <u>încăpere</u>, <u>singular</u>).

l înainte de vocală este identic cu <u>l</u> românesc (ex. <u>love</u>, <u>live</u>); în poziție finală sau înainte de consoană, <u>l</u> este un sunet voalat la a cărui rostire partea posterioară a limbii se ridică spre cerul gurii.

10

ROMANIAN-ENGLISH

A

abandona [abando'na] vt to give up; to abandon; to desert
abate [a'bate] vt to distract; to divert; vr to swerve; to depart
      from; m superior; abbot
abătut [abă'tut] adj depressed, downcast; dejected
aberaţie [abe'ratsie] s aberration; absurdity
abia [a'bia] adv hardly; just; only
abil [a'bil] adj skillful; sly, cunning
abject [ab'zhekt] adj mean, vile
abnegaţie [abne'gatsie] f self-denial; abnegation
aboli [abo'li] vt to abolish
abona [abo'na] vr to subscribe
aborda [abor'da] vt to tackle; to approach
abrupt [ab'rupt] adj abrupt, steep
absent [ab'sent] adj absent; m absentee
absolut [abso'lut] adj absolute; adv absolutely
absolvent [absol'vent] m graduate
absorbi [absor'bi] vt to absorb
abstinent [absti'nent] m teetotaler, abstainer; adj temperate,
      abstemious
abstract [ab'strakt] adj abstract
absurd [ab'surd] adj foolish; absurd
abţine [ab'tsine] vr to refrain (from); to abstain (from)
abunda [abun'da] vi to abound (in, with)
abur ['abur] m vapor, steam; haze; breath (of air)
abuz [a'buz] n abuse; excess

ac [ak] n needle; pin; sting

academic [aka'demik] adj academic

acapara [akapa'ra] vt to monopolize

acasă [a'kasă] adv home; in

accelera [akchele'ra] vt to accelerate; to hurry up; to step on it/the gas

accent [ak'chent] n accent; stress

accepta [akchep'ta] vt to agree to, to accept; vi to agree

acces [ak'ches] n access; fit; stroke; attack

accident [akchi'dent] n accident

acea [a'chea] adj that

aceasta [a'cheasta] adj this; f pr this (one); that; she

aceea [a'cheea] adj that; f pr that (one)

acei [a'chei] m pl adj those

acel [a'chel] m adj that

acele [a'chele] f pl adj those

acest [a'chest] m adj this

aceste [a'cheste] f pl adj these

aceşti [a'cheshti] m pl adj these

achita [aki'ta] vt to pay (off); to acquit (of); vr to acquit oneself (of)

acid [a'chid] m, adj acid

aclama [akla'ma] vt, vi to cheer

aclimatiza [aklimati'za] vt, vr to acclimate; to become accustomed to

acolo [a'kolo] adv (over) there

acomoda [akomo'da] vr to adapt oneself (to)

acompania [akompani'a] vt to accompany

acont [a'kont] n advance money; first installment

acoperi [akope'ri] vt to cover; to shelter; to hide; vr to cover oneself

acord [a'kord] n agreement; accord; harmony

acosta [akos'ta] vi to moor, to berth; vt to accost

acreală [a'kreală] f sourness

acredita [akredi'ta] vt to accredit

acri [a'kri] vt to sour; vi to turn/to get/to grow sour

acru ['akru] m acre; adj sour; peevish; pickled; adv sourly, peevishly

act [akt] n act; deed; paper; certificate

activ [ak'tiv] adj active; busy; efficient; adv actively

actor [ak'tor] m actor

actriță [ak'tritsă] f actress

actual [aktu'al] adj topical; present (day)

acționa [aktsio'na] vt to operate; vi to operate; to act; to take action

acțiune [aktsi'une] f action; deed, act; activity; share; law suit; pl stock; Government bonds

acuitate [akui'tate] f acuteness

acum [a'kum] adv now, at present; just now; at once, immediately; right away

acumula [akumu'la] vt, vr to accumulate; to pile up

acuratețe [akura'tetse] f accuracy

acut [a'kut] adj sharp; keen; acute

acuza [aku'za] vt to charge (with); to accuse (of); to blame

acvilă ['akvilă] f eagle

adaos [a'daos] n addition; sequel; supplement

adapta [adap'ta] vt to adapt (to, for); vr to adapt, to accustom oneself (to)

adăpa [adă'pa] vt to water; vr to drink

adăpost [adă'post] n shelter; refuge; protection; safe haven; house

adăuga [adău'ga] vt to add

adecvat [adek'vat] adj proper, suitable, adequate; fit; adv adequately

ademeni [ademe'ni] vt to tempt, to entice, to lure

adept [a'dept] m follower; disciple; supporter

adera [ade'ra] vi to adhere (to); to join

adevăr [ade'văr] n truth

adevărat [adevă'rat] adj true; real; genuine; regular; adv really, actually; honestly

adeveri [adeve'ri] vt to prove; to confirm; vr to come true; to prove (true)

adia [adi'a] vi to breeze

adică [a'dikă] adv that is (to say), i.e.; namely

adineaori [adi'neaori] adv just now; a while ago

adio [a'dio] interj good bye, farewell

adînc [a'dînk] adj profound, deep; thick, dense; low; adv deeply, profoundly; n depth

adjectiv [adzhek'tiv] n adjective

adjunct [ad'zhunkt] adj deputy; assistant

administra [admini'stra] vt to manage; to run; to administer

administraţie [admini'stratsie] f management; administration; offices

admira [admi'ra] vt to admire

admis [ad'mis] adj accepted, admitted

admite [ad'mite] vt to admit, to allow; to matriculate; to receive

admonesta [admones'ta] vt to reprimand; to tell off

adolescent [adoles'chent] m teenager, adolescent

adopta [adop'ta] vt to adopt

adora [ado'ra] vt to worship; to be crazy about; to adore

16

adormi [ador'mi] vt to put to sleep; to lull; to soothe; vi to fall asleep; to doze off

adresa [adre'sa] vt to address; to direct; vr to apply (to); to address oneself (to)

adresă [a'dresă] f address

aduce [a'duche] vt to bring; to carry; to take; to get; to fetch; to yield

adula [adu'la] vt to fawn upon

adulmeca [adulme'ka] vt to sniff; to smell; to scent; to get wind of

adult [a'dult] m adult, grown up

aduna [adu'na] vt to gather; to pick up; to collect; to heap; to add (to); vr assemble; to get together; to collect

adverb [ad'verb] n adverb

aer [aer] n air; countenance; pl airs

afabil [a'fabil] adj courteous, civil; adv affably

afacere [a'fachere] f affair; matter; business; problem; case; bargain

afară [a'fară] adv outdoors; outside

afecta [afek'ta] vt to affect; to set aside; to allocate; to feign

afecțiune [afektsi'une] f love, affection; sickness, disease

aferat [afe'rat] adj fussy

afilia [afili'a] vt, vr to affiliate (with)

afin ['afin] m bilberry bush

afinitate [afini'tate] f affinity

afirma [afir'ma] vt to assert; to state; to allege; vr to distinguish oneself

afiş [a'fish] n poster; advertisement

afla [af'la] vt to learn (of); to find out; to hear; vr to lie; to be; to become known

afluent [aflu'ent] m tributary

Africa ['afrika] f Africa

african [afri'kan] adj African

afuma [afu'ma] vt to smoke; to burn; to blacken; vi to smoke

afunda [afun'da] vt, vr to plunge

afurisit [afuri'sit] adj wicked; naughty

agale [a'gale] adv leisurely; slowly

agasa [aga'sa] vt to bother; to worry; to annoy

agăța [agă'tsa] vt to hang (up); to accost; vr to catch at

ageamiu [adja'miu] m greenhorn

agendă [a'djendă] f notebook; agenda

agent [a'djent] m agent

ager ['adjer] adj sharp; quick; keen

agil [a'djil] adj nimble

agita [adji'ta] vt to stir (up); to shake; vr to fuss, to fret

aglomera [aglome'ra] vt, vr to crowd

agonie [ago'nie] f agony

agonisi [agoni'si] vt to earn; to put by

agrafă [a'grafă] f clip; hook; hairpin

agrava [agra'va] vt to make worse, to worsen; to aggravate; vr
    to get worse

agrea [agre'a] vt to like; to take to; to approve of

agreabil [a'greabil] adj nice; pleasant; agreeable

agrement [agre'ment] n pleasure; amusement

agresiune [agresi'une] f aggression

agricol [a'grikol] adj farming, agricultural

agricultor [agrikul'tor] m farmer

agriș [a'griș] m gooseberry

agronom [agro'nom] m agronomist

ah [ah] interj ah! wow! goodness!

18

ahtiat [ahti'at] adj hooked on; craving (after)

ai [ai] art of, 's; pres ind 2nd pers sing of **avea**

aici [a'ichi] adv here

aidoma [a'idoma] adv alike; the very image (of)

aiura [aiu'ra] vi to rave; to talk nonsense

aiurea [a'iurea] adv elsewhere; interj nothing of the kind

ajun [a'zhun] n eve

ajunge [a'zhundje] vt to come up, to catch up (with); to see; to touch; to attain; vi to arrive (at); to become; to be enough; to manage; to succeed (in); vr to be enough

ajusta [azhus'ta] vt to adjust, to adapt

al [al] art the; of, 's

alaltăieri [a'laltăieri] adv the day before yesterday

alamă [a'lamă] s brass

alandala [alan'dala] adv topsy-turvy, upside down

alarmă [a'larmă] f alarm

alăpta [alăp'ta] vt to suckle; to nurse

alătura [alătu'ra] vt to enclose; vr to join

alături [a'lături] adv next door; near(by); by; side by side

alb [alb] m white (man); adj white; fair; clean

albastru [al'bastru] n blue

albatros [alba'tros] m albatross

albie ['albie] f tub; river bed

albină [al'bină] f bee

album [al'bum] n album

albumină [albu'mină] f albumen

albuş [al'bush] n white (of egg)

alcătui [alkătu'i] vt to make (up); to put together; to draw up; to organize

alcool [al'kool] n alcohol

ale ['ale] art of, 's

alee [a'lee] f walk; alley

alegător [alegă'tor] m voter; elector

alege [a'ledje] vt to choose; to select, to pick out; to elect; vi to choose; to make a choice

alegorie [alego'rie] f allegory

alene [a'lene] adv slowly, leisurely

alerga [aler'ga] vt to run; vi to hurry (up); to run (after); to make haste

alergie [aler'djie] f allergy (to)

alerta [aler'ta] vt to alert

ales [a'les] adj selected; choice; distinguished

alfabet [alfa'bet] n alphabet

algebră [al'djebră] f algebra

alia [ali'a] vt to ally; to unite, to match; to alloy; vr to enter into alliance with

alibi [ali'bi] n alibi

alienat [alie'nat] m lunatic; adj alienated

alifie [ali'fie] f ointment

aliment [ali'ment] n food(stuff)

alina [ali'na] vt to soothe; to allay; to ease; to alleviate; to quench

alinta [alin'ta] vt to spoil; to fondle, to caress

alipi [ali'pi] vt to join; to annex

alo [a'lo] interj hey, hallo; hello, hullo

aloca [alo'ka] vt to allocate

alocuţiune [alokutsi'une] f address

alt [alt] m adj other

altar [al'tar] n altar

altă ['altă] f adj other

altădată [altă'dată] adv once; formerly; some day; some other
     time; another time

altceva ['altcheva] pr something else

altcineva ['altchineva] pr somebody else

altele ['altele] f pl pr others, other ones

alteori ['alteori] adv at other times

altera [alte'ra] vt to change; to alter; to spoil; vr to go bad; to
     decay

alterna [alter'na] vt, vi to alternate

altfel ['altfel] adv otherwise; differently

altitudine [alti'tudine] f height, altitude

altminteri [alt'minteri] adv v **altfel**

altruism [altru'ism] n altruism, selflessness

altul ['altul] m pr other

altundeva ['altundeva] adv elsewhere, somewhere

alţi ['altsi] m pl adj other; further; m pl pr others, other ones

aluat [a'lwat] n dough

aluneca [alune'ka] vi to slide; to glide; to slip

alunecos [alune'kos] adj slippery

alunga [alun'ga] vt to drive away; to evict; to exile, to banish;
     to dismiss

aluzie [a'luzie] f hint, allusion

am [am] pres ind 1st pers sing of **avea**

amabil [a'mabil] adj kind

amant [a'mant] m lover

amantă [a'mantă] f mistress, lover

amar [a'mar] adj bitter; adv bitterly

amator [ama'tor] m amateur; fan; buff

amăgi [amă'dji] vt to deceive, to delude; to entice, to lure; vr
     to deceive oneself

21

amăgire [amă'djire] f delusion

amănunt [amă'nunt] n detail

amărăciune [amără'chune] f grief; bitterness

ambala [amba'la] vt to wrap; to pack; to race; vi to get excited

ambasadă [amba'sadă] f embassy

ambele ['ambele] f pl adj pr both

ambianţă [ambi'antsă] f surroundings, environment

ambiguitate [ambigui'tate] f ambiguity

ambiguu [am'biguu] adj ambiguous

ambii ['ambii] m pl adj, pr both

ambiţie [am'bitsie] f ambition

ambuscadă [ambus'kadă] f ambush

ameliora [amelio'ra] vt to improve, to make better; vr to
          improve, to get better

amenaja [amena'zha] vt to lay out; to develop; to fix up

amenda [amen'da] vt to fine; to amend

ameninţa [amenin'tsa] vt to threaten (with); to menace

America [a'merika] f America

american [ameri'kan] m, adj American

american(c)ă [ameri'kan(k)ă] f, adj American

amesteca [ameste'ka] vt to mix (up); to mingle (with); to
          involve (in); to blend; vr to mix; to mingle; to
          interfere

ameţeală [ame'tseală] f intoxication; giddiness, dizziness

ameţi [ame'tsi] vt to make dizzy; to stun; to intoxicate; to get
          drunk; to become dizzy

amfiteatru [amfi'teatru] n lecture room/hall; amphitheatre

amiază [a'miază] f noon, midday

amic [a'mik] m friend

amin [a'min] interj amen

aminti [amin'ti] vt to mention; to remind; vr to remember; to recall, to recollect

amîna [amî'na] vt to put off, to postpone; to adjourn

amîndoi [amîn'doi] m pl adj, pr both

amîndouă [amîn'dowă] f pl adj, pr both

amnistia [amnisti'a] vt to amnesty

amonte [a'monte] adv upstream

amoral [amo'ral] adj amoral

amorf [a'morf] adj amorphous

amorțeală [amor'tseală] f torpor; numbness

amplasa [ampla'sa] vt to place

amplifica [amplifi'ka] vt to amplify

amploare [am'plware] f scope; proportion

amplu ['amplu] adj vast; ample

amprentă [am'prentă] f mark; print

amurg [a'murg] n twilight, dusk

amuți [amu'tsi] vt to silence, to hush; to dumbfound; vi to remain speechless; to become mute

amuza [amu'za] vt to entertain, to amuse; vr to amuse oneself, to have a good time

an [an] m year

anacronic [ana'kronik] adj outdated; outmoded

analfabet [analfa'bet] m illiterate

analiza [anali'za] vt to analyze

analiză [ana'liză] f analysis; test; examination

ananas [ana'nas] m pineapple

anapoda [a'napoda] adv upside down; improperly

anarhie [anar'hie] f anarchy

anason [ana'son] m anise

ancestral [anches'tral] adj ancestral

ancheta [anke'ta] vt to investigate; to look into

anchetă [an'ketă] f inquiry; inquest; investigation

ancora [anko'ra] vi to cast anchor

anecdotă [anek'dotă] f joke; anecdote

anevoios [anevo'ios] adj hard, difficult; adv with difficulty

angaja [anga'zha] vt to hire; to employ; to engage; vr to
          become employed; to pledge oneself

angajat [anga'zhat] m employee; adj hired; engaged

Anglia ['anglia] f England

anima [ani'ma] vt to animate; to enliven; to actuate; vr to
          quicken; vr to come to life

animal [ani'mal] n animal, beast; brute; adj animal

animozitate [animozi'tate] f animosity

aniversa [aniver'sa] vt to celebrate

aniversare [aniver'sare] f anniversary; birthday

anormal [anor'mal] adj abnormal

anost [a'nost] adj insipid; dull

anotimp [ano'timp] n season

Antarctica [an'tarktika] f the Antarctic

antebelic [ante'belik] adj pre-war

antebraț [ante'brats] n forearm

antenă [an'tenă] f aerial; antenna; feeler

anterior [anteri'or] adj previous, former; foregoing; adv
          before; formerly

antiaerian [antiaeri'an] adj anti-aircraft

antibiotic [antibi'otik] adj antibiotic

antic ['antik] m ancient; adj ancient; antique

anticar [anti'kar] m second-hand bookseller; antiquary

antichitate [antiki'tate] f antiquity

anticipa [antichi'pa] vt to anticipate

anticipat [antichi'pat] adv in advance, beforehand; adj advanced

anticorp [anti'korp] m antibody

antidot [anti'dot] n antidote

antinevralgic [antine'vraldjik] n head pill, antineuralgic; adj antineuralgic

antipatic [anti'patik] adj unlikable, unpleasant

antişoc [anti'shok] adj shock-proof

antract [an'trakt] n interval, intermission

antrena [antre'na] vt to train, to coach; vr to train

antrepozit [antre'pozit] n warehouse

antreprenor [antrepre'nor] m contractor

antreu [an'treu] n entrance hall; lobby

antricot [antri'kot] n steak

antropologie [antropolo'djie] f anthropology

anturaj [antu'razh] n company

anula [anu'la] vt to cancel; to annul; to invalidate

anume [a'nume] adv purposely, on purpose, deliberately; adj certain

anunţ [a'nunts] n announcement; advertisement; notice

anus ['anus] n anus

anvelopă [anve'lopă] f tire

anvergură [anver'gură] f scope; range; span

anxietate [anksie'tate] f anxiety

aoleu [ao'leu] interj ah, my; wow

aparat [apa'rat] n apparatus; device; contraption; machine

aparent [apa'rent] adj seeming, not real; adv seemingly

apariţie [apa'ritsie] f appearance; publication; apparition

apartament [aparta'ment] n apartment, flat

aparte [a'parte] adj special; adv apart; aside

aparține [apar'tsine] vi to belong to

apatic [a'patik] adj listless; indifferent

apă ['apă] f water; stream; river

apăra [apă'ra] vt to defend; to protect; vr to defend oneself

apărea [apă'rea] vi to appear, to come into sight; to turn up; to come into being; to come out

apăsa [apă'sa] vt to press, to push; to weigh (on); to stress; to oppress

apel [a'pel] n appeal; roll-call; call

aperitiv [aperi'tiv] n hors d'oeuvres; aperitif

apetisant [apeti'sant] adj appetizing

apetit [ape'tit] n appetite

aplana [apla'na] vt to settle; to arrange; to fix up; vr to quiet down

aplauda [aplau'da] vt, vi to cheer; to applaud

aplauze [a'plauze] f pl cheers; applause

apleca [aple'ka] vt to bend; to tilt; to tip; vr to bend; to stoop; to bow; to lean

aplica [apli'ka] vt to apply; to implement; to put into practice; to lay (on)

aplomb [a'plomb] n nerve; self-assurance; impudence

apogeu [apo'djeu] n acme; high point; apogee

apoi [a'poi] adv then; besides; afterwards; moreover

aport [a'port] n contribution

apostrof [apos'trof] n apostrophe

apoteoză [apote'oză] f apotheosis

aprecia [aprechi'a] vt to appreciate; to estimate

apreta [apre'ta] vt to starch

aprig ['aprig] adj fiery; hot-blooded; harsh; hard-hearted

aprilie [a'prilie] m April

aprinde [a'prinde] vt to light (up); to switch/to turn on; to set fire to; to rouse, to arouse; vr to take fire

aprins [a'prins] adj bright; burning; heated

aproape [a'prwape] adv near, nearby, close by; nearly, almost

aproba [apro'ba] vt to approve of; to consent to; vi to approve, to consent; to nod

aprofunda [aprofun'da] vt to get thoroughly into

apropia [apropi'a] vt to bring/to draw near; vr to come/ to get/to draw near

apropo [apro'po] adv by the way; speaking of; n hint

aproviziona [aprovizio'na] vt to supply, to provide; vr to get in stocks

apt [apt] adj capable, able to

apuca [apu'ka] vt to seize; to take hold of; to snatch; to catch

apune [a'pune] vi to set; to decline

apus [a'pus] n sunset; west; decline; adj bygone; vanished

ara [a'ra] vi to plough

arab [a'rab] m Arab; adj Arabic; Arabian

aragaz [ara'gaz] n cooker, gas stove

arahidă [ara'hidă] f peanut, ground nut

aramă [a'ramă] f copper, brass

aranja [aran'zha] vt to fix; to arrange; to put right; to tidy up; to trim; to settle; to sort out; to suit; vr to come right; to settle; to get a job; to dress up

arareori [a'rareori] adv seldom

arăta [ară'ta] vt to show; to display, to exhibit; to reveal; to indicate; vi to look; vr to appear, to show up, to turn up

arătător [ארătă'tor] n forefinger

arbitru [ar'bitru] m referee; umpire; arbitrator

arbore ['arbore] m tree

arbust [ar'bust] m bush, shrub

arc [ark] n bow; arch; spring

arctic ['arktik] adj arctic

arcui [arku'i] vt, vr to bend

arcuş [ar'kuş] n bow

arde ['arde] vt to burn; vi to burn; to be on fire; to light; to be
    hot

ardei [ar'dei] m pepper; green pepper

ardelean [arde'lean] m, adj Transylvanian

ardoare [ar'dware] f ardor

are ['are] pres ind 3rd pers sing of **avea**

arenă [a'renă] f arena

arenda [aren'da] vt to lease, to rent

aresta [ares'ta] to arrest

argint [ar'djint] n silver; m silver coin

argument [argu'ment] n argument

arhaic [ar'haik] adj archaic

arheolog [arheo'log] m archeologist

arhiepiscop [arhie'piscop] m archbishop

arhiplin [arhi'plin] adj crammed; overcrowded; full to the brim

arhitect [arhi'tekt] m architect

arhivă [ar'hivă] f archives

arici [a'richi] m hedgehog

arid [a'rid] adj barren; dry, arid

arie ['arie] f area, surface; aria

arin [a'rin] m alder (tree)

aripă ['aripă] f wing; fin; fender, mud-guard

aristocrat [aristo'krat] m aristocrat

arivist [ari'vist] m self-seeker, climber

arma [ar'ma] vt to arm; to cock; to wind (on); to reinforce sth
   with

armă ['armă] f weapon; arm; pl arms

armăsar [armă'sar] m stallion

armistiţiu [armi'stitsiu] n armistice, truce

armonic [ar'monik] adj harmonious

arogant [aro'gant] adj smug; arrogant; adv haughtily

aromat [aro'mat] adj aromatic

aromă [a'romă] f aroma, flavor

arşiţă ['arshitsă] f intense heat

artă ['artă] f art; skill; craftsmanship

arteră [ar'teră] f artery; thoroughfare

articol [ar'tikol] n article; item; pl goods

articula [artiku'la] vt to articulate; to utter

artificial [artifichi'al] adj artificial; man-made

artificiu [arti'fichu] n trick device; artifice; pl fireworks

artist [ar'tist] m artist; actor; entertainer; performer

artizanat [artiza'nat] n handicraft

arţar [ar'tsar] m maple

arţăgos [artsă'gos] adj quarrelsome, petulant

arunca [arun'ka] vt to throw; to fling; to hurl; to drop; to cast;
          vi to throw; to fling; vr to throw (oneself); to fling
          (oneself); to plunge (into)

as [as] m ace

asana [asa'na] vt to drain

asasin [asa'sin] m murderer; assassin

ascensiune [aschensi'une] f ascent; climb

ascensor [aschen'sor] n elevator; lift

asculta [askul'ta] vt to listen to; to hear; to examine (in); to
          obey

ascunde [as'kunde] vt to hide; to conceal; vr to hide

ascuns [as'kuns] adj hidden; secret; secretive

ascuți [asku'tsi] vt, vr to sharpen, to whet

ascuțit [asku'tsit] adj sharp; pointed; keen, acute

aseară [a'seară] adv last night

asedia [asedi'a] vt to besiege, to lay siege to

asemăna [asemă'na] vt to liken to; to compare; vr to be alike;
to resemble, to look like

asemănare [asemă'nare] f similarity; resemblance

asemenea [a'semenea] adj such

asentiment [asenti'ment] n assent, consent; approval

aservi [aser'vi] vt to enslave

asfalt [as'falt] n asphalt

asfinți [asfin'tsi] vi to set; to decline

asfixia [asfiksi'a] vt to suffocate; to asphyxiate; to stifle; vi to
choke

Asia ['asia] f Asia

asiatic [asi'atik] m, adj Asiatic, Asian

asiduu [a'siduu] adj regular; assiduous, painstaking

asigura [asigu'ra] vt to ensure, to assure; to insure; to make
sure of; to steady; to stabilize; to make secure; to
provide; to operate

asimila [asimi'la] vt to assimilate, to absorb; vr to be
assimilated/absorbed

asista [asis'ta] vt to assist; vi to witness; to be present; to
attend; to be at; to see

asmuți [asmu'tsi] vt to set (on); to urge (on)

asocia [asochi'a] vt, vr to associate (with)

asociaţie [asochi'atsie] f association, partnership

asortiment [asorti'ment] n assortment, selection; variety

aspect [as'pekt] n aspect; side; appearance; look; respect

asperitate [asperi'tate] f asperity, roughness

aspira [aspi'ra] vt to inhale; to breathe in; to suck (up); vi to aspire (to)

aspirină [aspi'rină] f aspirin

aspri [as'pri] vt to make rough; to worsen; vr to get rough; to become worse

aspru ['aspru] adj rough; harsh; stern, severe; coarse

astăzi ['astăzi] adv today; nowadays

astfel ['astfel] adv thus; in this way; like that

astronaut [astrona'ut] m astronaut, spaceman

astru ['astru] m star, planet

astupa [astu'pa] vt to stop (up); to plug; to cork (up); to block (up); vr to block up, to get blocked up

asuda [asu'da] vi to sweat, to perspire; to toil

asupra [a'supra] prep about; on; with; considering

asupri [asu'pri] to oppress; to exploit

asurzi [asur'zi] vt to deafen; vi to grow deaf

aş [ash] v aux should, would; interj by no means; not on your life; nonsense

aşa [a'sha] adj such; thus; this way; like this

aşadar [asha'dar] adv therefore

aşchie ['ashkie] f splinter, chip

aşeza [ashe'za] vt to put; to set (on); to lay; to arrange; to pile (up); vr to sit down, to take a seat; to settle down

aştepta [ashtep'ta] vt to wait (for); to expect; to look forward to; to await; vr to expect

aşterne [ash'terne] vt to lay, to spread out

31

atac [a'tak] n attack; fit, stroke

atare [a'tare] adj such

atelier [ateli'er] n studio; (work)shop

atent [a'tent] adj attentive (to); polite; obliging; scrupulous; careful; adv attentively

atenţie [a'tentsie] f heed; attention; consideration; gift, present

atenua [atenu'a] vt to ease, to alleviate; to lessen

ateriza [ateri'za] vi to land

atesta [ates'ta] vt to certify; to testify to

atinge [a'tindje] vt to touch; to feel; to concern, to affect; to reach, to contact

atitudine [ati'tudine] f attitude; bearing

atîrna [atîr'na] vt to hang (on, in); to weigh

atît [a'tît] m sing adj so much; so much time; so long; m sing pr so much; so long; this much, that much; adv so much; so long

atîţia [a'tîtsia] m pl adj, pr so many

atlas [at'las] n atlas

atlet [at'let] m athlete

atmosferă [atmos'feră] f atmosphere

atom [a'tom] m atom

atotcuprinzător [a'totkuprinză'tor] adj all-inclusive

atotputernic [a'totpu'ternik] adj almighty

atotştiutor [a'totshtiu'tor] adj omniscient

atractiv [atrak'tiv] adj attractive

atracţie [a'traktsie] f lure; attraction; appeal

atrage [a'tradje] vt to draw; to attract; to lure, to entice

atrăgător [atrăgă'tor] adj attractive; pretty

atribui [atribu'i] vt to attribute; to assign, to allocate; to award

atribut [atri'but] n attribute

atu [a'tu] n trump
atunci [a'tunch] adv then, at the/that time
aţă ['atsă] f thread
aţinti [atsin'ti] vt to fix, to direct (on); to aim at
aţipeală [atsi'peală] f nap
aţîţa [atsî'tsa] vt to rouse; to incite; to stir
au [au] pres ind 3rd pers pl of **avea**
audia [audi'a] vt to hear; to examine; to attend
august ['august] m August
aur ['aur] n gold
auriu [au'riu] adj golden
auroră [au'roră] f dawn, daybreak
auster [aus'ter] adj austere; severe; stern
Australia [aus'tralia] f Australia
australian [australi'an] m, adj Australian
autentic [au'tentik] adj genuine; authentic
autobiografie [autobiogra'fie] f autobiography
autobuz [auto'buz] n bus; coach
autocamion [autokami'on] n truck; lorry
autocar [auto'kar] n coach
autodidact [autodi'dakt] m self-educated person
autogară [auto'gară] f bus terminal
autograf [auto'graf] n autograph
autohton [autoh'ton] m, adj native
automat [auto'mat] n slot machine; automaton; adj automatic
automobil [automo'bil] n car
autonom [auto'nom] adj autonomous
autoportret [autopor'tret] n self-portrait
autopropulsat [autopropul'sat] adj self-propelled
autopsie [autop'sie] f autopsy

autor [au'tor] m author; writer

autoritar [autori'tar] adj authoritative; authoritarian

autoriza [autori'za] vt to authorize, to give permission for; to allow of, to sanction

autoservire [autoser'vire] f self-service (store)

autostop [auto'stop] n hitch- hiking; traffic lights

autostradă [auto'stradă] f highway, motorway

autoturism [autotu'rism] n car

auxiliar [augzili'ar] adj auxiliary

auz [a'uz] n hearing

auzi [au'zi] vt to hear; to learn; vi to hear (of)

avalanşă [ava'lanshă] f avalanche

avanpremieră [avanpremi'eră] f dress rehearsal

avans [a'vans] n advance; lead; progress; pl advances

avantaj [avan'tazh] n advantage

avar [a'var] m miser; adj miserly, avaricious

avaria [avari'a] vt to damage

avea [a'vea] v aux to have; vt to have, to possess; to enjoy; to consist of; to wear, to have on

aventură [aven'tură] f affair; adventure

avere [a'vere] f fortune; wealth

aversă [a'versă] f shower

aversiune [aversi'une] f aversion (to)

avertisment [avertis'ment] n warning

avertiza [averti'za] vt to warn; to inform sb

aviator [avia'tor] m aviator, airman, pilot

avid [a'vid] adj greedy, avid (for); grasping; eager

avion [avi'on] n (aero)plane, (air)plane; aircraft

aviz [a'viz] n notice; assent

avizier [avizi'er] n notice board, poster board, display board

avînt [a'vînt] n upsurge, enthusiasm; momentum; progress, advance; spring

avocat [avo'kat] m barrister; advocate; lawyer, solicitor

avut [a'vut] adj wealthy, well-off; n property

axiomă [aksi'omă] f axiom

azi ['azi] adv v **astăzi**

azil [a'zil] n asylum; home; refuge, sanctuary

azur [a'zur] n azure, blue

azvîrli [azvîr'li] vt to fling, to hurl; to throw; vi to kick; vr to fling/to throw oneself

Ă

ăia [ˈăia] m pl adj v aceia
ăl [ăl] m art v cel
ăla [ˈăla] m adj v acela
ălălalt [ˈălălalt] m adj v celălalt
ăsta [ˈăsta] m adj v acesta
ăstălalt [ˈăstălalt] m adj this; the other; m pr this one; the other
        one
ăştia [ˈăshtia] m pl adj v aceştia
ăştilalţi [ˈăshtilaltsi] m pl adj these; the other; m pl pr these
        ones; the others, the other ones

B

ba [ba] adv no
babă ['babă] f old woman
bac [bak] n ferry(boat)
bacalaureat [bakalau'reat] n school-leaving examination
bacil [ba'chil] m bacillus
bacşiş [bak'shish] n tip
bagaj [ba'gazh] n luggage; baggage
bagatelă [baga'telă] f trifle; trinket
baghetă [ba'getă] f wand, rod; baton
baie ['baie] f bath; bathroom; tub; bathe, dip
bal [bal] n ball
baladă [ba'ladă] f ballad
balama [bala'ma] f hinge; joint
balamuc [bala'muk] n lunatic asylum; madhouse; mess, muddle
balansa [balan'sa] vt to rock, to balance; vr to swing, to sway
balanţă [ba'lantsă] f balance
balaur [ba'laur] m dragon
balcanic [bal'kanik] adj Balkan
balcon [bal'kon] n balcony; dress circle
bale ['bale] f pl slobber; foam
balenă [ba'lenă] f whale
balerin [bale'rin] m ballet dancer
baliverne [bali'verne] f pl fiddlesticks, nonsense
baliză [ba'liză] f beacon; buoy
balnear [bal'near] adj watering
balon [ba'lon] n balloon; ball
balot [ba'lot] n bale

baltă ['baltă] f pool; marsh; swamp; puddle

baltic ['baltik] adj Baltic

balustradă [balus'tradă] f banisters; rails

bamă ['bamă] f okra

bambus ['bambus] m bamboo

ban [ban] m coin; pl money

banal [ba'nal] adj ordinary, commonplace; trivial

banană [ba'nanăé] f banana

banc [bank] n sand bank; shoal; joke; bench

bancă ['bankă] f bench; form; desk; bank

banchetă [ban'ketă] f bench, settee

bancnotă [bank'notă] f bill; (bank)note

bandaj [ban'dazh] n bandage

bandă ['bandă] f band, strip; tape; traffic lane; gang

bandit [ban'dit] m bandit, gangster; ruffian

bar [bar] n bar, counter; nightclub

barbar [bar'bar] m barbarian; adj barbarian; barbarous; adv
      savagely

barbă ['barbă] f beard; chin

barcă ['barkă] f boat

baricadă [bari'kadă] f barricade

barieră [bari'eră] f barrier; obstacle

baroc [ba'rok] adj baroque

barometru [baro'metru] n barometer

barză ['barză] f stork

baschet ['basket] n basketball

basm [basm] n fairy-tale

basma [bas'ma] f headkerchief

bastard [bas'tard] m, adj bastard

baston [bas'ton] n (walking-) stick

bate ['bate] vt to beat; to cane, to thrash; to whip; to slap; to punch; to strike, to hit; to defeat; vi to beat; to strike; to lash (against); to knock; to chime; to blow

baterie [bate'rie] f battery

batic [ba'tik] n headkerchief; neckerchief

batistă [ba'tistă] f handkerchief

batjocori [batzhoko'ri] vt to laugh at; to make fun of; to insult; to rape; to assault

baton [ba'ton] n bar (of chocolate)

bazar [ba'zar] n bazaar

bază ['bază] f base; support; foundation; basis

bazin [ba'zin] n swimming pool; basin

băcănie [băkă'nie] m grocery, grocer's (shop)

bădăran [bădă'ran] m boor, churl

băga [bă'ga] vt to put (in); to introduce; vr to intrude; to interfere (in); to chime (in)

băiat [bă'iat] m boy; child; son; young man; guy; fellow

bălai [bă'lai] adj fair; white

bălăbăni [bălăbă'ni] vt to swing; vr to dangle

bălăci [bălă'chi] vr to dabble; to splash (through)

băltoacă [băl'twakă] f puddle

bălţat [băl'tsat] adj spotted; streaked; variegated; gaudy

bănesc [bă'nesk] adj pecuniary

bănui [bănu'i] vt to suppose; to presume; to suspect; to fancy; to think; to guess

bărbat [băr'bat] m man; husband

bărbie [băr'bie] f chin

bărbieri [bărbie'ri] vt to shave; vr to shave oneself, to have a shave

băşică [bă'shikă] f bladder; blister

băştinaş [băshti'nash] m, adj native (of)

bătaie [bă'taie] f beating; thrashing; whipping; slapping; defeat; battle; tick; toll

bătălie [bătă'lie] f battle

bătător [bătă'tor] n carpet beater; churn staff

bătrîn [bă'trîn] m old/aged man; adj old

bătrînel [bătrî'nel] m elderly man

băţ [băts] n (walking) stick

bea [bea] vt to drink; to have; to take; vi to drink

bebeluş [bebe'lush] m baby

bec [bek] n bulb

behăi [behă'i] vi to bleat, to baa

bej [bezh] adj beige

belea [be'lea] f trouble, misfortune

beletristică [bele'tristikă] f fiction

beli [be'li] vt to flay; to bark

belicos [beli'kos] adj warlike

beligerant [belidje'rant] m, adj belligerent

belşug [bel'shug] n plenty, abundance

bemol [be'mol] m, adj flat

beneficia [benefichi'a] vi to benefit; to profit by/from; to get

beneficiu [bene'fichu] s profit, benefit

benevol [bene'vol] adj unpaid; voluntary; adv voluntarily

benzină [ben'zină] f petrol; gas, gasoline

benzinărie [benzină'rie] f filling station; petrol station

berărie [beră'rie] s beer/ale house

bere ['bere] f beer; ale; stout

beregată [bere'gată] f throat

bestial [besti'al] adj brutish; adv bestially

bestie ['bestie] f beast, brute

beteală [be'teală] f tinsel

beton [be'ton] n concrete

beţie [be'tsie] f drunkenness, intoxication; drinking party

beznă ['beznă] f dark

bibelou [bibe'lou] knick-knack; trinket; curio

biberon [bibe'ron] n (feeding) bottle

biblie ['biblie] f Bible

bibliotecă [biblio'tekă] f library; book case

bici [bich] n whip; scourge

bicicletă [bichi'kletă] f bike, bicycle

bidinea [bidi'nea] f brush

bidon [bi'don] n can

biet [biet] adj poor

bifa [bi'fa] vt to tick (off)

biftec ['biftek] n (beef) steak

bifurca [bifur'ka] vr to fork

bigam [bi'gam] m bigamist

bigudiu [bigu'diu] n (hair) curler

bijuterie [bizhute'rie] f jewel; pl jewelry

bilanţ [bi'lants] n balance sheet; survey; result; outcome; toll

bilateral [bilate'ral] adj bilateral

bilă ['bilă] f ball; bile

bilet [bi'let] n ticket; note; (bank)note, bill

biliard [bili'ard] n billiards

bilion [bili'on] n billion, one million millions; one thousand
          million

bilunar [bilu'nar] adj bimonthly

bine ['bine] n good; advantage; adv well; right; proper; adj
          well-bred

binevenit [bineve'nit] adj welcome; timely

binevoi [binevo'i] vt to be willing; to condescend
binişor [bini'shor] adv cautiously; pretty well
binoclu [bi'noklu] n opera glasses; binoculars
biografie [biogra'fie] f biography
bioxid [biok'sid] m dioxide
birjar [bir'zhar] m cabman
birocrat [biro'krat] m bureaucrat
birou [bi'rou] n desk; office; study; bureau
birui [biru'i] vt to defeat; to overcome; to conquer
bis [bis] n encore
biscuit [bisku'it] m cracker; biscuit
biserică [bi'serikă] f church
bisturiu [bistu'riu] n lancet, scalpel
bivol ['bivol] m buffalo
bizantin [bizan'tin] m, adj Byzantine
bizar [bi'zar] adj queer, bizarre
bizon [bi'zon] m bison
bizui [bizu'i] vt to rely (on)
bîigui [bîigu'i] vt,vi to mumble
bîjbîi [bîzhbî'i] vi to grope; to fumble; to grope one's way
bîlbîi [bîlbî'i] vt,vr to stammer
bîntui [bîntu'i] vt to haunt; to rage
bîrfi [bîr'fi] vt to chatter; to gossip; to blab; to slander; to
          backbite
bîtă ['bîtă] f stick, club
bîţîi [bîtsî'i] vi, vr to jerk; to shiver
blagoslovi [blagoslo'vi] vt to bless
blajin [bla'zhin] adj good-natured; meek; mild; adv kindly
blam [blam] n blame; reprimand
blană ['blană] f fur; skin; hide

blasfemie [blasfe'mie] f blasphemy

blazat [bla'zat] adj blase, tired of life

blănar [blă'nar] m furrier

bleg [bleg] m fool; milksop; adj soft; sheepish; weak; stupid;
     loppy; drooping

blestem [bles'tem] n curse; oath

bleu [bleo] adj light blue

bliț [blits] n flash-light

blînd [blînd] adj gentle; mild; soft; tame

bloc [blok] n apartment house; block of flats; block

bloca [blo'ka] vt to obstruct; to block (up); vr to jam; to freeze

blocnotes ['blokno'tes] n notebook, pad

blond [blond] adj fair; fair-haired; m fair-haired man/boy

blugi ['bludji] m pl blue jeans

bluză ['bluză] f blouse

boală ['bwală] f illness; disease; sickness; ailment; trouble;
     complaint

boare ['bware] f breeze

bob [bob] n grain; bean; pea; grape; coffee bean

boboc [bo'bok] m gosling; bud; fresher

Bobotează [bobo'tează] f Epiphany

bocanc [bo'kank] m boot

bocăni [bokă'ni] vi to tread heavily; to knock; to hammer

boccea [bok'cha] f bundle

boci [bo'chi] vt to lament; to mourn; vi, vr to lament, to wail

bodegă [bo'degă] f public house, pub

bodogăni [bodogă'ni] vi to grumble (about, over)

bogat [bo'gat] adj rich; well-off, well-to-do; wealthy; abundant
     (in); ample; m rich man; adv richly, fully

bogăție [bogă'tsie] f wealth; richness

boicota [boiko'ta] vt to boycott

bolborosi [bolboro'si] vt to mumble; vi to babble; to gabble; to bubble

bold [bold] n pin

bolnav [bol'nav] adj ill; ailing; m patient; invalid

bolovan [bolo'van] m stone; boulder

boltă ['boltă] f vault; arch

bombarda [bombar'da] vt to bomb; to bombard (with)

bombă ['bombă] f bomb; joint; tavern

bombăni [bombă'ni] vt to nag; vi to grumble

bomboană [bom'bwană] f candy; sweet

bon [bon] n receipt; slip; claim check

bonă ['bonă] f governess; nurse

bonetă [bo'netă] f cap

bonificaţie [bonifi'katsie] f allowance; bonus

bonom [bo'nom] m good temperate man

bont [bont] adj pointless, blunt

borcan [bor'kan] n jar

bord [bord] n board; dashboard

bordel [bor'del] n brothel

bordură [bor'dură] f curb

borfaş [bor'fash] m thief; pickpocket

boschet [bos'ket] n bower; thicket

bostan [bos'tan] m pumpkin

bosumfla [bosum'fla] vr to sulk, to be in the sulks

bot [bot] n muzzle; point; mouth

botanic [bo'tanik] adj botanic(al)

boteza [bote'za] vt to baptize, to christen; to name; to nickname

botniță ['botnitsă] f muzzle

boţi [bo'tsi] vt, vr to crumple

bou [bou] m ox; blockhead, dolt

bovine [bo'vine] f pl horned cattle

box [boks] n boxing

boxă ['boksă] f box; closet

braconaj [brako'nazh] n poaching

brad [brad] m fir (tree)

brambura ['brambura] adv aimlessly; topsy-turvy

brancardă [bran'kardă] f stretcher

branşă ['branshă] f field, domain; branch

bras [bras] n breast stroke

braserie [brase'rie] f beer saloon; cafe-restaurant; brewery

braţ [brats] n arm; branch; armful

brav [brav] adj brave; courageous

bravo ['bravo] interj bravo; hear,hear

brazdă ['brazdă] f furrow; wrinkle; bed

brăţară [bră'tsară] f bracelet

brăzda [brăz'da] vt to furrow; to wrinkle; to leave tracks on

bretea [bre'tea] f shoulder strap; pl suspenders, braces

brevet [bre'vet] n patent; certificate, diploma

briceag [bri'cheag] n penknife, claspknife

brichetă [bri'ketă] f lighter; briquette

brici ['brichi] n razor

britanic [bri'tanik] adj British; English; m Britisher

briză ['briză] f breeze

brînduşă [brîn'dushă] f crocus

brînză ['brînză] f cheese

brîu [brîu] n belt; girdle; waist

broasca ['brwaskă] f lock; frog; toad; tortoise

broboadă [bro'bwadă] f headkerchief; shawl

broboană [bro'bwană] f bead (of sweat)
broda [bro'da] vt, vi to embroider
bronşită [bron'shită] f bronchitis
bronz [bronz] n bronze
broşă ['broshă] f brooch
broşură [bro'shură] f booklet
bruia [bru'ia] vt to jam
brumă ['brumă] f hoarfrost
brun [brun] adj dark-haired; swarthy; m dark-haired man/boy
brunetă [bru'netă] f dark-haired woman/girl
brusc [brusk] adj sudden; abrupt; unexpected; adv suddenly;
          unexpectedly; all of a sudden
brut [brut] adj crude; raw; rough; gross
brutal [bru'tal] adj brutal; savage; adv cruelly; brutally
brutar [bru'tar] m baker
bubă ['bubă] f boil; swelling
bubui [bubu'i] vi to thunder; to rumble
buburuză [bubu'ruză] f lady bird
bucată [bu'kată] f piece; part; portion; bit
bucătar [bukă'tar] m cook
bucătărie [bukătă'rie] f kitchen
buchet [bu'ket] n bunch (of flowers); nosegay; bouquet, aroma
buchisi [buki'si] vt to work hard (at); to grind away
buclă ['buklă] f lock; curl; loop
bucluc [bu'kluk] n trouble
bucura [buku'ra] vt to make happy; vr to enjoy; to be glad
Bucureşti [buku'reshti] n Bucharest
bucurie [buku'rie] f joy; happiness; gaiety; felicity
bufet [bu'fet] n cupboard; sideboard; refreshment room;
          counter; bar; pub

bufni [buf'ni] vt to bang

bufniţă ['bufnitsă] f owl

buget [bu'djet] n budget

buhăit [buhă'it] adj puffy; swollen; bloated

buimac [bui'mak] adj dizzy; heavy with sleep

bujie [bu'zhie] f spark plug

bujor [bu'zhor] m peony

buldozer [bul'dozer] n bulldozer

bulendre [bu'lendre] f pl junk; lumber; old clothes/stuff

buletin [bule'tin] n bulletin; form; report

bulevard [bule'vard] n boulevard

bulgăre ['bulgăre] m clod (of earth); snow ball

bulion [buli'on] n tomato sauce; clear soup

bumbac [bum'bak] n cotton

bun [bun] adj good; kind; right; fit; suitable; nice; clever (at); genuine; real; in good repair; n pl assets; goods

bunic [bu'nik] m grandfather, grandpa

bunică [bu'nikă] f grandmother, grandma, granny

burete [bu'rete] m sponge; mushroom

burghez [bur'gez] m bourgeois; adj bourgeois

buric [bu'rik] n navel; tip (of the finger)

burlac [bur'lak] m bachelor; adj single

burlan [bur'lan] n (water) pipe

burniţa [burni'tsa] vi to drizzle

bursă ['bursă] f scholarship, grant; stock exchange

bursuc [bur'suk] m badger

burtă ['burtă] f belly

buruiană [buru'iană] f weed

busolă [bu'solă] f compass

bust [bust] n bust

busuioc [busu'iok] m sweet basil
buştean [bush'tean] m stump; log
butoi [bu'toi] n barrel, keg; cask
buton [bu'ton] m button; cuff link; n (bell) button; knob
butuc [bu'tuk] m stump (of a tree); log; vine; hub

buturugă [butu'rugă] f tree-stump; wooden block
buză ['buză] f lip; rim
buzunar [buzu'nar] n pocket

C

ca [ka] adv as; as...as, so...as; like; than; such as
cabană [ka'bană] f chalet; hut
cabină [ka'bină] f booth, call box; cabin; cage
cabinet [kabi'net] n office; surgery; cabinet
cablu ['kablu] n cable
cacao [ka'kao] f cocoa
cactus ['kaktus] m cactus
cadavru [ka'davru] n corpse
cadă ['kadă] f tub
cadenţă [ka'dentsă] f rhythm, cadence
cadou [ka'dou] n gift, present
cadran [ka'dran] n dial
cadrilat [kadri'lat] adj chequered
cadru ['kadru] n background; frame; picture; environment; pl
        personnel, staff
cafea [ka'fea] f coffee
caiet [ka'iet] n exercise book, (writing) book
caisă [ka'isă] f apricot
cal [kal] m horse
calabalîc [kalaba'lîk] n belongings; chattel
calamitate [kalami'tate] f calamity
calcan [kal'kan] m plaice
calcar ['kalkar] n limestone
calciu ['kalchu] n calcium
calcul ['kalkul] m calculus; n calculation; estimation
cald [kald] adj warm; hot; fresh, new; affectionate
caldarîm [kalda'rîm] n cobblestone

cale ['kale] f road, street; way; distance

caleidoscop [kaleido'skop] n kaleidoscope

calendar [kalen'dar] n calendar

calibru [ka'libru] n caliber

califica [kalifi'ka] vt to qualify; to call; vr to qualify

calitate [kali'tate] f quality; position; capacity; property

calm [kalm] adj calm, quiet; serene; cool; smooth; n
         calm(ness), quietness

calomnia [kalomni'a] vt to slander; to libel

calorie [kalo'rie] f calorie

calorifer [kalori'fer] n radiator

calvar [kal'var] n ordeal; suffering

cam [kam] adv rather; about; approximately

camarad [kama'rad] m friend, pal; fellow; schoolmate;
         comrade

cameleon [kamele'on] m chameleon

camera ['kamerǎ] f room; house; chamber; apartment; tube

camion [kami'on] n truck; lorry

campanie [kam'panie] f campaign

campion [kampi'on] m champion

camufla [kamu'fla] vt to black-out, to camouflage; to conceal,
         to cover up

Canada [ka'nada] f Canada

canadian [kanadi'an] m, adj Canadian

canal [ka'nal] n canal; channel; duct; drain, sewer

canalie [ka'nalie] f scoundrel; rascal

canapea [kana'pea] f settee, sofa; couch

canar [ka'nar] m canary

canǎ ['kanǎ] f jug; tankard; cup

cancelar [kanche'lar] m chancellor

cancer ['kancher] n cancer
candelabru [kande'labru] n chandelier
candelă ['kandelă] f votive light
candid [kan'did] adj ingenuous, guileless; candid
candida [kandi'da] vi to apply (for); to stand; to run for
candidat [kandi'dat] m nominee; candidate, applicant
candoare [kan'dware] f ingenuousness, guilessness; innocence
cangrena [kangre'na] vr to gangrene
cangur ['kangur] m kangaroo
caniculă [ka'nikulă] f dog-days; scorching heat
canin [ka'nin] m, adj canine
canistră [ka'nistră] f can
canon [ka'non] n dogma; canon; ordeal
cantină [kan'tină] f canteen
cantitate [kanti'tate] f amount, quantity
canton [kan'ton] n cabin; canton
cap [kap] n head; brains; mind; sense; top; start; end; chief
capabil [ka'pabil] adj able, capable
capac [ka'pak] n lid
capacitate [kapachi'tate] f capacity; ability; competence
capăt ['kapăt] n end; close; start; beginning
capcană [kap'kană] f trap
capelă [ka'pelă] f chapel
capital [kapi'tal] n, adj capital; major; stock
capitol [ka'pitol] n chapter
capitula [kapitu'la] vi to surrender
capodoperă [kapo'doperă] f masterpiece
capot [ka'pot] n dressing gown
capotă [ka'potă] f hood; bonnet
capră ['kapră] f goat; trestle; vaulting horse

capricios [kapri'chos] adj whimsical; capricious; temperamental; freakish

capriciu [ka'prichu] n whim, caprice; passing fancy

capsă ['kapsă] f staple

capsulă [kap'sulă] f capsule; cap

captiv [kap'tiv] m, adj captive

captiva [kapti'va] vt to charm; to enthrall; to captivate

captura [kaptu'ra] vt to capture

car [kar] n wag(g)on

carabină [kara'bină] f rifle, carbine

caracatiţă [kara'katitsă] f octopus

caracter [karak'ter] n character

caraghios [kara'gios] m, adj ridiculous, ludicrous; funny

caramea [kara'mea] f caramel, toffee

carapace [kara'pache] f shell

caravană [kara'vană] f caravan

carbon [kar'bon] n carbon

carburant [karbu'rant] m fuel

carcasă [kar'kasă] f skeleton; frame; shell

cardinal [kardi'nal] m cardinal; adj cardinal

care ['kare] adj which; what; pr who, that; which, that; interog which; what

caricatură [karika'tură] f caricature; cartoon

carie ['karie] f (dental) caries

carieră [kari'eră] f quarry; career

caritate [kari'tate] f charity

carnet [kar'net] n card; book; notebook; license

carnivor [karni'vor] adj carnivorous; n carnivore

caroserie [karose'rie] f body

carou [ka'rou] n square

carpatic [kar'patik] adj Carpathian
carpetă [kar'petă] f rug
cartă ['kartă] f charter
carte ['karte] f book; card; learning, schooling
cartel [kar'tel] n cartel
cartelă [kar'telă] f ration card/book
cartier [karti'er] n district; neighborhood; quarters
cartof [kar'tof] m potato; potato plant
cartofor [karto'for] m card player, gambler
carton [kar'ton] n cardboard
cartuş [kar'tush] n cartridge; carton (for cigarettes)
casă ['kasă] f house; dwelling; place; check out, cash desk; cashier's desk
cascadă [kas'kadă] f waterfall, cascade; stream, torrent
cascador [kaska'dor] m, f stunt man/girl
cască ['kaskă] f helmet; (hair) drier; head-phones, pl headset
casetă [ka'setă] f cassette; case; box
casier [kasi'er] m cashier; booking clerk
casnic ['kasnik] adj household; family
cast [kast] adj chaste
castan [kas'tan] m chestnut (tree); sweet chestnut (tree)
castel [kas'tel] n castle
castor ['kastor] m beaver
castra [kas'tra] vt to castrate; to geld; to spay
castravete [kastra'vete] m cucumber
castron [kas'tron] n bowl; tureen
caş [kash] n green (whey) cheese
caşcaval [kashka'val] n (cream) cheese
cataclism [kata'klism] n cataclysm
catadicsi [katadik'si] vt to deign

catalog [kata'log] n register, roll; catalog

cataractă [kata'raktă] f cataract

cataramă [kata'ramă] f buckle

catastrofă [kata'strofă] f catastrophe, disaster

catedrală [kate'drală] f cathedral

catedră [ka'tedră] f chair; department; teacher's desk

categoric [kate'gorik] adj definite, categorical; adv definitely, categorically

catifea [kati'fea] f velvet

catîr [ka'tîr] m mule

cauciuc [kau'chuk] n rubber; tyre

caustic [ka'ustik] adj caustic; adv bitingly

cauţiune [kautsi'une] f bail

cauză ['kauză] f cause; reason; lawsuit, case

cavaler [kava'ler] m knight; bachelor; m adj gallant

cavernă [ka'vernă] f cave; cavity

caviar [kavi'ar] n caviar(e)

cavitate [kavi'tate] f hollow, cavity

caz [kaz] n case; instance; event

caza [ka'za] vt to accommodate; to put up

cazan [ka'zan] n boiler

cazarmă [ka'zarmă] f barracks

cazma [kaz'ma] f spade

că [kă] conj that; because

căci ['kăch] conj because

căciulă [kă'chulă] f (fur) cap

cădea [kă'dea] vi to fall; to fail

cădere [kă'dere] f fall; failure

căi [kă'i] vr to repent

călări [kălă'ri] vi to ride

călători [kălăto'ri] vi to travel; to voyage; to journey

călătorie [kălăto'rie] f trip, journey, travel; voyage; ride; flight; drive

călău [kă'lău] m executioner; torturer; hangman

călăuză [kălă'uză] f guide

călca [kăl'ka] vt to tread, to step; to break; to press, to iron; to run over

călcîi [kăl'kîi] n heel

căldare [kăl'dare] f bucket, pail

căldură [kăl'dură] f heat, warmth

călduros [kăldu'ros] adj warm; friendly; adv warmly

călduţ [kăl'duts] adj lukewarm

căli [kă'li] vt to temper; vr to harden oneself

călimară [kăli'mară] f inkpot

călugăr [kă'lugăr] m monk

căluş [kă'lush] n gag

căluşei [kălu'shei] m pl carousel, merry-go-round

cămară [kă'mară] f larder, pantry

cămaşă [kă'mashă] f shirt

cămilă [kă'milă] f camel

cămin [kă'min] n fireplace; hearth; home

căpăta [kăpă'ta] vt to obtain; to get; to receive

căpătîi [kăpă'tîi] n head

căpătui [kăpătu'i] vt to settle (down); vr to get married; to settle (down)

căpăţînă [kăpă'tsînă] f skull; head

căpcăun [kăpkă'un] m ogre

căpetenie [kăpe'tenie] f leader, chief

căpitan [kăpi'tan] m captain

căprioară [kăpri'wară] f deer, roe

55

căprui [kă'prui] adj hazel

căpşună [kăp'shună] f strawberry

căptuşeală [kăptu'shală] f lining

căpuşă [kă'pushă] f tick

căra [kă'ra] vt to carry

cărare [kă'rare] f path; parting

cărăbuş [kără'bush] m cock chafer

cărbune [kăr'bune] m coal; smut; pl embers

cărnos [kăr'nos] adj fleshy

cărturar [kărtu'rar] m scholar, learned man

cărucior [kăru'chor] n baby carriage, pram, perambulator

cărunt [kă'runt] adj grey, gray; gray-haired

căsători [kăsăto'ri] vt to marry (off); vr to marry; to get married

căsca [kăs'ka] vt to open; to gape about; vr to yawn

căsnicie [kăsni'chie] f married life, marriage

către ['kătre] prep towards, to; by

cătun [kă'tun] n hamlet

cătuşe [kă'tushe] f pl handcuffs

căţăra [kătsă'ra] vr to climb; to creep

căţea [kă'tsea] f bitch

căuş [kă'ush] n dipper

căuta [kău'ta] vt to seek; to look for; to search for; to want; to look up; to try (to)

căzni [kăz'ni] vr to try hard

ce [che] pr what; how

cea [chea] f art the; f adj v **acea** [a'chea] f pr v **aceea**

ceafă ['cheafă] f nape (of the neck)

ceai [cheai] n tea; tea shrub

ceapă ['cheapă] f onion

ceară ['cheară] f wax

cearcăn ['chearkăn] n (dark) circle (under the eye)

cearşaf [chear'shaf] n (bed) sheet

ceartă ['cheartă] f quarrel

ceas [cheas] n hour; time; o'clock; (wrist) watch; clock

ceaşcă ['cheashkă] f cup(ful)

ceaţă ['cheatsă] f fog; mist; haze

cec [chek] n check, cheque

ceda [che'da] vt to give up, to yield; vi to yield, to give up

cedru ['chedru] m cedar

ceea ['cheea] pr what; which

ceh [cheh] m, adj Czech

cei [chei] pl art the

cel [chel] m art the

cele ['chele] f pl art the

celebru [che'lebru] adj famous, famed, renowned

celibatar [cheliba'tar] m bachelor; adj single, unmarried

celulă [che'lulă] f cell

centenar [chente'nar] n centenary; m centenarian; adj
          centenary

centigram [chenti'gram] n centigram

centilitru [chenti'litru] m centiliter

centimetru [chenti'metru] m centimeter; tape measure

centrifug [chentri'fug] adj centrifugal

centripet [chentri'pet] adj centripetal

centru ['chentru] n center

centură [chen'tură] f girdle, belt; ring; circle

cenuşă [che'nushă] f ash(es); adj gray, grey

cenzor ['chenzor] m censor; auditor

cenzură [chen'zură] f censorship

cep [chep] n tap; plug

cer [cher] n sky; heaven

cerb [cherb] m stag; buck

cerc [cherk] n circle; band; hoop; sphere; society

cercel [cher'chel] m earring

cerceta [cherche'ta] vt to study; to examine; to research

cercetare [cherche'tare] f research; investigation; inquiry; inspection

cere ['chere] vt to ask (for); to demand; to beg; to want; vr to be necessary; to be in (great) demand

cereale [chere'ale] f pl cereals

ceremonie [cheremo'nie] f ceremony

cerinţă [che'rintsă] f need; want; demand

cerne ['cherne] vt to sift; vi to drizzle

cerneală [cher'neală] f ink

cerşetor [chershe'tor] m beggar

cerşi [cher'shi] vt, vi to beg

cert [chert] adj certain, sure

certa [cher'ta] vt to reprove, to scold; vr to quarrel (with)

certifica [chertifi'ka] vt to certify

cetate [che'tate] f fortress

cetăţean [chetă'tsean] m citizen

ceţos [che'tsos] adj foggy; misty; hazy

ceva [che'va] pr something; anything; adj some, a little; any

cheag [keag] n clot; rennet

chef [kef] n whim, caprice; desire; booze party

chei [kei] n jetty; quay; wharf

cheie ['keie] f key; clue; gorge; wrench

chel [kel] adj bald; m bald-headed

chelălăi [kelălă'i] vi to yelp

chelfăneală [kelfă'neală] f spanking

chelner ['kelner] m waiter

chelneriţă ['kelneritsă] f waitress

cheltui [keltu'i] vt to spend; to waste; vi to spend

chema [ke'ma] vt to ask; to call; to ring up; to summon; to invite

chenar [ke'nar] n border

chenzină [ken'zină] f fortnight pay check

chercheli [kerke'li] vr to get tipsy

cherestea [kere'stea] f timber

chestiune [kesti'une] f issue; question; matter; query

chetă ['ketă] f collection

chezăşie [keză'shie] f guarantee

chiar [kiar] adv even; exactly; just, right

chibrit [ki'brit] n match

chibzui [kibzu'i] vt to think over; vi to reflect (upon)

chică ['kikă] f long hair; hair

chicinetă [kichi'netă] f kitchenette

chiciură ['kichură] f hoar frost

chicot ['kikot] n giggle; titter

chiflă ['kiflă] f roll (of bread)

chiftea [kif'tea] f hash-meat ball

chihlimbar [kihlim'bar] n amber

chilipir [kili'pir] n bargain

chiloţi [ki'lotsi] m pl pants; panties; drawers; trunks

chimen ['kimen] caraway

chimic ['kimik] adj chemical

chin [kin] n torment; torture; anguish

chinez [ki'nez] m, adj Chinese

chingă ['kingă] f girth

chinină [ki'nină] f quinine
chintesenţă [kinte'sentsă] f quintessence; epitome
chior [kior] adj blind in/of one eye; m one-eyed person
chioşc [kioshk] n newstand, news-stall; booth; kiosk
chiot ['kiot] n yell
chip [kip] n face; image; appearance; manner; means
chipeş ['kipesh] adj good-looking, handsome
chipiu [ki'piu] n cap
chirci [kir'chi] vr to crouch; to writhe
chiriaş [kiri'ash] m tenant; lodger
chirurg [ki'rurg] m surgeon
chitanţă [ki'tantsă] f receipt
chitară [ki'tară] f guitar
chiui [kiu'i] vi to yell
chiuli [kiu'li] vi to skip (classes); to play truant
chiuvetă [kiu'vetă] f sink; wash bowl, wash basin
chivernisi [kiverni'si] vt to lay by; vr to become well off; to
          put money by
ci [chi] conj but
cibernetică [chiber'netikă] f cybernetics
cicatrice [chika'triche] f scar
cică ['chikă] adv they say
cicăleală [chikă'leală] f nagging
cicăli [chikă'li] vt to nag
ciclic ['chiklik] adj cyclic
cicoare [chi'kware] f chicory
cifră ['chifră] f digit; figure; number
cilindru [chi'lindru] m cylinder
cimbru ['chimbru] m thyme
ciment [chi'ment] n cement

cimitir [chimi'tir] n cemetery, graveyard
cimpanzeu [chimpan'zeu] m chimpanzee
cimpoi [chim'poi] n bagpipe
cină ['chină] f supper
cinci ['chinchi] num five
cincime [chin'chime] f fifth
cine ['chine] pr who; which
cinema [chine'ma] n cinema; movies; pictures
cineva [chine'va] pr somebody, someone; anybody, anyone
cingătoare [chingă'tware] f belt
cinic ['chinik] adj cynic(al); m cynic
cinste ['chinste] f honesty; honor; faithfulness; virtue; respect;
    esteem; treat
cinsti [chin'sti] vt to honor; to respect
cinteză ['chinteză] f finch
cioară ['chwară] f crow
ciob [chob] n shiver
cioban [cho'ban] m shepherd
cioc [chok] n bill, beak; interj knock
ciocan [cho'kan] n hammer
ciocăni [chokă'ni] vt to hammer; to peck; vi to knock; to
    hammer; to peck
ciocîrlie [chokîr'lie] f lark
cioclu ['choklu] m mortician; undertaker
ciocni [chok'ni] vt to knock; to clink; vr to run into, to bump
    into, to collide (with)
ciocolată [choko'lată] f chocolate
ciolan [cho'lan] n bone
ciomag [cho'mag] n club
ciondăni [chondă'ni] vr to bicker; to squabble

ciopîrți [chopîr'tsi] vt to chop, to hack

ciopli [cho'pli] vt to carve; to cut

ciorap [cho'rap] m sock; stocking

ciorbă ['chorbă] f broth, sour soup

ciorchine [chor'kine] m bunch, cluster

ciornă ['chornă] f rough copy; draft

ciot [chot] n stump; knot

ciozvîrtă [choz'vîrtă] f hunk; quarter

circ [chirk] n circus

circa ['chirka] adv about, approximately

circuit [chirku'it] n circuit

circula [chirku'la] vi to run; to circulate; to ply

circumscripție [chirkum'skriptsie] f district

circumstanță [chirkum'stantsă] f circumstance

cireadă [chi'readă] f herd

cireașă [chi'reashă] f sweet cherry

ciripi [chiri'pi] vi to chirp, to twitter

cisternă [chis'ternă] f tank

cișmea [chish'mea] f (drinking) fountain; (water) pump

cita [chi'ta] vt to quote, to cite; to subpoena; to summon

citadelă [chita'delă] f citadel

citadin [chita'din] adj urban

citeț [chi'tets] adj legible; adv legibly

citi [chi'ti] vt to read; to peruse; vi to read

citrice ['chitriche] f pl citrus fruit

citronadă [chitro'nadă] f lemonade

ciucure ['chukure] m tassel

ciudat [chu'dat] adj strange, odd, curious; adv strangely

ciuda ['chudă] f grudge, spite

ciudățenie [chudă'tsenie] f strangeness; oddity

ciuguli [chugu'li] vt to pick (at); to peck (at)

ciuli [chu'li] vt to prick

ciulin [chu'lin] m thistle

ciuma ['chumă] f plague

ciung [chung] adj one-armed

ciunti [chun'ti] vt to curtail; to cut short; to cut off

ciupercă [chu'perkă] f fungus; mushroom; toadstool

ciupi [chu'pi] vt to pinch; to bite; to nip; to pluck; to pilfer

ciur [chur] n sieve

civic ['chivik] adj civic

civil [chi'vil] adj civilian; civil; plain; m civilian

cizela [chize'la] vt to polish

cizmar [chiz'mar] m shoemaker; cobbler

cizmă ['chizmă] f boot; high boot

cîine ['kîine] m dog; beast

cîmp [kîmp] n field; plain

cîmpie [kîm'pie] f plain

cînd [kînd] adv when; conj while, when, as; whenever; adv
        once, formerly; some day

cînepă ['kînepă] f hemp

cînta [kîn'ta] vt to sing; to play; to blow; to crow

cîntar [kîn'tar] n balance

cîntări [kîntă'ri] vt to weigh; vi to weigh

cîntec ['kîntek] n song; tune

cîrcel [kîr'chel] m cramp; tendril

cîrciumă ['kîrchumă] f pub

cîrcotaş [kîrko'tash] adj querulous

cîrd [kîrd] n flock; bevy; group; herd

cîrîi [kîrî'i] vi to croak

cîrjă ['kîrzhă] f crutch

cîrlig [kîr'lig] n hook
cîrlionţ [kîrli'onts] m curl, lock
cîrmă ['kîrmă] f helm
cîrn [kîrn] adj snub, turned-up (nose); snub-nosed
cîrnat [kîr'nat] m sausage
cîrpaci [kîr'pach] m bungler
cîrpă ['kîrpă] f cloth; rag; duster
cîrti [kîr'ti] vi to grumble
cîrtiţă ['kîrtitsă] f mole
cîştig [kîsh'tig] n earnings; gain; income; profit; saving
cît [kît] m adj how much; m pr how long, how much; adv
      how; how much; how long; conj as much as; as/so
      long as; however; prep like; as; n quotient
cîteodată [kîteo'dată] adv now and then, sometimes
cîteva [kîte'va] f pl adj, pr a few; some; several; a number of
cîţi ['kîtsi] m pl adj, pr how many
cîţiva [kîtsi'va] m pl adj, pr a few, some; several, a number of
clamă ['klamă] f (paper) clip
clandestin [klandes'tin] adj clandestine, covert; adv secretly
clanţă ['klantsă] f door handle
clapă ['klapă] f key; flap
clar [klar] adj evident; clear; intelligible; adv evidently; clearly;
      obviously
clarinet [klari'net] n clarinet
clasa [kla'sa] vt to classify; to file; to grade; to sort out; to
      close; to quash; vr to come first/last
clasă ['klasă] f form, grade; class; classroom
clasic ['klasik] adj classical; classic; standard; m classic
clauză ['klauză] f clause, stipulation, proviso
clavecin [klave'chin] n harpsichord

claviatură [klavia'tură] f keyboard

claxon [klak'son] n horn

claxona [klakso'na] vi, vt to honk, to hoot

clăbuc [klă'buk] m lather

clădi [klă'di] vt to build (up); to construct

clănțăni [klăntsă'ni] vi to chatter (one's teeth)

clăpăug [klăpă'ug] adj flopping

clăti [klă'ti] vt to rinse

clătina [klăti'na] vt to shake; to toss; to rock

clătită [klă'tită] f pancake

clei [klei] n glue

clemă ['klemă] f clamp

clemență [kle'mentsă] f mercy

cler [kler] n clergy

cleşte ['kleshte] m tongs; pliers; pincers

cleveti [kleve'ti] vi to gossip; to blab

clică ['klikă] f clique

client [kli'ent] m customer; client; guest; patron

climat [kli'mat] n climate

climă ['klimă] f climate

clinchet ['klinket] n jingle; tinkling; clinking

clinic ['klinik] adj clinical

clinti [klin'ti] vt to move; vr to stir

clipă ['klipă] f instant, moment

clipi [kli'pi] vi to blink; to wink

clipoci [klipo'chi] vi to ripple

clişeu [kli'sheu] n negative; print; tag

cloci [klo'chi] vt to hatch; vi to hatch; to brood

clocoti [kloko'ti] vi to seethe; to boil

clopot ['klopot] n bell

clor [klor] n chlorine
clorofilă [kloro'filă] f chlorophyl
closet [klo'set] n lavatory, water closet; latrine
cloşcă ['kloshkă] f brood hen
clovn [klovn] m clown
club [klub] n club
coacăză ['kwakăză] f currant
coace ['kwache] vt to bake; vi to cook; vr to ripen; to age
coadă ['kwadă] f tail; handle; pigtail; stalk; line, queue
coafa [kwa'fa] vt to dress; vr to have one's hair done
coagula [kwagu'la] vt, vr to coagulate
coajă ['kwazhă] f rind; crust; bark; skin, peel; shell
coală ['kwală] f sheet of paper
coaliţie [koa'litsie] f coalition
coamă ['kwamă] f mane
coapsă ['kwapsă] f thigh
coardă ['kwardă] f chord; cord; string
coase ['kwase] vt, vi to sew
coastă ['kwastă] f coast; shore; slope; rib
cobai ['kobai] m guinea pig
coborî [kobo'rî] vt to go down; to get down; to lower; to climb
        down; to put down; vi to get down; to fall; to get off
cobră ['kobră] f cobra
coc [kok] n loop (of hair)
cocaină [koka'ină] f cocaine
cocă ['kokă] f dough
cochet [ko'ket] adj coquettish, arch; pretty; smart
cochilie [ko'kilie] f shell
cocină ['kochină] f pigsty
cocioabă [ko'chwabă] f shanty

cocoaşă [ko'kwashă] f hunch, hump

cocoloş [koko'losh] n lump, ball, pellet

cocor [ko'kor] m crane

cocoş [ko'kosh] m cock, rooster

cocoşa [koko'sha] vr to bend; to hunch up one's shoulders

cocoţa [koko'tsa] vr to perch

cocteil ['kokteil] n cocktail (party)

cod [kod] m cod, cod fish; n code

codaş [ko'dash] m laggard

codru ['kodru] m forest

coerent [koe'rent] adj coherent

coeziune [koezi'une] f cohesion

cofetărie [kofetă'rie] f confectioner's

coif [koif] n helmet

coincide [koin'chide] vi to coincide (with)

cointeresare [kointere'sare] f incentive(s)

coji [ko'zhi] vt to peel (off); to bark

colabora [kolabo'ra] vi to contribute (to); to cooperate

colcăi [kolkă'i] vi to swarm

colecta [kolek'ta] vt to collect; to gather (together)

colectiv [kolek'tiv] n staff; personnel; group; community; adj collective

colecţionar [kolektsio'nar] m collector

coleg [ko'leg] m colleague; mate, fellow

colet [ko'let] n parcel

colibă [ko'libă] f hut, cabin

colier [koli'er] n necklace

colină [ko'lină] f mound, hillock, knoll

colind [ko'lind] n Christmas carol

colivie [koli'vie] f cage

coloană [ko'lwană] f column

colocviu [ko'lokviu] n oral exam(ination)

colonel [kolo'nel] m colonel

colonial [kolo'nial] adj colonial

colonie [kolo'nie] f colony; camp

colora [kolo'ra] vt to color, to stain; vr to color (up)

colosal [kolo'sal] adj enormous, colossal

colţ [kolts] n corner; angle; m fang; canine; tooth

comanda [koman'da] vt to order; to command

comă ['komă] f coma

combate [kom'bate] vt to combat, to fight against

combina [kombi'na] vt, vr to combine (with)

combinezon [kombine'zon] n overalls; slip

combustibil [kombus'tibil] m fuel; adj combustible

comedie [kome'die] f comedy; farce

comemora [komemo'ra] vt to commemorate

comenta [komen'ta] vt to comment (on)

comercial [komerchi'al] adj commercial, trade

comerciant [komerchi'ant] m merchant, tradesman

comerţ [ko'merts] n trade

comesean [kome'sean] m table companion; diner

comestibil [komes'tibil] adj edible

cometă [ko'metă] f comet

comic ['komik] adj comic; funny; m comic actor

comisie [ko'misie] f board, committee

comision [komisi'on] n service, errand

comitat [komi'tat] n county

comite [ko'mite] vt to commit; to make

comoară [ko'mwară] f treasure

comod [ko'mod] adj comfortable, easy; quiet, calm; indolent

comodă [ko'modă] f chest-of-drawers

companie [kompa'nie] f company, presence

compara [kompa'ra] vt to compare; vr to compare (with)

compartiment [komparti'ment] n compartment

compas [kom'pas] n compasses; compass

compasiune [kompasi'une] f sympathy (for)

compatibil [kompa'tibil] adj consistent (with)

compatriot [kompatri'ot] m fellow countryman, compatriot

compătimi [kompăti'mi] vt to pity; to take pity on

compensa [kompen'sa] vt to make up for

competent [kompe'tent] adj competent

competitiv [kompeti'tiv] adj competitive

competiţie [kompe'titsie] f competition

complace [kom'plache] vr to indulge (in); to be satisfied

complet [kom'plet] adj entire, complete; full (up); adv fully,
      completely

complex [kom'pleks] adj complex

complica [kompli'ka] vt to complicate; vr to become
      complicated

complice [kom'pliche] m accomplice

compliment [kompli'ment] n compliment; pl regards

complot [kom'plot] n plot

component [kompo'nent] adj constituent, component

comporta [kompor'ta] vt to consist of, to comprise; to require;
      vr to behave

compot [kom'pot] n stewed fruit

compozitor [kompozi'tor] m composer

compoziţie [kompo'zitsie] f composition

comprima [kompri'ma] vt to reduce, to cut down; to compress,
      to press together

compromis [kompro'mis] n compromise

compromite [kompro'mite] vt to compromise; vr to discredit oneself

compune [kom'pune] vt to compose; to make up; to form; to draft, to write; vr to consist (of)

comun [ko'mun] adj common; communal, shared; joint; ordinary; mutual; commonplace

comună [ko'munä] f commune

comunism [komu'nism] n communism

comunica [komuni'ka] vt to communicate; to pass on, to convey; to inform; to transmit; vi to communicate; to be in touch

conac [ko'nak] n manor house, mansion; country house

concedia [konchedi'a] vt to dismiss; to lay off; to fire

concediu [kon'chediu] n vacation, holiday; leave

concentra [konchen'tra] vt to concentrate; vr to concentrate, to focus (on)

concentrat [konchen'trat] adj intent (on); terse; concise

concepe [kon'chepe] vt to conceive (of); to plan, to design

concept [kon'chept] n concept; draft

concepție [kon'cheptsie] f conception, outlook; design

concern [kon'chern] n concern

concert [kon'chert] n concert; concerto

concesie [kon'chesie] f concession

conchide [kon'kide] vt, vi to conclude

concis [kon'chis] adj concise

concludent [konklu'dent] adj conclusive

concluzie [kon'kluzie] f conclusion

concomitent [konkomi'tent] adj concomitant

concorda [konkor'da] vi to tally, to agree; to correspond

concret [kon'kret] adj concrete

concura [konku'ra] vi to compete (with)

concurent [konku'rent] m competitor; candidate

concurs [kon'kurs] n contest; competition; competitive exam; aid, help

condamna [kondam'na] vt to condemn; to sentence; to convict; to blame

condensa [konden'sa] vt, vr to condense

condescendent [kondeschen'dent] adj condescending

condică ['kondikă] f book, register; roll

condiment [kondi'ment] n spice

condiție [kon'ditsie] f condition; pl terms; position; circumstance

condoleanțe [kondole'antse] f pl condolences

conducător [konducă'tor] m leader; ruler; chief; guide; adj ruling; leading

conduce [kon'duche] vt to drive; to lead; to govern; to rule; to manage; to direct; to guide; to see; vi to drive; to lead

conductă [kon'ductă] f pipe

conecta [konek'ta] vt to connect

conexiune [koneksi'une] f connection

confecții [kon'fektsii] f pl ready-made clothes; ready-to-wear/off-the-peg garment

confederație [konfede'ratsie] f confederation

conferenția [konferen'tsia] vi to lecture (on)

conferi [konfe'ri] vt to grant; to confer; vi to talk (with)

conferință [konfe'rintsă] f lecture; conference

confesiune [konfesi'une] f confession

confidenţă [konfi'dentsă] f confession

confirma [konfir'ma] vt to confirm; to acknowledge

confisca [konfis'ka] vt to confiscate

conflict [kon'flikt] n conflict

confluenţă [konflu'entsă] f juncture

conform [kon'form] prep in accordance with; in keeping with; adj according (to); corresponding (to); true to

confort [kon'fort] n comfort; conveniences

confortabil [konfor'tabil] adj cosy, comfortable

confrunta [konfrun'ta] vt to confront; to compare, to collate

confunda [konfun'da] vt to confuse, to mix up; to confound; to mistake (for); vr to merge; to be identical

confuz [kon'fuz] adj vague; muddled; mixed-up

congela [kondje'la] vt to freeze

congestie [kon'djestie] f congestion

congres [kon'gres] n congress

coniac [ko'niak] n brandy, cognac

conjuga [konzhu'ga] vt to conjugate; to combine; to unite

conjunctură [konzhun'ktură] f circumstances; climate

conlucra [konlu'kra] vi to cooperate (with)

conopidă [kono'pidă] f cauliflower

consacra [konsa'kra] vt, vr to devote (oneself)

consecinţă [konse'chintsă] f consequence; result

consecutiv [konseku'tiv] adj consecutive; adv running, on end

consecvent [konsek'vent] adj consistent

consens [kon'sens] n agreement

conserva [konser'va] vt to preserve

conservă [kon'servă] f canned/tinned food; tin

consfătui [konsfătu'i] vr to confer (with)

consfinţi [konsfin'tsi] vt to sanction

considera [konside'ra] vt to think; to consider, to deem

considerabil [konside'rabil] adj considerable, significant,
        extensive; great; much

consilier [konsili'er] m adviser, counsellor

consiliu [kon'siliu] n council; board

consimţi [konsim'tsi] vi to agree, to consent

consistent [konsis'tent] adj thick; solid; substantial

consola [konso'la] vt to comfort, to console; vr to console
        oneself (with)

consolida [konsoli'da] vt, vr to strengthen; to consolidate

conspect [kon'spekt] n summary

conspiraţie [konspi'ratsie] f conspiracy

consta [kon'sta] vi to consist in, to lie in; to consist of; to be
        composed of

constant [kon'stant] adj constant; adv constantly

constata [konsta'ta] vt to note; to certify; to ascertain; to find;
        to state

constelaţie [konste'latsie] f constellation

consterna [konster'na] vt to dismay; to perplex

constipaţie [konsti'patsie] f constipation

constitui [konstitu'i] vt to set up; to put together; to make up,
        to constitute

constituţie [konsti'tutsie] f constitution

constrînge [kon'strîndje] vt to compel, to force

construcţie [kon'struktsie] f construction, building

construi [konstru'i] vt to construct; to build; to erect; to
        design; to set up

consul ['konsul] m consul

consulta [konsul'ta] vt to consult; vi to be in, to hold surgery;
        vr to consult (with)

consum [kon'sum] n consumption

conştient [konshti'ent] adj aware (of), conscious

conştiincios [konshtiin'chos] adj conscientious

conştiinţă [kon'shtiintsă] f conscience

cont [kont] n account; explanation; consideration

contact [kon'takt] n contact; touch

contagios [kontadji'os] adj contagious; infectious; catching

contamina [kontami'na] vt to contaminate

conte ['konte] m count; earl

contempla [kontem'pla] vt to contemplate

contemporan [kontempo'ran] m, adj contemporary

conteni [konte'ni] vt, vi to cease

contesta [kontes'ta] vt to question, to contest; vi to protest, to
         rebel (against)

context [kon'tekst] n context

continent [konti'nent] n continent

continua [kontinu'a] vt to continue, to carry on, to go on
         (with); vi to continue, to go on; to last

continuu [kon'tinuu] adj continuous; incessant; permanent;
         constant

contopi [konto'pi] vt to fuse; vi, vr to merge

contor [kon'tor] n register, meter

contra ['kontra] prep against; contrary to; in exchange for;
         versus

contrabandă [kontra'bandă] f contraband, smuggling; smuggled
         goods

contracara [kontraka'ra] vt to thwart; to counteract

contract [kon'trakt] n agreement, contract

contradicţie [kontra'diktsie] f contradiction

contrafăcut [kontrafă'kut] adj counterfeit; forged

contramanda [kontraman'da] vt to cancel, to annul

contrar [kon'trar] adj opposite, contrary (to)

contraria [kontrari'a] vt to annoy, to bother; to vex; to thwart, to frustrate

contrast [kon'trast] n contrast

contraveni [kontrave'ni] vi to contravene

contravenţie [kontra'ventsie] f fine

contrazice [kontra'ziche] vt to contradict; to be/to run contrary to; to contradict oneself

contribui [kontribu'i] vi to contribute (to)

control [kon'trol] n checking, check; supervision; monitoring; control; test

controversă [kontro'versă] f controversy

contur [kon'tur] n outline

contuzie [kon'tuzie] f bruise

conţine [kon'tsine] vt to contain; to hold

convenabil [konve'nabil] adj suitable, convenient; decent; satisfactory; cheap

conveni [konve'ni] vi to be suitable; to suit; to agree on

convenţie [kon'ventsie] f convention

conversa [konver'sa] vi to talk

converti [konver'ti] vt to convert

convieţui [konvietsu'i] vi to live together

convingător [konvingă'tor] adj convincing

convinge [kon'vindje] vt to convince; to persuade; vr to make sure

convoca [konvo'ka] vt to summon; to convene; to ask to attend

convoi [kon'voi] n convoy; train; procession

convorbire [konvor'bire] f conversation
convulsie [kon'vulsie] f convulsion
coopera [koope'ra] vi to cooperate (in)
coordona [koordo'na] vt to coordinate
copac [ko'pak] m tree
copcă ['kopkă] f clasp
copia [kopi'a] vt to copy; to crib
copie ['kopie] f copy; script, paper
copil [ko'pil] m child; kid; baby; boy; girl; son; daughter
copios [kopi'os] adj copious
copită [ko'pită] f hoof
copleşi [kople'shi] vt to overwhelm, to overcome
copt [kopt] adj mature, ripe; baked; mellow
cor [kor] n chorus; choir
corabie [ko'rabie] f ship
coral [ko'ral] m coral; n choral
corb [korb] m raven
cordon [kor'don] n girdle, belt; cordon
corect [ko'rekt] adj correct; fair; adv accurately
coregrafic [kore'grafik] adj choreographic
coresponda [korespon'da] vi to correspond (with)
corespunde [kores'punde] vi to correspond, to tally
corespunzător [korespunză'tor] adj according to; proper
coridor [kori'dor] n corridor
corn [korn] n horn; antler; m bugle
coroană [ko'rwană] f crown; wreath, circlet
corobora [korobo'ra] vt to corroborate
coroiat [koro'iat] adj hooked, aquiline, hawk
corolar [koro'lar] n corollary
corp [korp] n body; corps

corporaţie [korpo'ratsie] f corporate body; corporation
corset [kor'set] n girdle; bodice; corset
cort [kort] n tent
cortegiu [kor'tedju] n train; procession
corupător [korupă'tor] m seducer
cortină [kor'tină] f curtain
corupe [ko'rupe] vt to corrupt; to pervert; to bribe
corvoadă [kor'vwadă] f chore; drudgery; corvee
cosi [ko'si] vt to mow
cositor [ko'sitor] n tin
cosmetică [kos'metikă] f cosmetics
cosmic ['kosmik] adj space, cosmic
cosmonaut [kosmona'ut] m spaceman
cosmopolit [kosmopo'lit] adj cosmopolitan; m cosmopolite
cosmos ['kosmos] n cosmos, universe
cost [kost] n cost; price
costisitor [kostisi'tor] adj expensive
costum [kos'tum] n suit; costume; dress
coş [kosh] n basket; funnel; chimney
coşciug [kosh'chug] n coffin
coşmar [kosh'mar] n nightmare
cot [kot] n elbow; nudge; bend
cotă ['kotă] f quotation; quoted value; share; rating
cotcodăci [kotkodă'chi] vi to cackle
coteţ [ko'tets] n hen coop; dog kennel; pigsty
cotidian [kotidi'an] adj daily, everyday; n daily (paper)
cotizaţie [koti'zatsie] f due(s)
cotlet [kot'let] n chop
cotoi [ko'toi] m tomcat
cotor [ko'tor] n spine; stalk

cotoroanţă [koto'rwantsă] f hag
cotrobăi [kotrobă'i] vi to rummage (in, about)
cotropi [kotro'pi] vt to invade
coţofană [kotso'fană] f magpie
covor [ko'vor] n rug; carpet
covrig [ko'vrig] m pretzel, cracknel
cozonac [kozo'nak] m pound cake
crab [krab] m crab
crai [krai] m emperor; flirt
crainic ['krainik] m (radio) announcer
cramă ['kramă] f wine cellar
crampă ['krampă] f cramp
craniu ['kraniu] n skull
crap [krap] m carp
crater ['krater] n crater
cratiţă ['kratitsă] f pan
craul [kraul] n crawl
cravată [kra'vată] f (neck) tie; scarf
Crăciun [kră'chun] n Christmas, X-mas
crănţăni [krăntsă'ni] vt to crunch
crăpa [kră'pa] vt to crack; to split; to chop; vi to crack
crea [kre'a] vt to create; to invent; to found
creangă ['kreangă] f branch
creastă ['kreastă] f crest; comb; ridge
crede ['krede] vt to believe; to guess, to think; vr to consider
          oneself; to be conceited
credinţă [kre'dintsă] f faith; loyalty, faithfulness; belief
credit ['kredit] n credit
credul [kre'dul] adj credulous, gullible; simple-minded
creier ['kreier] m brain(s)

creion [kre'ion] n pencil

crem [krem] adj cream-colored

crematoriu [krema'toriu] n crematorium; garbage incinerator, destructor

cremă ['kremă] f cream

crepuscul [kre'puskul] n twilight

crescător [kreskă'tor] m breeder

cresta [kres'ta] vt to notch

creşă ['kreshă] f nursery, creche; child care

creşte ['kreshte] vt to grow; to breed; to bring up; vi to grow (up); to increase; to rise

creştet ['kreshtet] n crown (of the head); top

creştin [kresh'tin] m, adj Christian

cretă ['kretă] f chalk

cretin [kre'tin] m, adj idiot

creton [kre'ton] chintz

creţ [krets] adj curly; n crease; wrinkle

crez [krez] n creed

cric [krik] jack

crichet ['kriket] n cricket

crimă ['krimă] f crime

crin [krin] m lily

crispa [kris'pa] vt to tense; vr to contract; to tense; to clench; to get tense

cristal [kris'tal] n crystal; pl glassware

criteriu [kri'teriu] n criterion

critic ['kritik] adj critical; m critic

crivăţ ['krivăts] n north wind

crizantemă [krizan'temă] f chrysanthemum

criză ['kriză] f crisis; fit; attack

crîmpei [krîm'pei] n fragment; pl scraps; pl snatches
crîncen ['krînchen] adj terrible
crîng [krîng] n grove
croazieră [krwazi'eră] f cruise
crocant [kro'kant] adj crisp
crocodil [kroko'dil] m crocodile
croi [kro'i] vt to cut (out)
croitor [kroi'tor] m tailor
crom [krom] n chromium
cromozom [kromo'zom] m chromosome
croncăni [kronkă'ni] vi to croak
cronic ['kronik] adj chronic
cronică ['kronikă] f chronicle
cronologic [krono'lodjik] adj chronological
cronometru [krono'metru] n stopwatch
cros [kros] n cross country race
cruce ['kruche] f cross; crossroads
cruciş [kru'chish] adj crosswise; askance
crud [krud] adj cruel; raw; green; young
crunt [krunt] adj awful; savage
crustaceu [krusta'cheu] n shellfish
crustă ['krustă] f crust; rind; scab
cruţa [kru'tsa] vt, vr to spare (oneself)
cruzime [kru'zime] f cruelty
ctitor ['ktitor] m founder
cu [ku] prep with; of; adv with; for
cub [kub] n cube; brick
cuc [kuk] m cuckoo
cuceri [kuche'ri] vt to win; to conquer; to subjugate
cucui [ku'kui] n lump, bump

cucurigu [kuku'rigu] interj cock-a-doodle-doo

cucută [ku'kută] f hemlock

cucuvaie [kuku'vaie] f owl

cufăr ['kufăr] n chest, trunk

cufunda [kufun'da] vt, vr to plunge (into)

cuget ['kudjet] n conscience; mind

cui [kui] n nail

cuib [kuib] n nest

cuier [ku'ier] n peg; hanger; hall stand

culca [kul'ka] vt to put to bed; to put up; to lay down; vr to go
        to bed; to lie down; to sleep

culege [ku'ledje] vt to pick, to gather; to harvest, to reap

cules [ku'les] n harvest; vintage

culinar [kuli'nar] adj culinary

culise [ku'lise] f pl wings; backstage

culme ['kulme] f peak, summit; climax; acme

culoar [ku'lwar] n corridor, passage; gangway; bus lane; lane;
        gully

culoare [ku'lware] f color; shade

culpă ['kulpă] f guilt; fault

cult [kult] adj (well-) educated; cultured, cultivated; n religion;
        cult; worship

cultural [kultu'ral] adj cultural

cultură [kul'tură] f crop; cultivation; growing; culture

cum [kum] adv how; what; conj how; because, since, as

cuminte [ku'minte] adj good; quiet; obedient; reasonable;
        sensible

cumnat [kum'nat] m brother-in-law

cumnată [kum'nată] f sister-in-law

cumpănă ['kumpănă] f balance; hesitation; sweep

cumpăra [kumpă'ra] vt to buy, to purchase; to bribe
cumpăt ['kumpăt] n balance
cumplit [kum'plit] adj terrible
cumsecade [kumse'kade] adj decent; adv decently
cumva [kum'va] adv somehow; perhaps
cunoaşte [ku'nwashte] vt to know; to experience; to be
    acquainted with; to meet; to witness; to recognize; vr
    to meet
cunoscut [kunos'kut] m acquaintance; adj (well-)known
cunoştinţă [kunosh'tintsă] f knowledge; acquaintance;
    consciousness
cununa [kunu'na] vt, vr to marry
cununie [kunu'nie] f marriage; wedding
cupă ['kupă] f goblet; cup
cuplu ['kuplu] n pair, couple
cupolă [ku'polă] f dome; cupola
cupon [ku'pon] n coupon; roll, remnant
cuprinde [ku'prinde] vt to contain; to include; to overwhelm
cuprins [ku'prins] n extent; content(s)
cupru ['kupru] n copper
cuptor [kup'tor] n oven; furnace
curaj [ku'razh] n courage, guts
curat [ku'rat] adj clean; neat; pure; fresh; honest; sheer
curä ['kură] f cure
curăţa [kură'tsa] vt to clean; to clear; to launder; to peel
curăţenie [kură'tsenie] f cleaning; cleanliness
curcan [kur'kan] m turkey
curcă ['kurkă] f turkey hen
curcubeu [kurku'beu] n rainbow
curea [ku'rea] f belt; strap

curent [ku'rent] adj common; standard; instant; current; fluent; m current; stream; draught; n current; trend

curge ['kurdje] vi to run, to flow; to leak; to pass

curier [kuri'er] m messenger

curios [kuri'os] adj curious; strange; inquisitive

curînd [ku'rînd] adv soon

curma [kur'ma] vt to interrupt; to break off

curmală [kur'mală] f date

curmeziş [kurme'zish] adv across, crosswise

curs [kurs] n lesson; class; course; flow; trend; rate

cursă ['kursă] f running; ride, drive; race; trip; errand; trap

curta [kur'ta] vt to woo, to court

curte ['kurte] f yard; court; playground

custode [kus'tode] m custodian

cusur [ku'sur] n flaw; defect; fault, failing; shortcoming

cuşcă ['kushkă] f cage; dog kennel

cutare [ku'tare] adj that; pr so-and-so

cută ['kută] f wrinkle, line; fold; pleat; crease

cuteza [kute'za] vt to dare

cutezător [kuteză'tor] adj daring, bold, dauntless

cutie [ku'tie] f box

cutreiera [kutreie'ra] vt to scour

cutremur [ku'tremur] n earthquake

cuţit [ku'tsit] n knife

cuveni [kuve'ni] vr to be proper

cuvertură [kuver'tură] f counterpane

cuviincios [kuviin'chos] adj civil; adv decently

cuvînt [ku'vînt] n word; speech; floor; account

cvartet [kvar'tet] n quartet

D

da [da] vt to give; to produce; to put on; to show; to grant; to supply; vi to strike; adv yes, yea, yeah, yep; really?

dac [dak] m, adj Dacian

dacă ['dakă] conj if, in case; provided, providing; suppose, supposing; whether

dactilograf [daktilo'graf] m typist

dafin ['dafin] m laurel

dalie ['dalie] f dahlia

daltă ['daltă] f chisel

daltonist [dalto'nist] adj color-blind

damigeană [dami'djeană] f demijohn

dans [dans] n dance

dantelă [dan'telă] f lace

dantură [dan'tură] f teeth

dar [dar] n gift; present; conj but

darnic ['darnik] adj generous

dascăl ['daskăl] m school master; teacher

dată ['dată] f date; time; pl data

datină ['datină] f custom, tradition

datora [dato'ra] vt to owe; vr to be due to

datorie [dato'rie] f debt; duty; obligation; credit

dăuna [dău'na] f harm; damage

de [de] prep from; of; about; with; for; out of; by; adv for good; completely; conj if

deal [deal] n hill

debandadă [deban'dadă] f rout; disorder; confusion; scattering

debara [deba'ra] f lumberroom; junk cupboard

debarasa [debara'sa] vr to get rid (of)

debarca [debar'ka] vi to land; to get off

debil [de'bil] adj weak, feeble; delicate

debit ['debit] n tobacconist's; flow; turnover; delivery; debit

debloca [deblo'ka] vt to free; to release; to clear away

debuşeu [debu'sheu] n outlet; opening; market

debut [de'but] n beginning, start; debut

debuta [debu'ta] vi to begin, to start; to make one's debut

decadent [deka'dent] m, adj decadent

decala [deka'la] vt to bring forward; to put back; to shift
       forward or back

decan [de'kan] m dean

decapita [dekapi'ta] vt to behead; to decapitate

decapotabil [dekapo'tabil] adj convertible

decădea [dekă'dea] vi to decay, to fall into decay; to go down

deceda [deche'da] vi to decease

decembrie [de'chembrie] m December

deceniu [de'cheniu] n decade

decent [de'chent] adj decent

decepţie [de'cheptsie] f disappointment

decerna [decher'na] vt to award

deces [de'ches] n death; demise

deci ['dech] conj consequently, therefore

decide [de'chide] vt to decide; to determine; to settle; vr to
       make up one's mind

decizie [de'chizie] f decision; judgment

declama [dekla'ma] vt, vi to recite

declanşa [deklan'sha] vt to release; to trigger; to spark; to
       launch

declara [dekla'ra] vt to declare; to register; to pronounce; vr to
       break out

declin [de'klin] n decline

declina [dekli'na] vt to decline; to refuse to accept

decola [deko'la] vi to take off

decolora [dekolo'ra] vt to discolor; vr to lose color

decoltat [dekol'tat] adj low-cut; low-necked; bare-shouldered

decolteu [dekol'teu] n low neck(line); cleavage

deconcerta [dekoncher'ta] vt to disconcert, to confound

deconecta [dekonek'ta] vt to disconnect

deconta [dekon'ta] vt to discount

decor [de'kor] n decor; scenery

decora [deko'ra] vt to adorn; to decorate

decret [de'kret] n decree

decupa [deku'pa] vt to cut out

decurge [de'kurdje] vi to happen, to go on, to occur; to result
    (from), to follow

deda [de'da] vr to indulge in

dedesubt [dede'subt] adv below; n pl secrets

dedica [dedi'ka] vt, vr to dedicate, to devote oneself to; to
    sign, to autograph (for)

deduce [de'duche] vt to infer, to deduce (from)

defavoriza [defavori'za] vt to put at a disadvantage

defăima [defăi'ma] vt to libel; to defame

defect [de'fekt] n fault; flaw; failing; defect; lack (of); shortage
    (of); shortcoming

defensiv [defen'siv] adj defensive

deferi [defe'ri] vt to refer; to submit

deficient [defichi'ent] adj deficient

deficit [defi'chit] n deficit; adj short; adverse

defila [defi'la] vi to march past; to parade; to stream

defileu [defi'leu] n gorge/pass

defini [defi'ni] vt to define

definitiv [defini'tiv] adj final, definitive; adv definitely

deforma [defor'ma] vt to put out of shape; to distort; to deform; vr to lose its shape

degenera [dedjene'ra] vi to degenerate; to go from bad to worse

degera [dedje'ra] vt to suffer from frostbite

deget ['dedjet] n finger; toe

deghiza [degi'za] vt, vr to disguise (oneself); to dress up

degrada [degra'da] vt to damage; to deface; vr to degrade; to deteriorate

deja [de'zha] adv already; yet

dejuca [dezhu'ka] vt to elude, to foil; to baffle, to thwart

dejun [de'zhun] n lunch

delapida [delapi'da] vt to embezzle

delăsare [delă'sare] f neglect

delecta [delek'ta] vt to delight; vr to delight (in)

delega [dele'ga] vt to delegate

delfin [del'fin] m dolphin

delibera [delibe'ra] vi to deliberate

delicat [deli'kat] adj frail; delicate; tactful; fussy; soft; gentle; ticklish; thoughtful

delicios [deli'chos] adj delicious; delightful; charming

delict [de'likt] n offense

delimita [delimi'ta] vt to limit; to demarcate; to define; to determine

delincvent [delin'kvent] m delinquent

delira [deli'ra] vi to be delirious; to be raving

deloc [de'lok] adv (not) at all

deltaplan [delta'plan] n hang-glider

deltă ['deltă] f delta

deluros [delu'ros] adj hilly

demagog [dema'gog] m demagogue

demara [dema'ra] vi to start; to move off; to get moving

demasca [demas'ka] vt to show up, to expose

dement [de'ment] adj demented, crazy, mad; n madman, lunatic

demers [de'mers] n approach; step; thought processes

demilitariza [demilitari'za] vt to demilitarize

demisiona [demisio'na] vt to resign

demn [demn] adj dignified; worthy of

demobiliza [demobili'za] vt to demob(ilize); to discourage

democrat [demo'krat] m democrat; adj democratic

demoda [demo'da] vr to become old-fashioned

demographic [demo'grafik] adj demographic, population

demola [demo'la] vt to demolish; to pull down

demonstra [demons'tra] vt to prove; to demonstrate

demonta [demon'ta] vt to take down; to dismantle; to take to pieces

demoraliza [demorali'za] vt to dishearten, to demoralize

demult [de'mult] adv long ago; for a long time

denatura [denatu'ra] vt to alter; to distort; to falsify

denigra [deni'gra] vt to run down; to denigrate; to disparage

denota [deno'ta] vt to denote

dens [dens] adj dense, thick

dentist [den'tist] m dentist

denuclearizat [denukleari'zat] adj atom-free

denumi [denu'mi] vt to name; to call

denunţa [denun'tsa] vt to expose; to denounce

deoarece [deware'che] conj as; because, since

deocamdată [deokam'dată] adv for the time being

deodată [deo'dată] adv at once; suddenly

deodorant [deodo'rant] n deodorant

deopotrivă [deopo'trivă] adv alike

deosebi [deose'bi] vt to tell; to distinguish; vr to differ

deosebit [deose'bit] adj different; remarkable

departament [departa'ment] n department

departe [de'parte] adv far (away, off); a long way (to)

depăna [depă'na] vt to spin

depărta [depăr'ta] vt to move away; to ward off; to remove; vr
    to move off; to go away; to become estranged

depărtare [depăr'tare] f gap, distance

depărtat [depăr'tat] adj far away from, distant, remote

depăşi [depă'shi] vt to pass, to go past; to overtake, to outrun;
    to exceed; to surpass

dependent [depen'dent] adj dependent (on)

depinde [de'pinde] vi to depend; to belong; to be dependent on

depista [depis'ta] vt to track down; to detect

deplasa [depla'sa] vt to move, to shift; to transfer; vr to move;
    to travel

deplin [de'plin] adj complete; full; perfect; adv thoroughly

deplînge [de'plîndje] vt to grieve; to sympathize with

deplorabil [deplo'rabil] adj appalling, dreadful

deporta [depor'ta] vt to deport

deposeda [depose'da] vt to deprive (of)

depozit [de'pozit] n warehouse, storehouse; deposit

depoziţie [depo'zitsie] f testimony

depravare [depra'vare] f corruption

deprecia [deprechi'a] vt to depreciate

depresiune [depresi'une] f depression; breakdown

deprima [depri'ma] vt to depress; to dishearten

deprinde [de'prinde] vt to get into the habit (of), to accustom; vr to get accustomed

depune [de'pune] vt to lay/to put down; to deposit; to drop; to set down; to testify; vr to settle; to fall out

deputat [depu'tat] m deputy; representative; Member of Parliament, M.P.

deraia [dera'ia] vi to run off the rails; to be derailed

deranja [deran'zha] vt to trouble, to bother; to disturb; to disrupt, to upset; to intrude; vr to trouble

derapa [dera'pa] vi to skid; to slip

derbedeu [derbe'deu] m vagabond

derogare [dero'gare] f dispensation

derula [deru'la] vt to unroll

deruta [deru'ta] vt to throw (out), to disconcert; to baffle

des [des] adj dense, thick; repeated, frequent; adv often

desăvîrşi [desăvîr'shi] vt to perfect

descăleca [deskăle'ka] vi to dismount

descălţa [deskăl'tsa] vt to take off smb's shoes; vr to take off one's shoes

descătuşa [deskătu'sha] vt to unfetter; vr to free oneself

descendent [deschen'dent] m descendant; offspring

descheia [deske'ia] vt to undo; to unbutton; vr to come undone

deschide [des'kide] vt to open; to turn on; to unlock; vr to open; to begin; to burst open

deschis [des'kis] adj open; light; outspoken; open-hearted

descifra [deschi'fra] vt to make out; to unravel; to solve

descîlci [deskîl'chi] vt to untangle; to disentangle; to clear up

descoase [des'kwase] vt to undo; to sound, to pump

descoji [desko'zhi] vt to peel

descompune [deskom'pune] vt to break up, to decompose; vr to rot

desconsidera [deskonside'ra] vt to despise; to disregard

descoperi [deskope'ri] vt to discover; to see; to uncover; to reveal; to find out; vr to uncover; to take off one's hat

descotorosi [deskotoro'si] vr to get rid of

descreşte [des'kreshte] vi to decline; to diminish; to decrease; to abate

descrie [de'skrie] vt to describe; to depict

descuia [desku'ia] vt to unlock

descult [des'kults] adj bare-footed; adv bare-foot

descumpăni [deskumpă'ni] vt to puzzle

descuraja [deskura'zha] vt to discourage; vr to lose heart

descurca [deskur'ka] vt to unravel; to disentangle, to untangle; to manage

deseară [de'seară] adv tonight

desemna [desem'na] vt to nominate; to appoint

desen [de'sen] n drawing; design; (out)line

deseori ['deseori] adv v **des**

desert [de'sert] n dessert; sweet

deservi [deser'vi] vt to do an ill turn; to harm; to serve

desface [des'fache] vt to take down, to dismantle; to undo; to open; to untie; to retail; vr to come undone

desfăşura [desfăshu'ra] vt to spread; to unfurl; to carry on; vr to go on, to happen

desfăta [desfă'ta] vt to delight; to feast

desfide [des'fide] vt to defy; to dare

desfigura [desfigu'ra] vt to disfigure

desfiinţa [desfiin'tsa] vt to abolish; to do away with; to cancel; to suppress

desfrîu [des'frîu] n debauchery

desfrunzit [desfrun'zit] adj leafless

desfunda [desfun'da] vt to clear out; to uncork

desigur [de'sigur] adv by all means; of course; certainly

desluşi [deslu'shi] vt to distinguish; to solve

despacheta [despake'ta] vt to unpack; to open

despăgubi [despăgu'bi] vt to compensate; to repay

despărţi [despăr'tsi] vt to part, to separate; vr to part company

despera [despe'ra] vi to lose hope, to despair (of)

despica [despi'ka] vt to cleave, to split; to chop

despleti [desple'ti] vt to undo

despot ['despot] m despot

despre ['despre] prep about; on; of

desprinde [des'prinde] vt to detach, to take off; to come off; vr to tear oneself away

despuia [despu'ia] vt to undress, to strip

destăinui [destăinu'i] vt to confide (to), to reveal

destin [des'tin] n destiny; fate

destinde [des'tinde] vt to ease; vr to relax

destitui [destitu'i] vt to depose; to dismiss, to discharge

destoinic [des'toinik] adj efficient, capable

destrăma [destră'ma] vt to unweave; vr to clear away

destul [des'tul] adj sufficient, enough

destupa [destu'pa] vt to uncork

desuet [desu'et] adj out-of-date, outdated

deszăpezi [deszăpe'zi] vt to clear of snow

deşert [de'shert] adj waste; empty; useless; n desert

deşeuri [de'sheuri] n pl waste

deși [de'shi] conj (al)though

deșira [deshi'ra] vt to tear; to ladder; to unwind; vr to tear, to rip

deștept [desh'tept] adj smart; intelligent, clever; cute

deștepta [deshtep'ta] vt to wake (up); to awake; to arouse; vr to awake, to wake (up)

detaliu [de'taliu] n detail

detașa [deta'sha] vt to detach, to remove; to untie; to separate; to transfer; vi to come off; to stand out against

detecta [detek'ta] vt to detect

detenție [de'tentsie] f detention; imprisonment

deteriora [deterio'ra] vt to damage; to deteriorate; vr to wear down

determina [determi'na] vt to cause; to determine; to make, to persuade

detesta [detes'ta] vt to hate; to detest; to loathe

detunătură [detună'tură] f bang; clap; report (of a gun)

deține [de'tsine] vt to be in possession of; to detain; to hold; to own

deținut [detsi'nut] m prisoner

deunăzi [de'unăzi] adv the other day; recently

devaloriza [devalori'za] vt to devalue; vr to depreciate

devasta [devas'ta] vt to ravage; to plunder, to pillage

developa [develo'pa] vt to develop

deveni [deve'ni] vi to become; to get; to grow; to turn

devia [devi'a] vt to divert; vi to veer; to swerve, to deviate

deviz [de'viz] n estimate, quotation; pl currency

devora [devo'ra] vt to devour; to consume; to swallow (up)

devota [devo'ta] vr to devote/ to dedicate oneself (to)

devreme [de'vreme] adv early

dezacord [deza'kord] n disagreement

dezagreabil [deza'greabil] adj unpleasant

dezagrega [dezagre'ga] vt, vr to disintegrate, to break up

dezamăgi [dezamă'dji] vt to disappoint

dezaproba [dezapro'ba] vt to disapprove of

dezarma [dezar'ma] vt, vi to disarm

dezastru [de'zastru] n disaster

dezavantaj [dezavan'tazh] n disadvantage; drawback

dezbate [dez'bate] vt to discuss; to deliberate

dezbrăca [dezbră'ka] vt to undress; to take off; vr to strip, to undress

dezerta [dezer'ta] vi to desert

dezgheț [dez'gets] n thaw

dezgoli [dezgo'li] vt to bare, to uncover

dezgropa [dezgro'pa] vt to dig

dezgust [dez'gust] n disgust, distaste

dezice [de'ziche] vt to deny; vr to go back on one's word

deziluzie [dezi'luzie] f disappointment

dezinfecta [dezinfek'ta] vt to disinfect

dezintegra [dezinte'gra] vt, vr to disintegrate; to split

dezlănțui [dezlăntsu'i] vt to unleash; to arouse; vr to burst out; to break out

dezlega [dezle'ga] vt to undo, to untie; to solve; to forgive; vr to come undone

dezlipi [dezli'pi] vt to take off; to unstick; to detach; vr to come unstuck

dezlînat [dezlî'nat] adj loose

deznăț [dez'măts] n dissipation

dezmetici [dezmeti'chi] vr to come to one's senses

dezmierda [dezmier'da] vt to caress, to fondle; to pamper

dezminţi [dezmin'tsi] vt to deny

dezmoşteni [dezmoshte'ni] vt to disinherit

deznădejde [deznă'dezhde] f despair

deznoda [dezno'da] vt to untie

deznodămînt [deznodă'mînt] n outcome; result; issue; ending; denouement

dezolat [dezo'lat] adj desolate

dezonoare [dezo'nware] f dishonor, disgrace

dezordine [de'zordine] f disorder, untidiness

dezorienta [dezorien'ta] vt to disconcert, to baffle, to perplex

dezrădăcina [dezrădăchi'na] vt to uproot

dezumfla [dezum'fla] vt to deflate, to let down

dezvălui [dezvălu'i] vt to unveil; to uncover; to reveal; to disclose

dezvinovăţi [dezvinovă'tsi] vt, vr to exculpate (oneself]

dezvolta [dezvol'ta] vt to develop; vr to grow (up)

diabet [dia'bet] n diabetis

diabolic [dia'bolik] adj devilish

diademă [dia'demă] tiara

diafan [dia'fan] adj translucent

diagnostic [diag'nostik] n diagnosis

diagonală [diago'nală] f diagonal

diagramă [dia'gramă] f diagram

dialect [dia'lekt] n dialect

dialog [dia'log] n dialog

diamant [dia'mant] n diamond

diametru [dia'metru] n diameter

diapazon [diapa'zon] n tuning fork

diapozitiv [diapozi'tiv] n transparency, slide

diaree [dia'ree] f diarrhoea

diavol ['diavol] m devil; imp

dibaci [di'bach] adj skilful; clever; deft; dexterous

dibui [dibu'i] vt to find; to hit; to discover

dicta [dik'ta] vt to dictate

dictator [dikta'tor] m dictator

dictatură [dikta'tură] f dictatorship

dicţionar [diktsio'nar] n dictionary

dicţiune [diktsi'une] f diction

dietă [di'etă] f diet

diferenţă [dife'rentsă] f difference

diferi [dife'ri] vi to differ

dificil [difi'chil] adj difficult

dificultate [difikul'tate] f difficulty

difterie [difte'rie] f diphtheria

difuz [di'fuz] adj dim; diffuse

dig [dig] n dike; dam; pier

digera [didje'ra] vt to digest

digestie [di'djestie] f digestion

digresiune [digresi'une] f digression

dihanie [di'hanie] f (wild) beast; monster

dilemă [di'lemă] f dilemma

diletant [dile'tant] m amateur

dilua [dilu'a] vt to dilute

dimineaţă [dimi'neatsă] f morning

diminua [diminu'a] vt to reduce; to diminish; to lessen; vr to decrease, to diminish

dimpotrivă [dimpo'trivă] adv on the contrary

dimprejur [dimpre'zhur] adv, prep (a)round

din [din] prep from; in; on; out of; of; through

dinafară [dina'fară] prep outside; adv from without
dinainte [dina'inte] adv beforehand; in front, before
dinamită [dina'mită] f dynamite
dinapoi [dina'poi] adv behind
dinastie [dinas'tie] f dynasty
dinăuntru [dină'untru] adv within, inside; from within
dincoace ['din kwache] adv over here; on this side
dincolo ['dinkolo] adv over there; on the other side
dineu [di'neu] n dinner; dinner party
dinspre ['dinspre] prep from
dinte ['dinte] m tooth; fang
dintre ['dintre] prep between; among; of
diplomat [diplo'mat] m diplomat; adj diplomatic
diplomă ['diplomă] f diploma
direct [di'rekt] adj direct; straight; sincere; open
direcție [di'rektsie] f direction; management; steering;
        supervision
dirija [diri'zha] vt to manage, to run; to lead; to steer; to
        conduct; to supervise
disc [disk] n disk; record; discus
discerne [dis'cherne] vt to discriminate, to discern; to
        distinguish
disciplină [dischi'plină] f discipline
discipol [dis'chipol] m disciple
discordie [dis'kordie] f quarrel; discord
discotecă [disco'tekă] f disco; record collection/library
discredita [diskredi'ta] vt, vr to compromise (oneself)
discret [dis'kret] adj quiet; discreet; unobtrusive; reserved
discriminare [diskrimi'nare] f discrimination
disculpa [diskul'pa] vt, vr to exculpate (oneself)

discurs [dis'kurs] n speech

discuta [disku'ta] vt to talk, to discuss; to argue; to debate; vi
    to talk (to, with)

discuţie [dis'kutsie] f talk; discussion; debate; argument

disecţie [di'sektsie] f dissection

disocia [disochi'a] vt, vr to dissociate (from)

disparat [dispa'rat] adj heterogeneous

dispariţie [dispa'ritsie] f disappearance; loss

dispărea [dispă'rea] vi to vanish; to disappear; to die out

dispensar [dispen'sar] n community clinic

dispensă [dis'pensă] f license

dispersa [disper'sa] vt to scatter; to dissipate

displăcea [displă'chea] vi to dislike

disponibil [dispo'nibil] adj available

dispozitiv [dispozi'tiv] n device; system; set-up

dispoziţie [dispo'zitsie] f arrangement, layout; mood; measures;
    provisions; aptitude

dispreţ [dis'prets] n scorn, disdain, contempt

dispreţui [dispretsu'i] vt to despise, to scorn; to disregard

dispus [dis'pus] adj willing, prepared to, ready

dispută [dis'pută] f argument, quarrel

distant [dis'tant] adj distant; standoffish; unfriendly

distanţă [dis'tantsă] f gap; distance; difference

distila [disti'la] vt to distill

distinct [dis'tinkt] adj distinct; separate

distincţie [dis'tinktsie] f distinction; decoration; difference;
    refinement

distins [dis'tins] adj refined; distinguished

distra [di'stra] vt to divert, to entertain; vr to enjoy oneself, to
    have a good time

distrage [dis'tradje] vt to distract; to divert, to turn off

distribui [distribu'i] vt to distribute; to hand out; to deal (out); to deliver; to cast

distribuție [distri'butsie] f distribution; delivery; casting

district [dis'trikt] n region; district

distruge [dis'trudje] vt to destroy; to devastate; to ruin

diurnă [di'urnă] f daily allowance

divaga [diva'ga] vi to ramble; to digress

divan [di'van] n sofa; divan

divers [di'vers] adj diverse, varied; different, various

divertisment [divertis'ment] n entertainment

divide [di'vide] vt to divide

dividend [divi'dend] n dividend

divin [di'vin] adj divine

divizie [di'vizie] f division

divorța [divor'tsa] vt to divorce; vi to get divorced

divulga [divul'ga] vt to give away, to divulge, to disclose

dizertație [dizer'tatsie] f dissertation

dizgrație [diz'gratsie] f disgrace; disfavor

dizolva [dizol'va] vt, vr to dissolve

dînsa ['dînsa] f pr v **ea**

dîră ['dîră] f mark; trail; streak

dîrdîi [dîrdî'i] vi to shiver, to tremble

dîrz [dîrz] adj courageous; bold; unflinching; steadfast

do [do] m C, do

doamnă ['dwamnă] f lady; woman; Mrs; madam

doar [dwar] adv just, only; maybe, perhaps

dobitoc [dobi'tok] m blockhead; beast

dobîndă [do'bîndă] f interest

doborî [dobo'rî] vt to take down; to shoot down; to knock down

docil [do'chil] adj meek, docile

doctor ['doktor] m doctor; surgeon; physician

doctorat [dokto'rat] n doctor's degree

doctrină [dok'trină] f doctrine

document [doku'ment] n document

dogit [do'djit] adj hollow; hoarse, broken

dogmă ['dogmă] f dogma

dogoare [do'gware] f excessive heat

doi [doi] m num two

doilea ['doilea] m num (the) second

doisprezece ['doisprezeche] m num twelve

dojană [do'zhană] f reprimand, reproach

dolar [do'lar] m dollar

doleanţă [dole'antsă] f complaint; grievance; request

doliu ['doliu] n mourning; grief

dolofan [dolo'fan] adj plump; chubby

domeniu [do'meniu] n estate, property; domain, field

domestic [do'mestik] adj domestic

domicilia [domichili'a] vi to live, to reside

domiciliu [domi'chiliu] n home, place of residence, domicile

domina [domi'na] vt to master; to dominate; to control; to outclass, to surpass; to command, to overlook; vi to prevail

domn [domn] m gentleman; man; sir; Mr; prince, ruler

domol [do'mol] adj calm, quiet; slow; gentle; sluggish; adv softly

dona [do'na] vt to donate

dop [dop] n cork; stopper

dor [dor] n yearning, longing; grief

dori [do'ri] vt to want, to wish for; to desire; to like

dormi [dor'mi] vi to sleep; to be asleep; to put up

dornic ['dornik] adj anxious, eager

dos [dos] n back; spine; buttock; reverse

dosar [do'sar] n file; record

dota [do'ta] vt to equip, to endow (with)

dotă ['dotă] f dowry

doua [dowa] f num the second

două [dowă] f num two

dovadă [do'vadă] f evidence, proof; sign; certificate

dovedi [dove'di] vt to prove; to show, to demonstrate; vr to
        turn out; to prove

dovleac [do'vleak] m pumpkin

doză ['doză] f dose; socket

drac [drak] m devil

drag [drag] adj dear; pet; favorite

drajeu [dra'zheu] n (sugar-coated) pill

dram [dram] n grain, trace

dramatic [dra'matik] adj dramatic

dramă ['dramă] f drama; tragedy

drapel [dra'pel] n flag, banner

draperie [drape'rie] f curtain

drastic ['drastik] adj severe, drastic

drăgălaş [drăgă'lash] adj sweet, lovely

drăgăstos [drăgăs'tos] adj loving, tender

drăguţ [dră'guts] adj pretty

dreaptă ['dreaptă] f right hand; the right wing

drege ['dredje] vt to mend, to repair; to set to right

drena [dre'na] vt to drain

drept [drept] n right; law; duty; tax; right foot; adj right; straight; upright; honest; fair; adv direct(ly); right; exactly

dreptate [drep'tate] f justice, right

dreptunghi [drept'ungi] n rectangle

dresa [dre'sa] vt to train; to draw up

droaie ['drwaie] f crowd

drog [drog] n drug

droga [dro'ga] vt, vr to dope

drojdie ['drozhdie] f yeast

drug [drug] n bar (of metal)

drum [drum] n road, way; course; trip

dubă ['dubă] f van

dubios [dubi'os] adj fishy, doubtful; questionable, dubious; uncertain

dubiu ['dubiu] n uncertainty, doubt

dubla [dub'la] vt to double; to stand in for; to understudy; to dub; vr to double

dublu ['dublu] adj double, twofold; duplicate, copy

duce ['duche] vt to carry; to bear; to lead; to take; vr to go; to leave; to pass away; m duke

dud [dud] m mulberry tree

dudui [dudu'i] vi to roar; to shake

duduie [du'duie] f (young) lady

duel [du'el] n duel; single combat

duet [du'et] n duet

duhni [duh'ni] vi to reek (of)

duhoare [du'hware] f stench

duios [du'ios] adj tender, loving; sad, melancholy; touching, moving; adv sadly; affectionately

dulap [du'lap] n cupboard, sideboard; wardrobe

dulău [du'lău] m mastiff; dog

dulce ['dulche] adj sweet; fresh; lovely; adv sweetly; charmingly; n dessert

dulgher [dul'ger] m carpenter, joiner

dumbravă [dum'bravă] f copse, grove

dumeri [dume'ri] vr to understand

duminică [du'minikă] f Sunday

dumitale [dumi'tale] adj your; pr (to) you

dumneaei [dumnea'ei] f adj her; f pr she; (to) her; her

dumnealor [dumnea'lor] pl adj their; pr they; (to) them; them

dumnealui [dumnea'lui] m adj his; m pr he; (to) him; him

dumneata [dumnea'ta] pr v tu

dumneavoastră [dumnea'vwastră] adj your; pr you; (to) you

Dumnezeu [dumne'zeu] m God, the Lord

dună ['dună] f dune

Dunăre ['dunăre] f the Danube

dungat [dun'gat] adj striped

dungă ['dungă] f stripe; crease; wrinkle

duoden [duo'den] n duodenum

după ['după] prep after; behind; according to; by

duplicat [dupli'kat] n duplicate

duplicitate [duplichi'tate] f duplicity

dur [dur] adj hard; harsh; stern; tough, brutal, cruel; stiff

dura [du'ra] vi to last; vt to build

durea [du'rea] vt to pain; to hurt; to ache

durere [du'rere] f pain; ache; grief; sorrow; distress

dureros [dure'ros] adj painful; sore; distressing, sad

duş [dush] n shower

duşcă ['dushkă] f gulp, draught

dușman [dush'man] m enemy
dușmăni [dushmă'ni] vt, vr to hate (each other)
dușumea [dushu'mea] f floor
duzină [du'zină] f dozen

E

ea [ia] f pr she; her; it
ebraic [e'braik] adj Hebrew
echer [e'ker] n square
echilibrat [ekili'brat] adj well-balanced; stable
echinocţiu [eki'noktsiu] n equinox
echipă [e'kipă] f team; bunch; group
echitabil [eki'tabil] adj fair; equitable
echitate [eki'tate] f equity
echivala [ekiva'la] vt to equate; vi to be equivalent to
echivoc [eki'vok] n ambiguity; adj equivocal; ambiguous;
        dubious
eclipsă [e'klipsă] f eclipse
ecluză [e'kluză] f lock
econom [eko'nom] adj thrifty; cheap; economical
ecou [e'kou] n echo
ecran [e'kran] n screen
ecuator [ekwa'tor] n equator
ecuaţie [eku'atsie] f equation
ecvestru [ek'vestru] adj equestrian
edifica [edifi'ka] vt to build; to erect; to edify
edificiu [edi'fichu] n edifice
edilitar [edili'tar] adj town
edita [edi'ta] vt to publish; to bring out
educa [edu'ka] vt to educate; to bring up; to train
efect [e'fekt] n effect; impression; pl effects, goods
efemer [efe'mer] adj ephemeral
efeminat [efemi'nat] adj effeminate

efervescent [eferves'chent] adj effervescent
eficace [efi'kache] adj efficient; effective; efficacious
eficient [efichi'ent] adj efficient
efort [e'fort] n effort
egal [e'gal] adj equal; even; level; uniform; steady
egoism [ego'ism] n selfishness
el [iel] m pr he; it
elabora [elabo'ra] vt to elaborate; to work out; to draft; to
          draw up
elan [e'lan] m elk, moose; n momentum; run up; surge
elastic [e'lastik] n elastic; rubber band; adj elastic
ele ['iele] f pr they
elector [elek'tor] m elector, voter
electric [e'lektrik] adj electric(al)
electriza [elektri'za] vt to electrify
electron [elek'tron] m electron
electronic [elek'tronik] adj electronic
elefant [ele'fant] m elephant
elegant [ele'gant] adj elegant; neat; smart; courteous
element [ele'ment] n element; component; part
eleşteu [elesh'teu] n pond
elev [e'lev] m schoolboy; pupil; disciple; follower
elibera [elibe'ra] vt to liberate, to free, to set free; to deliver;
          to issue; vr to free oneself
elice [e'liche] f propeller
elicopter [elikop'ter] n helicopter, choppper
eligibil [eli'djibil] adj eligible
elimina [elimi'na] vt to eliminate; to expel
elită [e'lită] f elite; choice
elocvent [elok'vent] adj eloquent; telling

elogia [elodji'a] vt to praise

elucida [eluchi'da] vt to elucidate

elucubraţie [eluku'bratsie] f wild imaginings; aberration

email [e'mail] n enamel

emana [ema'na] vt to come from; to proceed from; to give off

emancipa [emanchi'pa] vt, vr to emancipate

emblemă [em'blemă] f emblem

embrion [embri'on] m embryo

emerit [eme'rit] adj honored; emeritus

emfatic [em'fatik] adj pompous

emigra [emi'gra] vi to emigrate

eminent [emi'nent] adj distinguished; excellent

emisar [emi'sar] m emissary

emisferă [emis'feră] f hemisphere

emisiune [emisi'une] f issue; emission; transmission; program

emoţie [e'motsie] f emotion; excitement

emoţiona [emotsio'na] vt to stir; to move; to rouse; vr to be
          affected; to be moved; to be roused; to get excited

empiric [em'pirik] adj empirical

enciclopedie [enchiklope'die] f (en)cyclop(a)edia

energie [ener'djie] f energy; power; vigor, spirit

energic [e'nerdjik] adj energetic; vigorous; drastic

enerva [ener'va] vt to irritate; to annoy; vr to get excited; to
          get worked up; to get angry

englez [en'glez] m Englishman; adj English

enigmă [e'nigmă] f riddle; puzzle; enigma

enorm [e'norm] adj enormous, huge

entorsă [en'torsă] f sprain

entuziasm [entuzi'asm] n enthusiasm

entuziast [entuzi'ast] adj enthusiast

enumera [enume'ra] vt to enumerate

epata [epa'ta] vt to amaze; to impress

epavă [e'pavă] f wreck

epic ['epik] adj epic

epicentru [epi'chentru] n epicenter

epidemie [epide'mie] f epidemic

epilepsie [epilep'sie] f epilepsy

epilog [epi'log] n conclusion, denouement; epilogue

episcop [e'piskop] m bishop

episod [epi'sod] n episode

epitet [epi'tet] n epithet

epocă ['epokă] f age, era; time; epoch

epopee [epo'pee] f epic

eprubetă [epru'betă] f test tube

epuiza [epui'za] vt to exhaust; to wear, to tire out; vr to be out of stock; to wear/to tire oneself out

eră ['eră] f era; period

erbivor [erbi'vor] m herbivore; adj herbivorous

ereditar [eredi'tar] adj hereditary

erezie [ere'zie] f heresy

erija [eri'zha] vr to pose as

ermetic [er'metik] adj tight; hermetic

eroare [e'rware] f mistake, error

eroic [e'roik] adj heroic(al)

eronat [ero'nat] adj wrong, untrue; inaccurate

erotic [e'rotik] adj erotic

erou [e'rou] m hero

eroziune [erozi'une] f erosion

erudit [eru'dit] adj learned; m scholar

erupe [e'rupe] vi to break off, to erupt

escalada [eskala'da] vt to climb; vi to escalate

escală [es'kală] f call; port of call; stop(over)

eschimos [eski'mos] m, adj Eskimo

eschiva [eski'va] vt to dodge; to slip away

escorta [escor'ta] vt to escort

escroc [esk'rok] m swindler, conman

esenţă [e'sentsă] f essence; species

eseu [e'seu] n essay; try

esofag [eso'fag] n gullet, esophagus

est [est] n east

este ['ieste] pres ind 3rd pers sing of **fi**

estetic [es'tetik] adj (a)esthetic(al); attractive, aesthetically
        pleasing

estima [esti'ma] vt to assess, to estimate; to value

estompat [estom'pat] adj dim, blurred

estradă [es'tradă] f platform, rostrum; stage

eşafod [esha'fod] n scaffold

eşantion [eshanti'on] n sample

eşapament [eshapa'ment] n exhaust

eşarfă [e'sharfă] f scarf; sash; sling

eşec [e'shek] n failure

eşti ['ieshti] pres ind 2nd pers sing of **fi**

eşua [eshu'a] vi to fail; to run aground

etaj [e'tazh] n story; floor; stage; level

etala [eta'la] vt to spread out; to stagger; to display; to parade

etalon [eta'lon] n standard

etanş [e'tansh] adj tight; watertight, waterproof

etapă [e'tapă] f stage; stopping place; staging point

etate [e'tate] f age; old age

etern [e'tern] adj eternal; everlasting

eterogen [etero'djen] adj heterogeneous

etic ['etik] adj ethical

etichetă [eti'ketă] f label; etiquette

etnic ['etnik] adj ethnic(al)

eu [ieu] pr I

eucalipt [euka'lipt] m redgum

eufemism [eufe'mism] n euphemism

Europa [eu'ropa] f Europe

european [euro'pean] m, adj European

evacua [evaku'a] vt to evict; to clear; to evacuate

evada [eva'da] vi to escape

evalua [evalu'a] vt to assess; to estimate

evanghelie [evan'gelie] f Gospel

evantai [evan'tai] n fan

evapora [evapo'ra] vt, vr to evaporate

evaziv [eva'ziv] adj evasive

eveniment [eveni'ment] n event; experience; happening

eventual [eventu'al] adj possible; adv possibly

evident [evi'dent] adj obvious, evident; adv obviously

evita [evi'ta] vt to avoid; to evade

evoca [evo'ka] vt to call to mind, to evoke; to mention

evolua [evolu'a] vi to develop; to evolve; to advance; to move
         about, to circle

evoluție [evo'lutsie] f development, evolution

evreică [e'vreikă] f Jewess

exact [eg'zakt] adj exact, accurate, precise; correct; punctual

exagera [eksadje'ra] vt, vi to exaggerate; to go too far; to
         overstep the mark

exala [egza'la] vt to exhale

exaltare [egzal'tare] f elation, exaltation

examen [eg'zamen] n exam, examination; investigation

examina [egzami'na] vt to examine

exaspera [egzaspe'ra] vt to exasperate; to exacerbate

excava [ekska'va] vt to excavate

excedent [eksche'dent] n surplus

excela [eksche'la] vi to excel

excelent [eksche'lent] adj excellent

excentric [eks'chentrik] adj eccentric

excepta [exchep'ta] vt to except

excepţie [eks'cheptsie] f exception

exces [eks'ches] n excess; surplus

excita [ekschi'ta] vt to excite; to stimulate; to rouse

exclama [ekskla'ma] vt, vi to exclaim

exclude [eks'klude] vt to expel; to exclude, to leave out; to rule out

exclus [eks'klus] adv out of the question, imposssible

excremente [ekskre'mente] n pl excrement

excursie [eks'kursie] f excursion, trip; walk, hike

execrabil [ekse'krabil] adj execrable; atrocious

executa [egzeku'ta] vt to execute; to carry out; to perform; to run; vr to obey; to comply

execuţie [egze'kutsie] f execution; carrying out

exemplar [egzem'plar] n copy; sample; adj exemplary

exemplifica [egzemplifi'ka] vt to illustrate by examples

exemplu [eg'zemplu] n example

exercita [egzerchi'ta] vt to practise; to exercise; to exert; to train

exerciţiu [egzer'chitsiu] n exercise; drill; practice; practising; homework

exersa [egzer'sa] vt to practice

exhaustiv [egzhaus'tiv] adj exhaustive

exigent [eksi'djent] adj demanding; exacting

exil [eg'zil] n exile

exista [egzis'ta] vi to exist, to be; to be available; to live

exmatricula [eksmatriku'la] vt to expel

exod [ek'sod] n migration

exorbitant [eksorbi'tant] adj exorbitant

exotic [eg'zotik] adj exotic

expansiune [ekspansi'une] f expansion

expatriat [ekspatri'at] m exile

expectora [ekspekto'ra] vt to expectorate

expedia [ekspedi'a] vt to send; to dispatch; to dispose of

experienţă [eksperi'entsă] f experience; experiment; test

experimenta [eksperimen'ta] vt to test out, to experiment with

expert [eks'pert] m expert

expertiză [eksper'tiză] f valuation; assessment; valuer's report; examination

expira [ekspi'ra] vt to breathe out; vi to exhale; to expire

explica [ekspli'ka] vt to explain; to discuss things; to have it out; vr to explain

explicit [ekspli'chit] adj explicit

exploata [eksplwa'ta] vt to exploit, to work; to run,to operate

exploda [eksplo'da] vt to explode, to blow up; to go off; to burst out

explora [eksplo'ra] vt to explore

explozie [eks'plozie] f explosion

exponat [ekspo'nat] n exhibit

exponent [ekspo'nent] n representative; exponent

export [eks'port] n export; exportation

expoziţie [ekspo'zitsie] f exhibition, show

expres [eks'pres] adj express; intentional; n express (train); espresso (coffee)

expresie [eks'presie] f phrase; term; countenance; expression

expresiv [ekspre'siv] adj graphic, telling

exprima [ekspri'ma] vt to express

expropria [ekspropri'a] vt to expropriate

expulza [ekspul'za] vt to expel; to evict; to send off

expune [eks'pune] vt to display; to exhibit; to show; to explain, to set out; to expose

extaz [eks'taz] n ecstasy

extenua [ekstenu'a] vt, vr to exhaust (oneself)

exterior [eksteri'or] adj outer, outside; foreign; external; surface; n outside; exterior; appearance; abroad; outdoors

extermina [okstermi'na] vt to exterminate, to wipe out

extern [eks'tern] adj external; outer; foreign; m day pupil; non-resident medical student

extinctor [ekstin'ktor] n (fire) extinguisher

extinde [eks'tinde] vt, vr to extend

extirpa [ekstir'pa] vt to wipe out, to extirpate

extrage [eks'tradje] vt to extract

extraordinar [ekstraordi'nar] adj extraordinary; special

extras [eks'tras] n excerpt; offprint; extract

extraşcolar [ekstrashko'lar] adj extracurricular, out of school

extravagant [ekstrava'gant] adj extravagant; wild

extrăda [ekstră'da] vt to extradite

extrem [eks'trem] adj extreme; highest, greatest

exuberant [eksube'rant] adj exuberant

ezita [ezi'ta] vi to hesitate

F

fabrica [fabri'ka] vt to make; to manufacture
fabrică ['fabrikă] f factory; works, plant; mill
face ['fache] vt to make; to do; to build; to be; to cook; to
create; to determine; vi to cost; to be worth; to play;
vr to become; to grow; to pretend
facial [fachi'al] adj facial
facil [fa'chil] adj easy; easy-going; superficial
facsimil [faksi'mil] n facsimile
factor ['faktor] m mailman, postman; factor
factură [fak'tură] f invoice; bill
facultate [fakul'tate] f faculty; power, aptitude
fad [fad] adj insipid, vapid
fag [fag] m beech
fagur ['fagur] m honey comb
faimă ['faimă] f fame
falangă [fa'langă] f phalanx
fală ['fală] f pride; conceit
falcă ['falkă] f jaw, jawl
faleză [fa'leză] f cliff
falie ['falie] f rent, fissure
faliment [fali'ment] n bankruptcy
falnic ['falnik] adj stately
fals [fals] adj wrong; fake; forged; false; deceitful; out of tune;
artificial, phony
familial [famili'al] adj family, domestic
familiar [famili'ar] adj familiar; informal, friendly
familie [fa'milie] f family

fanatic [fa'natik] adj fanatic

fanfară [fan'fară] f brass band

fanfaron [fanfa'ron] m braggart

fanion [fani'on] n pennant

fantastic [fan'tastik] adj fantastic

fantă ['fantă] f slit; slot; crack

fantezie [fante'zie] f fancy, imagination; whim; extravagance

fantomă [fan'tomă] f ghost, phantom

fapt [fapt] n occurrence, event; fact; action

far [far] n lighthouse; headlight

faraon [fara'on] m Pharaoh

fard [fard] n make-up, paint

farfurie [farfu'rie] f dish, plate; saucer; plateful (of)

farmacie [farma'chie] f drugstore, chemist's; pharmacy

farmec ['farmek] n charm

farsă ['farsă] f joke; farce

fascina [faschi'na] vt to fascinate

fascinant [faschi'nant] adj fascinating

fascism [fas'chism] n fascism

fasole [fa'sole] f bean(s)

fast [fast] n splendor; pomp

fasung ['fasung] n socket

faşă ['faşă] f dressing; swaddling

fatal [fa'tal] adj fatal; inevitable

fată ['fată] f girl; daughter; maid

faţadă [fa'tsadă] f front, facade

faţă ['fatsă] f face; countenance; air; complexion; side; front; surface

faună ['faună] f wildlife, fauna

favoare [fa'vware] f favor

fazan [fa'zan] m pheasant

fază ['fază] f phase; stage

făcăleţ [făkă'lets] n rolling-pin

făclie [făk'lie] f torch

făgaş [fă'gash] n track

făgădui [făgădu'i] vt to promise

făină [fă'ină] f flour

făli [fă'li] vr to boast of

făptaş [făp'tash] m offender, culprit; doer

făptui [făptu'i] vt to commit

făptură [făp'tură] f being, creature; nature; body

făraş [fă'rash] n dust pan

fără ['fără] prep without; except, besides; but for; minus

fărîmă [fă'rîmă] f crumb; bit; grain

fărîmiţa [fărîmi'tsa] vt, vr to crumble

făta [fă'ta] vt to bring forth

făţarnic [fă'tsarnik] m false; hypocrit

făţiş [fă'tsish] adj outright, open; adv bluntly; frankly

făuri [fău'ri] vt to create

febră ['febră] f fever

februarie [feb'rwarie] m February

fecale [fe'kale] f pl excrement

fecioară [fe'chwară] f maid, virgin

fecund [fe'kund] adj fertile; productive; prolific

federal [fede'ral] adj federal

federaţie [fede'ratsie] f federation

feerie [fee'rie] f fairy play

fel [fel] n sort, kind; way, manner; course, dish

felicita [felichi'ta] vt to congratulate (on)

felie [fe'lie] f slice; sliver

felin [fe'lin] adj feline

felinar [feli'nar] n lantern; street lamp

femeie [fe'meie] f woman; wife

femelă [fe'melă] f female

feminin [femi'nin] adj women's; feminine; female

feminist [femi'nist] m feminist

femur [fe'mur] n femur, thighbone

fenomen [feno'men] n phenomenon

ferăstrău [ferăs'trău] n saw

fereastra [fe'reastră] f window

feri [fe'ri] vt to protect; vr to dodge, to keep away (from)

feribot [feri'bot] n ferryboat

ferici [feri'chi] vt to make happy

fericire [feri'chire] f bliss; happiness; (good) luck

fericit [feri'chit] adj happy

ferigă ['ferigă] f fern

ferm [ferm] adj firm; steadfast

fermă ['fermă] f ranch, farm; farmhouse

fermeca [ferme'ka] vt to bewitch; to enchant

fermier [fermi'er] m farmer

fermoar [fer'mwar] n zipper, zip fastener; clasp

feroce [fe'roche] adj fierce, ferocious; ruthless

fertil [fer'til] adj fertile

fervent [fer'vent] adj fevent

fes [fes] n fez

fesă ['fesă] f buttock

festă ['festă] f trick; hoax

festiv [fes'tiv] adj festive, festal

festival [festi'val] n festival

fetiţă [fe'titsă] f little girl

fetru ['fetru] n felt

feudal [feu'dal] adj feudal

fi [fi] v aux to be; vi to be; to exist; to become; to happen

fiabil [fi'abil] adj reliable

fiară ['fiară] f wild beast; brute

fiasco [fi'asko] n failure

fibră ['fibră] f fibre

ficat [fi'kat] m liver

fictiv [fik'tiv] adj fictitious

ficţiune [fiktsi'une] f fiction

fidea [fi'dea] f vermicelli

fidel [fi'del] adj faithful; devoted

fie [fie] conj either, or

fiecare [fie'kare] adj each; every

fier [fier] n iron

fierbe ['fierbe] vt to boil; vi to boil; to seethe

fierbinte [fier'binte] adj hot, boiling hot; ardent

fiere ['fiere] f gall

figură [fi'gură] f figure; face; picture; image

fiică [fi'ikă] f daughter

fiindcă [fi'indkă] conj because, since; as

fiinţă [fi'intsă] f being, creature; existence; human being

filantrop [filan'trop] m philanthropist

filarmonică [filar'monikă] f philharmonic orchestra

filă ['filă] f leaf (of a book)

fildeş ['fildesh] m tusk

fileu [fi'leu] n net

filfizon [filfi'zon] m fop

filială [fili'ală] f subsidiary

filieră [fili'eră] f way, channel(s); connection

filigran [fili'gran] n filigree

film [film] n movie, picture, film

filon [fi'lon] n vein, lode

filozof [filo'zof] m philosopher

filtra [fil'tra] vt to filter; to screen

fin [fin] adj thin; fine; neat; slim; subtle; shrewd; refined; delicate; m godson

final [fi'nal] adj ultimate; final; n end; finale

financiar [financhi'ar] adj financial; m financier

finanţa [finan'tsa] vt to finance

finisa [fini'sa] vt to finish, to complete

fiolă [fi'olă] f phial, vial

fior [fi'or] m thrill; shudder; shiver

fiord [fi'ord] n fiord

fioros [fio'ros] adj grim, fierce

fir [fir] n thread; cable, wire

firav ['firav] adj frail, feeble

fire ['fire] f temper; nature; character

firesc [fi'resk] adj natural

firimitură [firimi'tură] f crumb

firmă ['firmă] f firm; sign (board); (shop) sign

fisă ['fisă] f token

fisura [fi'sură] f crack

fişă ['fishă] f (index) card; record; plug

fişet [fi'shet] n locker

fişier [fishi'er] n card index

fitil [fi'til] n wick

fiţuică [fi'tsuikă] f note, slip; crib

fiu [fiu] m son

fix [fiks] adj fixed; steady, regular; invariable

fixa [fik'sa] vt to fix, to fasten; to set; vr to settle

fizic ['fizik] n appearance; adj physical; bodily

fîlfîi [fîlfî'i] vt to flutter

fîn [fîn] n hay

fîntînă [fîn'tînă] f fountain; well; spring

fîsîi [fîsî'i] vi to fizz

fîstîci [fîstî'chi] vr to lose countenance, to get upset

fîşie [fî'shie] f strip, band

fîşîi [fîshî'i] vi to rustle

fîţîi [fîtsî'i] vr to fidget, to bustle (about)

flacără ['flakără] f flame; fire, fervor

flacon [fla'kon] n bottle

flagel [fla'djel] n scourge

flagrant [fla'grant] adj flagrant, blatant; glaring

flanc [flank] n flank; side

flanelă [fla'nelă] f jersey

flasc [flask] adj flabby

flash [flash] n flash(-light)

flaşnetă [flash'netă] f street organ

flata [fla'ta] vt to flatter

flaut ['flaut] n flute

flăcău [flă'kău] m lad; bachelor

fleac [fleak] n trifle; trinket; pl nonsense, rubbish

flec [flek] n heel-piece

flecări [flekă'ri] vt, vi to chatter, to rattle

flegmatic [fleg'matik] adj phlegmatic

flegmă ['flegmă] f phlegm

fler [fler] n intuition; flair

flexibil [flek'sibil] adj flexible

flirta [flir'ta] vi to flirt

floare ['flware] f flower; blossom; bloom; mould

floră ['floră] f flora

florăreasă [floră'reasă] f florist, flower girl

flotă ['flotă] f fleet; navy

fluctua [fluktu'a] vi to fluctuate

fluent [flu'ent] adj fluent

fluid [flu'id] adj fluid; n fluid; (mysterious) power

fluiera [fluie'ra] vt, vi to whistle

fluşturatic [flushtu'ratik] adj frivolous, light-minded

flutura [flutu'ra] vt to wave; vi to flutter

fluture ['fluture] m butterfly

fluviu ['fluviu] n river

flux [fluks] n high tide; flow

foaie ['fwaie] f leaf (of a book); sheet; page

foaier [fwa'ier] n lobby; foyer

foame ['fwame] f hunger; starvation

foarfecă ['fwarfekă] f shears; scissors; claws

foarte ['fwarte] adv very; (very) much

foc [fok] n fire; passion; war; shot; misfortune; grief

focă ['fokă] f seal

fofila [fofi'la] vr to steal (in/out); to edge one's way

foi [fo'i] vr to fidget, to bustle (about)

foileton [foile'ton] n serial

foiţă [fo'itsă] f thin paper

folclor [fol'klor] n folklore

folos [fo'los] n use; profit; advantage

fond [fond] n content; essence; background; substance; nature; collection

fontă ['fontă] f cast iron

for [for] n body; forum

fora [fo'ra] vt to drill, to bore

forfotă ['forfotă] f bustle

forja [for'zha] vt to forge

formă ['formă] f shape; form; appearance

formidabil [formi'dabil] adj tremendous, formidable; interj great, super

formula [formu'la] vt to formulate; to express; to couch

fornăi [fornă'i] vi to sniff; to snort

forţa [for'tsa] vt to force, to oblige; to strain; to break; vr to take pains; to overtax

forţă ['fortsă] f strength; power; force

fosilă [fo'silă] f fossil

fost [fost] adj former

foşnet ['foshnet] n rustle

fotbal ['fotbal] n football, soccer

fotograf [foto'graf] m photographer

fotografia [fotografi'a] vt to photograph, to take pictures; vr to have one's photo taken

fotoliu [fo'toliu] n armchair; orchestra stall

frac [frak] n dress coat

fractură [frak'tură] f fracture

fracţie ['fraktsie] f fraction; faction

fragă ['fragă] wild strawberry

fraged ['fradjed] adj tender

fragil [fra'djil] adj fragile, delicate; frail; brittle

fragment [frag'ment] n piece, fragment; passage, extract

fraier ['fraier] m sucker

franc [frank] adj frank, straightforward; open; clear

franzelă [fran'zelă] f white loaf

frapa [fra'pa] vt to strike

frasin ['frasin] m ash tree

frate ['frate] m brother

fraudă ['fraudă] f fraud; embezzlement; cheating

frază ['frază] f sentence; phrase

frămînta [frămîn'ta] vt to knead; to tread

freamăt ['freamăt] n thrill; rustling

freca [fre'ka] vt to rub; to scrape; to scrub

frecvent [frek'vent] adj frequent

fredona [fredo'na] vt, vi to hum

fremăta [fremă'ta] vi to rustle; to be thrilled

frenetic [fre'netik] adj frenzied, frantic

frescă ['freskă] f fresco

freză ['freză] f haircut

frică ['frikă] f fear; fright

fricţiona [friktsio'na] vt to rub

frig [frig] n cold; frost; pl fever

frigare [fri'gare] f spit

frige ['fridje] vt to roast; to grill; to burn; vi to burn

frigider [fridji'der] n fridge, refrigerator

friptură [frip'tură] f roast meat

frişcă ['frishkă] f whipped cream

frivol [fri'vol] adj shallow, superficial; frivolous

frizer [fri'zer] m barber; hairdresser

frînă ['frînă] f obstacle; brake

frînghie [frîn'gie] f rope; line

frîntură [frîn'tură] f bit, fragment

frîu [frîu] n rein

front [front] n front

frontieră [fronti'eră] f frontier; border; boundary

fruct [frukt] n fruit

frugal [fru'gal] adj frugal

frumos [fru'mos] adj fine; beautiful; handsome; nice

frumusețe [frumu'setse] f beauty

frunte ['frunte] f forehead

frunză ['frunză] f leaf

frustra [frus'tra] vt to deprive of

fudul [fu'dul] adj haughty

fugar [fu'gar] m fugitive, runaway; adj fleeting; casual; transient

fugă]'fugă] f flight; run

fugi [fu'dji] vi to run (away/off); to flee

fular [fu'lar] n muffler

fulg [fulg] m fluff, down; flake

fulger ['fuldjer] n lightning

fum [fum] n smoke

fuma [fu'ma] vt, vi to smoke

funcție ['funktsie] f function; post, position; job; role

funcționar [funktsio'nar] m state employee; civil servant; office worker; clerk

fund [fund] n bottom; back; seat

fundament [funda'ment] n base, foundation; basis

fundă ['fundă] f bow

fundătură [fundă'tură] f blind alley

funebru [fu'nebru] adj funeral; doleful; funereal

funeralii [fune'ralii] f pl funeral

funest [fu'nest] adj deathly; disastrous; fatal

funicular [funiku'lar] m cable-car, cablerailway; ropeway

funie ['funie] f rope

funingine [fu'nindjine] f soot

fura [fu'ra] vt to steal; to rob

furaj [fu'razh] n fodder
furcă ['furkă] f pitchfork; distaff
furgonetă [furgo'netă] f van
furie ['furie] f fury, rage, madness
furios [furi'os] adj mad, angry
furiş [fu'rish] adj stealthy, furtive
furnal [fur'nal] n furnace
furnică [fur'nikă] f ant
furniza [furni'za] vt to supply; to provide; to deliver
furou [fu'rou] n slip
fursecuri [fur'sekuri] n pl fancy cakes
furt [furt] n robbery; theft; embezzlement; burglary
furtun [fur'tun] n hose
furtună [fur'tună] f storm; thunderstorm
furuncul [fu'runkul] n boil
fus [fus] n spindle
fustă ['fustă] f skirt
fuzelaj [fuze'lazh] n fuselage
fuziona [fuzio'na] vi to merge

G

gabarit [gaba'rit] n size; calibre

gafă ['gafă] f blunder

gaică ['gaikă] f tab

gaiţă ['gaitsă] f jay

gaj [gazh] n forfeit; token; guarantee

galant [ga'lant] adj courteous, gentlemanly; flirtatious, gallant; amorous

galantar [galan'tar] n counter; shop window

galaxie [galak'sie] f galaxy

gală ['gală] f gala

galben ['galben] adj yellow; pale

galerie [gale'rie] f gallery; circle; audience

galeş ['galesh] adj languid

galon [ga'lon] n stripe; piece of braid; gallon

galop [ga'lop] n gallop

galoş [ga'losh] m galoshes; pl rubbers, gums, overshoes

gamă ['gamă] f scale; range

gambă ['gambă] f shank

gamelă [ga'melă] f mess tin; billy can

gang [gang] n corridor; passage

gangster ['gangster] m gangster

garaj [ga'razh] n garage

garanta [garan'ta] vt to warrant, to guarantee

gară ['gară] f (train) station

gard [gard] n hedge; fence; hurdle

gardă ['gardă] f guard; warden; guardsman; guarding

garderob [garde'rob] n wardrobe

gardian [gardi'an] m guard; warder; warden; attendant; keeper; caretaker; guardian

gargară [gar'gară] f gargle

garnitură [garni'tură] f vegetables; filling; trimming, decoration; set, suite; train

garnizoană [garni'zwană] f garrison

garoafă [ga'rwafă] f carnation

garsonieră [garsoni'eră] f bachelor's rooms

gastrită [gas'trită] f gastritis

gata ['gata] adj ready

gaură ['gaură] f hole; slot; den

gaz [gaz] n gas; kerosene

gazdă ['gazdă] f landlord/ landlady; host/hostess

gazetar [gaze'tar] m journalist

gazetă [ga'zetă] f news sheet; newspaper

gazon [ga'zon] n turf; grass; lawn

găină [gă'ină] f hen

gălăgie [gălă'djie] f noise

gălbenuş [gălbe'nush] n yolk

gălbui [găl'bui] adj yellowish

găleată [gă'leată] f bucket, pail

găluşcă [gă'lushkă] f dumpling

găoace [gă'wache] f shell

găsi [gă'si] vt to find; to discover; to consider; to think; vr to lie; to stand; to find oneself

găti [gă'ti] vt to cook; vr to dress up

găunos [gău'nos] adj hollow

găuri [gău'ri] vt to make a hole in; to pierce

găzdui [găzdu'i] vt to lodge, to house

geam [djeam] n window (pane)

geamantan [djeaman'tan] n suitcase
geamăn ['djeamăn] m, adj twin
geamăt ['djeamăt] n moan
geană ['djeană] f (eye)lash
geantă ['djeantă] f (hand)bag; portfolio
gelatină [djela'tină] f jelly; gelatin
gelos [dje'los] adj jealous
gelozie [djelo'zie] f jealousy
gem [djem] n jam
geme ['djeme] vi to groan, to moan
gen [djen] n kind, sort; genre; manner; gender; genus
genă ['djenă] f gene
genealogic [djenea'lodjik] adj genealogic(al)
genera [djene'ra] vt to generate
general [djene'ral] adj general; m general
generaţie [djene'ratsie] f generation
generic [dje'nerik] n credits, credit titles; adj generic
generos [djene'ros] adj generous
generozitate [djenerozi'tate] f generosity
genetic [dje'netik] adj genetic
genial [djeni'al] adj of genius; fantastic; brilliant
genital [djeni'tal] adj genital
geniu ['djeniu] n genius
gentil [djen'til] adj kind; polite; adv kindly; politely
genunchi [dje'nunki] m knee
geofizică [djeo'fizikă] f geophysics
ger [djer] n frost; freezing
germen ['djermen] m germ
germina [djermi'na] vi to sprout; to germinate
geros [dje'ros] adj frosty

gest [djest] n gesture; move; motion

gheară ['geara] f claw; pl jaws, clutches

gheată ['geată] f shoe, boot

gheață ['geatsă] f ice

gheizer ['geizer] n geyser

ghem [gem] n ball; pellet; mat

gheretă [ge'retă] f booth; box; lodge

ghețar [ge'tsar] m glacier

ghici [gi'chi] vt to guess; to predict; to read

ghid [gid] m guide; guidebook

ghiduș [gi'dush] adj playful, frolicsome

ghiftui [giftu'i] vt to glut, to prime; vr to stuff oneself

ghilimele [gili'mele] f pl quotation marks

ghimpe ['gimpe] m thorn; spine; quill

ghindă ['gindă] f acorn

ghinion [gini'on] n bad luck

ghiocel [gio'chel] m snowdrop

ghiont [giont] n nudge

ghiozdan [gioz'dan] n satchel, (school) bag

ghirlandă [gir'landă] f paper chain; garland

ghișeu [gi'sheu] n counter, window; wicket, hatch

ghiveci [gi'vech] n vegetable hodge-podge; flower pot

gigant [dji'gant] adj gigantic; giant; m giant

gimnast [djim'nast] m gymnast

gimnaziu [djim'naziu] n gymnasium, middle school

ginecolog [djineko'log] m gynecologist

ginere ['djinere] m bridegroom; son-in-law

gingaș [djin'gash] adj frail, delicate; loving, tender

gingie [djin'djie] f gum

gir [djir] n endorsement

girafă [dji'rafă] f giraffe

giugiuli [djudju'li] vt to fondle; vr to bill and coo

giumbuşluc [djumbush'luk] n prank

giuvaer [djuva'er] n gem

gîdila [gîdi'la] vt to tickle

gîfîi [gîfî'i] vi to pant

gîgîi [gîgî'i] vi to gaggle

gîlgîi [gîlgî'i] vi to gurgle

gînd [gînd] n thought; mind; intention

gîndac [gîn'dak] m bug, beetle

gîndi [gîn'di] vt to think; to consider; vi to think; vr to think
          (of); to fancy; to imagine; to believe

gîndire [gîn'dire] f thought; thinking

gîngăvi [gîngă'vi] vt, vi to stammer

gînguri [gîngu'ri] vi to coo; to babble

gîrbaci [gîr'bach] n whip

gîrbov ['gîrbov] adj bent

gîscan [gîs'kan] m gander

gîscă ['gîskă] f goose

gît [gît] n throat; neck

gîză ['gîză] f (small) insect

glacial [glachi'al] adj icy

glaciar [glachi'ar] adj ice

gladiator [gladia'tor] m gladiator

gladiolă [gladi'olă] f gladiole

glandă ['glandă] f gland

glas [glas] n voice; sound

glaspapir ['glaspapir] n emery paper

glastră ['glastră] f vase; bowl

glazură [gla'zură] f icing

glăsui [glăsu'i] vt, vi to say

glezna ['gleznă] f ankle

glie [glie] f land

glisa [gli'sa] vi to glide, to slide (along); to slip

gloabă ['glwabă] f jade

gloată ['glwată] f mob; crowd; herd

glob [glob] n globe

glod [glod] n mud

glonţ [glonts] n bullet; pellet

glorie ['glorie] f glory; distinction; credit; celebrity

glosar [glo'sar] n glossary

glugă ['glugă] f hood

glumă ['glumă] f joke, jest

glumi [glu'mi] vi to joke, to kid

goarnă ['gwarnă] f bugle

gogoaşă [go'gwashă] f doughnut; pl fibs

gogoman [gogo'man] m fool

gogonea [gogo'nea] f pickled tomato

gogoşar [gogo'shar] m bell pepper

gol [gol] adj empty; bare; naked; desert(ed); n blank;
emptiness; void, gap; goal

golf [golf] n bay; gulf; golf

gong [gong] n gong

goni [go'ni] vi to banish; to chase; vi to run fast

gorilă [go'rilă] f gorilla; bodyguard

gospodar [gospo'dar] m good manager; householder; adj thrifty

grabă ['grabă] f hurry, haste

grabnic ['grabnik] adj quick; urgent; adv quickly; urgently

grad [grad] n degree; rank; extent

grafic ['grafik] n timetable, schedule; graph; adj graphic grai [grai] n speech; dialect; language

grajd [grazhd] n stable

gram [gram] n gram

gramatică [gra'matikă] f grammar

grandios [grandi'os] adj grand, magnificent

granit [gra'nit] n granite

graniţă ['granitsă] f frontier, boundary; border, limit

grapă ['grapă] f harrow

gras [gras] adj fatty; fat; greasy; coarse; bold

gratificaţie [gratifi'katsie] f bonus

gratis ['gratis] adv free (of charge), gratis

gratuit [gratu'it] adj free (of charge); unfounded, groundless

graţia [gra'tsia] vt to reprieve

graţie ['gratsie] f grace; prep owing to

grav [grav] adj serious, bad; grave; severe; solemn; deep

gravidă [gra'vidă] adj pregnant; f pregnant woman

grăbi [gră'bi] vt to hurry, to quicken; vr to hasten, to hurry

grăbit [gră'bit] adj hurried; adv hastily, in a hurry

grădină [gră'dină] f garden

grăi [gră'i] vt to say; vi to talk

grămadă [gră'madă] f pile, heap; crowd

grănicer [grăni'cher] m frontier guard

grăsime [gră'sime] f grease; fat; fatness

grătar [gră'tar] n grill; scraper

grăunte [gră'unte] m grain

greaţă ['greatsă] f nausea; disgust

greblă ['greblă] f rake

grefa [gre'fa] vt to graft

greier ['greier] m cricket

grenadă [gre'nadă] f grenade

greoi [gre'oi] adj heavy; clumsy; adv clumsily; heavily

grepfrut ['grepfrut] n grapefruit

gresa [gre'sa] vt to oil

greşeală [gre'sheală] f error, mistake; fault

greşi [gre'shi] vt to mistake; vi to be wrong

greţos [gre'tsos] adj sickening

greu [greu] adj heavy; hard; difficult; severe; unpleasant; deep;
        n difficulty

grevă ['grevă] f strike

gri [gri] adj grey, gray

grijă ['grizhă] f care

grilaj [gri'lazh] n railings; grate

grimasă [gri'masă] f grimace

grindă ['grindă] f beam

grindină ['grindină] f hail; hailstone

gripă ['gripă] f flu, influenza

griş [grish] n semolina

grîne ['grîne] f pl grain

grîu [grîu] n wheat

groapă ['grwapă] f pit; hollow; grave

groază ['grwază] f fright, dread

gropiţă [gro'pitsă] f dimple

gros [gros] adj thick; dense; large; deep; n bulk

grosolan [groso'lan] adj rude; rough; adv rudely

grotesc [gro'tesk] adj grotesque

grozav [gro'zav] adj terrible; awful, dreadful

grup [grup] n group

gudron [gu'dron] n tar

gudura [gudu'ra] vr to fawn

guiţa [gui'tsa] vi to squeal

guler ['guler] n collar

gumă ['gumă] f india rubber; eraser

gunoi [gu'noi] n refuse, rubbish; garbage; scum

gură ['gură] f mouth; mouthful (of); opening; muzzle

gust [gust] n taste; desire

gusta [gus'ta] vt to taste; to enjoy

gută ['gută] f gout

gutui [gu'tui] quince tree

guturai [gutu'rai] n cold

guvern [gu'vern] n administration; government

guverna [guver'na] vt, vi to govern

H

hai [hai] interj come on; give it a shot/try; let's go
haimana [haima'na] f tramp
haină ['haină] f jacket; coat; overcoat; pl clothes
haită ['haită] f pack
halat [ha'lat] n overall; gown; smock
hală ['hală] f market hall
halbă ['halbă] f mug
halcă ['halkă] f hunk
haltă ['haltă] f halt; stop, break; stopping place
halucinaţie [haluchi'natsie] f hallucination
hamac [ha'mak] n hammock
hamal [ha'mal] m porter
hambar [ham'bar] n barn
han [han] n inn
handbal ['handbal] n handball
handicapat [handika'pat] m physically or mentally handicapped
       person
hanorac [hano'rak] n anorak
haos ['haos] n chaos
hapsîn [hap'sîn] adj wicked; greedy
har [har] n gift
harababură [haraba'bură] f jumble
harnic ['harnik] adj hardworking; diligent
harpă ['harpă] f harp
hartă ['hartă] f map
haşura [hashu'ra] vt to shade
haz [haz] n fun, amusement; wit

hazliu [haz'liu] adj funny, amusing

hazard [ha'zard] n chance, hazard

hăitui [hăitu'i] vt to hunt down; to beat up

hămesit [hăme'sit] adj starving

hărmălaie [hărmă'laie] f uproar

hărţui [hărtsu'i] vt to harass

hăţiş [hă'tsish] n thicket

hectar [hek'tar] n hectare

hei [hei] interj hey

heleşteu [helesh'teu] n pond

hemoragie [hemora'djie] f hemorrhage

hepatită [hepa'tită] f hepatitis

herghelie [herge'lie] f herd

hering ['hering] m herring

hermină [her'mină] f ermine

hernie [her'nie] f hernia

hiberna [hiber'na] vi to hibernate

hidos [hi'dos] adj hideous

hidrocentrală [hidrochen'trală] f hydro-electric plant

hidrogen [hidro'djen] n hydrogen

himeră [hi'meră] f chimera

hipertensiune [hipertensi'une] f high blood pressure

hipnoză [hip'noză] f hypnosis

hipodrom [hipo'drom] n racecourse

hipopotam [hipopo'tam] m hippopotamus

hipotensiune [hipotensi'une] f low blood pressure

hîrciog [hîr'chog] m hamster

hîrdău [hîr'dău] n tub

hîrjoni [hîrzho'ni] vr to gambol

hîrleţ [hîr'lets] n spade

hîrşîi [hîrshî'i] vi to grate

hîrtie [hîr'tie] f paper; bill; note; document

hîrtop [hîr'top] n pothole

hm [hm] interj humph

ho [ho] interj stop it

hoardă ['hwardă] f horde

hochei ['hokei] n hockey

hohot ['hohot] n roar/peal of laughter; sob

hoinări [hoină'ri] vi to wander

hol [hol] n hall; lounge

holba [hol'ba] vt to stare; vr to stare (at)

holdă ['holdă] f cornfield

holeră [ho'leră] f cholera

hop [hop] n obstacle, difficulty; hop

horă ['horă] f hora (dance)

horcăi [horkă'i] vi to snore; to rattle

horn [horn] n chimney

hotar [ho'tar] n frontier, boundary

hotărî [hotă'rî] vt to decide; to settle; to convince; vr to make
          up one's mind, to decide

hotărîre [hotă'rîre] f decree; decision; resolution; firmness

hotel [ho'tel] n hotel

hoţ [hots] m robber; thief; burglar; pickpocket

hrană ['hrană] f food

hrăni [hră'ni] vt to feed; to nourish; vr to feed on; to eat

hrăpăreţ [hrăpă'rets] adj grasping

hrean [hrean] m horseradish

huidui [huidu'i] vt to boo

huli [hu'li] vt to blaspheme

huligan [huli'gan] m hooligan

huo [huo] interj boo

hurduca [hurdu'ka] vt, vr to jerk, to jolt, to jog

hurui [huru'i] vi to rattle

husă ['husă] f (slip) cover

huzur [hu'zur] n comfort, ease

I

iad [iad] n hell
iaht [iaht] n yacht
ianuarie [ia'nwarie] m January
iapă ['iapă] f mare
iar [iar] adv again; conj and; but
iarbă ['iarbă] f grass; pl herbs
iarnă ['iarnă] f winter
iasomie [iaso'mie] f jasmin(e)
iată ['iată] interj look; here is/are; there is/are
iaurt [ia'urt] n yoghurt
iaz [iaz] n pond
ibric [i'brik] n tea kettle; coffee pot
icoană [i'kwană] f icon
ideal [ide'al] n ideal; adj ideal; adv ideally
idee [i'dee] f idea; notion; conception
identic [i'dentik] adj identical
identitate [identi'tate] f identity
ideologie [ideolo'djie] f ideology
idiom [idi'om] n language; dialect
idiot [idi'ot] adj idiotic; m idiot
idiş ['idish] n Yiddish
idol ['idol] m idol
ie ['ie] f embroidered blouse
ied [ied] m kid
iederă ['iederă] f ivy
ieftin [ieftin] adj cheap; worthless
ienupăr [ie'nupăr] n juniper

iepure ['iepure] m rabbit, hare

ieri ['ieri] adv yesterday

ierta [ier'ta] vt to excuse; to forgive; to pardon

iesle ['iesle] f manger

ieşi [ie'shi] vi to come out, to go out

ieşire [ie'shire] f way out, exit; outburst; outing

igienă [idji'enă] f hygiene

ignora [igno'ra] vt to ignore; not to know, to be unaware of

igrasie [igra'sie] f dampness

ilegal [ile'gal] adj unlawful; illegal; underground

ilicit [ili'chit] adj unlawful

ilizibil [ili'zibil] adj illegible; unreadable

ilumina [ilumi'na] vt, vr to light up; to illuminate

ilustra [ilus'tra] vt to illustrate; vr to become famous, to win fame

ilustru [i'lustru] adj famous, illustrious

iluzie [i'luzie] f illusion

imagina [imadji'na] vt to devise, to think up; to fancy, to imagine, to picture

imagine [i'madjine] f picture; image

imbecil [imbe'chil] m, adj imbecile

imbold [im'bold] n impetus, drive, push

imediat [imedi'at] adj immediate; adv directly

imens [i'mens] adj vast, immense

imigra [imi'gra] vi to immigrate

iminent [imi'nent] adj imminent

imita [imi'ta] vt to imitate

imn [imn] n anthem

imobil [imo'bil] adj still, motionless; unchanging

imoral [imo'ral] adj immoral

impacienta [impachien'ta] vr to lose patience
impar [im'par] adj odd
imparţial [impartsi'al] adj impartial, unbiased
impas [im'pas] n dead-end; deadlock, stalemate
impasibil [impa'sibil] adj impassive
impecabil [impe'kabil] adj faultless, impeccable; smashing
imperativ [impera'tiv] adj imperative
imperceptibil [imperchep'tibil] adj imperceptible
imperfect [imper'fekt] adj imperfect
imperiu [im'periu] n empire
impermeabil [imperme'abil] n raincoat; adj waterproof;
          impervious (to); impermeable
impertinent [imperti'nent] adj impertinent
imperturbabil [impertur'babil] adj imperturbable
impetuos [impetu'os] adj fiery, impetuous
implica [impli'ka] vt to involve
implicit [impli'chit] adj implicit
implora [implo'ra] vt to beseech, to implore
import [im'port] n import
important [impor'tant] adj important
imposibil [impo'sibil] adj impossible, out of the question
impotent [impo'tent] adj impotent; disabled
impozit [im'pozit] n tax
impresar [impre'sar] m impressario
impresie [im'presie] f impression; feeling
imprevizibil [imprevi'zibil] adj unforeseeable
imprima [impri'ma] vt to print; to imprint; to publish
improbabil [impro'babil] adj unlikely
improviza [improvi'za] vt, vi to improvise
imprudent [impru'dent] adj careless; unwise; foolhardy

impuls [im'puls] n impetus; impulse

impunător [impună'tor] adj imposing

impune [im'pune] vt to impose; to require; to tax; vr to assert
        oneself

impur [im'pur] adj impure

imputa [impu'ta] vt to reproach; to ascribe; to charge

imuabil [imu'abil] adj immutable; unchanging

imun [i'mun] adj immune

in [in] n flax

inabordabil [inabor'dabil] adj inaccessible; prohibitive

inacceptabil [inakchept'abil] adj unacceptable

inaccesibil [inakche'sibil] adj inaccessible;
                unattainable

inactiv [inak'tiv] adj inactive

inadaptabil [inadap'tabil] m misfit

inadmisibil [inadmi'sibil] adj inadmissible

inamic [ina'mik] m, adj enemy

inaplicabil [inapli'kabil] adj inapplicable

inapt [i'napt] adj unfit for

inaugura [inaugu'ra] vt to unveil; to open; to inaugurate

incapabil [inka'pabil] adj incapable

incendia [inchendi'a] vt to set fire to, to set alight

incendiu [in'chendiu] n fire

incert [in'chert] adj uncertain; unsettled; blurred

incest [in'chest] n incest

incident [inchi'dent] n, adj incident

incipient [inchipi'ent] adj incipient

incisiv [inchi'siv] adj incisive; m incisor

incita [inchi'ta] vt to incite

include [in'klude] vt to include; to comprise

inclusiv [inklu'siv] adv inclusive; included

incoerent [inkoe'rent] adj incoherent, rambling

incomod [inko'mod] adj inconvenient; uncomfortable

incomparabil [inkompa'rabil] adj incomparable

incompatibil [inkompa'tibil] adj inconsistent (with)

incompetent [inkompe'tent] adj incompetent

incomplet [inkom'plet] adj incomplete

inconştient [inkonshti'ent] adj unconscious; thoughtless; reckless

inconvenient [inkonveni'ent] n disadvantage; inconvenience; drawback

incorect [inko'rekt] adj wrong; dishonest; improper; faulty

incorigibil [inkori'djibil] adj hopeless

incoruptibil [inkorup'tibil] adj incorruptible

inculpa [inkul'pa] vt to indict

incult [in'kult] adj uneducated

incurabil [inku'rabil] adj incurable, hopeless

indecent [inde'chent] adj improper

indemnizaţie [indemni'zatsie] f allowance

independent [indepen'dent] adj free, independent

indeşirabil [indeshi'rabil] adj ladder-proof

index ['indeks] n index

indian [indi'an] m, adj Indian

indiciu [in'dichiu] n sign, indication; clue

indiferent [indife'rent] adj indifferent

indigen [indi'djen] m, adj native, indigenous; local

indigestie [indi'djestie] f indigestion

indirect [indi'rekt] adj indirect

indiscret [indis'kret] adj indiscreet

indispensabil [indispen'sabil] adj indispensable

indispune [indis'pune] vt to upset; to put out; vr to be put out

individ [indi'vid] m guy, fellow; individual

indulgent [indul'djent] adj indulgent; lenient

industrie [in'dustrie] f industry

inedit [ine'dit] adj unpublished; n novelty

ineficace [inefi'kache] adj ineffective; inefficient

inel [i'nel] n ring

ineptie [inep'tsie] f ineptitude

inepuizabil [inepui'zabil] adj inexhaustible

inerent [ine'rent] adj inherent

inevitabil [inevi'tabil] adj inevitable

inexact [ineg'zakt] adj inaccurate, inexact

inexplicabil [inekspli'kabil] adj unaccountable

infailibil [infai'libil] adj infallible

infam [in'fam] adj vile; infamous

infantil [infan'til] adj infantile

infect [in'fekt] adj vile; foul; horrible

inferior [inferi'or] adj inferior

infern [in'fern] n hell

infiltra [infil'tra] vt, vr to infiltrate

infinit [infi'nit] m, adj infinite

infirm [in'firm] adj disabled; m cripple; invalid

inflație [in'flatsie] f inflation

inflexibil [inflek'sibil] adj inflexible

influență [influ'entsă] f influence

informa [infor'ma] vt to inform, to let know; vr to inquire
      (about)

informație [infor'matsie] f item of news; piece of information;
      news

infractor [infrak'tor] m delinquent

infracţiune [infraktsi'une] f offence; violation, breach (of)

ingenios [indjeni'os] adj ingenious, clever

inginer [indji'ner] m engineer

ingrat [in'grat] adj ungrateful; thankless

ingredient [ingredi'ent] n ingredient

inimă ['inimă] f heart; center

iniţia [initsi'a] vt to initiate; to introduce (to)

injecţie [in'zhektsie] f injection

injurie [in'zhurie] f insult; abuse

injust [in'zhust] adj unjust, unfair

inocent [ino'chent] adj innocent

inofensiv [inofen'siv] adj harmless, innocuous

inoportun [inopor'tun] adj ill-timed, untimely; inappropriate

inovator [inova'tor] adj innovating; m innovator

ins [ins] m guy, individual

insalubru [insa'lubru] adj unwholesome

inscripţie [in'skriptsie] f inscription

insectă [in'sektă] f insect

insensibil [insen'sibil] adj insensitive; numb

insera [inse'ra] vt to insert

insignă [in'signă] f badge

insinua [insinu'a] vt to insinuate, to imply; vr to creep into

insista [insis'ta] vi to insist (on); to keep on

insolaţie [inso'latsie] f sunstroke

insolent [inso'lent] adj insolent, impertinent

insomnie [insom'nie] f insomnia, sleeplessness

inspecţie [ins'pektsie] f inspection

inspira [inspi'ra] vt to inspire; to breathe in; to fill with; vi to breathe in; vr to draw one's inspiration (from)

instabil [insta'bil] adj unsteady, unstable

instala [insta'la] vt to install; to put, to place; to fit out; vr to set oneself up; to settle in

instaura [instau'ra] vt to institute; to set up

instiga [insti'ga] vt to foment, to instigate

instinct [ins'tinkt] n instinct

institui [institu'i] vt to set up, to establish

institut [insti'tut] n institute

instructaj [instruk'tazh] n briefing

instructor [ins'truktor] m instructor; coach

instrucţie [ins'truktsie] f education

instrui [instru'i] vt to teach; to train

instrument [instru'ment] n instrument

insucces [insuk'ches] n failure

insuficient [insufichi'ent] adj insufficient; inadequate; short

insufla [insu'fla] vt to inspire with

insulă ['insulă] f island, isle

insultă [in'sultă] f insult

insurecţie [insu'rektsie] f insurrection

intact [in'takt] intact, untouched

integra [inte'gra] vt to integrate; vr to become integrated (in)

intelectual [intelektu'al] m, adj intellectual; high brow

inteligent [inteli'djent] adj intelligent, clever

inteligibil [inteli'djibil] adj intelligible

intens [in'tens] adj intense

intenţie [in'tentsie] f intention; intent

interbelic [inter'belik] adj inter-war

intercala [interka'la] vt to insert

intercepta [interchep'ta] vt to intercept

interdicţie [inter'diktsie] f ban

interes [inte'res] n interest; self-interest; importance

interesa [intere'sa] vt to concern; vi to matter; vr to inquire after

interfon [inter'fon] n intercom

interior [interi'or] adj inside; domestic; inner; inland; n inside; interior

interlocutor [interloku'tor] m speaker; interlocutor

intermediar [intermedi'ar] adj intermediate; middle; m intermediary; middleman

intern [in'tern] adj internal; m boarder; intern

interna [inter'na] vt to put in hospital; vr to go to hospital

internațional [internatsio'nal] adj international

interoga [intero'ga] vt to question; to examine

interpreta [interpre'ta] vt to interpret

intersecție [inter'sektsie] f intersection

interstatal [intersta'tal] adj interstate

interurban [interur'ban] adj long-distance, trunk

interval [inter'val] n space; interval

interveni [interve'ni] vi to intervene; to interfere

interviu [inter'viu] n interview

interzice [inter'ziche] vt to forbid; to ban, to prohibit

intestin [intes'tin] n intestine, gut

intim ['intim] adj intimate; private; inmost

intimida [intimi'da] vt to intimidate; vr to get nervous

intitula [intitu'la] vt to entitle

intolerant [intole'rant] adj intolerant

intoxica [intoksi'ka] vt to poison; vr to get poisoned

intra [in'tra] vi to enter, to go in; to come in; to be admitted to

intrigă ['intrigă] f plot

introduce [intro'duche] vt to introduce

introspecție [intros'pektsie] f introspection

intrus [in'trus] m intruder
intui [intu'i] vt to infer
inuman [inu'man] adj inhuman; savage
inunda [inun'da] vt to flood
inutil [inu'til] adj useless; unnecessary
invada [inva'da] vt to invade
invalid [inva'lid] m, adj invalid; disabled
invazie [in'vazie] f invasion
inventa [inven'ta] vt to invent; to devise; to make up
invers ['invers] adj reverse; opposite; inverse
investi [inves'ti] vt to invest
investigaţie [investi'gatsie] f investigation
invidia [invidi'a] vt to envy
invita [invi'ta] vt to invite, to ask
invizibil [invi'zibil] adj invisible

Î

îmbarca [îmbar'ka] vt, vr to embark
îmbărbăta [îmbărbă'ta] vt to encourage
îmbăta [îmbă'ta] vt to intoxicate; vr to get drunk
îmbătrîni [îmbătrî'ni] vt to make old; vi to look old
îmbelşugat [îmbelshu'gat] adj rich
îmbiba [îmbi'ba] vt to imbue
îmbina [îmbi'na] vt, vr to join
îmblînzi [îmblîn'zi] vt to tame
îmbogăţi [îmbogă'tsi] vt to enrich; vr to get/to grow rich
îmboldi [îmbol'di] vt to urge
îmbolnăvi [îmbolnă'vi] vr to fall ill
îmbrăca [îmbră'ka] vt to put on; to dress; to cover; vr to dress
îmbrăţişa [îmbrătsi'sha] vt to hug, to embrace; to take up; vr
          to embrace
îmbrînci [îmbrîn'chi] vt to jostle, to push; vr to push one
          another
îmbucurător [îmbukură'tor] adj glad; good
îmbujora [îmbuzho'ra] vr to flush (with)
îmbulzeală [îmbul'zeală] f crush
îmbunătăţi [îmbunătă'tsi] vt, vr to improve
împacheta [împake'ta] vt to wrap; vi to pack
împăca [împă'ka] vr to get along; to make it up; to reconcile
          oneself (to); vt to reconcile
împăia [împă'ia] vt to stuff
împărat [împă'rat] m emperor
împărtăşi [împărtă'shi] vt to impart; to share; vr to take the
          Eucharist

149

împărţi [împăr'tsi] vt to share, to divide; to deliver; vr to divide

împături [împătu'ri] vt to fold

împerechea [împere'kea] vt to, vr to mate

împiedica [împiedi'ka] vt to hinder, to prevent; vr to stumble (over)

împinge [îm'pindje] vt to push; to drive; vr to jostle

împleti [împle'ti] vt to weave; to knit; to plait; vr to intertwine, to interweave

împletici [împleti'chi] vr to stagger

împlini [împli'ni] vt to carry out; to reach; vr to pass, to elapse; to be; to come true

împodobi [împodo'bi] vt to adorn

împotmoli [împotmo'li] vr to stick in the mud; to come to a dead end; to be stuck

împotrivă [împo'trivă] adv against

împotrivi [împotri'vi] vr to oppose

împrăştia [împrăshti'a] vt, vr to spread, to scatter

împrejur [împre'zhur] adv around

împreună [împre'ună] adv together

împrieteni [împriete'ni] vr to make friends (with)

împrospăta [împrospă'ta] vt to refresh

împroşca [împrosh'ka] vt to splash (with)

împrumut [împru'mut] n loan

împuşca [împush'ka] vt, vr, vi to shoot (oneself)

împuternici [împuterni'chi] vt to authorize

în [în] prep in; into; on

înainta [înain'ta] vt to promote; to put forward; to submit; vi to advance

înainte [îna'inte] adv before; in the past; forward

înalt [î'nalt] adj tall; high; lofty; n high

înapoi [îna'poi] adv back(ward)

înarma [înar'ma] vt, vr to arm

înăbuşi [înăbu'shi] vt to drown, to muffle up; to smother

înălţa [înăl'tsa] vt to raise; vr to rise

înăuntru [înă'untru] adv in, inside; prep in, inside

încasa [înka'sa] vt to cash; to receive

încă ['înkă] adv still; yet; more

încălca [înkăl'ka] vt to break, to infringe

încăleca [înkăle'ka] vt to mount

încălţa [înkăl'tsa] vt to put on; vr to put on one's shoes

încălzi [înkăl'zi] vt to warm; to warm oneself; to get warm

încăpător [înkăpă'tor] adj spacious

încăpere [înkă'pere] f room

încărca [înkăr'ka] vt to burden, to load; to charge

încărunţi [înkărun'tsi] vi to go/to turn grey

încătuşa [înkătu'sha] vt to shackle

începător [închepă'tor] m beginner

începe [în'chepe] vt to start, to begin

încerca [încher'ka] vt to test; to try; to go through; to
        experience; vi to (have a) try

încet [în'chet] adj slow; low; adv slowly; gently, lightly

încetini [încheti'ni] vt, vi to slow down

înceta [înche'ta] vt to stop, to cease; vi to abate, to cease

închega [înke'ga] vt to curdle; to form; vr to curdle

încheia [înke'ia] vt to close, to finish; to conclude; to button
        up; vr to end, to come to an end; to button up

închide [în'kide] vt to close, to shut; to bolt; to lock; to turn
        off; to imprison; vr to shut; to darken; to heal

închipui [înkipu'i] vt to imagine; to devise, to think up; to
        make up; vr to imagine/to fancy oneself

151

închiria [înkiri'a] vt to rent; to hire; to let

închis [în'kis] adj closed; dark; cloudy; reserved

încinge [în'chindje] vt to girdle; to heat; vr to heat up; to be
    hot; to flare up

încîlcit [înkîl'chit] adj intricate; tangled; tousled

încîntat [înkîn'tat] adj delighted

încît [în'kît] conj that

înclina [înkli'na] vt to tilt; to bend, to bow; vr to bow; to tilt

încoace [în'kwache] adv here

încolo [în'kolo] adv away; otherwise

încolţi [înkol'tsi] vi to come up, to sprout; vt to corner

înconjura [înkonzhu'ra] vt to surround; to go round

încorda [înkor'da] vt, vr to strain (oneself)

încorona [înkoro'na] vt to crown

încotro [înko'tro] adv where

încovoia [înkovo'ia] vt, vr to bend

încrede [în'krede] vr to trust

încrezător [înkreză'tor] adj confident

încrezut [înkre'zut] adj conceited

încrucişa [înkruchi'sha] vt, vr to put across

încuia [înku'ia] vt, vr to lock (oneself) up

încumeta [înkume'ta] vr to venture, to dare

încuraja [înkura'zha] vt to encourage

încurca [înkur'ka] vt to tangle; to hamper; to confuse; vr to get
    tangled

îndată [în'dată] adv directly

îndatora [îndato'ra] vt to oblige

îndeletnici [îndeletni'chi] vr to be engaged (in)

îndelung [înde'lung] adv for a long time

îndemînare [îndemî'nare] f skill, ability

îndemna [îndem'na] vt to advise; to urge; to instigate

îndeosebi [îndeo'sebi] adv especially

îndepărta [îndepăr'ta] vt to remove; to take off; to estrange
        (from); vr to move

îndeplini [îndepli'ni] vt to fulfill, to carry out; vr to fulfill; to
        come true

îndesa [înde'sa] vt to cram, to pack;
        vr to crowd

îndoctrina [îndoktri'na] vt to indoctrinate

îndoi [îndo'i] vt to fold; to bend; vr to bend; to fold; to doubt
        (of)

îndrăgi [îndră'dji] vt to grow/ to become fond of; to take to

îndrăgosti [îndragos'ti] vt to fall in love (with)

îndrăzni [îndrăz'ni] vt to dare, to venture

îndrepta [îndrep'ta] vt to correct; to straighten; to guide; to
        aim (at); vr to stand erect; to recover; to improve

îndruma [îndru'ma] vt to direct, to guide

înduioşa [înduio'sha] vt to move, to touch; vr to be moved

îndulci [îndul'chi] vt to sweeten

îndura [îndu'ra] vt to suffer, to endure; to bear; vr to give in

îndurera [îndure'ra] vt to grieve

îneca [îne'ka] vt to drown; vr to get drowned; to drown oneself

înfăptui [înfăptu'i] vt to fulfill, to carry out

înfăşura [înfăshu'ra] vt to wrap up

înfăţişa [înfătsi'sha] vt to depict; vr to report

înfige [în'fidje] vt to jab, to thrust

înfiinţa [înfiin'tsa] vt to set up

înfiora [înfio'ra] vt, vr to thrill

înflori [înflo'ri] vi to bloom; to flower; to blossom; to prosper; to flourish

înfometa [înfome'ta] vt to starve (out)

înfricoşa [înfriko'sha] vt to frighten; vr to get scared

înfrînge [în'frîndje] vt to defeat

înfrunta [înfrun'ta] vt to face

înfuleca [înfule'ka] vt to gobble, to wolf (down)

înfumurare [înfumu'rare] f conceit

înfunda [înfun'da] vt to clog; to bung up

înfuria [înfuri'a] vt to make angry/mad; vr to get angry

îngădui [îngădu'i] vt to permit, to allow

îngăima [îngăi'ma] vt to mumble

îngălbeni [îngălbe'ni] vt to make yellow; vr to turn yellow; to turn pale

îngenunchea [îndjenun'kea] vi to kneel

înger ['îndjer] m angel

înghesui [îngesu'i] vt, vr to crowd

îngheţ [în'gets] n frost

înghiţi [îngi'tsi] vt to swallow; to gulp down

îngrăşa [îngră'sha] vt to fertilize; to fatten; vr to put on weight; to grow fat

îngriji [îngri'zhi] vt to take care of; to look after; vr to look after

îngrijora [îngrizho'ra] vt, vr to worry

îngropa [îngro'pa] vt to bury

îngrozi [îngro'zi] vt to appal, to horify

îngust [în'gust] adj tight; narrow

înhăţa [înhă'tsa] vt to catch, to nab; to snatch; to snap

înjosi [înzho'si] vt to humble, to humiliate

înjura [înzhu'ra] vt to swear at; vi to swear

înlătura [înlătu'ra] vt to remove; to do away with

înlesni [înles'ni] vt to facilitate

înlocui [înloku'i] vt to replace (with)

înmîna [înmî'na] vt to hand (over)

înmormînta [înmormîn'ta] vt to bury

înmulţi [înmul'tsi] vt to multiply; vr to multiply; to increase

înnopta [înnop'ta] vi to put up for the night

înnorat [înno'rat] adj clouded, overcast

înot [î'not] n swimming

înrăutăţi [înrăută'tsi] vt to worsen; vr to get/to grow worse

înregistra [înredjis'tra] vt to record; to register

înroşi [înro'shi] vt to redden; vr to flush (with); to blush

însă ['însă] conj but; however

însămi ['însămi] f pr myself

însănătoşi [însănăto'shi] vr to recover

însărcina [însărchi'na] vt to charge (with)

însăşi ['însăsh] f pr herself

însăţi ['însătsi] f pr yourself

înscena [însche'na] vt to frame

înscrie [în'skrie] vt to put down; to take down; to enter smb's name; vr to enter; to register; to sign up

însele ['însele] f pl pr themselves

însene ['însene] f pl pr ourselves

însenina [înseni'na] vr to clear up; to cheer up

însera [înse'ra] vr to get dark

însetat [înse'tat] adj thirsty

însîngerat [însîndje'rat] adj bloodstained

însorit [înso'rit] adj sunny

însoţi [înso'tsi] vt to accompany; to show; to see off

înspăimînta [înspăimîn'ta] vt to scare, to frighten

înstărit [înstă'rit] adj well-off, well-to-do

înstelat [înste'lat] adj starry

înstrăina [înstrăi'na] vt to alienate; vr to become a stranger (to)

însumi ['însumi] m pr myself

însura [însu'ra] vr to marry; to get married

însuşi ['însushi] m pr himself

înşela [înshe'la] vt to cheat, to deceive; to betray; to be unfaithful to; vr to be wrong

înştiinţa [înshtiin'tsa] vt to let know, to inform

întări [întă'ri] vt to strengthen; to confirm, to bear out; vr to harden

întemeia [înteme'ia] vt to found

înteţi [înte'tsi] vt, vr to intensify

întinde [în'tinde] vt to hold out; to, stretch; to lay; to hang; vr to stretch oneself; to lie down

întipări [întipă'ri] vt, vr to imprint

întîi [în'tîi] num (the) first; one; adv in the beginning

întîlni [întîl'ni] vt to meet; to come across; vr to meet

întîmpina [întîmpi'na] vt to welcome; to greet

întîmpla [întîm'pla] vr to happen; to come about; to become (of)

întîrzia [întîr'zia] vt to delay; vi to be late

întoarce [în'twarche] vt to turn; to return; to wind up; vr to come back; to turn round

întocmai [în'tokmai] adv of course, certainly

întocmi [întok'mi] vt to draw up

întotdeauna [întotdea'una] adv always

între ['între] prep between; among

întreba [între'ba] vt to ask; vr to ask oneself

întrebuinţa [întrebuin'tsa] vt to use; vr to be used

întrece [în'treche] vt to overtake; to surpass; vr to compete (with)

întreg [în'treg] adj complete; whole

întrei [între'i] vt to treble

întreprinde [între'prinde] vt to undertake

întrerupător [întrerupă'tor] n switch

întrerupe [între'rupe] vt to break; to interrupt; vr to break off

întreţine [între'tsine] vt to keep; vr to earn one's living

întrista [întris'ta] vt to grieve; vr to become sad

într-o ['întro] prep in a

întruchipa [întruki'pa] vt to embody, to incarnate

întruni [întru'ni] vt to meet; vr to gather

întuneca [întune'ka] vt to darken; vr to darken

înţelege [întse'ledje] vt to understand; to see; to mean; vr to understand each other

înţelepciune [întselep'chune] f wisdom

înţeles [întse'les] n sense, meaning

înţepa [întse'pa] vt to sting; to bite; to prick

înţepeni [întsepe'ni] vt to fasten; vi to become stiff; to be paralyzed; vr to get stuck

învăţa [învă'tsa] vt to learn; to teach; vi to learn

învechi [înve'ki] vr to get old

învecina [învechi'na] vr to border (on)

înveseli [învese'li] vt, vr to cheer up

învia [învi'a] vt, vi to resurrect, to revive

învinge [în'vindje] vt to defeat; vi to win

înviora [învio'ra] vt to enliven; vr to pick up

învîrti [învîr'ti] vt, vr to spin; to whirl round

învoi [învo'i] vt to give/to grant leave; vr to agree

înzăpezit [înzăpe'zit] adj snowed up, covered with snow
înzdrăveni [înzdrăve'ni] vr to recover, to pick up strength
înzecit [înze'chit] adj, adv tenfold
înzestra [înzes'tra] vt to endow (with)

J

jachetă [zha'ketă] f jacket
jaf [zhaf] n robbery; plunder
jaguar [zhagu'ar] m jaguar
jale ['zhale] f sorrow; grief
jalnic ['zhalnik] adj pitiful
jalon [zha'lon] n landmark; stake
jaluzea [zhalu'zea] f window-shade, blind
jambon [zham'bon] n ham
javră ['zhavră] f cur
jaz [zhaz] n jazz
jefui [zhefu'i] vt to rob
jeleu [zhe'leu] n jelly
jenă ['zhenă] f uneasiness; trouble
jerpelit [zherpe'lit] adj ragged, shabby
jerseu [zher'seu] n jersey
jertfă ['zhertfă] f victim; sacrifice
jet [zhet] n spurt
jgheab [zhgeab] n pipe; trough
jigărit [zhigă'rit] adj scrawny
jigni [zhig'ni] vt to vex, to hurt smb's feelings
jivină [zhi'vină] f wild beast
joacă ['zhwakă] f play
joc [zhok] n play; acting
jockeu [zho'keu] m jockey
joi [zhoi] f Thursday
joncţiune [zhonktsi'une] f junction; joining
jongla [zhon'gla] vi to juggle

jos [zhos] adv down; low; below; downstairs

jovial [zhovi'al] adj jolly

jubila [zhubi'la] vi to exult, to be jubilant

jubileu [zhubi'leu] n jubilee

juca [zhu'ka] vt to play; to act; vi to act; to play; vr to play

judeca [zhude'ka] vt to judge; to try; vi to judge

judeţ [zhu'dets] n county, district

judicios [zhudichi'os] adj sensible

jug [zhug] n yoke

jumătate [zhumă'tate] f half

jumuli [zhumu'li] vt to pluck

junghi ['zhungi] n shooting pain, twinge

junglă ['zhunglă] f jungle

jupui [zhupu'i] vt to flay, to skin; vr to scrape; to peel off

jura [zhu'ra] vt, vi, vr to swear, to vow

jurist [zhu'rist] m lawyer

juriu ['zhuriu] n jury; board

jurnal [zhur'nal] n journal, diary; (news)paper; news

just [zhust] adj fair, just; justified; right; adv justly

justiţie [zhus'titsie] f justice

juvenil [zhuve'nil] adj juvenile

K

kaki [ka'ki] adj khaki
kil(ogram) [kilo'gram] n kilogram; liter
kilometru [kilo'metru] m kilometer
kilowatt [kilo'vat] m kilowatt

L

la [la] m A, la; prep in; at; to, towards; on
labă ['labă] f paw; foot
labirint [labi'rint] n labyrinth
laborator [labora'tor] n lab(oratory)
lac [lak] n lake; patent leather; lacquer; varnish
lacăt ['lakăt] n paddock
lacom ['lakom] adj greedy
lacrimă ['lakrimă] f tear
lactobar [lakto'bar] n milk bar
lacună [la'kună] f gap
ladă ['ladă] f box, bin; trunk
lagăr ['lagăr] n camp
lalea [la'lea] f tulip
lamă ['lamă] f blade
lamenta [lamen'ta] vr to complain (of)
lampă ['lampă] f lamp
lan [lan] n field
lanolină [lano'lină] f lanoline
lansa [lan'sa] vt to launch; to put about; to put forward
lanternă [lan'ternă] f pocket lamp; light, lamp
lanţ [lants] n chain; range
laolaltă [lao'laltă] adv together
lapon [la'pon] m Lapp; adj Lappish
lapoviţă ['lapovitsă] f sleet
lapte ['lapte] n milk
larg [larg] adj wide; broad; roomy; loose; generous
laringită [larin'djită] f laryngitis

larmă ['larmă] f uproar
laser ['laser] n laser
lasou [la'sou] n lasso
laş [lash] m coward
lat [lat] adj broad, wide
latent [la'tent] adj latent
lateral [late'ral] adj lateral
latin [la'tin] adj Latin
latitudine [lati'tudine] f latitude
latură ['latură] f side
laţ [lats] n noose
laudă ['laudă] f praise
laur [laur] m laurel
laureat [lau'reat] m laureate; winner
lavabil [la'vabil] adj washable
lavabou [lava'bou] n washbasin; lavatory
lavă ['lavă] f lava
lavoar [la'vwar] n washstand
laxativ [laksa'tiv] adj laxative
lăcătuş [lăkă'tush] m locksmith
lăcrima [lăkri'ma] vi to shed tears
lăcustă [lă'kustă] f locust; grasshopper
lăfăi [lăfă'i] vr to sprawl; to live in plenty
lămîie [lă'mîie] f lemon
lămuri [lămu'ri] vt to clear up; to explain; vr to understand
lăptucă [lăp'tukă] f lettuce
lărgi [lăr'dji] vt to widen; to enlarge; to let out; vr to expand;
      to widen
lăsa [lă'sa] vt to leave; to allow; to drop; to set down; vr to
      give up; to sit down; to set

lătra [lă'tra] vi to bark

lăţos [lă'tsos] adj shaggy

lăuda [lău'da] vt to praise, to speak highly of; vr to boast

lăuntric [lă'untrik] adj inner

leagăn ['leagăn] n cradle; swing

lebădă ['lebădă] f swan

lectură [lek'tură] f reading

lecţie ['lektsie] f lesson; homework

lecui [leku'i] vt to cure; vr to heal; to recover (from)

lefter ['lefter] adj penniless; broke, hard up

lega [le'ga] vt to bind, to tie; to unite

legal [le'gal] adj lawful, legal

legămînt [legă'mînt] n vow

legăna [legă'na] vt to swing; to rock; vr to rock; to swing

legătură [legă'tură] f link, connection; joint

lege ['ledje] f law; rule; act

legendă [le'djendă] f legend

legifera [ledjife'ra] vt to legislate

legislaţie [ledjis'latsie] f legislation

legitim [le'djitim] adj legitimate

legumă [le'gumă] f vegetable

lejer [le'zher] adj easy-fitting

lemn [lemn] n wood

lene ['lene] f idleness, laziness

lenjerie [lenzhe'rie] f linen; underclothes; bedclothes

lent [lent] adj slow

lentilă [len'tilă] f lens

leoaică [le'waikă] f lioness

leopard [leo'pard] m leopard

lepăda [lepă'da] vt to drop; vr to get out of

lesne ['lesne] adv easily

leşie [le'shie] f lye

leşina [leshi'na] vi to faint, to pass out, to swoon

leu [leu] m lion; leu (Romanian currency)

leucemie [leuche'mie] f leukemia

leuştean [leush'tean] m lovage

levier [levi'er] n lever

leza [le'za] vt to hurt

libelulă [libe'lulă] f dragon fly

liber ['liber] adj free; vacant; leisure; off duty

licări [likă'ri] vi to glitter; to glimmer

licenţă [li'chentsă] f license; degree

liceu [li'cheu] n high school

lichea [li'kea] f knave

lichid [li'kid] n liquid; adj liquid

lichida [liki'da] vt to settle; to liquidate; to clear, to sell

licurici [liku'rich] m firefly

lider ['lider] m leader

lift [lift] n elevator, lift

ligă ['ligă] f league

lighean [li'gean] n wash-bowl, (wash-) basin

lihnit [lih'nit] adj starving

liliac [lili'ak] m lilac; bat

liman [li'man] n harbor, haven

limbă ['limbă] f language; tongue; hand

limita ['limita] vt, vr to limit (oneself)

limonadă [limo'nadă] f lemonade

limpede ['limpede] adj clear

limuzină [limu'zină] f sedan, saloon-car

lin [lin] adj gentle; slow; quiet; calm

linge ['lindje] vt to lick

lingou [lin'gou] n ingot

lingură ['lingură] f spoon; spoonful (of)

linguşi [lingu'shi] vt to flatter

linie ['linie] f line; ruler

linişte ['linishte] f silence; quiet

linişti [lini'shti] vt to calm, to quiet; to soothe; vr to quiet
      down, to calm oneself

linşa [lin'sha] vt to lynch

lipi [li'pi] vt to glue; to stick; to paste; to solder; vr to stick
      (to)

lipsă ['lipsă] f lack; want; absence; poverty

lipsi [lip'si] vt to deprive; vi to be absent; to be missing/
      lacking; to be out of stock

liră ['liră] f pound (sterling); lira; lyre

listă ['listă] f list

literar [lite'rar] adj literary

litoral [lito'ral] n seacoast, seaside, littoral

litru ['litru] m liter

livadă [li'vadă] f orchard; meadow

livra [li'vra] vt to deliver

lizibil [li'zibil] adj legible

lînă ['lînă] f wool

lîncezi [lînche'zi] vi to be idle; to stagnate

lîngă ['lîngă] prep near (to), close to, by

loc [lok] n spot;place; seat; job; site

locomotivă [lokomo'tivă] f locomotive

locotenent [lokote'nent] m lieutenant

locui [loku'i] vi to live

logodi [logo'di] vr to become engaged (to)

loial [lo'ial] adj loyal

lojă ['lozhă] f box

londonez [londo'nez] adj Londoner

lopată [lo'pată] f shovel

lor pl adj their; pl pr (to) them

lord [lord] m lord

loterie [lote'rie] f lottery

lovi [lo'vi] vt to strike; to hit; to slap; to kick; to pat; to hurt; vr to hurt (oneself)

lua [lwa] vt to take; to seize; to buy; to catch; to have

lubrifiant [lubrifi'ant] n lubricant

luceafăr [lu'cheafăr] m star

lucernă [lu'chernă] f lucerne

luci [lu'chi] vi to shine; to glow

lucid [lu'chid] adj lucid

lucra [lu'kra] vt to work out; to till; vi to work (at, on); to function

lucru ['lukru] n thing; object; work

lugubru [lu'gubru] adj dismal; gloomy

lui [lui] m adj his; m pr (to) him

lujer ['luzher] n stem

lume ['lume] f world; people

lumina [lumi'na] vt to light; to clear up; vi to shine; vr to brighten up; to clear up

lumină [lu'mină] f light; wisdom

lumînare [lumî'nare] f candle

lunar [lu'nar] adj monthly; lunar; moon

lunatic [lu'natik] adj sleep walker

lună ['lună] f moon; month

luncă ['lunkă] f river meadow
luneca [lune'ka] vi to slip; to glide; to slide; to be slippery
lung [lung] adj long
luni ['luni] f Monday
luntre ['luntre] f boat
lup [lup] m wolf
lupă ['lupă] f magnifying glass
lupta [lup'ta] vi, vr to struggle/to fight (against)
luptă ['luptă] f fight, struggle; contest
lustru ['lustru] n polish, lustre
lut [lut] n clay
lux [luks] n luxury
luxa [luk'sa] vt to sprain
luxos [luk'sos] adj rich, luxurious

M

mac [mak] m poppy
macabru [ma'kabru] adj gruesome
macara [maka'ra] f crane
machetă [ma'ketă] f model
machia [ma'kia] vt, vr to make up
maestru [ma'estru] m master
magazie [maga'zie] f storehouse
magazin [maga'zin] n store, shop
maghiar [ma'giar] m, adj Magyar, Hungarian
magic ['madjik] adj magic
magistrat [madjis'trat] m magistrate
magnat [mag'nat] m magnate
magnetofon [magneto'fon] n tape recorder; cassette recorder
magnific [mag'nifik] adj magnificent
magnolie [mag'nolie] f magnolia
mahala [maha'la] f suburb
mai [mai] m May; adv some more; once more; again; still; else
maimuţă [mai'mutsă] f monkey; ape
maioneză [maio'neză] f mayonnaise
maior [ma'ior] m major
maiou [ma'iou] n undershirt, vest, singlet
major [ma'zhor] adj major, of age; adult; important
majusculă [ma'zhuskulă] f capital letter
mal [mal] n bank; border; shore
maladie [mala'die] f disease
malarie [ma'larie] f malaria
maldăr ['maldăr] n heap

maliţios [malitsi'os] adj mischievous

maltrata [maltra'ta] vt to ill-treat

mamă ['mamă] f mum(my), mother

mamelă [ma'melă] f nipple, teat

mamoş ['mamosh] m obstetrician

mană ['manā] f mildew

mandarină [manda'rină] f tangerine

mandat [man'dat] n money order; mandate; power of attorney; proxy; warrant

manechin [mane'kin] n model; dummy

manevra [mane'vra] vt to maneuver; to operate; vi to maneuver

maniac [mani'ak] adj maniac

manichiură [mani'kiură] f manicure

manie [ma'nie] f mania; odd habit

manierat [manie'rat] adj well-bred

manifesta [manifes'ta] vt to show, to indicate; to express; vi to demonstrate; vr to show; to express itself; to arise

manipula [manipu'la] vt to manipulate

mansardă [man'sardă] f attic

manşetă [man'shetă] f cuff

mantou [man'tou] n coat

manual [manu'al] adj manual; n manual, textbook, handbook

manuscris [manu'skris] n manuscript; adj hand-written

mapă ['mapă] f paper case, folder; portfolio

marcă ['markă] f brand; make; brand-name; stamp; mark

mare ['mare] adj large; big; great; tall; old; important; f sea

maree [ma'ree] f tide

marfă ['marfă] f commodities, goods; merchandise

margaretă [marga'retă] f daisy

margarină [marga'rină] f margarine

margine ['mardjine] f margin; outskirts; limit; brink; brim; curb; end

marinar [mari'nar] m sailor

marină [ma'rină] f navy; marine

marionetă [mario'netă] f puppet

marmeladă [marme'ladă] f jam

marmură ['marmură] f marble

maro [ma'ro] adj brown; chestnut

marş [marsh] n march

Marte ['marte] m Mars

martie ['martie] m March

martir [mar'tir] m martyr

marţi ['martsi] f Tuesday

marxism [mark'sism] n Marxism

masacru [ma'sakru] n slaughter, massacre

masă ['masă] f mass; table; meal; board

mască ['maskă] f mask

mascul [mas'kul] adj male; masculine; m male

masiv [ma'siv] adj solid, massive; heavy, large; n massif

maşinaţie [mashi'natsie] f machination

maşină [ma'shină] f car, automobile; bus; machine

mat [mat] adj mat(t); n (check) mate

matcă ['matkă] f queen; (river) bed

matematic [mate'matik] adj mathematical

material [materi'al] adj material; n stuff, material; gear; equipment

materie [ma'terie] f matter; subject matter; subject

matern [ma'tern] adj motherly, maternal

matlasat [matla'sat] adj quilted

matur [ma'tur] adj adult; mature

maţ [mats] n bowel, gut

maxilar [maksi'lar] n jaw

maxim ['maksim] adj maximum; n maximum

mazăre ['mazăre] f peas

mă [mă] interj hey, you

măcar [mă'kar] adv even; at least

măcel [mă'chel] n slaughter

măcelar [măche'lar] m butcher

măceş [mă'chesh] m wild rose

măcina [măchi'na] vt to grind

măduvă ['măduvă] f marrow

măgar [mă'gar] m donkey, ass

măguli [măgu'li] vt to flatter

măi [măi] interj hey, you

măiestrie [măies'trie] f craftsmanship

mălai [mă'lai] n corn flour; cornmeal

mămăligă [mămă'ligă] f hominy, mush

mămică [mă'mikă] f mum, mummy

mănăstire [mănăs'tire] f convent, monastery

mănunchi [mă'nunki] n bunch

mănuşă [mă'nushă] f glove

măr [măr] n apple (tree)

mărar [mă'rar] m dill

măreţ [mă'rets] adj great, magnificent

mări [mă'ri] vt to increase; to raise; to enlarge; vr to increase, to grow

mărita [mări'ta] vt to marry (to); vr to marry

mărturie [mărtu'rie] f testimony

măsea [mă'sea] f tooth

măslină [măs'lină] f olive

măsura [măsu'ra] vt to measure; to pace; to weigh; vi to be; vr to fight (with)

mătase [mă'tase] f silk

mătreaţă [mă'treatsă] f dandruff

mătura ['mătura] vt to sweep

mătuşă [mă'tushă] f aunt

mea [mea] f adj my

mecanic [me'kanik] m engineer; engine driver; mechanic

meci [mech] n match

medalie [me'dalie] f medal

mediator [media'tor] m mediator

medic ['medik] m doctor, physician

medicament [medika'ment] n medicine; medication

medie ['medie] f average; mean

mediocru [medi'okru] adj poor, mediocre

medita [medi'ta] vi to ponder, to meditate, to muse; vt to coach

mediu ['mediu] n environment; milieu; background; circle; medium; adj average

meduză [me'duză] f jellyfish

mei [mei] pl m adj my; m millet

melancolic [melan'kolik] adj melancholy, low-spirited

melc [melk] m snail

mele ['mele] pl f adj my

melodie [melo'die] f melody

meloman [melo'man] m lover of music

membru ['membru] m limb; member

memorie [me'morie] f memory; remembrance

menaj [me'nazh] n house-keeping, housework; household

mentalitate [mentali'tate] f mentality

menţiune [mentsi'une] f mention

mercantil [merkan'til] adj mercenary

mercur [mer'kur] n mercury

mereu [me'reu] adv always

merge ['merdje] vi to go; to walk; to drive; to ride; to run, to work

merita [meri'ta] vt to deserve; to be worth; vi to be worth while

mers [mers] n course; going; gait, walk

mesager [mesa'djer] m messenger

mesaj [me'sazh] n message

meschin [mes'kin] adj mean

meserie [mese'rie] f craft; trade; job; skill

mesteca [meste'ka] vt to chew; to stir; vi to chew

meşteşug [meshte'shug] n skill; trade

metabolism [metabo'lism] n metabolism

metaforă [me'taforă] f metaphor

metal [me'tal] n metal

meticulos [metiku'los] adj punctilious

metodă [me'todă] f method

metro [me'tro] n subway, tube, underground

metru ['metru] m meter

meu [meu] m adj my

mezel [me'zel] n sausages

mi [mi] m E, mi

mic [mik] adj little, small; tiny; young; tight; slight; mean; petty

microb [mi'krob] m grm, microbe

microbuz [mikro'buz] n minibus

microfon [mikro'fon] n microphone, mike

microscop [mikro'skop] n microscope

microundă [mikro'undă] f microwave

micşora [miksho'ra] vt, vr to decrease, to diminish; vi to dwindle

mie [mie] f thousand

miel [miel] m lamb

miercuri ['mierkuri] f Wednesday

miere ['miere] f honey

mieuna [mieu'na] vi to mew

miez [miez] n core; kernel

migălos [migă'los] adj exacting; meticulous

migdală [mig'dală] f almond

migra [mi'gra] vi to migrate

migrenă [mi'grenă] f headache

mijloc ['mizhlok] n middle; waist

milă ['milă] f pity

mileniu [mi'leniu] n thousand years

miliard [mili'ard] n billion

milimetru [mili'metru] n millimeter

milion [mili'on] n million

militar [mili'tar] adj military

mină ['mină] f pit; mine; mien; lead (of a pencil)

minciună [min'chună] f lie, fib

mineral [mine'ral] adj mineral

minge ['mindje] f ball

minim ['minim] adj minimum; n minimum

ministru [mi'nistru] m minister

minor [mi'nor] adj minor; under age; m minor

minte ['minte] f reason; mind; wisdom

minţi [min'tsi] vt, vi to lie

minuna [minu'na] vt to amaze, astonish; vr to marvel (at)

minune [mi'nune] f wonder, miracle

minut [mi'nut] n minute

minuţios [minutsi'os] adj meticulous; minute

miop [mi'op] adj short-sighted

miorlăi [miorlă'i] vi to mew; to whimper; vr to whimper

mira [mi'ra] vt to surprise; vr to wonder (at)

miracol [mi'rakol] n miracle

mire ['mire] m bridegroom

mireasmă [mi'reasmă] f scent, fragrance

miros [mi'ros] n smell; odor

misiune [misi'une] f mission

mister [mis'ter] n mystery

mistifica [mistifi'ka] vt to mystify

mistreţ [mis'trets] m wild boar

mistrie [mis'trie] f trowel

mişca [mish'ka] vt to stir, to move; to touch

mişcare [mish'kare] f movement; motion; exercise; gesture

mişuna [mishu'na] vi to swarm

mit [mit] n myth

mită ['mită] f bribery

miting ['miting] n rally, meeting

mitocan [mito'kan] m cad

mitologic [mito'lodjik] adj mythologic(al)

mitralieră [mitrali'eră] f machine-gun

mitropolie [mitropo'lie] f metropolitan church

mixt [mikst] adj joint; mixed

miza [mi'za] vi to stake, to bet; to rely (on); to bank on

mizer [mi'zer] adj pitiful, wretched; miserable

mizerie [mi'zerie] f poverty, destitution, misery

mîine ['mîine] adv tomorrow

mînă ['mînă] f hand

mînca [mîn'ka] vt to eat; to have

mîncare [mîn'kare] f food; dish

mîndri [mîn'dri] vr to take pride (in); to boast

mîndru ['mîndru] adj proud; haughty

mînecă ['mînekă] f sleeve

mîner [mî'ner] n handle; hilt

mîngîia [mîngî'ia] vt to caress; to stroke; to comfort; vr to take
          comfort (in)

mînie [mî'nie] f fury, anger

mînji [mîn'zhi] vt to smear, to soil; vr to get smeared/soiled

mînui [mînu'i] vt to handle

mîrîi [mîrî'i] vi to growl; to snarl; to grumble

mîrşav ['mîrshav] adj mean

mîzgăli [mîzgă'li] vt to scribble; to smear

mlaştină ['mlashtină] f swamp, marsh

moale ['mwale] adj soft; flabby; soft-boiled; weak

moară ['mwară] f mill

moarte ['mwarte] f death

mobil [mo'bil] n motive, reason; adj movable, mobile

mobilă ['mobilă] f furniture

mochetă [mo'ketă] f fitted carpet

mocirlă [mo'chirlă] f mud; gutter

mod [mod] n form, mode; manner

modă ['modă] f fashion

model [mo'del] n model; sitter

moderat [mode'rat] adj moderate; temperate

modern [mo'dern] adj up-to-date; modern

modest [mo'dest] adj modest

modifica [modifi'ka] vt to alter, to modify, to change; vr to change, to alter

moft [moft] n whim; trifle

mohorît [moho'rît] adj gloomy; overcast

mojic [mo'zhik] m boor

moleşeală [mole'shală] f torpor

molfăi [molfă'i] vt to munch

molie ['molie] f moth

molimă ['molimă] f epidemic

molipsi [molip'si] vt to contaminate

moloz [mo'loz] n debris

momeală [mo'meală] f lure, bait

moment [mo'ment] n moment

monarhie [monar'hie] f monarchy

monden [mon'den] adj of fashion; of high society

mondial [mondi'al] adj world; world-wide

monedă [mo'nedă] f currency; coin

monopol [mono'pol] n monopoly

monoton [mono'ton] adj monotonous

monstru ['monstru] m monster; adj huge, enormous

monta [mon'ta] vt to stage; to mount; to set; to raise; to put up; to assemble; to edit

monument [monu'ment] n monument

moral [mo'ral] adj moral; n mood, spirits

morbid [mor'bid] adj morbid

morcov ['morkov] m carrot

morfină [mor'fină] f morphine, morphia

morgă ['morgă] f haughtiness; morgue; mortuary

mormăi [mormă'i] vt to grumble; to growl out; vi to grumble

mormînt [mor'mînt] n grave; tomb

morocănos [morokă'nos] adj sullen

mort [mort] adj dead; lifeless

moschee [mos'kee] f mosque

mostră ['mostră] f sample

moş [mosh] m old man; forefather

moşteni [moshte'ni] vt to inherit

motan [mo'tan] m tomcat

motiv [mo'tiv] n reason, motive; motif

motocicletă [motochi'kletă] f motorcycle

motor [mo'tor] n engine; motor

moţăi [motsă'i] vi to doze

moţiune [motsi'une] f motion

mov [mov] adj mauve

mozaic [moza'ik] n mosaic

mucegai [muche'gai] n mold

muchie ['mukie] f edge

mugi [mu'dji] vi to low, to moo

mugur ['mugur] n bud

muia [mu'ia] vt to soak; to dip; vr to soften down; to soak

mulge ['muldje] vt to milk

mult [mult] adv much; long; adj much; many; a lot of; long

mulţime [mul'tsime] f crowd; multitude

mulţumi [multsu'mi] vt to thank; to satisfy; vr to be satisfied
      (with)

mumie [mu'mie] f mummy

muncă ['muncă] f work; labor; job; activity

munci [mun'chi] vt to till; vi to work; vr to endeavor

muncitor [munchi'tor] m worker, workman

munte ['munte] m mountain

mură ['mură] f blackberry

murătură [mură'tură] f pickle

murdar [mur'dar] adj dirty; mean

murdări [murdă'ri] vt to stain; to soil; vr to get dirty

muri [mu'ri] vi to die (out)

murmura [murmu'ra] vt to whisper; to hum; to murmur; vi to
        purl; to murmur; to grumble

musafir [musa'fir] m visitor, guest

muscă ['muskă] f fly

must [must] n must

mustaţă [mus'tatsă] f mustache; whisker

musulman [musul'man] m Muslim, Moslem

muşama [musha'ma] f oilcloth

muşca [mush'ka] vt to bite; to sting

muşchi ['mushki] m muscle; moss

muşeţel [mushe'tsel] m camomile

muştar [mush'tar] n mustard

mut [mut] adj dumb; silent; mute; m dumb person, mute

muta [mu'ta] vt to move; vr to move (to)

mutila [muti'la] vt to cripple, to maim

mutual [mutu'al] adj mutual

muză ['muză] f muse

muzeu [mu'zeu] n museum

muzică ['muzikă] f music; score

N

nai [nai] n panpipe
nailon ['nailon] n nylon
naiv [na'iv] adj naive; simple
nap [nap] m turnip
nara [na'ra] vt to recount, to tell (a story), to narrate
narcisă [nar'chisă] f narcissus
narcotic [nar'kotik] n narcotic
nas [nas] n nose
nasture ['nasture] m button
naş [nash] m godfather
naşă ['nashă] f godmother
naşte ['nashte] vt to give birth to; vr to be born; to arise from;
        to rise
natal [na'tal] adj native
nataţie [na'tatsie] f swimming
nativ [na'tiv] adj native; inborn
natural [natu'ral] adj natural; genuine
natură [na'tură] f nature; character
naţional [natsio'nal] adj national
naţiune [natsi'une] f nation
naufragiu [nau'fradju] n wreck
naval [na'val] adj naval
navă ['navă] f vessel; ship
naviga [navi'ga] vi to sail, to navigate
nădejde [nă'dezhde] f hope
nălucă [nă'lukă] f apparition; ghost
nămete [nă'mete] m snow-drift

nămol [nă'mol] n mud

năpastă [nă'pastă] f calamity; disaster

năprasnic [nă'prasnik] adj violent; unexpected

năpusti [năpus'ti] vr to rush

nărav [nă'rav] n bad habit

nărăvaş [nără'vash] adj vicious

nărui [năru'i] vr to crumble

născoci [năsko'chi] vt to make up, to invent

năstruşnic [năs'trushnik] adj strange; extraordinary

nătărău [nătă'rău] m blockhead

năuc [nă'uk] adj crazy; giddy; m scatter-brained

năvăli [năvă'li] vi to invade, to rush (at)

năvod [nă'vod] n trawl

năzbîtie [năz'bîtie] f prank, mischief

năzdrăvan [năzdră'van] adj extraordinary

năzui [năzu'i] vi to aspire

nea [nea] f snow

neabătut [neabă'tut] adj unflinching

neadevăr [neade'văr] n untruth

neagresiune [neagresi'une] f non-aggression

neajuns [nea'zhuns] n trouble; hitch, snag; drawback

neam [neam] n people; nation; relative, relation

neamestec [nea'mestek] n non-interference

neant [ne'ant] n nothingness

neaoş ['neaosh] adj native; genuine

neapărat [neapă'rat] adj indispensable; adv by all means

neasemuit [neasemu'it] adj incomparable

neastîmpărat [neastîmpă'rat] adj naughty; restless, agitated

neaşteptat [neashtep'tat] adj unexpected

neatent [nea'tent] adj inattentive

nebun [ne'bun] adj insane, mad, crazy

necalificat [nekalifi'kat] adj unskilled

necaz [ne'kaz] n trouble; spite, grudge

necăji [nekă'zhi] vt to worry; to make mad/angry; vr to get angry/mad

necăsătorit [nekăsăto'rit] adj single, unmarried

necesar [neche'sar] adj necessary

necesita [nechesi'ta] vt to require

nechemat [neke'mat] adj uninvited

necheza [neke'za] vi to neigh

nechibzuit [nekibzu'it] adj thoughtless; inconsiderate; reckless

necinstit [nechin'stit] adj dishonest

neciteţ [nechi'tets] adj illegible

neclar [ne'klar] adj vague; foggy

neclintit [neklin'tit] adj motionless; unflinching

necontenit [nekonte'nit] adj continual

necopt [ne'kopt] adj unripe; raw; half-baked; immature

necredincios [nekredin'chos] adj unfaithful

necugetat [nekudje'tat] adj thoughtless

necunoscut [nekunos'kut] adj unknown; m stranger

nedemn [ne'demn] adj unworthy; shameful

nedespărţit [nedespăr'tsit] adj inseparable

nedorit [nedo'rit] adj undesirable

nedrept [ne'drept] adj unjust

nedumerire [nedume'rire] f perplexity

nefast [ne'fast] adj ill-fated

nefavorabil [nefavo'rabil] adj unfavorable

nefericire [neferi'chire] f misfortune; unhappiness

nefiresc [nefi'resk] adj unnatural

nefondat [nefon'dat] adj groundless
nefumător [nefumă'tor] m non-smoker; adj non-smoking
neg [neg] m wart
nega [ne'ga] vt to deny
neghiob [ne'giob] adj stupid, dumb; m blockhead
neglija [negli'zha] vt to neglect; to be careless about
negocia [negochi'a] vt to negotiate
negreşit [negre'shit] adv by all means
negru ['negru] n black; mourning; m Negro; adj black;
        sunburned; dirty; gloomy
negustor [negus'tor] m merchant, dealer
nehotărît [nehotă'rît] adj hesitating; undecided
neisprăvit [neispră'vit] adj worthless; unfinished
neînarmat [neînar'mat] adj unarmed
neîncetat [neînche'tat] adj ceaseless; adv ceaselessly
neîncredere [neîn'kredere] f distrust
neîndoios [neîndo'ios] adj doubtless; adv undoubtedly
neînduplecat [neînduple'kat] adj unyielding
neîndurător [neîndură'tor] adj pitiless; adv ruthlessly
neînfricat [neînfri'kat] adj undaunted, fearless
neînsemnat [neînsem'nat] adj unimportant
neîntemeiat [neînteme'iat] adj groundless
neîntrecut [neîntre'kut] adj unsurpassed
neînţelegere [neîntse'ledjere] f misunderstanding
nelămurit [nelămu'rit] adj doubtful; unclear
nelegitim [nele'djitim] adj illegitimate
nelinişte [ne'linishte] f anxiety, disquiet
nelinişti [nelini'shti] vt, vr to worry
nemaipomenit [nemaipome'nit] adj unprecedented
nemărginit [nemărdji'nit] adj infinite

nemernic [ne'mernik] m rascal; adj infamous

nemijlocit [nemizhlo'chit] adj immediate

nemilos [nemi'los] adj pitiless

nemîncat [nemîn'kat] adj hungry

nemulţumit [nemultsu'mit] adj dissatisfied

nemurire [nemu'rire] f immortality

nenoroc [neno'rok] n ill-luck

nenorocire [nenoro'chire] f misfortune; destruction

neobişnuit [neobishnu'it] adj unusual

neobosit [neobo'sit] adj tireless; adv tirelessly

neobrăzare [neobră'zare] f nerve, cheek, impudence

nepăsare [nepă'sare] f indifference

nepermis [neper'mis] adj forbidden

nepoată [ne'pwată] f niece; granddaughter

nepoftit [nepof'tit] adj uninvited; m intruder

nepoliticos [nepoliti'kos] adj impolite

nepot [ne'pot] m nephew; grandson

nepotrivit [nepotri'vit] adj unfit (for); out of place

nepreţuit [nepretsu'it] adj inestimable

neprevăzut [neprevă'zut] adj unforeseen; n emergency

nepricepere [nepri'chepere] f inability

neprielnic [nepri'elnik] adj unfavorable, inauspicious

nerăbdător [nerăbdă'tor] adj impatient

neregulat [neregu'lat] adj irregular

nereuşit [nereu'shit] adj unsuccessful

nerod [ne'rod] adj dumb, silly, stupid; m dolt

neruşinat [nerushi'nat] adj immodest, impudent; shameful

nervos [ner'vos] adj irritable; nervous; restless; fidgety

nesăbuit [nesăbu'it] adj reckless, foolhardy

nesănătos [nesănă'tos] adj unhealthy

nesățios [nesă'tsios] adj insatiable

neschimbat [neskim'bat] adj unchanged

neserios [neseri'os] adj ungrounded; not serious

nesfîrșit [nesfîr'shit] adj endless

nesigur [ne'sigur] adj changeable; uncertain; unsteady

nesilit [nesi'lit] adj free

nesincer [ne'sincher] adj insincere

nestăpînit [nestăpî'nit] adj unrestrained; indomitable

nesupus [nesu'pus] adj disobedient

neșansă [ne'shansă] f ill-luck

net [net] adj clear; net; adv point blank, flatly

neted ['neted] adj smooth

neurolog [neuro'log] m neurologist

neutralitate [neutrali'tate] f neutrality

neutron [neu'tron] m neutron

neutru [ne'utru] adj neutral; neuter

nevastă [ne'vastă] f wife

neverosimil [nevero'simil] adj improbable

nevinovat [nevino'vat] m, adj innocent

nevoiaș [nevo'iash] adj needy

nevoie [ne'voie] f necessity, need; pl needs, wants

nevrednic [ne'vrednik] adj unworthy (of)

nevroză [ne'vroză] f neurosis

nicăieri [nikă'ieri] adv nowhere; anywhere

nici ['nichi] adv not even; no; any; none; conj neither, nor;
      either

nicotină [niko'tină] f nicotine

nimb [nimb] n halo

nimeni ['nimeni] pr nobody; no one; anybody, anyone

nimeri [nime'ri] vt to hit (upon); vi to find oneself

nimfă ['nimfă] f nymph
nimic [ni'mik] pr nothing; n nought; trifle
nimici [nimi'chi] vt to destroy
ninge ['nindje] vi to snow
ninsoare [nin'sware] f snowfall
nisetru [ni'setru] m sturgeon
nisip [ni'sip] n sand
nişă ['nishă] f recess, niche
nişte ['nishte] art some; any
nitrogen [nitro'djen] m nitrogen
nivel [ni'vel] n level' standard
nivela [nive'la] vt to level
noapte ['nwapte] f night; dark
noastră ['nwastră] f adj our
noastre ['nwastre] f pl adj our
nobil ['nobil] adj noble; m nobleman
nociv [no'chiv] adj noxious
nocturn [nok'turn] adj nocturnal
nod [nod] n lump; knot; junction
noi [noi] pr we
noiembrie [no'iembrie] m November
nomad [no'mad] m nomad
nomenclatură [nomenkla'tură] f nomenclature
noptieră [nopti'eră] f bedroom table
noros [no'ros] adj cloudy
noră ['noră] f daughter-in-law
nord [nord] n north
normal [nor'mal] adj normal
normă ['normă] f norm; quote; standard
noroc [no'rok] n luck; good fortune; interj good luck; good
          bye; hi, hello; bless you
nostalgic [nos'taldjik] adj nostalgic

187

nostim ['nostim] adj funny

nostru ['nostru] m adj our

noştri ['noshtri] m pl adj our

nota [no'ta] vt to take into account; to notice; to write down

notar [no'tar] m notary

notă ['notă] f note; grade; mark; bill; memo

notoriu [no'toriu] adj well-known

noţiune [notsi'une] f notion

nou [nou] adj new; recent; another

nouă [nowă] m, num nine

nu [nu] adv no; not

nuanţă [nu'antsă] f tint, shade

nucă ['nukă] f walnut

nuclear [nukle'ar] adj nuclear

nucleu [nu'kleu] n nucleus; core

nud [nud] adj naked; n nude

nufăr ['nufăr] m water lily

nuia [nu'ia] f twig; stick, rod

nul [nul] adj null; nil, non-existent

numai ['numai] adv only; simply; merely

număr ['numă r] n number

număra [numă'ra] vt, vi, vr to count

nume ['nume] n name; noun

numi [nu'mi] vt to call; to appoint; to name; vr to be
          named/called

nuntă ['nuntă] f wedding; wedding party

nurcă ['nurkă] f mink
nutri [nu'tri] vt to foster; to cherish
nuvelă [nu'velă] f short story

O

oaie [waie] f sheep; ewe; mutton
oală ['walä] f pot
oare ['ware] adv really
oaspete ['waspete] m visitor, guest
oază ['wazä] f oasis
obez [o'bez] adj fat, obese
obicei [obi'chei] n custom; habit
obiect [obi'ekt] n thing; object; subject (matter)
obiecta [obiek'ta] vt to object; vi to object (against)
obişnui [obishnu'i] vt to accustom to; vr to get used to
obişnuit [obishnu'it] adj common; ordinary; usual
oblic ['oblik] adj slanting; oblique
obliga [obli'ga] vt to compel; to oblige; to bind
oblon [o'blon] n shutter
oboi [o'boi] n oboe
obosi [obo'si] vt, vi to tire; vr to tire oneself; to take the
          trouble
obraz [o'braz] m cheek; face
obraznic [o'braznik] adj saucy, cheeky; naughty; impudent
obscen [ob'schen] adj obscene
obscur [ob'skur] adj dark; obscure; confused; lowly
obseda [obse'da] vt to haunt, to obsess
observa [obser'va] vt to observe; to notice; to watch; to
          examine
obsesie [ob'sesie] f obsession
obstacol [ob'stakol] n obstacle
obstrucţie [ob'struktsie] f obstruction

obşte ['obshte] f community

obtuz [ob'tuz] adj narrow-minded; obtuse

obţine [ob'tsine] vt to get, to obtain; to arrive at, to reach; to
        achieve

obuz [o'buz] n shell

ocară [o'kară] f abuse; insult; shame

ocazie [o'kazie] f opportunity; occasion; bargain

occident [okchi'dent] n West

ocean [o'chean] n ocean

ochean [o'kean] n field glass

ochelari [oke'lari] n pl glasses, spectacles

ochi ['oki] m eye; n flass pane; mesh; pl fried eggs

ocnă ['oknă] f salt mine

ocol [o'kol] n tour; detour; enclosure

ocoli [oko'li] vt to go round; to avoid; to slight; to shun

ocroti [okro'ti] vt to protect

octogenar [oktodje'nar] m, adj octogenarian

octombrie [ok'tombrie] m October

oculist [oku'list] m eye specialist

ocult [o'kult] adj occult

ocupa [oku'pa] vt to occupy; vr to occupy oneself (with)

odaie [o'daie] f room

odată [o'dată] adv once; some day; suddenly, at once; at the
        same time; together

odgon [od'gon] n cable

odihnă [o'dihnă] f rest

odihni [odih'ni] vt to repose; vr to rest; to sleep

odinioară [odini'wară] adv formerly

odios [odi'os] adj hateful

odisee [odi'see] f odyssey

odraslă [o'draslă] f offspring

ofensa [o'fensa] vt to vex, to offend, to hurt smb's feelings; vr to take offense

oferi [ofe'ri] vt, vr to offer

ofertă [o'fertă] f offer; tender

oficial [ofichi'al] adj official; legal

oficiu [o'fichiu] n office; agency; service

ofili [ofi'li] vr to wither, to fade

ofițer [ofi'tser] m officer

ofta [of'ta] vi to sigh (for)

ogar [o'gar] m (grey)hound

ogradă [o'gradă] f courtyard

oh [oh] interj oh

olărit [olă'rit] n pottery

oligarhie [oligar'hie] f oligarchy

olimpiadă [olimpi'adă] f Olympic Games

om [om] m man; husband; hand laborer, worker; pl people

omagiu [o'madju] n homage

omăt [o'măt] m snow

ombilic [ombi'lik] n navel

omenire [ome'nire] f humanity, mankind; crowd

omisiune [omisi'une] f omission

omite [o'mite] vt to omit

omletă [om'letă] f omelet(te)

omnipotent [omnipo'tent] adj omnipotent

omniprezent [omnipre'zent] adj ubiquitous

omogen [omo'djen] adj homogeneous

omoplat [omo'plat] m shoulder blade

omor [o'mor] n murder

omorî [omo'rî] vt to kill; to murder; vr to kill oneself

omucidere [omu'chidere] f manslaughter
oncologic [onko'lodjik] adj oncological
ondula [ondu'la] vt, vr to wave
onest [o'nest] adj honest
onoare [o'nware] f honor
onomastică [ono'mastikă] adj name day
onor [o'nor] n salute; pl honors
opări [opă'ri] vt to scald
opera [ope'ra] vt to operate on; to do; to effect; to make; vi to
          operate; vr to undergo an operation
operă ['operă] f work; deed; opera
opinie [o'pinie] f opinion
opiu ['opiu] n opium
oportun [opor'tun] adj timely, opportune
opoziţie [opo'zitsie] f opposition; resistance
opresiune [opresi'une] f oppression; tyranny
opri [o'pri] vt to stop; to prevent; to hold back; vi to stop; vr
          to stop; to cease
oprima [opri'ma] vt to oppress
opt [opt] num eight
opta [op'ta] vi to make one's choice; to choose to do
optician [optichi'an] m optician
optim ['optim] adj best
optimist [opti'mist] adj optimistic; m optimist
opţiune [optsi'une] f option
opulenţă [opu'lentsă] f richness
opune [o'pune] vt, vr to oppose
opus [o'pus] adj opposite, contrary; m opposite
oral [o'ral] adj oral; n oral exam, viva voce
oranjadă [oran'zhadă] f orange juice

orar [o'rar] n schedule, timetable; adj hour

oraş [o'rash] n city, town

orator [ora'tor] m speaker, orator

oră ['oră] f hour; time; o'clock

orăcăi [orăcă'i] vi to croak

orăşean [oră'shean] m townsman

orătănii [oră'tănii] pl f fowls

orb [orb] adj blind; m blind man

orchestră [or'kestră] f orchestra

ordin ['ordin] n order

ordinar [ordi'nar] adj ordinary; everyday; coarse

ordine ['ordine] f order

ordona [ordo'na] vt to order, to command; to put to order; vi to command

oreion [ore'ion] n mumps

orez [o'rez] n rice

orfan [or'fan] m, adj orphan

organ [or'gan] n organ; body; mouthpiece; representative

organist [orga'nist] m organist

organiza [organi'za] vt, vr to organize (oneself); to set up

orgasm [or'gasm] n orgasm, climax

orgă ['orgă] f organ

orgie [or'djie] f orgy

orgolios [orgoli'os] adj vain

orhidee [orhi'dee] f orchid

ori ['ori] conj or; either

oribil [o'ribil] adj appalling, horrible

oricare [ori'kare] adj any; pr any (of); anybody, anyone

oricine [ori'chine] pr anybody, anyone; whoever

oricît [ori'kît] adj, pr as much as; as many as

oriunde [ori'unde] adv anywhere; wherever
orient [ori'ent] n East
original [oridji'nal] adj original; eccentric; m eccentric person
origine [o'ridjine] f origin
orizont [ori'zont] n horizon; extent of knowledge
ornament [orna'ment] n ornament
oroare [o'rware] f horror
ortodox [orto'doks] adj orthodox
ortografie [ortogra'fie] f spelling
orz [orz] m barley
os [os] n bone
oscila [oschi'la] vi to swing; to rock; to oscillate; to waver
osîndă [o'sîndă] f sentence; punishment
osînză [o'sînză] f lard
ospăta [ospă'ta] vt to treat; vr to eat heartily
ospăț [os'păts] n feast
ospiciu [os'pichiu] n lunatic asylum
ospitalier [ospitali'er] adj hospitable
ostaș [os'tash] m soldier
otoman [oto'man] m, adj ottoman
otravă [o'travă] f poison
otrăvi [otră'vi] vt to poison
oțel [o'tsel] n steel
oțet [o'tset] n vinegar
ou [ou] n egg
oval [o'val] adj oval
ovație [o'vatsie] f cheers
ovăz [o'văz] n oats
ovine [o'vine] f pl sheep
oxid [ok'sid] m oxide

oxigen [oksi'djen] n oxygen
ozon [o'zon] n ozone

pace ['pache] f peace
pachet [pa'ket] n packet; parcel
pacient [pachi'ent] m patient
pacoste ['pakoste] f calamity; pest
pact [pakt] n pact, treaty
pagină ['padjină] f page
pagubă ['pagubă] f damage; loss
pahar [pa'har] n glass
pai [pai] n straw
paisprezece ['paisprezeche] num fourteen
pajişte ['pazhishte] f lawn
palat [pa'lat] n palace; palate
paletă [pa'letă] f palette; bat; range
palid ['palid] adj pale
palmă ['palmă] f palm; slap
palmier [palmi'er] m palm tree
palpita [palpi'ta] vi to beat; to pound, to throb
palton [pal'ton] n coat; overcoat
pamflet [pam'flet] n lampoon, fly sheet, pamphlet
pană ['pană] f quill; feather; wedge
pancartă [pan'kartă] f sign, notice; placard
panglică ['panglikă] f ribbon
panică ['panikă] f panic
panou [pa'nou] n poster; panel
pansa [pan'sa] vt to dress
pantaloni [panta'loni] m pl pants, trousers
pantă ['pantă] f slope

197

pantof [pan'tof] m shoe

papagal [papa'gal] m parrot

papanaş [papa'nash] m cheese pancake

papă ['papă] m pope

papetărie [papetă'rie] f stationery

papirus [pa'pirus] n papyrus

papuc [pa'puk] m slipper

par [par] m pole; club; adj even

paradă [pa'radă] f parade; parry

paradis [para'dis] n paradise

paradox [para'doks] n paradox

paragraf [para'graf] n paragraph

paralel [para'lel] adj parallel

paraliza [parali'za] vt to paralyze; vi to be paralyzed

paranteză [paran'teză] f parenthesis; bracket

paraşută [para'shută] f parachute

paravan [para'van] n folding screen

pară ['pară] f pear

parbriz [par'briz] n windshield, windscreeen

parc [park] n park, gardens; grounds; fleet

parcă ['parkă] adv as if/though

parcelă [par'chelă] f plot, parcel, lot

parchet [par'ket] n parquet

parcurge [par'kurdje] vt to cover; to go all over; to skim/ to
glance through; to run through

pardesiu [parde'siu] n lightcoat

pardon [par'don] interj (I beg your) pardon; excuse me

pardoseală [pardo'seală] f floor

parfum [par'fum] n perfume, scent; fragrance; flavor; aroma

paria [pari'a] vt, vi to bet

parlament [parla'ment] n parliament; Congress; the Houses of Parliament

parodie [paro'die] f parody

parohie [paro'hie] f parish

parolă [pa'rolă] f password

parte ['parte] f part; side; share; direction; party; region

parter [par'ter] n first floor, ground floor; stalls

participa [partichi'pa] vi to take part in; to participate; to share in; to contribute to

particular [partiku'lar] adj private; special, particular; distinctive

partid [par'tid] n party

partidă [par'tidă] f match; game

partizan [parti'zan] m supporter; partisan

parţial [partsi'al] adj partial

parveni [parve'ni] vt to reach; to succeed; to arrive

pas [pas] m pace; tread; step; stride; footprint; pass, gorge

pasager [pasa'djer] m passenger

pasaj [pa'sazh] n passage; way

pasarelă [pasa'relă] f footbridge; gangway

pasăre ['pasăre] f bird

pasibil [pa'sibil] adj liable

pasiune [pasi'une] f passion; fervor

pastă ['pastă] f paste

pastilă [pas'tilă] f tablet, pill

pastor ['pastor] m pastor

pastramă [pas'tramă] f pastrami

paşaport [pasha'port] n passport

paşnic ['pashnik] adj peaceful

paşte ['pashte] vt, vi to graze

Paşti ['pashti] m Easter
pat [pat] n bed; cot; stale-mate; butt
pată ['pată] f stain, spot
patent [pa'tent] n (trading) licence
patern [pa'tern] adj paternal; fatherly
patetic [pa'tetik] adj moving
pateu [pa'teu] n pie
patina [pati'na] vi to skate; to slip; to skid; to spin
patiserie [patise'rie] f pastry shop; confectionery; pastry
patrie ['patrie] f homeland, (mother) country
patriot [patri'ot] m patriot
patron [pa'tron] m boss; employer
patrulă [pa'trulă] f patrol
pauză ['pauză] f break; pause
pavilion [pavili'on] n flag; pavilion
pază ['pază] f guard
păcat [pă'kat] n guilt; sin
păcăli [păkă'li] vt to fool; to deceive, to take in
păcură [pă'kură] f fuel oil
păduche [pă'duke] m louse
pădure [pă'dure] f wood; forest
păgubaş [păgu'bash] m loser
păi [păi] interj well, why, now
păianjen [pă'ianzhen] m spider
pălărie [pălă'rie] f hat
păli [pă'li] vi to grow pale; to grow dim; vt to strike
pălmui [pălmu'i] vt to slap in the face
pămînt [pă'mînt] n earth; land; soil; ground
păpădie [păpă'die] f dandelion
păpuşă [pă'pushă] f doll; puppet

păr [păr] m hair; pear tree
părăsi [pără'si] vt to leave; to abandon
părea [pă'rea] vi to seem; to look; to appear; to show
părere [pă'rere] f opinion
părinte [pă'rinte] m father; pl parents; pl forefathers
păsa [pă'sa] vi to care
păstaie [păs'taie] f pod
păstîrnac [păstîr'nak] m parsnip
păstor [păs'tor] m shepherd
păstra [păs'tra] vt to keep (up); to maintain
păstrăv ['păstrăv] m trout
păşi [pă'shi] vi to step
păta [pă'ta] vt to spot, to stain
pătrat [pă'trat] adj square
pătrime [pă'trime] f fourth
pătrunde [pă'trunde] vt to penetrate; to grasp; vi to penetrate
          (into)
pătrunjel [pătrun'zhel] m parsley
pătură ['pătură] f blanket; stratum; layer
păzi [pă'zi] vt to guard; vr to keep away (from); to take care of
          oneself
pe [pe] prep on; upon; for; during; over
pedală [pe'dală] f pedal
pedant [pe'dant] adj pedantic
pedeapsă [pe'deapsă] f punishment
pedichiură [pedi'kiură] f chiropody
pediatru [pedi'atru] m child specialist, pediatrician
peiorativ [peiora'tiv] adj pejorative, derogatory
peisaj [pei'sazh] n landscape
peltea [pel'tea] f fruit jelly

peltic [pel'tik] adj lisping

peluză [pe'luză] f lawn

penal [pe'nal] adj penal; criminal

penaliza [penali'za] vt to punish; to penalize

penar [pe'nar] n pencil box

pendul [pen'dul] n pendulum

penibil [pe'nibil] adj painful; awkward; tiresome

penicilină [penichi'lină] f penicillin

penis ['penis] n penis

penitenciar [penitenchi'ar] n penitentiary

peniță [pe'nitsă] f pen, nib

pensetă [pen'setă] f tweezers

pensie ['pensie] f pension

pensiona [pensio'na] vt to pension (off); vr to retire, to be
pensioned off

pentru ['pentru] prep for

penultim [pen'ultim] adj last but one

pepene ['pepene] m melon

pepinieră [pepini'eră] f nursery

percepe [per'chepe] vt to perceive, to detect; to levy; to collect

percheziție [perke'zitsie] f search

perciune [per'chune] m whiskers

perdea [per'dea] f curtain

pereche [pe'reke] f couple; pair; mate; yoke

perete [pe'rete] m wall

perfect [per'fekt] adj perfect

perfid [per'fid] adj treacherous

perfora [perfo'ra] vt to perforate; to punch (a hole in)

performanță [perfor'mantsă] f performance

peria [peri'a] vt to brush

pericol [pe'rikol] n peril, danger

perie ['perie] f brush

periferie [perife'rie] f outskirts

perima [peri'ma] vr to become obsolete

perioadă [peri'wadă] f period; age

perlă ['perlă] f pearl

permanent [perma'nent] adj permanent; continuous; ceseless

permis [per'mis] n permit; license; adj permitted, allowed

permite [per'mite] vt to permit, to allow

pernă ['pernă] f pillow; cushion

peron [pe'ron] n platform

perplex [per'pleks] adj puzzled, perplexed

persecuta [perseku'ta] vt to persecute

persevera [perseve'ra] vt to persevere

persista [persis'ta] vi to persist (in)

persoană [per'swană] f person

personal [perso'nal] adj personal; n personnel, staff

perspectivă [perspek'tivă] f pespective; view; angle, viewpoint; prospect

perspicace [perspi'kache] adj clear-sighted, showing insight

perturba [pertur'ba] vt to disturb

perucă [pe'rukă] f wig

pervers [per'vers] adj perverted, depraved; perverse; m pervert

pescui [pesku'i] vt, vi to fish

pesimist [pesi'mist] adj pessimistic; m pessimist

pesmet [pes'met] m cracker, biscuit

peste ['peste] prep above; over; more than

peşte ['peshte] m fish

petală [pe'tală] f petal

petic ['petik] n patch; scrap

petiție [pe'titsie] f petition

petrece [pe'treche] vt to spend; vi to enjoy oneself; vr to happen, to occur

petrol [pe'trol] n oil

pian [pian] n piano

piatră ['piatră] f stone; hail

piață ['piatsă] f market

picant [pi'kant] adj hot, pungent; spicy; racy

pică ['pikă] f grudge; spade

pichet [pi'ket] n post, stake; picket

picior [pi'chior] n foot; leg; stem

picnic ['piknik] n barbecue, picnic

picta [pik'ta] vt to paint; to portray, to depict

pictură [pik'tură] f painting; picture

picup ['pikup] n record player

piedică [piedikă] f obstacle; impediment

piele ['piele] f skin; leather

piept [piept] n chest, breast; bosom

pieptăna [pieptă'na] vt to comb; vr to comb one's hair

pieptene ['pieptene] m comb

pierde ['pierde] vt to lose; to waste; to ruin; to miss; vi to be lost; to go to waste; to disappear, to vanish

pieri [pie'ri] vi to perish

piersică ['piersikă] f peach

piesă ['piesă] f play; piece; part; coin

pieton [pie'ton] m pedestrian

pieziș [pie'zish] adj slanting; scowling; adv sideway; aslant

piftie [pif'tie] f (meat) jelly

pijama [pizha'ma] f pajamas

pilă ['pilă] f file; cell

pildă ['pildă] f example
pilot [pi'lot] pilot
pilulă [pi'lulă] f pill
pipă ['pipă] f pipe
pipăi [pipă'i] vt to feel
piper [pi'per] m pepper
pipotă ['pipotă] f gizzard
piramidă [pira'midă] f pyramid
pisa [pi'sa] vt to pound; to pester; to plague, to bother
piscină [pis'chină] f pool
pisoi [pi'soi] m kitten
pistă ['pistă] f track; path; runway
pistol [pis'tol] n gun, pistol
pistrui [pis'trui] m freckle
pişca [pish'ka] vt to bite; to sting; to pinch; to nip
pitic [pi'tik] m dwarf; adj dwarfish
pitoresc [pito'resk] adj picturesque
piui [piu'i] vi to peep
piuneză [piu'neză] f tack, drawing pin
piure [piu're] n puree
pivniţă ['pivnitsă] f cellar
pix [piks] n (push button) pencil
pîclă ['pîklă] f haze, mist
pîine ['pîine] f bread; loaf
pîlnie ['pîlnie] f funnel
pîlpîi [pîlpî'i] vi to flicker, to flare
pînă ['pînă] prep till, until; to; conj till, until
pîndă ['pîndă] f watch, guard
pîndi [pîn'di] vt to watch; to spy; to snoop (on); vi to lie in
    wait

pînză ['pînză] f cloth; sail; canvas
pîrîu [pî'rîu] n brook
pîrli [pîr'li] vt to singe; to tan
pîrtie ['pîrtie] f track; path
placardă [pla'kardă] f placard; poster; notice
placă ['plakă] f plate; record
plafon [pla'fon] n ceiling
plagă ['plagă] f wound
plagia [pla'djia] vt to plagiarize
plajă ['plazhă] f beach
plan [plan] n plan; plane; project; shot; adj level, flat
planetă [pla'netă] f planet
planşeu [plan'sheu] n floor
planta [plan'ta] vt to plant
plantă ['plantă] f plant
plasa [pla'sa] vt to place; to seat; to invest; vr to settle
plasture ['plasture] m patch, plaster
plat [plat] adj flat; dull
plată ['plată] f pay; wages
platformă [plat'formă] f platform
platou [pla'tou] n tray; set; plateau
plăcea [plă'chea] vi to love,to like; to enjoy
plăcere [plă'chere] f favor; pleasure
plăcintă [plă'chintă] f pie
plăcut [plă'kut] adj pleasant
plănui [plănu'i] vt to plan, to contemplate
plăti [plă'ti] vt, vi to pay
pleca [ple'ka] vi to leave; vt to bend, to lower; vr to bow; to
          bend; to yield
pleda [ple'da] vt, vi to plead

pleoapă ['plewapă] f eyelid

plescăi [pleskă'i] vi to splash

plesni [ples'ni] vt to hit; vi to break; to crack

plete ['plete] f pl long hair

plicticos [plikti'kos] adj boring

plimba [plim'ba] vt to take out for a walk; vr to walk, to go
        for a walk

plin [plin] adj full (of), filled (with); covered (with)

plită ['plită] f kitchen range

plivi [pli'vi] vt to weed

plînge ['plîndje] vt to cry; to weep/to lament (over); to
        bemoan; vr to complain (of)

ploaie ['plwaie] f rain

ploios [plo'ios] adj rainy

plonja [plon'zha] vi to dive

ploscă ['ploskă] f bedpan

ploua [plo'wa] vi to rain

plug [plug] n plow, plough

plumb [plumb] n lead

plural [plu'ral] n plural

plus [plus] n plus; addition

pneu [pneu] n tire

poantă ['pwantă] f point; nub

poartă ['pwartă] f gate; gateway

pod [pod] n bridge; attic

podea [po'dea] f floor

podgorie [pod'gorie] f vineyard

podoabă [po'dwabă] f jewel; ornament

poet [po'et] m poet

poftă ['poftă] f appetite

poftim [pof'tim] interj here you are; come in
poiană [po'iană] f clearing; glade
poimîine ['poimîine] adv the day after tomorrow
pol [pol] m pole
polei [po'lei] n ice sheet
polen [po'len] n pollen
policlinică [poli'klinikă] f polyclinic
poliomielită [poliomie'lită] f polimyelitis
politeţe [poli'tetse] f polteness
politică [po'litikă] f politics; policy
politicos [politi'kos] adj civil, polite
poliţă ['politsă] f policy; shelf
poliţie [po'litsie] f police; police station
polivalent [poliva'lent] adj versatile; multi-purpose
polivitamină [polivita'mină] f polyvitamin
polua [polu'a] vt to pollute
pom [pom] m (fruit) tree
pompă ['pompă] f pomp (and ceremony); pump
ponderat [ponde'rat] adj level-headed, composed
ponegri [pone'gri] vt to slander
ponta [pon'ta] vt to clock; vi to clock in
popas [po'pas] n halt
popor [po'por] n nation; people; crowd
poposi [popo'si] vi to halt
popula [popu'la] vt to people
porc [pork] m pig; swine; pork
poreclă [po'reklă] f nickname
porni [por'ni] vt to start; to set going; vi, vr to start; to set out
pornografic [porno'grafik] adj pornographic
port [port] n port, harbor

portabil [por'tabil] adj portable

portar [por'tar] m janitor, doorkeeper; goalkeeper

portbagaj [portba'gazh] n boot

portmoneu [portmo'neu] n purse

portofel [porto'fel] n billfold, wallet

portret [por'tret] n portrait

porţie ['portsie] f portion; share; helping; section

posac [po'sak] adj sulky, sullen

poseda [pose'da] vt to possess; to have; to have mastered

posibil [po'sibil] adj possible; feasible

posomorît [posomo'rît] adj gloomy, depressed; dull

post [post] n job; place; fast

postbelic [post'belik] adj post-war

post-restant [postres'tant] n poste restante

postură [pos'tură] f posture; position; poise

poşetă [po'shetă] f purse, bag

poştaş [posh'tash] m mailman, postman

poştă ['poshtă] f mail, post; post office

potabil [po'tabil] adj drinking, drinkable

potecă [po'tekă] f path

poticni [potik'ni] vr to stumble (over); to flounder

potoli [poto'li] vt to soothe; to quench; vr to calm down; to abate

potop [po'top] n flood

potrivi [potri'vi] vt to arrange; to set; to fit; to agree (with); to match; to suit

povară [po'vară] f burden

poveste [po'veste] f story; tale

poză ['poză] f photo; picture; pose

pozitiv [pozi'tiv] adj positive

poziţie [po'zitsie] f position; stand; attitude; condition
practic ['praktik] adj useful; practical
pradă ['pradă] f prey; booty
praf [praf] n dust; powder
prag [prag] n threshold
praz [praz] m leek
prăbuşi [prăbu'shi] vr to flop (in), to throw oneself in; to break
      down
prăda [pră'da] vt to rob; to plunder
prăji [pră'zhi] vt to fry
prăjitură [prăzhi'tură] f cake
prăpastie [pră'pastie] f precipice
prăpăd [pră'păd] n disaster
prea [prea] adv too; very; quite
prealabil [prea'labil] adj preliminary
preaviz [prea'viz] n notice
precar [pre'kar] adj precarious
precauţie [preka'utsie] f precaution
preceda [preche'da] vt, vi to precede
precept [pre'chept] n precept
precipita [prechipi'ta] vt to hasten; to quicken; vr to rush
precis [pre'chis] adj precise; accurate; exact; adv exactly;
      precisely; sharp; by all means
precoce [pre'koche] adj early; precocious
preconceput [prekonche'put] adj preconceived
preconiza [prekoni'za] vt to stipulate
precum [pre'kum] conj as
precumpăni [prekumpă'ni] vi to prevail
precupeţi [prekupe'tsi] vi to spare
preda [pre'da] vt to deliver; to teach; vr to surrender

predecesor [predeche'sor] m predecessor

predomina [predomi'na] vi to predominate; to prevail

prefață [pre'fatsă] f foreword, preface

prefera [prefe'ra] vt to prefer

pregăti [pregă'ti] vt to prepare; to fix; to make; to plan; vr to brew; to be in the air; to study; to get ready for

prejudecată [prezhude'kată] f prejudice

prejudicia [prezhudichi'a] vt to harm

prelegere [pre'ledjere] f lecture

prelinge [pre'lindje] vr to trickle

prelua [pre'lwa] vt to take over

prelucra [preluk'ra] vt to process; to remake

prematur [prema'tur] adj premature; early; untimely

premeditat [premedi'tat] adj deliberate

premia [premi'a] vt to award a prize to

premier [premi'er] m Premier, Prime Minister

premisă [pre'misă] f premise

premiu ['premiu] n prize

prenume [pre'nume] n forename

preocupa [preoku'pa] vt to concern; to preoccupy; vr to concern oneself (with)

preponderent [preponde'rent] adj prevalent

presa [pre'sa] vt to press; to urge

presă ['presă] f press

presăra [presă'ra] vt to strew, to scatter

prescrie [pres'krie] vt to prescribe

presiune [presi'une] f pressure

prestanță [pres'tantsă] f presence, imposing bearing

prestigios [prestidji'os] adj prestigious

presupune [presu'pune] vt to suppose

presupus [presu'pus] adj presumed

preş [presh] n door mat; runner

preşedinte [preshe'dinte] m president

pretext [pre'tekst] n pretext, excuse

pretinde [pre'tinde] vt to claim; to lay claim to; to require

pretutindeni [pretu'tindeni] adv everywhere

preţ [prets] n price; cost

prevedea [preve'dea] vt to foresee; to anticipate; to stipulate

preveni [preve'ni] vt to avoid, to avert, to prevent; to warn; to forestall

prevesti [preves'ti] vt to predict, to forecast

previzibil [previ'zibil] adj predictable

prezenta [prezen'ta] vt to present; to offer; to submit; to produce; to perform

prezida [prezi'da] vt, vi to preside (over); to direct

prezumţie [pre'zumtsie] f assumption

pricepe [pri'chepe] vt to understand; vr to be good at

prieten ['prieten] m friend; boyfriend

prigoni [prigo'ni] vt to persecute

prilej [pri'lezh] n occasion, opportunity

prim [prim] num (the) first; prime

primă ['primă] f premium, bonus

primărie [primă'rie] f city hall, town hall

primăvară ['primăvară] f spring

primejdie [pri'mezhdie] f danger

primi [pri'mi] vt to receive; to get; to agree

prin [prin] prep through; about

principal [princhi'pal] adj principal, main

principiu [prin'chipiu] n principle

prinde ['prinde] vt to catch; to seize; to grasp; to fasten; to tie

printre ['printre] prep among; in the middle of

prinţ [prints] m prince

prispă ['prispă] f veranda

priva [pri'va] vt to deprive of

privelişte [pri'velishte] f landscape, view

privi [pri'vi] vt to look at; to gaze at/on; to stare at; to concern

privighetoare [privige'tware] f nightingale

privilegiu [privi'ledju] n privilege; prerogative

priză ['priză] f plug

prizonier [prizoni'er] m prisoner, captive

prînz [prînz] n lunch; dinner; noon

proaspăt ['prwaspăt] adj sweet; fresh; bracing

probă ['probă] f proof; sample; evidence; test; examination;
        event; fitting

problemă [pro'blemă] f problem; matter, question

proceda [proche'da] vi to proceed; to act; to behave

proces [pro'ches] n trial; process; course; proceedings

proclama [prokla'ma] vt, vr to proclaim (oneself)

procura [proku'ra] vt to obtain

procură [pro'kură] f proxy; power of attorney

produce [pro'duche] vt to produce; to make; to cause; vr to
        perform; to happen, to occur

produs [pro'dus] n product; produce

profan [pro'fan] m layman; adj profane

profesie [pro'fesie] f occupation, profession

profil [pro'fil] n profile; line, contour

profit [pro'fit] n benefit, advantage; profit, interests

profund [pro'fund] adj deep; profound

program [pro'gram] n program; schedule; syllabus, curriculum

progres [pro'gres] n progress

proiect [pro'iekt] n project; plan; design; draft

promite [pro'mite] vt, vi to promise

promotor [promo'tor] m promoter

promoție [pro'motsie] f class; promotion

promulga [promul'ga] vt to promulgate

pronostic [pronos'tik] n forecast

pronunța [pronun'tsa] vt to utter; to pronounce; to deliver; vr to give a verdict

propagandă [propa'gandă] f propaganda

proporție [pro'portsie] f proportion

proprietar [proprie'tar] m owner; landlord/lady

propriu ['propriu] adj proper; personal

propune [pro'pune] vt to suggest, to propose

proscris [pro'skris] m outcast

prosop [pro'sop] n towel

prospect [pros'pekt] n leaflet; prospectus; brochure

prosper [pros'per] adj prosperous, thriving

prospețime [prospe'tsime] f freshness

prost [prost] adj silly, stupid, dumb; poor, bad; m fool

protecție [pro'tektsie] f protection; patronage

proteja [prote'zha] vt to protect (from)

protesta [protes'ta] vi to protest (against)

proteză [pro'teză] f artificial limb; prosthesis; denture

proveni [prove'ni] vi to come from; to be the result of

provincie [pro'vinchie] f province

provizie [pro'vizie] f stock, supply; provisions, food

provoca [provo'ka] vt to incite; to provoke; to challenge; to cause, to bring about

prudent [pru'dent] adj careful, cautious; prudent; sensible, wise; safety-conscious

prunc [prunk] m baby, babe
psalm [psalm] m psalm
psihanaliză [psihana'liză] f psychoanalysis
psihoză [psi'hoză] f psychosis
public ['publik] adj public; state; n public; audience
pudră ['pudră] f powder
puf [puf] n down; fluff
pui [pui] m chick(en); cub; whelp; young (ones)
pulover [pu'lover] n sweater, pullover
pulpă ['pulpă] f calf; joint
puls [puls] n pulse
pumn [pumn] m fist
punct [punkt] n point; dot; period, full stop
pune ['pune] vt to set, to put; to lay
pungă ['pungă] f purse; bag
punte ['punte] f (foot) bridge; deck
pupitru [pu'pitru] n desk
pur [pur] adj pure
purgativ [purga'tiv] n purgative
puroi [pu'roi] n pus
purta [pur'ta] vt to wear; to carry; vr to behave; to be in
    fashion
pustiu [pus'tiu] n desert; solitude; adj waste, desolate, wild;
    uninhabited
pușcă ['pushkă] f gun; rifle
puști ['pushti] m kid; lad
putea [pu'tea] vt can; could; to be able; may; to be allowed
putere [pu'tere] f strength, force, power
putred ['putred] adj rotten
puț [puts] n well

puţin [pu'tsin] adj little; a little; some; adv (a) little; for a short time

puzderie [puz'derie] f multitude

R

rabat [ra'bat] n rebate
rabatabil [raba'tabil] adj folding
rachetă [ra'ketă] f rocket; racket
rachiu [ra'kiu] n brandy
radar ['radar] n radar
rade ['rade] vt to shave; to grate; to scrape
radia [radi'a] vt to radiate; vi to beam (with)
radical [radi'kal] adj radical
radio ['radio] n radio
rafală [ra'fală] f squall, gust
raft [raft] n shelf
rage ['radje] vi to bellow, to low; to roar
rai [rai] n paradise
raid [raid] n raid
raion [ra'ion] n department
ralia [ral'ia] vt to win over; to rally; to join
ramă ['ramă] f rim; frame; oar
rambursa [rambur'sa] vt to repay
ramifica [ramifi'ka] vr to branch out
ramolit [ramo'lit] m dotard; adj decrepit
rampă ['rampă] f footlights; launching pad
ramură ['ramură] f branch
rană ['rană] f wound
ranchiună [ran'kiună] f grudge, rancor
randament [randa'ment] n efficiency; output
rang [rang] n class; rank
rangă ['rangă] f crowbar

raniţă ['ranitsă] f knapsack

rapace [ra'pache] adj rapacious

rapid [ra'pid] adj fast, quick, rapid; n fast train

rapiţă ['rapitsă] f rape

raport [ra'port] n report; relationship; ratio

rar [rar] adj rare; scarce; sparse; unusual; adv seldom

rasial [rasi'al] adj racial

rasol [ra'sol] n boiled meat

rata [ra'ta] vt to miss; to fail; to spoil

rată ['rată] f installment

ratifica [ratifi'ka] vt to ratify

raţă ['ratsă] f duck

raţie ['ratsie] f ration; share

raţional [ratsio'nal] adj reasonable; rational

raţiune [ratsi'une] f reason

rază ['rază] f beam, ray; gleam; radius

razie ['razie] f raid

răbda [răb'da] vt to suffer; to tolerate; vito suffer (from)

răceală [ră'cheală] f cold

răci [ră'chi] vt to cool; vi to catch (a) cold

răcni [răk'ni] vt to yell, to roar out; vi to roar

răcoare [ră'kware] f coolness

răcoritoare [răkori'tware] f pl refreshments

rădăcină [rădă'chină] f root

răgaz [ră'gaz] n leisure; respite

răguşit [răgu'shit] adj hoarse

rămîne [ră'mîne] vi to stay; to remain; to last, to live on

răni [ră'ni] vt, vr to hurt, to wound

răpăi [răpă'i] vi to patter; to rattle

răpi [ră'pi] vt to kidnap

răsad [ră'sad] n transplant

răsări [răsă'ri] vt to come up; to rise; to turn up

răscoală [ras'kwală] f uprising

răscoli [răsko'li] vt to rummage

răscruce [răs'kruche] f turning point; crossing, crossroad

răscula [răsku'la] vr to rise

răscumpăra [răskumpă'ra] vt to ransom; to redeem

răsfăţa [răsfă'tsa] vt to spoil

răsfoi [răsfo'i] vt to leaf through; vi to browse

răspicat [răspi'kat] adj plain

răspîndi [răspîn'di] vt to spread; to spill; to shed; to give off; to scatter; vr to spill; to spread

răsplată [răs'plată] f reward; punishment

răspunde [răs'punde] vt to reply, to answer; to respond; to return; to meet; to match; vi to answer, to reply (to)

răstălmăci [răstălmă'chi] vt to distort

răsti [răs'ti] vr to shout (at)

răstimp [răs'timp] n time, interval

răsturna [răstur'na] vt to knock over, to overturn; to spill; to upset; to reverse; to overthrow; vr to fall over; to overturn; to spill

răsuci [răsu'chi] vt to turn about; to toss; to twist

răsufla [răsu'fla] vi to breathe

răsuna [răsu'na] vi to sound, to resound

rătăci [rătă'chi] vi to wander (about); to get lost

rău [rău] n wrong; harm; evil; sickness; adj wicked; bad; poor

război [răz'boi] n war

răzbuna [răzbu'na] vt to avenge; vr to revenge oneself

răzgîndi [răzgîn'di] vr to change one's mind

răzleţ [răz'lets] adj isolated; stray

răzui [răzu'i] vt to scrape

răzvrăti [răzvră'ti] vr to rebel (against)

re [re] m D, re

reactor [reak'tor] n reactor; jet plane

reacţie [re'aktsie] f reaction

real [re'al] adj real

reazem ['reazem] n support

rebel [re'bel] m rebel; adj rebellious; unruly

rebut [re'but] n reject

recapitula [rekapitu'la] vt to recap(itulate); to revise; to sum up

recăpăta [rekăpă'ta] vt to get back

rece ['reche] adj cold; cool

recensămînt [rechensă'mînt] n census

recent [re'chent] adj recent; adv recently, of late, lately

recenzie [re'chenzie] f review

receptiv [rechep'tiv] adj receptive

recepţie [re'cheptsie] f reception

recesiune [rechesi'une] f recession

rechin [re'kin] m shark

recipient [rechipi'ent] n container

recipisă [rechi'pisă] f receipt

reciproc [rechi'prok] adj reciprocal, mutual

recita [rechi'ta] vt to recite

reciti [rechi'ti] vt to reread

recîştiga [rekîshti'ga] vt to regain

reclamă [re'klamă] f advertising

recoltă [re'koltă] f crop, harvest

recomanda [rekoman'da] vt to recommend; to introduce; vr to introduce oneself

recompensa [recompen'sa] vt to reward

reconstitui [rekonstitu'i] vt to reconstitute; to piece together; to reconstruct; to recreate

record [re'kord] n record

recrea [rekre'a] vr to relax; to take a break; to recreate

rector ['rektor] m rector

recul [re'kul] n rebound

recunoaşte [reku'nwashte] vt to recognize; to acknowledge; to admit; to confess to

recunoştinţă [rekuno'shtintsă] f gratitude

recupera [rekupe'ra] vt to retrieve; to recover; to make up; to salvage; to rehabilitate

recurge [re'kurdje] vi to turn/ to appeal to; to resort to

reda [re'da] vt to render; to return

redacta [redak'ta] vt to draw up

redacţie [re'daktsie] f editorial office; editorial staff

redresa [redre'sa] vt to put right

reduce [re'duche] vt to reduce; to cut; vr to diminish

referat [refe'rat] n paper

referendum [refe'rendum] n referendum

referi [refe'ri] vr to refer to

referinţă [refe'rintsă] f reference; character

reflecta [reflek'ta] vt to reflect; to think; vi to consider

reformă [re'formă] f reform

refugiat [refudji'at] m refugee

refuza [refu'za] vt to refuse

rege ['redje] m king

regenera [redjene'ra] vt to regenerate

regie [re'djie] f direction; administration; state-owned company

regim [re'djim] n system, regime; diet

registru [re'djistru] n book, register

regiune [redji'une] f region

regizor [redji'zor] m director

regla [re'gla] vt to regulate

regreta [regre'ta] vt to regret

regulament [regula'ment] n settlement; regulation; rules

regulă ['regulă] f rule; period

reieşi [reie'shi] vi to follow

reîncepe [reîn'chepe] vt to resume

relata [rela'ta] vt to relate, to recount

relaţie [re'latsie] f relation; pl connections

relaxa [relak'sa] vr to relax

releva [rele'va] vt to point out

relief [reli'ef] n relief

relua [re'lwa] vt to resume; to take again, to retake

remaniere [remani'ere] f reshuffling

remarca [remar'ka] vt to notice; to observe; to remark; to say

remediu [re'mediu] n remedy; cure

remite [re'mite] vt to hand over, to deliver

remorcă [re'morkă] f trailer

remuşcare [remush'kare] f remorse

renaştere [re'nashtere] f rebirth, revival

renega [rene'ga] vt to deny; to disown; to repudiate

renova [reno'va] vt to renovate

renumit [renu'mit] adj famous, celebrated, renowned

renunţa [renun'tsa] vi to give up

repara [repa'ra] vt to repair, to mend; to atone for, to make up
        for; to put right

repartiza [reparti'za] vt to share out; to distribute

repatria [repatri'a] vt, vr to repatriate

repaus [re'paus] n rest; peace

repede ['repede] adj fast, quick

repertoriu [reper'toriu] n repertory, repertoire; index notebook

repeta [repe'ta] vt to repeat; to go over; to revise; to rehearse; vi to repeat; to rehearse

replică ['replikă] f retort

reporter [re'porter] m reporter

reprezenta [reprezen'ta] vt to represent; to mean; to perform

reprima [repri'ma] vi to suppress; to repress

repriză [re'priză] f round

reproduce [repro'duche] vt, vr to reproduce

reproşa [repro'sha] vt to reproach, to blame (for)

republican [republi'kan] adj republican

republică [re'publika] f republic

reputaţie [repu'tatsie] f reputation

resemna [resem'na] vr to resign oneself

respecta [respek'ta] vt to look up to, to respect; to observe

respinge [res'pindje] vt to reject; to decline

respira [respi'ra] vt, vi to breathe, to inhale; to exude

responsabil [respon'sabil] adj responsible; m official; boss; manager; person in charge

rest [rest] n remainder, rest; change; pl leftovers

restabili [restabi'li] vt to restore, to reestablish; vr to recover

restaura [restau'ra] vt to restore

restitui [restitu'i] vt to give back, to return

restricţie [res'triktsie] f restriction

restructurare [restruktu'rare] f reorganization

resursă [re'sursă] f resource

reşedinţă [reshe'dintsă] f residence

reteza [rete'za] vt to cut off

reticent [reti'chent] adj reserved

retracta [retrak'ta] vt to retract

retrage [re'tradje] vt to withdraw; to remove; vr to retire; to withdraw; to retreat

retrospectiv [retrospek'tiv] adj retrospective

retur [re'tur] n return

rețea [re'tsea] f net(work)

rețetă [re'tsetă] f recipe; prescription

reține [re'tsine] vt to keep; to keep in mind; to book

reuși [reu'shi] vt to succeed (in); to pass; to manage to

reutilare [reuti'lare] f reequipmqent

revanșă [re'vanshă] f return, revenge

revărsa [revăr'sa] vr to overflow

revedea [reve'dea] vt to see again; to revise

revelion [reveli'on] n New Year's Eve

reveni [reve'ni] vi to return, to come back

revers [re'vers] n reverse

revistă [re'vistă] f magazine, periodical, review; revue

revizie [re'vizie] f revision

revoca [revo'ka] vt to revoke

revoluție [revo'lutsie] f revolution

revolver [revol'ver] n gun, revolver

rezema [reze'ma] vt, vr to lean

rezervă [re'zervă] f reserve; reservation; spare; refill

rezident [rezi'dent] m resident

rezilia [rezili'a] vt to cancel; to terminate

rezista [rezis'ta] vi to resist; to withstand; to stand up to, to oppose

rezoluție [rezo'lutsie] f resolution

rezolva [rezol'va] vt to settle; to solve

rezonabil [rezo'nabil] adj reasonable

rezultat [rezul'tat] n result, outcome

rezuma [rezu'ma] vt to sum up, to summarize

ridica [ridi'ka] vt to lift; to raise; to erect; to build

ridiche [ri'dike] f radish

ridicol [ri'dikol] adj ridiculous; n ridicule

rigolă [ri'golă] f gutter

riguros [rigu'ros] adj strict, rigorous; stern

rinichi [ri'niki] m kidney

rinocer [rino'cher] m rhinoceros

riposta [ripos'ta] vt to retort

risca [ris'ka] vt to hazard; to risk; vi to take risks

risipă [ri'sipă] f waste

rival [ri'val] m, adj rival

rîde ['rîde] vi to laugh (at); to giggle; to titter; to sneer; to chuckle

rîgîi [rîgî'i] vi to burp, to belch

rînced ['rînched] adj stale, rancid

rînd [rînd] n line; queue; row; turn; time

rînjet ['rînzhet] n grin

rîset ['rîset] n laughter

rîşniţă ['rîshnitsă] f hand mill

rîu [rîu] n river

roabă ['rwabă] f wheelbarrow

roade ['rwade] vt to rub off; to gnaw at; vr to wear out

roată ['rwată] f wheel; circle

robie [ro'bie] f slavery

robinet [robi'net] n faucet, tap

robot [ro'bot] m robot

robust [ro'bust] adj robust

rocă ['rokă] f rock

225

rochie ['rokie] f dress
rodi [ro'di] vt to bear fruit
roda [ro'da] vt to run in
roi [roi] n swarm
rol [rol] n part, role
roman [ro'man] n novel
romanţă [ro'mantsă] f sentimental song
român [ro'mîn] m, adj Romanian
rond [rond] n round; circus; flower bed
ronţăi [rontsă'i] vt to crunch
ropot ['ropot] n thunder; patter; tramping
rost [rost] n job; situation; use
roşcat [rosh'kat] adj russet; reddish
roşi [ro'shi] vt to paint red, to redden; vr to blush; to grow red
roşie ['roshie] f tomato
roşu ['roshu] adj red; russet, copper-colored; n red; redness
rotaţie [ro'tatsie] f rotation
roti [ro'ti] vr to turn (round)
rotofei [roto'fei] adj plump
rotund [ro'tund] adj circular; round
rotunji [rotun'zhi] vt to round off; vr to become round
rouă [rowă] f dew
roz [roz] adj pink
rucsac ['ruksak] n knapsack
rudă ['rudă] f relative, relation
rufe ['rufe] f pl laundry; washing; linen; bed clothes
ruga [ru'ga] vt to ask; to implore; to invite; vr to pray; to ask
rugină [ru'djină] f rust
ruina [rui'na] vt, vr to ruin
ruj [ruzh] n rouge; lipstick

rumega [rume'ga] vt, vi to chew

rumen ['rumen] adj rosy; red; well-roasted

rupe ['rupe] vt to break; to tear; to pick; vr to wear out; to break

rural [ru'ral] adj rural, country

rușine [ru'shine] f shame, disgrace; shyness

rută ['rută] f route

S

sabotaj [sabo'tazh] n sabotage
sac [sak] m bag, sack; bagful (of), sackful (of)
sacadat [saka'dat] adj jerky
sacoşă [sa'koshă] f bag
sacou [sa'kou] n jacket
sacrifica [sakrifi'ka] vt to sacrifice; to slaughter, to kill; vr to
        sacrifice oneself
sacru ['sakru] adj sacred
sadic ['sadik] adj sadistic; m sadist
salam [sa'lam] n salami
salariat [salari'at] m civil servant; wage-earner
salariu [sa'lariu] n salary; pay, wages
salată [sa'lată] f salad
sală ['sală] f room; dining room; auditorium; audience;
        classroom; theatre; cinema
salcîm [sal'kîm] m acacia
sale ['sale] m adj his, f adj her
salivă [sa'livă] f spittle; saliva
salon [sa'lon] n lounge; ward; sitting room; exhibition, show
salt [salt] n leap; jump
saltea [sal'tea] f mattress
salut [sa'lut] n greeting; bow; salute; interj hi (there); so long,
        goodbye
saluta [salu'ta] vt to greet; to salute; to say goodbye; to
        welcome
salva [sal'va] vt to save; to rescue, to salvage
sanatoriu [sana'toriu] n sanatorium

sanctuar [sanktu'ar] n sanctuary
sancţiona [sanktsio'na] vtto punish; to sanction
sanda [san'da] f sandal
sandviş ['sandvish] n sandwich
sanie ['sanie] f sled(ge); sleigh
sanitar [sani'tar] adj health; m hospital attendant
santinelă [santi'nelă] f sentinel, sentry, guard
sapă ['sapă] f hoe
saramură [sara'mură] f brine
sarcină ['sarchină] f target; assignment; task; load; charge;
        pregnancy
sare ['sare] f salt
sat [sat] n village; villagers
satelit [sate'lit] m satellite
satisface [satis'fache] vt to satisfy; to fulfill; to meet; to comply
        with
satîr [sa'tîr] n (meat) chopper
sau [sau] conj or
savant [sa'vant] m scholar; scientist; adj learned
savura [savu'ra] vt to enjoy, to relish; to savor
saxofon [sakso'fon] n saxophone
sădi [să'di] vt to plant
sălbatic [săl'batik] adj wild; savage; cruel; fierce; m savage
sămînţă [să'mîntsă] f seed
sănătate [sănă'tate] f health
săpa [să'pa] vt to hoe; to dig; vi to dig up
săptămîna [săptă'mînă] f week
săpun [să'pun] n soap; bar of soap
sărat [să'rat] adj salted; salty, salt
sărac [să'rak] adj needy; poor; wretched; m poor man

sărbatoare [sărbă'tware] f holiday

sări [să'ri] vt to jump; to leap; to skip; to miss; vi to jump, to leap; to blow up, to explode; to pop (out/off)

săruta [săru'ta] vt to kiss

sătean [să'tean] m villager, peasant

sătul [să'tul] adj full; sick (and tired)

său [său] m adj his

săvîrşi [săvîr'shi] vt to do; to perform; to commit

scamator [skama'tor] m juggler

scandal [skan'dal] n scandal; row, noise; shame

scară ['skară] f staircase, stairs; ladder; step; scale

scaun [skaun] n chair; stool

scădea [skă'dea] vt to diminish; to subtract; vi to diminish, to decrease; to slow down; to drop

scălda [skăl'da] vt to bathe; to give a bath to; vr to bathe; to bath, to have a bath

scăpa [skă'pa] vt to save (from); to miss; to drop; vi to escape (from)

scărpina [skărpi'na] vt, vr to scratch (oneself)

scenariu [sche'nariu] n script; scenario

scenă ['schenă] f scene; stage

sceptic ['scheptik] m skeptic

schelă ['skelă] f scaffolding

schelălăi [skelălă'i] vi to yelp, to give a yelp

schelet [ske'let] n skeleton

schemă ['skemă] f diagram; sketch; outline, pattern

schi [ski] n ski; skiing

schijă ['skizhă] f (shell) splinter

schilod [ski'lod] adj maimed, crippled

schiţa [ski'tsa] vt to sketch (out); to outline

sciziune [schizi'une] f split

scîncet ['skînchet] n whimper, whine; vi to whimper, to whine

scîndură ['skîndură] f plank, board

scînteie [skîn'teie] f spark

scîrbă ['skîrbă] f disgust

scîrţii [skîrtsî'i] vi to squeak; to creak; to crunch

sclipi [skli'pi] vi to twinkle; to shine

scoarţă ['skwartsă] f rind, bark; crust; cover; rug

scoate ['skwate] vt to draw out; to take out; to utter; to
          publish, to bring out

scobi [sko'bi] vt to hollow

scoică ['skoikă] f shell

scop [skop] n purpose, aim, end

scor [skor] n score

scormoni [skormo'ni] vt, vi to rummage

scorpie ['skorpie] f shrew

scorţişoară [skortsi'shwară] f cinnamon

scotoci [skoto'chi] vt to rummage; vr to fumble in

scrie [skrie] vt, vi to write; vr to be written

scroafă ['skrwafă] f sow

scrum [skrum] m ash, ashes

scruta [skru'ta] vt to scrutinize

scrutin [skru'tin] n poll, ballot

scuar [skwar] n square

scufunda [skufun'da] vt, vr to sink

scuipa [skui'pa] vt to spit

scula [sku'la] vt to wake up; vr to wake up; to stand up; to
          rise; to get up

sculă ['skulă] f tool

sculptură [skul'ptură] f sculpture

scump [skump] adj dear; expensive

scund [skund] adj short

scurge ['skurdje] vt to drain; vr to elapse; to go by; to flow

scurt [skurt] adj short, brief

scut [skut] n shield

scutec ['skutek] n diaper; pl swaddling-clothes

scuti [sku'ti] vt to spare; to exempt (from)

scutura [skutu'ra] vt to jolt; to shake; vi to shake one's head; vr to shed one's leaves

scuza [sku'za] vt to pardon, to excuse; vr to apologize

seară ['seară] f evening, night

searbăd ['searbăd] adj dull, vapid; tasteless

sec [sek] adj dry; curt; cold

secară [se'kară] f rye

seceră ['sechera] f sickle

secesiune [sechesi'une] f secession

secetă ['sechetă] f dryness; drought

secol ['sekol] n century

secret [se'kret] adj secret; n secret

secretar [sekre'tar] m secretary

sectă ['sektă] f sect

secţie ['sektsie] f section; station

secundar [sekun'dar] adj secondary; minor

secundă [se'kundă] f second

secure [se'kure] f axe

securitate [sekuri'tate] f security; safety

sedativ [seda'tiv] n sedative, tranquilizer; adj sedative

sedentar [seden'tar] adj sedentary

sediu ['sediu] n seat; head office; headquarters

seduce [se'duche] vt to seduce; to charm

segregație [segre'gatsie] f segregation
seism [se'ism] n earthquake
selecta [selek'ta] vt to select
semafor [sema'for] n traffic lights
semăna [semă'na] vt to sow; vi to be like, to resemble
semestru [se'mestru] n term, semester
semn [semn] n sign; signal; mark
semnificativ [semnifika'tiv] adj significant
senat [se'nat] n Senate
senin [se'nin] adj cloudless; clear; serene
sens [sens] n sense, meaning; use; way, direction
sensibil [sen'sibil] adj sensitive; perceptible; noticeable, appreciable
sentiment [senti'ment] n feeling; sentiment
sentință [sen'tintsă] f sentence; verdict; maxim
senzație [sen'zatsie] f sensation; feeling
senzual [senzu'al] adj sensual; sensuous
separa [sepa'ra] vt to separate; to divide; to drive apart; to stand between
septembrie [sep'tembrie] m September
serată [se'rată] f party
seră ['seră] f green house
sergent [ser'djent] m sergeant
serial [seri'al] n serial
seringă [se'ringă] f syringe
serios [seri'os] adj serious; reliable, responsible; earnest; dependable
sertar [ser'tar] n drawer
servi [ser'vi] vt to serve; to wait on; to attend to; vi to serve; vr to help oneself

serviciu [ser'vichiu] n service; set; favor; job; office, department; section

servietă [servi'etă] f briefcase, portfolio

sesiza [sesi'za] vt to grasp, to understand; to inform

sete ['sete] f thirst

sever [se'ver] adj severe, strict, stern

sex [seks] n sex

sezon [se'zon] n season

sfat [sfat] n advice

sfărîma [sfărî'ma] vt to break into pieces

sfătui [sfătu'i] vt to advise; vr to hold counsel (with)

sfeclă ['sfeklă] f beet

sferă ['sferă] f sphere; area, domain

sfert [sfert] n quarter

sfială [sfi'ală] f shyness

sfida [sfi'da] vt to defy

sfînt [sfînt] adj holy; m saint

sfîrîi [sfîrî'i] vi to sizzle

sfîşia [sfîshi'a] vt to tear up; to rip off; to break

sfoară ['sfwară] f cord, string

sforăi [sforă'i] vi to snore; to snort

sfruntat [sfrun'tat] adj outrageous

si [si] m B, si

sicriu [si'kriu] n coffin

sidef [si'def] n mother-of-pearl

sifon [si'fon] n soda; siphon

sigur ['sigur] adj sure; safe; certain; secure; reliable

silă ['silă] f disgust

siluetă [silu'etă] f figure; outline; silhouette

simbol [sim'bol] n symbol

simfonic [sim'fonik] adj symphony; symphonic

similar [simi'lar] adj similar (to); like

simpatic [sim'patik] adj nice, friendly; likeable; pleasant

simplu ['simplu] adj simple; single; easy

simpozion [simpo'zion] n symposium

simptom [simp'tom] n symptom

simţi [sim'tsi] vt to feel

simula [simu'la] vt to simulate, to feign, to sham; vi to sham

simultan [simul'tan] adj simultaneous

sinagogă [sina'gogă] f synagogue

sincer ['sincher] adj frank, sincere; hearty; genuine

sindicat [sindi'kat] n union

sine ['sine] m himself, f herself, n itself; oneself

singular [singu'lar] adj singular; n singular

singur ['singur] adj single; only; alone; lonely

sinistru [si'nistru] adj sinister

sinucide [sinu'chide] vr to kill oneself

sinus ['sinus] n sinus

sirenă [si'renă] f siren; mermaid

sirop [si'rop] n syrup

sista [sis'ta] vt to cease

sistem [sis'tem] n system

sită ['sită] f sieve

sitronadă [sitro'nadă] f lemonade

situa [situ'a] vt to site, to situate; to set, to place; vr to be
    situated

sîmbătă ['sîmbătă] f Saturday

sîmbure ['sîmbure] m pip; stone; grain

sîn [sîn] m bosom, breast

sînge ['sîndje] m blood

sîngeros [sîndje'ros] adj bloody

slab [slab] adj weak; lean; thin; bad; flabby; faint

slav [slav] adj Slav

slăbi [slă'bi] vi to grow thin; to abate; to weaken; to grow faint

slănină [slă'nină] f bacon; lard

sloi [sloi] n (ice) block; icicle

slugarnic [slu'garnik] adj servile, slavish, obsequious

slujbă ['sluzhbă] f service; job

sluji [slu'zhi] vt to serve; vi to serve (for); vr to make use

smarald [sma'rald] n emerald

smintit [smin'tit] adj crazy

smîntînă [smîn'tînă] f cream

smochină [smo'kină] f fig

smoching ['smoking] n tuxedo, dinner jacket

smulge ['smuldje] vt to pull up; to snatch; to tear out; to
        wring; vr to tear oneself away

snob [snob] adj snobbish; m snob

soacră ['swakră] f mother-in-law

soare ['sware] m sun

soartă ['swartă] f destiny, fate

sobă ['sobă] f stove

sobru ['sobru] adj temperate, abstemious; sober

sociabil [sochi'abil] adj sociable

social [sochi'al] adj social

socialism [sochia'lism] n socialism

societate [sochie'tate] f society; company

socoteală [soko'teală] f operation; bill; count; opinion

socru ['sokru] m father-in-law; pl in-laws, parents-in-law

sodă ['sodă] f soda

sofa [so'fa] f couch, sofa

soi [soi] n sort, kind; variety

sol [sol] n soil, earth; ground; m messenger

sold [sold] n balance

soldat [sol'dat] m soldier

solemn [so'lemn] adj solemn

solicita [solichi'ta] vt to ask

solid [so'lid] adj solid; sturdy; sound; robust; stout; lasting; n
        solid

solist [so'list] m soloist

solniţă ['solnitsă] f salt-cellar

solubil [so'lubil] adj soluble

solvabil [sol'vabil] adj solvent

soma [so'ma] vt to summon

somn [somn] n sleep; m sheat fish

somptuos [somptu'os] adj sumptuous; lavish

sonda [son'da] vt to sound; to probe

sonerie [sone'rie] f bell

soră ['soră] f sister; nurse

sorbi [sor'bi] vt to sip; to drink

sos [sos] n sauce; gravy

sosi [so'si] vi to come; to arrive

soţ [sots] m husband

soţie [so'tsie] f wife

spaimă ['spaimă] f terror, fright

spanac [spa'nak] n spinach

sparge ['spardje] vt to break; to split; to chop; to smash; to
        crack

spate ['spate] n back; shoulders

spaţiu ['spatsiu] n space; room

spăla [spă'la] vt to wash; to water; to bath; vi to wash; vr to
        wash; to have/to take a bath

spărgător [spărgă'tor] m burglar; housebreaker

special [spechi'al] adj special; peculiar

specific [spe'chifik] adj specific

specimen [spechi'men] n specimen

spectacol [spek'takol] n show; performance; sight

spectator [spekta'tor] m onlooker, witness; spectator

spera [spe'ra] vt to hope (for)

speria [speri'a] vt to scare, to frighten

sperjur [sper'zhur] m perjurer; n perjury

spic [spik] n ear

spicher ['spiker] m announcer

spinare [spi'nare] f back

spion [spi'on] m spy

spiriduş [spiri'dush] m elf, goblin

spirit ['spirit] n spirit; ghost; wit; joke

spital [spi'tal] n hospital

spînzura [spînzu'ra] vt to hang; vi to hang (from); vr to hang
          (oneself)

splendid ['splendid] adj splendid; magnificent

sporovăi [sporovă'i] vi to chatter, to prate

sport [sport] n sport(s)

spre [spre] prep to; towards; about

sprijin ['sprizhin] n support

sprînceană [sprîn'cheană] f eyebrow

spulbera [spulbe'ra] vt to dispel; to sweep off/away

spune ['spune] vt to say; to tell; to name; to call; to utter; vi to
          say

sta [sta] vi to stand; to stay; to live; to sit; to lie

stabil [sta'bil] adj stable

stabili [stabi'li] vt to settle; to establish; vr to settle

stadion [stadi'on] n stadium

stafidă [sta'fidă] f currant, sultana

stagiar [stadji'ar] m trainee

stagiu ['stadju] n probation; training period

stagna [stag'na] vi to stagnate

stal [stal] n stalls

stand [stand] n stall

standard ['standard] n standard

stare ['stare] f state; wealth; condition

stat [stat] n state; stature

statistică [sta'tistikă] f statistics

statuie [sta'tuie] f statue

statut [sta'tut] n status; statute

stație ['statsie] f station; stop

staționa [statsio'na] vi to stand

stațiune [statsi'une] f station; health resort

stăpîn [stă'pîn] m owner; master

stea [stea] f star

steag [steag] n flag

stejar [ste'zhar] m oak (tree)

stemă ['stemă] f (coat of) arms

stenograf [steno'graf] m shorthand writer, stenographer

stereofonic [stereo'fonik] adf stereophonic

stereotip [stereo'tip] n, adj stereotype

steril [ste'ril] adj barren, sterile

sticlă ['stiklă] f glass; bottle

stil [stil] n style

stilou [sti'lou] n fountain pen

stima [sti'ma] vt to respect

stingător [stingă'tor] n fire extinguisher

stinge ['stindje] vt to put out, to extinguish; to switch off; to blow out; vr to pass away; to die out; to go out

stingher [stin'ger] adj lonely

stipula [stipu'la] vt to stipulate

stivă ['stivă] f pile

stîlci [stîl'chi] vt to corrupt; to mangle

stîlp [stîlp] m pillar

stîncă ['stînkă] f rock; cliff

stîng [stîng] adj left; m the left leg

stîrni [stîr'ni] vt to stir; to rouse, to incite; vr to break out

stoarce ['stwarche] vt to squeeze, to crush out; to wring, to twist (wet clothes)

stoc [stok] n stock

stofă ['stofă] f cloth, material, fabric

stol [stol] n flock, flight

stomac [sto'mak] n stomach

stop [stop] n traffic light

stor [stor] n window-shade, blind

stradă ['stradă] f street; avenue

strangula [strangu'la] vt to strangle

straniu ['straniu] adj strange, weird, quaint

strat [strat] n stratum; layer; coat; bed

străbate [stră'bate] vt to wander through; to pierce

strădui [strădu'i] vr to try hard, to strive

străin [stră'in] adj foreign; unknown; m stranger; foreigner

străluci [strălu'chi] vi to shine (with); to sparkle

strămoş [stră'mosh] adj ancient; m ancestor

strănuta [strănu'ta] vi to sneeze

strǎvechi [strǎ'veki] adj ancient

strecura [streku'ra] vt to strain; vr to penetrate; to slip

strica [stri'ka] vt to spoil; to ruin; to upset; vr to go bad; to be
    out of service/ order; to decay

strict [strikt] adj strict

strident [stri'dent] adj shrill, harsh

striga [stri'ga] vt to holler, to shout; to call; vi to holler, to
    shout; to cry; to scream

strivi [stri'vi] vt to crush

strîmb [strîmb] adj twisted; crooked; slanting; skewed; adv
    falsely; crookedly

strîmt [strîmt] adj narrow

strînge ['strîndje] vt to gather; to collect; to pick up; to fold; to
    press; to pinch

structurǎ [struk'turǎ] f structure

strugure ['strugure] m grape

student [stu'dent] m student

studia [studi'a] vt to study; to examine; vi to study

studio [studi'o] n studio; bed

stup [stup] m beehive

stupefiant [stupe'fiant] n dope, narcotic, drug

stupid [stu'pid] adj stupid, silly

sturion [sturi'on] m sturgeon

sub [sub] prep under; below

subestima [subesti'ma] vt to underestimate

subiect [subi'ekt] n subject; subject matter; plot; topic

subit [su'bit] adj unexpected, sudden

sublim [su'blim] adj sublime

sublinia [sublini'a] vt to point out; to underline; to emphasize

submarin [subma'rin] n submarine

submina [submi'na] vt to undermine
subnutrit [subnu'trit] adj underfed
subscrie [sub'skrie] vi to subscribe (to)
subsemnat [subsem'nat] m the undersigned
subsol [sub'sol] n basement
substanţă [sub'stantsă] f substance
substitui [substitu'i] vt, vr to substitute (for)
subtitlu [sub'titlu] n subtitle
subţire [sub'tsire] adj thin; slim; watery; adv lightly
subvenţie [sub'ventsie] f subsidy; subvention
subversiv [subver'siv] adj subversive
suc [suk] n juice
succeda [sukche'da] vt to succeed, to come next after; vr to
         follow each other
succes [suk'ches] n success; hit
suci [su'chi] vt to twist; vr to twist (in bed); to turn
sud [sud] n south
suda [su'da] vt to weld; to solder; to fuse; vr to fuse together
sudoare [su'dware] f sweat, perspiration
suferi [sufe'ri] vt to suffer; to be in pain; to experience; to
         endure; to bear, to stand
suficient [sufichi'ent] adj enough, sufficient
sufla [su'fla] vt to blow; to prompt; vi to breathe; to pant; to
         blow; to prompt
suflet ['suflet] n soul; heart
sufoca [sufo'ka] vt to smother; vr to choke
sufragerie [sufradje'rie] f dining room
sugaci [su'gachi] m, adj suckling; nursling
sugativă [suga'tivă] f blotting paper
suge ['sudje] vt to suck

sugestie [su'djestie] f suggestion

sughiț [su'gits] n hiccup, hiccough

suita [su'ită] f suite; succession

sumă ['sumă] f sum; number (of)

sumbru ['sumbru] adj dark, gloomy; morose

suna [su'na] vt to ring (up); vi to ring

sunet ['sunet] n sound

supă ['supă] f soup

supăra [supă'ra] vt to grieve; to disturb; to make angry; vr to
        be angry/cross (with)

superior [superi'or] adj superior; higher; upper; m superior

supersonic [super'sonik] adj supersonic

supliciu [su'plichiu] n torment, torture

supliment [supli'ment] n supplement, extra

suplini [supli'ni] vt to replace; to compensate (for)

suplu ['suplu] adj lithe; supple

suport [su'port] n support

supoziție [supo'zitsie] f supposition

suprafață [supra'fatsă] f area, surface

supranatural [supranatu'ral] adj supernatural

supraom [supra'om] m superman

supraveghea [suprave'gia] vt to watch over; to keep an eye on;
        to supervise; to invigilate

supraviețui [supravietsu'i] vi to survive; to outlive

suprima [supri'ma] vt to suppress; to kill; to remove; to delete;
        to do away with

supune [su'pune] vt to subject, to subjugate; to put down, to
        subdue; to submit; vr to submit

surd [surd] adj deaf; muffled; dull; silent; hidden; m deaf
        person

surîde [su'rîde] vi to smile (at); to appeal

surmena [surme'na] vt, vr to overwork (oneself)

surogat [suro'gat] n substitute

surprinde [sur'prinde] vt to surprise; to astonish; to overtake; to overhear

sursă ['sursă] f source; spring

surveni [surve'ni] vi to occur, to arise; to take place, to happen

sus [sus] adv above; high (up)

susceptibil [suschep'tibil] adj touchy, sensitive; susceptible

suspect [sus'pekt] m suspect; adj suspicious

suspenda [suspen'da] vt to hang (on); to suspend; to defer

suspiciune [suspichi'une] f suspicion

suspin [sus'pin] n sigh, sob

susține [sus'tsine] vt to support; to keep up; to back up; to affirm

sută ['sută] f hundred

sutien [suti'en] n bra

suveică [su'veikă] f shuttle

suvenir [suve'nir] n memory; souvenir

suveran [suve'ran] m, adj sovereign

Ş

şa [sha] f saddle
şacal [sha'kal] m jackal
şah [shah] m chess; shah
şal [shal] n shawl
şalău [sha'lău] m pike perch
şalupă [sha'lupă] f motorboat
şampanie [sham'panie] f champagne
şampon [sham'pon] n shampoo
şansă ['shansă] f chance; luck
şantaj [shan'tazh] n blackmail
şantier [shanti'er] n site; roadworks; shipyard
şanţ [shants] n ditch; groove
şapcă ['shapkă] f (peaked) cap
şapte ['shapte] num seven
şaretă [sha'retă] f gig
şarjă ['sharzhă] f charge
şarlatan [sharla'tan] m quack
şarpe ['sharpe] m snake
şase ['shase] num six
şaten [sha'ten] adj chestnut, brown; chestnut-haired
şchiop [shkiop] adj lame
şcoală ['shkwală] f school
şcolar [shko'lar] m schoolboy
şcolăriţă [shkolă'ritsă] f schoolgirl
şedea [she'dea] vi to sit (down); to live
şedinţă [she'dintsă] f meeting; sitting
şef [shef] m head, chief, boss

şemineu [shemi'neu] n chimney piece; fireplace

şerif [she'rif] m marshall, sheriff

şerpui [sherpu'i] vi to wind

servet [sher'vet] n (table) napkin

şes [shes] n plain

şezlong [shez'long] n lounge chair, deckchair

şezut [she'zut] n seat

sfichiui [shfikiu'i] vt to lash

şi [shi] conj and; adv too; also; still, even; already

şic [shik] adj chic, smart, posh; n stylishness

şifona [shifo'na] vt, vr to crumple; to crease

şifonier [shifoni'er] n wardrobe

şină ['shină] f rail

şipcă ['shipkă] f lath

şir [shir] n line; row; number; series; range

şiret [shi'ret] adj cunning, sly; m sly person

şiroi [shi'roi] n stream

şlagăr ['shlagăr] n popular song, pop

şlampăt ['shlampăt] adj slipshod, slattern(ly)

şleahtă ['shleahtă] f gang

şlefui [shlefu'i] vt to polish

şlep [shlep] n barge

şmecher ['shmeker] adj sly; sharp; m sly person

şniţel ['shnitsel] n schnitzel

şnur [shnur] n cord

şoaptă ['shwaptă] f murmur; whisper

şoarece ['shwareche] m mouse

şobolan [shobo'lan] m rat

şoc [shok] n shock

şofer [sho'fer] m driver

şoim [shoim] m falcon

şold [shold] n hip

şomaj [sho'mazh] n unemployment

şomer [sho'mer] m unemployed person

şopron [sho'pron] n shed

şopti [shop'ti] vt, vi to whisper

şort [short] n shorts

şorţ [shorts] n apron

şosea [sho'sea] f road(way); highway; avenue; street

şosetă [sho'setă] f sock

şoşon [sho'shon] m overshoe

şovăi [shovă'i] vi to hesitate

şovin [sho'vin] adj chauvinist

şperaclu [shpe'raklu] n master key, skeleton key

şperţ [shperts] n bribe

şpriţ [shprits] n wine and soda

ştampilă [shtam'pilă] f stamp

ştecăr [shtekăr] n plug

ştergător [shtergă'tor] n door mat; windshield wiper

şterge ['shterdje] vt to wipe; to erase; to dust

şterpeli [shterpe'li] vt to pilfer; to pinch

şti [shti] vt to know; vi to understand; to know; vr to be
known; to know each other

ştiucă ['shtiukă] f pike

ştiulete [shtiu'lete] m corn-cob

ştrand [shtrand] n swimming pool

ştreang ['shtreang] n noose

strengar [shtren'gar] m urchin

şubred ['shubred] adj frail; flimsy; ramshackle; rickety

şugubăţ [shugu'băts] adj waggish; m wag

şuiera [shuie'ra] vt to whistle
şuncă ['shunkă] f ham
şură ['shură] f shed
şurub [shu'rub] n screw
şurubelniţă [shuru'belnitsă] f screw driver
şuşoti [shusho'ti] vi to whisper
şut [shut] n shot
şuviţă [shu'vitsă] f lock of hair
şuvoi [shu'voi] n stream
şvaiţer ['shvaitser] n Swiss cheese

ta [ta] f adj your
tabără ['tabără] f camp
tabel [ta'bel] n table
tabiet [tabi'et] n habit
tablă ['tablă] f plate; (black) board; table
tablou [ta'blou] n painting; picture; board; panel
tabu [ta'bu] n taboo
tachina [taki'na] vt to tease
tacîm [ta'kîm] n cover; pl forks and spoons
tact [takt] n tact; time
taifas [tai'fas] n chat
taifun [tai'fun] n typhoon
taină ['taină] f secret
taior [ta'ior] n suit
tale ['tale] f pl adj your
talent [ta'lent] n gift, talent
talie ['talie] f waist; height; size
talon [ta'lon] n heel; stub, counterfoil
talpă ['talpă] f sole; runner
tampon [tam'pon] n wad, pad, swab; buffer; blotter; tampon
tanc [tank] n tank
tandreţe [tan'dretse] f tenderness
tangou [tan'gou] n tango
tanti ['tanti] f aunt(ie)
tapet [ta'pet] n wallpaper; tapestry
tapisa [tapi'sa] vt to paper, to upholster

tarabă [ta'rabă] f counter; booth
taraf [ta'raf] n folk music band
tardiv [tar'div] adj late
tare ['tare] adj hard; tough; strong; adv loudly; very
targa ['targă] f litter, stretcher
tarif [ta'rif] n tariff
tartă ['tartă] f pie, tart
tată ['tată] m father
tatona [tato'na] vt to explore; to grope one's way along
tatua [tatu'a] vt, vr to tattoo
taur [taur] m bull
tavan [ta'van] n ceiling
tavă ['tava] f tray; salver
tavernă [ta'vernă] f tavern
taxă ['taksă] f tax
taxi [tak'si] n taxi (cab)
tăcea [tă'chea] vi to be silent; to stop talking
tăcere [tă'chere] f quiet; silence
tăia [tă'ia] vt to cut; to prune; to fell; to chop; to kill, to
          slaughter; vi to cut; vr to cut; to cut oneself
tăinui [tăinu'i] vt to conceal
tăiţei [tăi'tsei] m pl noodles
tămîie [tă'mîie] f incense
tărăboi [tără'boi] n row; din; uproar
tărăgăna [tărăgă'na] vt, vr to dally (with)
tărie [tă'rie] f force, strength
tărîm [tă'rîm] n sphere; realm
tărîţe [tă'rîtse] f bran
tău [tău] m adj your
tăvăli [tăva'li] vt, vr to roll

teacă ['teakă] f sheath; pod

teafăr ['teafăr] adj safe

teamă ['teamă] f fear

teanc [teank] n pile

teatru ['teatru] n theatre; plays; histrionics, playacting

tehnologie [tehnolo'djie] f technology

tei [tei] m lime (tree)

tejghea [tezh'gea] f counter

telecabină [teleka'bină] f cable car

telecomandă [teleko'mandă] f remote control

teleferic [tele'ferik] n cable car

telefon [tele'fon] n telephone

teleghida [telegi'da] vt to operate by remote control

telegraf [tele'graf] n telegraph

telegramă [tele'gramă] f telegram

teleobectiv [teleobiek'tiv] n telephoto lens

telepatie [telepa'tie] f telepathy

telescop [tele'skop] n telescope

telespectator [telespekta'tor] m viewer, TV spectator

televiza [televi'za] vt to televise

televizor [televi'zor] n TV set, telly

telex ['teleks] n teletype; teleprinter

temă ['temă] f theme; homework; topic

tembel [tem'bel] adj idiotic; indolent

teme ['teme] vr to be afraid of

temei [te'mei] n reason; cause; basis

temelie [teme'lie] f foundation

temerar [teme'rar] adj daring; reckless, rash

temniţă ['temnitsă] f jail, prison

tempera [tempe'ra] vt, vr to moderate

temperament [tempera'ment] n temperament, disposition
temperatură [tempera'tură] f temperature
templu ['templu] n temple
temporar [tempo'rar] adj temporary
temut [te'mut] adj dreaded
ten [ten] n complexion
tenace [te'nache] adj tenacious, persistent
tendință [ten'dintsă] f leanings, sympathies; tendency
tenis ['tenis] n tennis
tensiune [tensi'une] f tension; strain; blood pressure; voltage
tenta [ten'ta] vt to tempt
tentativă [tenta'tivă] f attempt, bid
teoretic [teo'retik] adj theoretical
teorie [teo'rie] f theory
terasă [te'rasă] f terrace
teren [te'ren] n ground; land; plot; site; field; playground
terfeli [terfe'li] vt to soil
tergiversa [terdjiver'sa] vt to delay; vi to temporize
teribil [te'ribil] adj terrible, dreadful
teritoriu [teri'toriu] n territory
termal [ter'mal] adj thermal
termen ['termen] n time, term; m word, term
termina [termi'na] vt to end; to finish; to wind up; to graduate
          from; vi to finish, to wind up; to end
termocentrală [termochen'trală] f power station
termometru [termo'metru] n thermometer
termonuclear [termonukle'ar] adj thermonuclear
termos ['termos] n thermos
termostat [termo'stat] n thermostat
teroare [te'rware] f terror

tertip [ter'tip] n stratagem

test [test] n test

testament [testa'ment] n will, testament

testicul [tes'tikul] n testicle

tetanos [te'tanos] n tetanus

text [tekst] n text; lyrics

tezaur [te'zaur] n treasure

teză ['teză] f thesis; paper; idea

tic [tik] n tic, twitch; mannerism

ticălos [tikă'los] adj mean; m scoundrel

tichet [ti'ket] n ticket

ticlui [tiklu'i] vt to plot; to arrange

ticsit [tik'sit] adj crammed

tigaie [ti'gaie] f pan

tighel [ti'gel] n stitch

tigru ['tigru] m tiger

tihnă ['tihnă] f quiet; leisure

timbru ['timbru] n stamp; tone, timbre

timid [ti'mid] adj shy; timid; timorous; adv timidly, shyly

timp [timp] n time; weather; tense; m beat, measure, time

timpan [tim'pan] n eardrum; kettle-drum

tineresc [tine'resk] adj youthful

tip [tip] m guy, chap; n type

tipar [ti'par] n print; pattern

tipări [tipă'ri] vt to print

tiptil [tip'til] adv on tiptoe,
stealthily

tir [tir] n (target) shooting; fire

tiraj [ti'razh] n circulation; (print-)run; edition; draught

tiran [ti'ran] m tyrant

tirbuşon [tirbu'shon] n corkscrew
titlu ['titlu] n title; headline; qualification
tiv [tiv] n hem
tîlc [tîlk] n meaning, sense; explanation
tîlhar [tîl'har] m scoundrel; robber
tîmpit [tîm'pit] adj stupid; m idiot
tîmplar [tîm'plar] m carpenter
tîmplă ['tîmplă] f temple
tînăr ['tînăr] adj young; m young man
tînji [tîn'zhi] vi to long for, to hanker (after), to pine
tîrg [tîrg] n market; small town; fair; bargain
tîrî [tî'rî] vt to drag; vr to crawl, to creep
tîrnăcop [tîrnă'kop] n pick-axe
tîrziu [tîr'ziu] adj, adv late
toaletă [twa'letă] f wash; outfit; dress; toilet; dressing table;
        water closet
toamnă ['twamnă] f fall, autumn
toană ['twană] f whim, caprice
toarce ['twarche] vt to spin; vi to spin; to purr
toartă ['twartă] f handle
toast [to'ast] n toast
toată ['twată] adj f all; whole; f pr all
tobă ['tobă] f drum
toca [to'ka] vt to chop, to hash; to mince
tocană [to'kană] f stew
toci [to'chi] vt to wear out; to blunt; to grind; vr to wear out;
        to become blunt
tocmai ['tokmai] adv just; exactly
tolăni [tolă'ni] vr to sprawl; to lie down
tolera [tole'ra] vt to put up with, to tolerate

tombolă [tom'bolă] f tombola, raffle

tomnatic [tom'natik] adj elderly; autumnal

ton [ton] n tone; key; shade

tonă ['tonă] f metric ton(ne)

tonomat [tono'mat] n juke-box

topaz [to'paz] n topaz

topi [to'pi] vt to thaw; to melt; vr to thaw; to melt

topor [to'por] n axe

torent [to'rent] n torrent

torid [to'rid] adj sultry

toropeală [toro'peală] f torpor

torpilă [tor'pilă] f torpedo

tort [tort] n cake

tortura [tortu'ra] vt to torment, to torture

tortură [tor'tură] f torture

torță ['tortsă] f torch

tot [tot] m pr all; adv also, too; only; n whole; m adj all

total [to'tal] adj total; n whole, total

totdeauna [totdea'una] adv always

totodată [toto'dată] adv at the same time

totuna ['totuna] adv the same

totuşi ['totushi] conj yet, nevertheless; however

toţi ['totsi] m pl adj all

tovarăş [to'varăsh] m comrade; pal, friend

toxic ['toksik] adj toxic

trabuc [tra'buk] n cigar

trac [trak] n nerves; fright

tractor [trak'tor] n tractor

tradiţie [tra'ditsie] f tradition

traduce [tra'duche] vt to translate; to render, to convey

trafic [tra'fik] n traffic

traficant [trafi'kant] m trafficker; dealer

trage ['tradje] vt to pull, to draw; to extract; to close; to fire; vi to shoot, to fire (at); to draw; to put up; vr to descend from

tragedie [tradje'die] f tragedy

trai [trai] n life, living

trainic ['trainik] adj durable; lasting

trambulină [trambu'lină] f spring board

tramvai [tram'vai] n street car

trandafir [tranda'fir] m rose

transă ['transă] f trance

transcrie [tran'skrie] vt to transcribe

transfera [transfe'ra] vt to transfer; vr to be transferred

transforma [transfor'ma] vt to transform, to alter; to convert (into); to turn into

transfuzie [tran'sfuzie] f (blood) transfusion

transmite [trans'mite] vt to transmit; to broadcast; to deliver; vr to be contagious

transparent [transpa'rent] adj transparent

transperant [transpe'rant] n shutter, blind

transpira [transpi'ra] vi to sweat, to perspire; to leak out

transplanta [transplan'ta] vt to transplant; to uproot

transport [trans'port] n transport

transporta [transpor'ta] vt to carry, to move; to transport

tranşa [tran'sha] vt to cut, to sever; to settle

tranşă ['transhă] f slice; chunk; installment

tranzacţie [tran'zaktsie] f transaction

tranzistor [tranzis'tor] n transistor

tranziţie [tran'zitsie] f transition

trap [trap] trot

trasa [tra'sa] vt to draw; to trace

traseu [tra'seu] n route

trata [tra'ta] vt to treat; to process; to deal with, to handle; to negotiate with

tratat [tra'tat] n treatise; treaty

traumatism [trauma'tism] n trauma

traversa [traver'sa] vt to cross; to go through; to run across

travesti [traves'ti] vt, vr to dress up; to disguise (oneself)

trăda [tră'da] vt to betray; to give away, to reveal; vr to give oneself away

trădare [tră'dare] f betrayal, treason; treachery

trăi [tră'i] vt to live through, to experience; vi to live; to stay; to be alive

trăsătură [trăsă'tură] f trait, feature

trăsură [tră'sură] f coach, carriage

treabă ['treabă] f matter, issue; work; business

treaz [treaz] adj awake; sober

trebui [trebu'i] vt, vi must, to have to; should; ought to; to need; to want

trecător [trekă'tor] adj fleeting; transient; m passer-by

trece ['treche] vt to cross; to pass; vi to pass; to go by; to be over; to experience

trecut [tre'kut] n past; previous; elderly

trei [trei] num three

treiera [treie'ra] vt, vi to thresh

tremura [tremu'ra] vi to tremble; to shake; to shiver; to shudder; to shake; to flicker; to quaver

tren [tren] n train

trenci ['trench] n raincoat

trening ['trening] n training suit

trepidant [trepi'dant] adj hectic; vibrating

trepied [trepi'ed] n tripod

treptat [trep'tat] adj gradual

tresări [tresă'ri] vi to start

trestie ['trestie] f reed; cane

trezi [tre'zi] vt to wake (up); to awaken; vr to wake (up); to find oneself; to grow stale

tria [tri'a] vt to sort out

trib [trib] n tribe

tribunal [tribu'nal] n (law) court; tribunal

tribună [tri'bună] f rostrum, platform; forum; stand

tribut [tri'but] n tribute

tricolor [triko'lor] n tricolor; adj three-colored

tricotaje [triko'tazhe] n pl knitwear

tricou [tri'kou] n jersey, sweater, jumper

trifoi [tri'foi] m clover

trimestru [tri'mestru] n term; quarter

trimite [tri'mite] vt to send

tripla [tri'pla] vt, vr to treble

trist [trist] adj depressed, sad; depressing

trișa [tri'sha] vi to cheat

triumfa [trium'fa] vi to overcome, to triumph; to win

triunghi [tri'ungi] n triangle

trivial [trivi'al] adj obscene; coarse, crude

trîndăvi [trîndă'vi] vi to idle

trînti [trîn'ti] vt to fling, to throw; to slam; to pluck; vr to lie down

troc [trok] n barter

troian [tro'ian] n snow-drift

troleibuz [trolei'buz] n trolley-car, trolley-bus

trompă ['trompă] f trunk

trompetă [trom'petă] f trumpet

tropot ['tropot] n clatter

trosc [trosk] interj bang, thud

trosni [tros'ni] vt, vr to crackle

trotuar [trotu'ar] n sidewalk, pavement

truc [truk] n knack; trick; way, device; trick effect

trudă ['trudă] f toil; pains

trup [trup] n body

trupă ['trupă] f troop; company

trusă ['trisă] f case, kit

tu [tu] pr you

tub [tub] n tube; pipe; duct

tuberculoză [tuberku'loză] f tuberculosis

tufă ['tufă] f shrub, bush

tulbura [tulbu'ra] vt to agitate; to disturb; to confuse; to
disconcert; to upset; to disrupt; vr to get upset

tulpină [tul'pină] f stalk; trunk

tumoare [tu'mware] f growth, tumor

tumult [tu'mult] n commotion

tun [tun] n gun, cannon

tuna [tu'na] vi to thunder

tunde ['tunde] vt to mow; to cut, to clip; to shear; to crop; vr
to cut one's hair; to have one's hair cut

tunel [tu'nel] n tunnel

tunet ['tunet] n thunder

tupeu [tu'peu] n cheek

tur [tur] n round; walk

turbare [tur'bare] f rabies; rage

turbină [tur'bină] f turbine

turbulent [turbu'lent] adj boisterous, unruly

turism [tu'rism] n tourism

turmă ['turmă] f flock

turn [turn] n tower

turna [tur'na] vt to pour; to mold, to cast; vi to pour down

turneu [tur'neu] n tour

tuşi [tu'shi] vi to cough

tutelă [tu'telă] f guardianship; trusteeship

tutore [tu'tore] m guardian; stake, support

tutun [tu'tun] n tobacco

ţambal [tsam'bal] n dulcimer
ţandără ['tsandără] f splinter
ţanţoş ['tsantsosh] adj haughty
ţap [tsap] m he-goat
ţar [tsar] m tsar, tzar
ţară ['tsară] f country; homeland
ţarc [tsark] n pen, fold
ţăcăni [tsăkă'ni] vi to click; vr to go crazy
ţăran [tsă'ran] m peasant
ţărînă [tsă'rînă] f earth; dust
ţărm [tsărm] n coast, (sea) shore; bank; border
ţăruş [tsă'rush] m stake
ţeapă ['tseapă] f thorn; spine; splinter
ţeapăn ['tseapăn] adj stiff; stone-still
ţeastă ['tseastă] f
skull
ţeavă ['tseavă] f pipe, tube; barrel
ţel [tsel] n goal, object, aim; target
ţelină ['tselină] f celery; fallow land
ţesăla [tsesă'la] vt to curry
ţese [tse'se] vt, vi to weave
ţesut [tse'sut] n tissue; adj woven
ţicneală [tsik'neală] f crazy idea; craziness
ţigan [tsi'gan] m gipsy
ţigară [tsi'gară] f cigarette; cigar
ţiglă ['tsiglă] f tile
ţine ['tsine] vt to hold; to run; to keep; vi to hold; to last; vr to
          take place, to be held; to hold on (to); to stand
ţintaş [tsin'tash] m shot, sharpshooter, marksman

ţintă ['tsintă] f aim, object; target; spike; tack

ţinut [tsi'nut] n land, region

ţinută [tsi'nută] f dress, appearance; clothes, gear; carriage;
        behavior

ţipa [tsi'pa] vi to cry; to scream

ţiţei [tsi'tsei] n crude oil

ţiui [tsiu'i] vi to whiz(z); to tingle

ţîfnos [tsîf'nos] adj tetchy, testy

ţînţar [tsîn'tsar] m mosquito

ţîrîi [tsîrî'i] vi to chirp; to buzz; to drizzle

ţîşni [tsîsh'ni] vi to flush, to gush; to spring

ţîţînă [tsî'tsînă] f hinge

ţopăi [tsopă'i] vi to hop

ţuguia [tsugu'ia] vt, vr to taper

ţuică ['tsuikă] f plum brandy

ţurţure ['tsurtsure] m icicle

U

ucenic [uche'nik] m apprentice
ucide [u'chide] vt to kill; to murder
ucigaş [uchi'gash] m murderer; adj criminal
ud [ud] adj wet; damp
uda [u'da] vt to water; to soak; to flow through; to damp; vr to
　　　get wet
uf [uf] interj oh
uger ['udjer] n udder
uimi [ui'mi] vt to astonish, to amaze
uita [ui'ta] vt to forget; to neglect
ulcer ['ulcher] n ulcer
ulei [u'lei] n oil
uliţă ['ulitsă] f lane, narrow street
ulm [ulm] m elm (tree)
ulterior [ulteri'or] adj subsequent; adv afterwards
ultim ['ultim] adj last; latest, the most recent; past; latter
ultimatum [ulti'matum] n ultimatum
ultraj [ul'trazh] n outrage
ultrascurt [ultra'skurt] adj ultra-short
ului [ulu'i] vt to amaze
uman [u'man] adj human; humane
umăr ['umăr] n shoulder
umbla [um'bla] vi to walk; to go (about); to travel
umbră ['umbră] f shade; shadow; dark
umed ['umed] adj damp; humid; moist
umeraş [ume'rash] n (coat) hanger
umezeală [ume'zeală] f damp, humidity; moisture

umfla [um'fla] vt to swell; to blow up; vr to swell

umiditate [umidi'tate] f humidity, damp(ness)

umil [u'mil] adj humble

umili [umi'li] vt, vr to humiliate (oneself)

umor [u'mor] n humor

umple ['umple] vt, vr to fill

un [un] m art a; an

unanim [una'nim] adj unanimous

unchi ['unki] m uncle

undă ['undă] f wave

unde ['unde] adv where

undeva [unde'va] adv somewhere; anywhere

undiţă ['unditsă] f fishing rod

unealtă [u'nealtă] f tool

unelti [unel'ti] vt, vi to plot

uneori [une'ori] adv sometimes

unge ['undje] vt to lubricate

ungher [un'ger] n corner, nook; hidden recess

unghie ['ungie] f nail; claw

uni [u'ni] vt, vr to unite; to combine; to join together

unifica [unifi'ka] vt to unite, to unify

uniform [uni'form] adj uniform

unitate [uni'tate] f unity; unit

uniune [uni'une] f union

univers [uni'vers] n universe

universitar [universi'tar] adj university; academic

unt [unt] n butter

untură [un'tură] f fat

ura [u'ra] vt to wish

uragan [ura'gan] n hurricane

urale [u'rale] f pl cheers

uraniu [u'raniu] n uranium

ură ['ură] f hatred, hate

urban [ur'ban] adj urban, city; urbane

urca [ur'ka] vt to climb; to put up, to raise; vi to rise; vr to climb; to get on

urcior [ur'chor] n pitcher

ureche [u'reke] f ear; hearing

urgent [ur'djent] adj urgent, imperative

urgie [ur'djie] f scourge

uriaş [uri'ash] adj enormous, huge; m giant

urină [u'rină] f urine

urî [u'rî] vt to hate

urît [u'rît] adj plain; ugly; rude; bad, poor; foul; adv rudely; unfairly

urla [ur'la] vi to roar; to howl

urlet ['urlet] n roar; howl

urma [ur'ma] vt to follow; to resume; to attend; vi to follow; to come next; to continue

urmă ['urmă] f trace; sign; footprint; trail, scent

urmări [urmă'ri] vt to follow; to watch; to intend; to drive at

următor [urmă'tor] adj next

urnă ['urnă] f ballot box; urn

urni [ur'ni] vt to set going; vr to move

urs [urs] m bear

ursuz [ur'suz] adj sullen; morose

usca [us'ka] vt to dry; to parch; ; vr to (become) dry; to parch; to wither; to dry up

ustensile [usten'sile] f pl utensils

ustura [ustu'ra] vi to smart

usturător [ustură'tor] adj biting; smarting

usturoi [ustu'roi] m garlic

uşă ['ushă] f door; doorway; gate

uşor [u'shor] adj easy; light; slight; m door case

uşura [ushu'ra] vt to soothe; to lighten

uter ['uter] n uterus, womb

util [u'til] adj useful

utiliza [utili'za] vt to use

utopic [u'topik] adj Utopian

uvertură [uver'tură] f overture

uz [uz] n use

uza [u'za] vt to use; to wear out; vi to make use of; vr to wear
      out

uzură [u'zură] f wear (and tear)

uzină [u'zină] f works, plant

uzurpa [uzur'pa] vt to usurp

vacant [va'kant] adj vacant
vacanţă [va'kantsă] f vacation, holidays
vacarm [va'karm] n row, din, uproar
vacă ['vakă] f cow
vaccin [vak'chin] n vaccine; vaccination
vacuum ['vakuum] n vacuum
vad [vad] n ford; harbor
vagabond [vaga'bond] m hobo, tramp, vagrant
vagin [va'djin] n vagina
vagon [va'gon] n carriage; rail car, van
vai [vai] interj oh (dear); what a pity
val [val] n wave
valabil [va'labil] adj valid
valah [va'lah] m, adj Wallachian
vale ['vale] f valley
valida [vali'da] vt to validate
valiză [va'liză] f suitcase
valoare [va'lware] f value; worth, merit; security
vals [vals] n waltz
valută [va'lută] f currency
vamă ['vamă] f customs; custom-house
vampă ['vampă] f vamp
vampir [vam'pir] m vampire
vanilie [va'nilie] f vanilla
vanitate [vani'tate] f vanity
vapor [va'por] m steam; vapor, fumes; n (steam) ship, steamer
var [var] n chalk, lime

vară ['vară] f summer; cousin

varia [vari'a] vt to alternate; vi to vary

varicelă [vari'chelă] f chickenpox

varietate [varie'tate] f variety

variolă [vari'olă] f smallpox

varză ['varză] f cabbage

vas [vas] n vessel; ship

vaselină [vase'lină] f vaseline

vast [vast] adj vast, immense

vată ['vată] f cotton wool

vatră ['vatră] f fireplace, hearth; home

vază ['vază] f vase; bowl

văcar [vă'kar] m cowboy; cowherd

văduv ['văduv] m widower

văgăună [văgă'ună] f ravine

văita [văi'ta] vr to complain; to lament, to wail

văl [văl] n veil; haze

văpaie [vă'paie] f flame

văr [văr] m cousin

vărgat [văr'gat] adj striped

vărsa [văr'sa] vt to pour; to spill; to shed; to pay; vr to flow into

vărui [văru'i] vt to whitewash

vătăma [vătă'ma] vt to hurt; to harm

vătrai [vă'trai] n poker

văzduh [văz'duh] n air

veac [veak] n century; age

vechi ['veki] adj old; ancient

vecin [ve'chin] m neighbor; adj neighboring

vedea [ve'dea] vt to see; to observe, to notice; to mind; to meet; vi to see; to look after

vedere [ve'dere] f sight; view; opinion; picture postcard

vedetă [ve'detă] f star

vegetarian [vedjetari'an] m, adj vegetarian

veghea [ve'gea] vt to watch over; vi to be awake; to be on watch; to stay up

vehement [vehe'ment] adj vehement

vehicul [ve'hikul] n vehicle

venă ['venă] f vein

venera [vene'ra] vt to worship

veneric [ve'nerik] adj venereal

veni [ve'ni] vi to come

venin [ve'nin] n venom, poison

ventil [ven'til] n valve

verandă [ve'randă] f veranda

verb [verb] n verb

verde ['verde] adj green; unripe; strong; n green

verdict [ver'dikt] n verdict

veridic [ve'ridik] adj truthful

verifica [verifi'ka] vt to check, to verify; to confirm, to bear out

verigă [ve'rigă] f link

verighetă [veri'getă] f weddingring

verişoară [veri'shwară] f cousin

veritabil [veri'tabil] adj real; genuine; authentic; true

vernisaj [verni'sazh] n varnishing (day); preview

verosimil [vero'simil] adj plausible

vers [vers] n line; verse

versant [ver'sant] n slopes, side

versat [ver'sat] adj skilled

versiune [versi'une] f version; translation

verso ['verso] n back; reverse

vertical [verti'kal] adj vertical

vertiginos [vertidji'nos] adj rapid

vervă ['vervă] f verve; witty eloquence

vesel ['vesel] adj merry

vest [vest] n west; adj west(ern)

vestă ['vestă] f vest, waistcoat

veste ['veste] f piece/item of news; pl news

vestiar [vesti'ar] n cloakroom; lockerroom, changing room

vestibul [vesti'bul] n foyer, (entrance) hall

veşmînt [vesh'mînt] n attire, garment

veşted ['veshted] adj withered

veteran [vete'ran] m veteran

veterinar [veteri'nar] m vet, veterinary surgeon

veto ['veto] n veto

veveriţă ['veveritsă] f squirrel

vexa [vek'sa] vt to hurt, to upset

vezică [ve'zikă] f bladder

viabil [vi'abil] adj viable

viaduct [via'dukt] n viaduct

viaţă ['viatsă] f life; vitality

vibra [vi'bra] vi to vibrate; to quiver; to be vibrant

viciat [vichi'at] adj corrupt; polluted; tainted; invalidated

viciu ['vichiu] n vice

viclean [vi'klean] adj sly

victimă ['viktimă] f victim; casualty

victorie [vik'torie] f victory

vid [vid] adj empty; m void; vacuum

vidră ['vidră] f otter

vie [vie] f vineyard

vierme ['vierme] m worm

viespe ['viespe] f wasp

vieţui [vietsu'i] vi to live

vifor ['vifor] n blizzard

vigilent [vidji'lent] adj vigilant

vigoare [vi'gware] f energy; strength; force

viguros [vigu'ros] adj vigorous, robust

viitor [vii'tor] adj next; future; coming, to come; n future

vijelie [vizhe'lie] f storm

vilă ['vilă] f villa

vin [vin] n wine

vină ['vină] f blame, fault

vinci ['vinchi] n winch, screw-jack

vinde ['vinde] vt to sell; to betray; vr to sell

vindeca [vinde'ka] vt to cure; vr to recover (from)

vindicativ [vindika'tiv] adj vindictive

vineri ['vineri] f Friday

vinovat [vino'vat] adj guilty; m culprit

vioară [vi'wară] f violin

vioi [vi'oi] adj cheerful; lively; quick, brisk; clever, cute; adv
        quickly; cheerfully

viol [vi'ol] n assault, rape

violent [vio'lent] adj violent; ardent, keen

violet [vio'let] adj violet; purple, mauve

violonist [violo'nist] m violinist, violin player

viperă ['viperă] fviper, adder

vira [vi'ra] vt to transfer; vi to corner

viran [vi'ran] adj waste

virgin [vir'djin] adj virgin; clean, blank

virgulă ['virgulă] f comma; point

viril [vi'ril] adj masculine; manly, virile

viroză [vi'roză] f virosis

virtual [virtu'al] adj potential; virtual

virtuos [virtu'os] adj virtuous

virtute [vir'tute] f virtue

virus ['virus] n virus

visa [vi'sa] vt to dream (about); to dream of; vi to dream

viscol ['viskol] n blizzard, snow storm

vișin ['vishin] m (sour) cherry tree

vital [vi'tal] adj vital

vitamină [vita'mină] f vitamin

vită ['vită] f cow; ox; cattle

viteaz [vi'teaz] adj brave; m hero

viteză [vi'teză] f speed; gear

viticol [vi'tikol] adj wine-growing

vitraliu [vi'traliu] n stained-glass window

vitreg ['vitreg] adj step; unfavorable

vitrină [vi'trină] f (shop) window; display

viu [viu] adj lively; alive; living; brilliant, bright; keen

viza [vi'za] vi to stamp, to visa; to aim at; to refer (to)

viză ['viză] f visa

vizibil [vi'zibil] adj visible

viziona [vizio'na] vt to see, to watch

vizita [vizi'ta] vt to visit; to call; to go round

viziune [vizi'une] f vision

vizon [vi'zon] m mink

vizor [vi'zor] n peephole; viewfinder

vizual [vizu'al] adj visual

vizuină [vizu'ină] f lair; den; burrow

vîltoare [vîl'tware] f whirl; whirlpool

vîlvă ['vîlvă] f sensation; stir

vîlvătaie [vîlvă'taie] f blaze

vîna [vî'na] vt to hunt; to shoot; vi to go hunting

vînt [vînt] n wind

vînzare [vîn'zare] f sale

vînzător [vînză'tor] m clerk, shop assistant; seller

vînzoli [vînzo'li] vr to bustle about

vîrf [vîrf] n peak, summit, top; tip; point; apex

vîrî [vî'rî] vt to push, to thrust; to involve; to put

vîrstă ['vîrstă] f age

vîrtej [vîr'tezh] n whirlwind; whirlpool; fit of dizziness

vîsc [vîsk] n mistletoe

vîslaş [vîs'lash] m rower

vîsli [vîs'li] vi to row

vlăgui [vlăgu'i] vt to exhaust

vlăstar [vlas'tar] n offspring; offshoot, layer

voal [vwal] n veil

voastră ['vwastră] f adj your

vocaţie [vo'katsie] f calling

voce ['voche] f voice

vogă ['vogă] f vogue

voi ['voi] pr you

voi [vo'i] vt to desire; to want; to wish

voiaj [vo'iazh] n journey; trip; voyage

voie ['voie] f permission; will; wish

volan [vo'lan] n (steering) wheel; ruffle

volatil [vola'til] adj volatile

volei ['volei] n volleyball

volubil [vo'lubil] adj talkative

volum [vo'lum] n volume; book

voluntar [volun'tar] adj voluntary; self-willed, obstinate; m
  volunteer

voluptate [volup'tate] f sensual delight/pleasure

voma [vo'ma] vt, vi to vomit, to be sick; to bring up

vopsea [vop'sea] f paint; dye

vopsi [vop'si] vt to paint; to dye

vorbă ['vorbă] f word; subject, matter; way of speaking

vorbi [vor'bi] vt to speak; vi to speak; to talk (to)

vostru ['vostru] m adj your

vot [vot] n vote; polling, voting

vrabie ['vrabie] f sparrow

vraf [vraf] n pile, heap

vraişte ['vraishte] f disorder; adv wide open; upside down

vrajă ['vrazhă] f glamor, charm; magic

vrăbioară [vrăbi'wară] f sirloin

vrăji [vră'zhi] vt to bewitch

vrăjmaş [vrăzh'mash] adj inimical; m enemy

vrea [vrea] vt to want; to desire; to like

vrednic ['vrednik] adj worthy (of); hardworking

vreme ['vreme] f weather

vreun [vre'un] m adj some

vulcan [vul'kan] m volcano

vulgar [vul'gar] adj vulgar, coarse

vulnerabil [vulne'rabil] adj vulnerable

vulpe ['vulpe] f fox

vultur ['vultur] m vulture, eagle

W

watt [vat] m watt
w.c. [ve'che] n lavatory, water closet
whisky ['uiski] n whisky

X

xerox ['kseroks] n xerox
xilofon [ksilo'fon] n xylophone
xilogravură [ksilogra'vură] f wood cut

Z

zaharină [zaha'rină] f saccharine
zahăr ['zahăr] n sugar
zambilă [zam'bilă] f hyacinth
zar [zar] n die
zare ['zare] f horizon
zarvă ['zarvă] f fuss; uproar
zarzavat [zarza'vat] n vegetables
zaţ [zats] n grounds, dregs
zăbovi [zăbo'vi] vi to linger
zăbrea [ză'brea] f (iron) bar; pl lattice
zăcămînt [zăkă'mînt] n deposit
zăcea [ză'chea] vi to lie
zădărnici [zădărni'chi] vt to foil, to thwart, to baffle
zăgaz [ză'gaz] n dam; obstacle
zămisli [zămis'li] vt to conceive
zănatic [ză'natik] adj batty, crazy
zăngăni [zăngă'ni] vt, vi to rattle; to clatter
zăpadă [ză'padă] f snow
zăpăceală [zăpă'cheală] f fuss; disorder; confusion
zăpăci [zăpă'chi] vt to confuse; vr to lose one's head
zăpuşeală [zăpu'sheală] f stifling heat
zări [ză'ri] vt to notice, to observe; to catch sight of; vr to
          appear, to come into view
zău [zău] interj really; is that so
zavor [ză'vor] n bolt
zbate ['zbate] vr to struggle; to flounder
zbengui [zbengu'i] vr to gambol; to romp

zbiera [zbie'ra] vi to roar; to bray

zbîrli [zbîr'li] vt to ruffle; to tousle; vr to bristle (up)

zbor [zbor] n flight

zbucium ['zbuchum] n agitation; unrest; struggle; anxiety

zbughi [zbu'gi] vt to scuttle away

zbura [zbu'ra] vi to soar; to fly; to dash

zburda [zbur'da] vi to gambol

zdravan ['zdravăn] adj healthy; strong; large

zdrăngăni [zdrăngă'ni] vt, vi to jangle, to rattle

zdrenţăros [zdrentsă'ros] adj ragged, tattered

zdrobi [zdro'bi] vt to defeat; to crush; to squash

zdruncina [zdrunchi'na] vt to weaken; to jolt

zebră ['zebră] f zebra

zece ['zeche] num ten

zeflemea [zefle'mea] f mockery; quip

zel [zel] n zeal

zemos [ze'mos] adj juicy

zenit [ze'nit] n zenith

zer [zer] n whey

zero ['zero] n zero; nought; nil

zestre ['zestre] f dowry

zeu [zeu] m god

zgardă ['zgardă] f (dog) collar

zgîi [zgî'i] vr to stare (at)

zgîlţii [zgîltsî'i] vt, vr to jolt, to shake

zgîndări [zgîndă'ri] vt to irritate; to poke (the fire)

zgîrcit [zgîr'chit] adj miserly, stingy, avaricious; m miser

zgîria [zgîri'a] vt to scratch; vr to get scratched

zgîrie-nori ['zgîrie'nori] m skyscraper

zglobiu [zglo'biu] adj playful; lively

zgomot ['zgomot] n noise

zgrunţuros [zgruntsu'ros] adj rough, uneven

zgudui [zgudu'i] vt to shake; to stagger

zgură ['zgură] f slag

zi [zi] f day; daylight; light; daytime

zicală [zi'kală] f saying

zice ['ziche] vt to tell, to say; to utter; vr to to be said

zid [zid] n wall

zidar [zi'dar] m mason; brick layer

zigzag [zig'zag] n zigzag

zimţ [zimts] m tooth, dent, indent

zîmbet ['zîmbet] n smile; grin

zîmbi [zîm'bi] vi to smile (at)

zîzanie [zî'zanie] f discord

zloată ['zlwată] f sleet

zmeu [zmeu] m kite; dragon

zmeură ['zmeură] f raspberry

zodie ['zodie] f sign of the zodiac

zonă ['zonă] f zone, area

zori [zo'ri] vt to hustle, to hurry up; to urge; vr to hurry

zori ['zori] m pl daybreak, dawn

zornăi [zornă'i] vt, vi to rattle, to jingle

zugrăvi [zugră'vi] vt to paint; to depict

zumzăi [zumză'i] vt to buzz, to hum

zurgălău [zurgă'lău] m little bell

zvăpăiat [zvăpă'iat] adj flippant; frolicsome

zvelt [zvelt] adj slender, slim

zvîcni [zvîk'ni] vi to jump; to throb; to twitch

zvînta [zvîn'ta] vt, vr to dry

zvîrcoli [zvîrko'li] vr to toss (about); to writhe

zvîrli [zvîr'li] vt to fling, to throw, to hurl
zvon [zvon] n rumor; murmur, noise

ENGLISH-ROMANIAN

A

A, a [ei] s (litera) a; (nota) la; film n nepotrivit pentru copiii
      sub 14 ani; nota f 10; adj prim, (de categoria) întîi
a [ă] art nehot un, o
aback [ă'bæk] adv înapoi; pe spate; în spate
abandon [ă'bændon] vt a abandona; a părăsi; a renunţa la; vi a
      abandona; s abandon n
abandonment [ă'bændonmănt] s abandonare f, părăsire f;
      abandon n; singurătate f
abashed [ă'bæşt] adj stingherit, jenat; ruşinat
abate [ă'beit] vt a micşora, a reduce; a abroga, a anula; vi a
      scădea, a se micşora; a slăbi
abbey ['æbi] s abaţie f, mănăstire f; catedrală f
abbreviate [ă'bri:vieit] vt a abrevia, a prescurta; a rezuma; a
      scurta
abbreviation [ă,bri:vi'eişăn] s abreviere f, abreviaţie f,
      prescurtare f; rezumat n
ABC ['ei'bi:'si:] s ABC, alfabet n; abecedar
abdicate ['æbdikeit] vt a abdica de la, a renunţa la; vi a abdica
      (de la)
abdomen ['æbdomen] s abdomen n, pîntece n, burtă f
abominable [ă'bominăbl] adj abominabil, îngrozitor, oribil; urît
abortion [ă'bo:rşăn] s avort n; avorton m, stîrpitură f, monstru
      m; eşec n, nereuşită f, insucces n
abound [ă'baund] vi a abunda, a fi din belşug
about [ă'baut] adv (de jur) împrejur; în jur/ preajmă; în toate
      părţile; pe aici/ aproape, prin apropiere; cam;
      aproximativ; în jur de; aproape, ca şi; prep în jurul/
      preajma; în toate direcţiile; (pe) lîngă; pe la; prin; pe;
      din jurul, dimprejurul; la, asupra; despre, de, cu

privire la, în ceea ce priveşte; adj sculat, în picioare; activ, prezent; pe aici, prin preajmă

about-face [ă'baut'feis] s schimbare f radicală

about to [ă'baut tă] adj pe punctul de a, gata să; cît pe ce să

above [ă'bav] adv sus; mai sus; deasupra; deasupra capului; pe deasupra; mai sus, mai înainte, anterior; în cer, pe cer; pe o treaptă mai înaltă; mai mult/ mulţi

above [ă'bav] adj de mai sus/ înainte, anterior; precedent

above [ă'bav] s the-- cele de mai sus/ înainte

abrasive [ă'breisiv] adj abraziv

abreast [ă'brest] adv în acelaşi rînd, alături

abridge [ă'brigi] vt a prescurta; a rezuma; a abrevia; a scurta; a micşora, a limita

abroad [ă'bro:d] adv în străinătate, peste hotare; pretutindeni; departe de ţintă

abrogate ['æbrogheit] vt a abroga, a desfiinţa

abrupt [ăb'rapt] adj abrupt, prăpăstios; accidentat; brusc; aspru, tăios; nepoliticos

abscess ['æbsis] s abces n; bubă f

absence ['æbsăns] s absenţă f, lipsă f

absent ['æbsănt] adj absent; neatent, distrat; inexistent

absentee [,æbsăn'ti:] s absent m; absenteist

absent-minded ['æbsănt'maindid] adj distrat, neatent, preocupat

absolute ['æbsălu:t] adj absolut, deplin, total, perfect; complet; necondiţionat; nelimitat; pur, curat; categoric, sigur,incontestabil

absolutely ['æbsălu:tli] adv (în mod) absolut; în întregime; pe deplin, întru totul; necondiţionat; nelimitat; categoric, sigur, indiscutabil

absorb [ab'zo:rb] vt a absorbi, a absoarbe; a consuma; a amortiza; a aspira

abstain [ăb'stein] vi a se abţine, a se reţine (de la); a se stăpîni

abstract ['æbstrækt] adj abstract; dificil; abscons; abstrus; s (cuvînt) abstract n; abstracţiune f; sumar n; rezumat n; compendiu n; conspect n; vt a separa, a despărţi; a extrage; a abstrage; a abstractiza; a rezuma; a conspecta

absurd [ăb'să:rd] adj absurd, lipsit de sens, iraţional, ilogic; prostesc; nesăbuit; caraghios,ridicol

abundance [ă'bandăns] s abundenţă f, prisos n, belşug n; bogăţie f

abuse [ă'biu:s] vt a abuza de, a face abuz de; a ultragia; a maltrata; a profera injurii; a înjura; a vorbi de rău; a insulta, a ofensa; s abuz n, exces n; folosire f abuzivă/ greşită; ultraj n; maltratare; invective f pl, insulte f pl

academic [,ækă'demik] adj academic; universitar; teoretic, savant; pretenţios; pedant; scolastic; s membru m al unei universităţi sau al unui colegiu; profesor; cadru de predare

academy [ă'kædemi] s academie f; universitate

accelerate [æk'selereit] vt a accelera; a grăbi; vi a se accelera, a prinde viteză

accent ['æksănt] s accent n; subliniere f; fel n particular de a vorbi/ a pronunţa; trăsătură f distinctivă, particularitate f; vt a accentua; a sublinia, a scoate în evidenţă

accept [ăk'sept] vt a accepta, a primi; a recunoaşte, a admite; a lua asupra sa; vi a accepta, a primi; a fi de acord

acceptable [ăk'septăbl] adj acceptabil; convenabil

access ['ækses] s acces n; intrare f; criză f; atac n

accessory [ăk'sesări] adj accesoriu, secundar, auxiliar, adiţional; s accesoriu n; piesă f auxiliară; adaos n; complice m

accident ['æksidănt] s accident n; întîmplare f; nenorocire f; accident n de teren

accommodate [ă'komădeit] vt a acomoda, a potrivi; a găzdui; a adăposti; a avea grijă de; a încartirui; a cuprinde; vi, vr a se acomoda (cu, la), a se adapta (la)

accommodation [ă,komă'deişăn] s acomodare f; potrivire f; ajustare f; ajutor n; înlesnire f; loc n (la hotel etc)

accompany [ă'kampăni] vt a acompania; a însoţi; a conduce; vi a acompania

accomplish [ă'kompliş] vt a face, a efectua, a realiza; a desăvîrşi; a duce la capăt

accomplishment [ă'komplişmănt] s efectuare f, realizare f, facere f, săvîrşire f; ducere f la bun sfîrşit; pl talent(e) n; pregătire f artistică

according [ă'ko:diŋ] adj conform, potrivit

account [ă'kaunt] s relatare f; raport n; dare f de seamă; povestire f; istorisire f; descriere f; prezentare f; socoteală f; explicaţie f; cont n; factură f; notă f de plată; profit n, folos n, beneficiu n; vt a considera, a socoti, a declara; vr a se considera, a se socoti

accumulate [ă'kiu:miuleit] vt a acumula, a aduna, a strînge; vi a se acumula, a se aduna, a spori

accuracy ['ækiurăsi] s acurateţe f, precizie f, exactitate f; acribie f

accuse [ă'kiu:z] vt a acuza, a învinui (de); vi a acuza, a învinovăţi

accustom [ă'kastăm] vt cu prep a obişnui/ a deprinde cu

accustomed [ă'kastămd] adj obişnuit, uzual; obişnuit/ deprins cu

ache [eik] s durere f; vi a-l durea, a avea dureri de; a-i fi dor

achieve [ă'ci:v] vt a realiza, a efectua, a face, a înfăptui; a duce la capăt; a atinge (un scop)

achievement [ă'ci:vmănt] s realizare f, efectuare f, îndeplinire f; creaţie f

acid ['æsid] adj acid, acru; caustic, aspru, tăios

acknowledge [ăk'noligi] vt a recunoaşte, a admite; a accepta, a
   aproba; a mărturisi; a confirma; a certifica, a adeveri;
   a fi recunoscător
acquaintance [ă'kueintăns] s cunoaştere f, cunoştinţe f pl,
   informaţii f pl; cunoştinţă f; cunoscut m
acquire [ă'kuaiă] vt a căpăta, a dobîndi; a-şi însuşi; a cîştiga
   (faimă etc)
acre ['eikă] s acru m, pogon n
across [ă'kros] adv de-a curmezişul, în curmeziş; transversal;
   dincolo; pe partea cealaltă; pe malul opus; cruciş, în
   cruce; prep peste; deasupra; de la o margine la alta;
   dincolo
act ['ækt] s act n, fapt n, faptă f; acţiune f, manifestare f; curs
   n; proces n, desfăşurare f; document n; număr n; vt a
   interpreta, a juca rolul; a juca rolul de, a face pe; vi a
   juca; a interpreta un rol, a juca teatru, a se preface; a
   funcţiona; a acţiona; a se comporta, a se purta; a
   proceda
action ['ækşăn] s acţiune f, faptă f; manifestare f; măsură f;
   purtare f, comportare f; comportament n, funcţionare
   f; influenţă f; eficacitate f; efect n, rezultat n; activitate
   f; proces n; luptă f, bătălie f; punere f sub acuzare
active ['æktiv] adj activ; energic; vioi; eficient; plin de viaţă;
   neobosit; productiv
activity [æk'tiviti] s activitate f; mişcare f; funcţionare f;
   energie f; dinamism n; acţiune f; influenţă f
actor ['æktă] s actor m; interpret m; realizator m; participant m
actress ['æktris] s actriţă f; interpretă f
actual ['æktiuăl] adj real, adevărat; efectiv; actual, prezent
actually ['æktiuăli] adv într-adevăr, în realitate; de fapt; oricît
   ar părea de ciudat; în ciuda aşteptărilor; totuşi; în
   momentul de faţă, în prezent
actuate ['æktiueit] vt a pune în mişcare; a activa, a impulsiona;
   a stimula; a împinge; a determina; a acţiona

acuity [ă'kiuiti] s acuitate f, agerime f, ascuțime f

acumen [ă'kiu:măn] s pătrundere f, perspicacitate f,
     discernămînt n

acute [ă'kiu:t] adj ascuțit, ager, pătrunzător; acut; puternic;
     pronunțat; la ordinea zilei, arzător

ad [æd] s reclamă f; anunț n

adapt [ă'dæpt] vt a adapta; a potrivi, a ajusta (la); vr a (se)
     adapta (la); vi a se adapta; a se ajusta (la)

add [æd] vt a adăuga (la); a aduna (cu); a adiționa; vi a aduna,
     a face o adunare

addicted to [ă'diktid tă] adj cu prep (care s-a) dedat unui viciu;
     pradă unui viciu; căruia îi place (lectura etc)

addition [ă'dișăn] s adunare f; adaos n; plus n; spor n;
     completare f; întregire f; adăugire f

address [ă'dres] vt a adresa (scrisoare etc cuiva); a se adresa
     (cuiva); a vorbi (cuiva); ['ædres] s adresă f; cuvîntare
     f; discurs n; tact n, îndemînare f; comportare f; ținută

adequate ['ædikuit] adj corespunzător, adecvat; exact; destul,
     suficient (pentru); acceptabil, mulțumitor

adhere [ăd'hiăr] vi a se lipi (la); a adera (la)

adhesive [ăd'hi:siv] adj adeziv; lipicios; insistent; s adeziv n

adhesive tape [ăd'hi:siv,teip] s leucoplast n; bandă f adezivă

adjacent [ăd'geisănt] adj învecinat, vecin (cu); apropiat (de);
     adiacent

adjective ['ædgiktiv] s adjectiv n; lucru n secundar, accesoriu
     n; adj adjectival, atributiv, relativ; secundar; accesoriu;
     dependent

adjust [ăd'giast] vt a ajusta (la); a potrivi (după; la); a regla
     (după); a pune în ordine; a sistematiza; vr, vi a se
     adapta (la)

administration [ăd,minis'treișăn] s conducere f, administrare f;
     prestare f; administrație f; luare f; the A---
     administrația f/ guvernul n SUA

admirable ['ædmirăbl] adj admirabil, minunat, splendid

admire [ăd'maiă] vt a admira, a preţui în mod deosebit; a privi
  cu admiraţie

admission [ăd'mişăn] s acces n, intrare f; taxă f de intrare;
  admitere f, primire f; acceptare f; recunoaştere f

admission ticket [ăd'mişăn'tikit] s bilet n de intrare

admonition [,ædmă'nişăn] s avertisment n; admonestare f; sfat
  n

adolescence [,ædău'lesns] s adolescenţă f; tinereţe f

adopt [ă'dopt] vt a adopta; a înfia, a lua de suflet; a îmbrăţişa,
  a accepta, a primi; a lua; a aproba

adoption [ă'dopşăn] s adoptare f; acceptare f; aprobare f;
  îmbrăţişare f

adorable [ă'dorăbl] adj adorabil, fermecător, extraordinar

adore [ă'do:r] vt a adora; a venera; a idolatriza; a iubi cu
  pasiune

adroit [ă'droit] adj priceput, iscusit, îndemînatic, abil

adult ['ædalt] adj adult; matur; copt; s (om) adult m, om matur
  m; animal n adult; plantă f adultă

adultery [ă'daltări] s adulter n

advance [ăd'va:ns] vi a împinge în faţă; a muta, a mişca; a
  avansa; a promova; a prezenta; a formula; a ridica, a
  mări, a urca; a spori; a da bani ca avans; vi a înainta,
  a avansa; a progresa; a promova; a creşte, a se urca; s
  înaintare f, mers n înainte; avans n; avansare f,
  promovare; progres n, dezvoltare f; acont n; urcare f

advanced [ăd'va:nst] adj din faţă; din frunte; avansat; înaintat;
  vîrstnic

advantage [ăd'va:ntigi] s avantaj n; profit n; beneficiu n; folos
  n; privilegiu n; situaţie f privilegiată; superioritate f; vt
  a avantaja; a fi în avantajul cuiva

advertisement [ăd'vă:tismănt] s reclamă f; anunţ n

advice [ăd'vais] s sfat n; recomandare f; îndemn n

advise [ăd'vaiz] vt a sfătui; a recomanda cuiva; a îndemna; a informa, a notifica; vi a da sfaturi; a se sfătui, a se consulta (cu)

affair [ă'feă] s afacere f, chestiune f, problemă f; pl afaceri; poveste f; legătură amoroasă; încăierare f, luptă f; serată f, şezătoare f

affect [ă'fect] vi a simula; a afişa; a-i plăcea; a influenţa (în rău), a afecta; a folosi (expresii pompoase); a supăra; a emoţiona; s afect n

affidavit [,æfi'deivit] s afidavit n, depoziţie f sub jurămînt

affirm [ă'fă:rm] vt a afirma; a declara, a susţine (cu tărie); a confirma

affirmation [,æfă:'meişăn] s afirmare f, susţinere f; confirmare f; ratificare f; afirmaţie f; declaraţie f

afflict [ă'flikt] vt a chinui; a năpăstui; vr a fi tulburat profund

affliction [ă'flikşăn] s nenorocire f; durere f; chin n; năpastă f; jale f

affluent ['æfluănt] adj bogat, avut; abundent, îmbelşugat; s afluent m

afford [ă'fo:rd] vt a-şi permite, a-şi îngădui; a da (satisfacţii etc); a oferi; a prilejui; a aduce (un cîştig etc)

affordable [ă'fo:dăbăl] adj disponibil; posibil

afield [ă'fi:ld] adv departe; rătăcit; pe/la cîmp

affront [ă'frant] vt a aduce un afront cuiva, a ofensa, a jigni; a înfrunta, a sfida; s afront n, insultă f, jignire f

afraid [ă'freid] adj pred temător, care se teme; speriat

African ['aefrikăn] adj s african m

after ['a:ftăr] prep după; la sfîrşitul; în urma; unul după altul; în şir; în spatele; înapoia; ca/ drept urmare; în maniera/ stilul; conform cu; în conformitate cu; adv după aceea; mai tîrziu, ulterior, pe urmă; conj după ce; cînd; adj atr viitor; ulterior; de mai tîrziu; din spate, din/ de la urmă

afternoon [,a:ftă'nu:n] s după amiază f

after-thought ['a:ftăƟo:t] s idee f tardivă; răspuns n tardiv;
       truc n; tertip n

afterwards ['a:ftăuădz] adv după aceea, ulterior, mai tîrziu

again [ă'ghen, ă'ghein] adv din nou, iar(ăşi); încă o dată; în
       afară de asta, pe lîngă acestea

against [ă'ghenst, ă'gheinst] prep împotriva, (în) contra; în
       comparaţie cu; prin contrast cu; pentru; în vederea

age ['eigi] s vîrstă f, etate f; perioadă f a vieţii; bătrîneţe f,
       vîrstă înaintată; vechime f; epocă f; eră f; vt a
       îmbătrîni, a face să îmbătrînească; a lăsa să se
       învechească; vi a îmbătrîni; a se învechi

age-old ['eigiăuld] adj străvechi

agency ['eigiănsi] s agenţie f; organ n; organizaţie f; instituţie
       f; agent m; factor m activ; forţă f, putere f; influenţă f

agenda [ă'gendă] s agendă f, ordine f de zi; plan n

agent ['eigiănt] s agent m; reprezentant m; intermediar m,
       mijlocitor m; persoană f de încredere; spion m; factor
       m; mijloc n

aggravate ['ægrăveit] vt a agrava, a înrăutăţi; a îngreuna; a
       intensifica, a mări, a spori; a plictisi, a bate la cap; a
       scoate din sărite

aggravation [,ægră'veişăn] s agravare f; îngreunare f; supărare
       f; necaz n

aggression [ă'greşăn] s agresiune f; atac n; agresivitate f

aggressive [ă'gresiv] adj agresiv; bătăios; pornit; ofensiv;
       energic; activ; întreprinzător; ameninţător

aggrieved [ă'gri:vd] adj ofensat; nedreptăţit; îndurerat

agile ['ægiail] adj agil, vioi, sprinten, activ, iute

aging ['eigiŋ] s îmbătrînire f; maturizare f; uzură f

agitate ['ægiteit] vt a agita, a tulbura; vi a face agitaţie/
       propagandă (pentru)

agnostic ['ægnostik] adj agnostic

ago [ă'găiu] adv acum, în urmă (cu)

agonizing ['ægănaiziŋ] adj chinuitor, foarte dureros

agony ['ægăni] s agonie f; suferinţă f grozavă, chin n cumplit; izbucnire f, acces n

agree [ă'gri:] vi a accepta, a consimţi, a subscrie; a fi de acord, a fi de aceeaşi părere; a cădea de acord; vt a accepta, a consimţi, a aproba

agreeable [ă'gri:ăbl] adj plăcut, agreabil; dispus să accepte/aprobe; favorabil; bun, adecvat, corespunzător, potrivit

agreement [ă'gri:mănt] s acord n; înţelegere f; învoială f

agriculture [,ægrikalciăr] s agricultură f; agronomie f

ahead [ă'hed] adv, adj înainte, în faţă; în frunte; din faţă/frunte; dinainte; pe viitor; de viitor

aid [eid] vt a ajuta, a sprijini, a da ajutor; vi a ajuta, a da ajutor; s ajutor n; sprijin n; proteză f; pl trupe f pl auxiliare; ajutoare f pl; întăriri f pl

aide [eid] s consilier m; ajutor n

AIDS [eidz] s sida f, sindromul n deficienţei imunitare dobîndite

ailing ['eiliŋ] adj suferind, bolnav

aim [eim] vi a ochi, a ţinti (în); a ataca; a urmări; a năzui (la, spre); vt a ochi cu (în); a îndrepta (spre); s ţintă f, obiectiv n; scop n; intenţie f

air [eăr] s aer n; văzduh n; atmosferă f; înfăţişare f; mină f; mediu n; mers n; arie f, melodie f; cîntec n; pl aere n, importanţă f, poză f

air [eăr] vt a aerisi, a aera; a ventila; a zvînta, a usca; a exprima, a expune (în public)

airline ['eălain] s linie f aeriană

air mail ['eă'meil] s poştă f aeriană; ['eămeil] vt a expedia par avion

airplane ['eăplein] s avion n; aeroplan n

airport ['eapo:rt] s aeroport n

akin [ă'kin] adj pred înrudit; apropiat, asemănător

alarm [ă'la:m] s alarmă f; semnal n de alarmă; panică f; teamă f; vt a alarma; a speria; a nelinişti, a tulbura; a avertiza, a preveni

alarm clock [ă'la:m'klok] s ceas n deşteptător

albeit [o:l'bi:it] conj deşi; cu toate că; chiar dacă

alcohol ['ælkăhol] s alcool n; spirt n

alcoholic [,ælkă'holik] adj alcoolic

alert [ă'lă:t] adj sprinten, ager, vioi, alert; atent, prevăzător; vigilent; s alarmă f, alertă f; vt a alarma; a alerta, a preveni

alias ['eiliăs] s nume n de împrumut; nume fals; adj alias, numit şi, cunoscut şi ca

alibi ['ælibai] s alibi n; scuză f, pretext n

alien ['eiliăn] s străin m; extraterestru m; adj străin, din altă ţară; al altuia; ciudat, straniu; extraterestru

alienation [,eiliă'neişăn] s alienare f; alienaţie f; îndepărtare f; boală f mintală

alight [ă'lait] vi a coborî; a se aşeza; a ateriza; adj pred luminat; aprins; arzînd

alike [ă'laik] adj pred la fel, asemenea; asemănător(i); adv în mod egal, aproape egal, (aproape) la fel

alive [ă'laiv] adj pred viu, în viaţă; activ, energic, vioi; existent; valabil; viabil; adv cu însufleţire

all [o:l] adj tot, toată, toţi, toate; întreg; fiecare; oricare; orice; pr tot, toate; toţi, toată lumea; adv cu totul, complet, în întregime; s tot n, bunuri n pl, avere f

alleged [ă'legid] adj pretins; bănuit; neconfirmat; aşa-zis

allegiance [ă'li:giăns] s supunere f; loialitate f

alleviate [ă'li:vieit] vt a
uşura; a alina, a îndulci

alley ['æli] s alee f; cărare f; uliţă f; stradă f (îngustă); trecere f; interval n; culoar n; fundătură f

alliance [ă'laiăns] s alianţă f; aliat m; colaborare f; înţelegere f; înrudire f; uniune f; federaţie f

all over ['o:l'ăuvăr] adv peste tot; la capăt; terminat; leit; din
toate punctele de vedere

allow [ă'lau] vt a permite, a îngădui; a da voie (să); a
recunoaşte, a nu contesta

ally [ă'lai] vt alia; a uni; a înrudi; vi a se alia; ['ælai] s aliat m

almighty [o:l'maiti] adj atotputernic; extraordinar

almond ['a:mănd] s migdal m; migdală f; adj atr (ca) de
migdală, migdalat

almost ['o:lmăust] adv aproape (că); cît pe ce/ mai-mai/ gata-
gata

alone [ă'lăun] adj pred singur; stingher; neînsoţit; neajutat (de
nimeni); el însuşi, ea însăşi etc; doar, numai

along [ă'long] prep de-a lungul; în lungul; în cursul/ timpul;
adv înainte; mai departe; în lung; în rînd; încoace; aici

aloud [ă'laud] adv tare; zgomotos; cu hohote

alpenhorn ['ælpănho:n] s bucium n

alphabet ['ælfăbit] s alfabet n; elemente n pl de bază;
rudimente n pl

already [o:l'redi] adv deja; şi

also ['o:lsău] adv de asemenea; şi; în plus, pe lîngă acestea

alter ['o:ltă] vt a transforma, a modifica, a schimba; vi a se
schimba, a se transforma

alteration [,o:ltă'reişăn] s modificare f, transformare f

alternate [o:l'tă:nit] adj alternativ, alternant, schimbător;
intermitent; de rezervă; suplimentar, adiţional; s
locţiitor m, înlocuitor m; supleant m; [o:ltăneit] vi a
alterna, a se schimba; a se succeda; vt a alterna, a face
să alterneze

alternative [o:l'tănătiv] s alternativă f

although [o:l'ðău] conj deşi, cu toate că, în ciuda faptului că;
chiar dacă

altogether [,o:ltă'gheðă] adv cu/ întru totul, complet, total; în
întregime; în general; pînă la urmă; s întreg n, tot n

always ['o:luăz] adv (în)totdeauna, veşnic; mereu, încontinuu, fără întrerupere

am [ăm, æm] prez ind de la to be pers 1 sg sînt

amateur ['æmătă] s amator m, diletant m; nepriceput m, novice m, începător m; adj atr de amator(i)

amaze [ă'meiz] vt a uimi, a ului

amazing [ă'meiziŋ] adj surprinzător, uimitor, uluitor; teribil (de), grozav (de)

ambassador [æm'bæsădăr] s ambasador m; reprezentant m, trimis m, sol m

ambiguity [,æmbi'ghiuiti] s ambiguitate f, expresie f ambiguă

ambiguous [æm'bighiuăs] adj ambiguu; cu două înţelesuri; echivoc; vag, neclar; dubios, problematic

ambitious [æm'bişăs] adj ambiţios; vanitos; lacom (de); pompos, pretenţios

amble [æmbl] vi a merge agale; s mers n agale; buiestru n

ambulance ['æmbiulăns] s ambulanţă f; spital n militar de campanie

ambush ['æmbuş] s ambuscadă f; pîndă f; atac n prin surprindere; vt a ataca din ambuscadă; vi a ataca/ acţiona din ambuscadă

amenable [ă'mi:năbăl] adj docil, supus; responsabil

amend [ă'mend] vt a îmbunătăţi; a perfecţiona; a amenda (un text); vi a se îndrepta, a se corija

amendment [ă'mendmănt] s îmbunătăţire f; corectare f, corijare f; amendare f; amendament n

amenity [ă'mi:niti] s confort n, înlesniri f pl; pl bucurii f pl, satisfacţii f pl; pl splendori f pl

American [ă'merikăn] adj american; s american m; engleza f americană

amiable ['eimiăbl] adj binevoitor, prietenos; afabil; amabil

amid [ă'mid] pr în mijlocul

ammunition [,æmiu'nişăn] s muniţie f; stoc n de muniţie; arsenal n (de idei etc)

among [ă'maŋ] prep printre; între; dintre; în, în mijlocul; unul din(tre); împreună

amount [ă'maunt] vi a se ridica la; a atinge; a forma; a alcătui; a echivala cu; a însemna

ample ['æmpl] adj amplu, larg, vast, cuprinzător; abundent; suficient; adecvat, potrivit

amplify ['æmplifai] vi a explica amănunţit /în detaliu; a dezvolta; a amplifica; a lărgi; a extinde

amusement [ă'miu:zmănt] s amuzament n, distracţie f; veselie f; haz n; obiect n de amuzament/ atracţie; plăcere f; desfătare f

amusing [ă'miu:ziŋ] adj amuzant, distractiv; nostim, hazliu

an [ăn, æn] art nehot un, o

analysis [ă'nælisis] s analiză f; cercetare f, examen n minuţios; studiere f; studiu n

analyze ['ænălaiz] vt a analiza, a cerceta, a examina minuţios; a studia; a face psihanaliza (cuiva)

anatomy [ă'nætămi] s anatomie f; disecţie f; analiză f amănunţită; critică f

ancestor ['ænsistăr] s strămoş m, străbun m

anchor ['ænkăr] s ancoră f; liman n, speranţă f; realizator de program (TV); vt a ancora; a prinde, a fixa; a se încrede în; vi a ancora; a se linişti

ancient ['einşănt] adj antic; străvechi; din vechime; demodat; bătrîn; s antic m; clasic m; bătrîn m; moşneag m

and [ænd, ănd] conj şi, precum şi, atît...cît şi; dar, însă; sau, ori; fie...fie; aşa că; de aceea; deci, aşadar; ca să, pentru a; din ce în ce mai, tot mai

anecdote ['ænikdăut] s anecdotă f; snoavă f; povestire f; istorioară f

anew [ă'niu:] adv din nou, iar(ăşi); încă o dată; într-un mod nou

angel ['eingiăl] s înger m; spirit n ocrotitor; comoară f; frumuseţe f

anger ['æŋă] s supărare f, mînie f; acces n de furie; vt a
   supăra, a înfuria, a mînia

angle ['æŋgl] s unghi n; colţ n; punct n de vedere; situaţie f;
   latură f; undiţă f; vt a denatura,a prezenta într-o
   lumină falsă; a pescui/ a prinde cu undiţa

Anglo-Saxon ['æŋglău'saeksăn] adj anglo-saxon; englez(esc); s
   anglo-saxon m; limba f anglo-saxonă, engleza f veche;
   englez m

angry ['æŋgri] adj supărat, mînios, înfuriat, furios; ameninţător

animal ['ænimăl] s animal n; dobitoc n; fiară f; brută f; bestie
   f; adj animal, de animal; animalier; bestial; animalic;
   carnal

animated cartoon ['ænimeitid ka:'tu:n] s film n (de desene
   animate)

animosity [,æni'mositi] s animozitate f, ură f puternică;
   duşmănie f

ankle ['ænkl] s gleznă f

anniversary [,æni'vă:sări] s aniversare f; sărbătorire f; adj
   aniversar, comemorativ

announce [ă'nauns] vi a anunţa; a proclama; a declara; a vesti

announcement [ă'naunsmănt] s anunţ n, înştiinţare f; vestire f

annoy [ă'noi] vt a supăra, a necăji; a deranja; a plictisi

annoying [ă'noiŋ] adj supărător; enervant; plictisitor;
   insuportabil

annual ['æniuăl] adj anual, de fiecare an; s plantă f anuală;
   publicaţie f anuală; anuar n

anonymity [,ænă'nimiti] s anonimat n, caracter n anonim

anonymous [ă'nonimăs] adj anonim, necunoscut; fără nume;
   obscur

another [ă'naðăr] adj un alt/ o altă; încă un/ o; un al doilea, o
   a doua

answer ['a:nsăr] s răspuns n; replică f, ripostă f; soluţie f;
   rezolvare f; rezultat n; vt a răspunde, a replica; a

riposta; a corespunde; a satisface; a rezolva; vi a
răspunde; a replica; a riposta

ant [ænt] s furnică f

antagonist [æn'tægănist] s opozant m, adversar m, potrivnic m

anti ['ænti; 'æntai] s opozant m continuu

anticipate [æn'tisipeit] vt a anticipa, a prevedea; a şti dinainte;
a bănui; a premerge; a precipita; vi a anticipa; a şti
dinainte; a prevedea

antique [æn'ti:k] adj vechi; antic, clasic; demodat, învechit;
obiect n vechi; obiect n de artă antic

antiquity [æn'tikuiti] s antichitate f; vechime f; trecut n
îndepărtat; antichitate f clasică; anticii m pl; pl
antichităţi

anxiety [æŋ'zaiăti] s grijă f, îngrijorare f, teamă f, nelinişte f;
motiv n de nelinişte; anxietate

anxious ['æŋkşăs] adj îngrijorat, neliniştit; neliniştitor,
îngrijorător; doritor, nerăbdător

any ['eni] adj orice; oricare; toţi; indiferent care; vreo, ceva;
nişte; puţin; pr oricine; oricare, toţi; ceva; cîţiva;
cîteva; unii; unele; puţin, cîtva; nimic; de nici un fel;
nici unul/ una

anybody ['eni,bodi] pr toţi, toată lumea; oricine; oricare;
cineva, vreun om, vreo persoană; nimeni

anyhow ['enihau] adv oricum, la întîmplare; în dezordine;
deloc, defel, în nici un caz

anyone ['eniuan] pr v anybody

anything ['eniθiŋ] pr orice; ceva; nimic; adv cît de cît

anyway ['eniuei] adv oricum; totuşi, cu toate acestea

anywhere ['eniueă] adv oriunde; în orice loc; peste tot,
pretutindeni; indiferent unde; undeva; nicăieri

apart [ă'pa:t] adv separat (de); departe (de); în bucăţi; adj
independent; deosebit; separat; izolat

apartment [ă'pa:tmănt] s cameră f, odaie f; apartament n;
locuinţă f; etaj n

apartment house [ă'pa:tmănt haus] s bloc n; imobil n

apathetic [‚æpăΘetik] adj apatic; indiferent

apathy ['æpăΘi] s apatie f; indiferenţă f

ape [eip] s maimuţă f; imitator m

aperture ['æpătiuăr] s deschizătură f; orificiu n; gaură f; vizor
    n

apex ['eipeks] s vîrf n; culme f; creştet n; apogeu n; punct n
    culminant; cap n

aphasia [ă'feiziă] s afazie f

aphorism ['æfărizăm] s aforism n

apiece [ă'pi:s] adv bucata, per bucată, de fiecare (persoană)

apologetic [ă‚polă'getik] adj apologetic, de scuză; s apologie f

apologize [ă'polăgiaiz] vi a se scuza, a cere scuze

apology [ă'polăgi] s scuze f pl, iertare f; apărare f; justificare
    f; explicare f

apostrophe [ă'postrăfi] s apostrof n; apostrofă f

apparent [ă'pærănt] adj evident, clar, aparent, vizibil,
    indiscutabil; iluzoriu; fals; pretins

appeal [ă'pi:l] vt a deferi unei instanţe superioare; vi a apela
    (la; pentru); a face (un) apel; a plăcea (cuiva); a face
    recurs/ apel; s apel n; recurs n; drept n de apel;
    chemare f; rugăminte f; interes n; atracţie f

appear [ă'piă] vi a apărea, a se ivi, a se vedea; a se prezenta;
    a părea, a arăta; a-şi face apariţia; a se tipări, a se
    publica; a compărea, a se înfăţişa; a se găsi; a exista; a
    reieşi, a rezulta (din)

appearance [ă'piărăns] s apariţie f, ivire f; venire f; exterior n;
    înfăţişare f; publicare f, tipărire f; aparenţă f, impresie
    f

appetite ['æpitait] s poftă f de mîncare; dorinţă f, poftă f

appetizing ['æpitaiziŋ] adj care stimulează pofta de mîncare;
    gustos; delicios; apetisant

applause [ă'plo:z] s aplauze f pl

apple ['æpl] s măr n

appliance [ă'plaiăns] s dispozitiv n; instrument n; instalaţie f

application [,æpli'keişăn] s aplicare f, folosire f; aplicabilitate f; cerere f, solicitare f de angajare; petiţie f; aptitudine f; efort n, sîrguinţă f

apply [ă'plai] vt a aplica (la); a se folosi de; a recurge la; vi a fi aplicabil, a se aplica

appoint [ă'point] vt a numi; a înfiinţa; a stabili, a fixa; a hotărî

appreciate [ă'pri:şieit] vi a aprecia, a fi recunoscător pentru; a preţui, a recunoaşte; vi a creşte/ a spori ca valoare

apprehend [,æpri'hend] vt a aresta; a presimţi

approach [ă'prăuci] vi a se apropia; a veni; a sosi; vt a se apropia de; a aborda, a vorbi cu; a semăna cu; a trata; a se ocupa de; s apropiere f; sosire f, venire f; intrare f, acces n; abordare f; interpretare f; manieră f, mod n

appropriate [ă'prăuprieit] vt a aloca; a destina; a-şi însuşi, a fura; [ă'prăupriit] adj potrivit, adecvat

approval [ă'pru:văl] s aprobare f, sancţionare f; consimţămînt n; asentiment n; confirmare f

April ['eiprăl] s aprilie m; april; Prier

apt [æpt] adj potrivit, nimerit; priceput, isteţ; competent; capabil

arbitrary ['a:bitrări] adj arbitrar, samavolnic; despotic; capricios; accidental, întîmplător

arbor ['a:băr] s frunzar n, umbrar n; chioşc n, pavilion n, pergolă f

arcade ['a:keid] s arcadă f; pasaj n

arch ['a:ci] s arc n; cupolă f; pod n, punte f; boltă f; curcubeu n

arch ['a:ci] vi a se arcui

archeology [,a:ki'olăgi] s arheologie f

architect ['a:kitekt] s arhitect m; planificator m; creator m; iniţiator m

architecture ['a:kitekciăr] s arhitectură f; stil n arhitectural; structură f, construcţie f

archives ['a:kaivz] s pl arhivă f; arhive f pl naţionale

ardent ['a:dănt] adj înflăcărat, pătimaş, pasionat; arzător; mistuitor; înfocat; aprig

arduous ['a:diuăs] adj intens, stăruitor; dificil, greu; abrupt; prăpăstios

are [ăr, a:r] prez de la to be eşti; sîntem; sînteţi; sînt

area ['eăriă] s arie f; suprafaţă f; zonă f, regiune f; sferă f, domeniu n

argue ['a:ghiu] vi a argumenta; a pleda; a judeca; a discuta (cu); a se certa (cu); vt a discuta; a susţine; a aduce argumente

argument ['a:ghiumănt] s argument n; dovadă f; motiv n; raţiune f; argumentare f; discuţie f, dispută f, ceartă f; sumar n, rezumat n

arise [ă'raiz], **arose** [ă'răuz], **arisen** [ă'rizn] vi a se ridica, a se ivi, a apărea; a se înălţa; a învia

arm [a:m] s braţ n; mînă f; mînecă f; latură f; pîrghie f; ramură f, filială f

arm ['a:m] s f pl arme; armament n; pl armoarii f; blazon n; armă (infanterie etc); vt a înarma; a arma, a pune armătura la; vr, vi a se înarma (cu)

armchair ['a:m'ceăr] s fotoliu n

arms race ['a:mzreis] s cursa f înarmărilor

army ['a:mi] s armată f; organizaţie f; mulţime f; puzderie f

around [ă'raund] adv de jur împrejur; peste tot; în toate părţile; prin apropiere; pe ici şi colo; împrejur; în viaţă; existent, disponibil; prep în jurul, de jur împrejurul; nu departe de, pe lîngă; prin; pe la

arrange [ă'reingi] vt a aranja, a pune în ordine; a clasifica; a pregăti; a plănui; a prelucra; a adapta; vr a se aranja

arrangement [ă'reingimănt] s aranjare f, rînduire f, punere f în ordine; clasificare f; ordine f, rînduială f; aranjament n; înţelegere f, învoială f; acord n; adaptare f; prelucrare f

301

arrest [ă'rest] s arestare f; (stare de) arest n; interdicţie f;
  oprire f; încetare f; vt a aresta; a pune sub interdicţie;
  a opri, a împiedica; a reţine (atenţia etc), a atrage
  (privirile etc)

arrival [ă'raivăl] s venire f, sosire f; apariţie f, ivire f; nou-
  venit m; nou-născut m

arrive [ă'raiv] vi a sosi, a veni; a ajunge; a fi recunoscut, a se
  impune; a veni pe lume

arrogant ['ærogănt] adj arogant, încrezut, înfumurat, semeţ

arrow ['ærău] s săgeată f; semn n de direcţie; împunsătură f

art [a:t] s artă f; meşteşug n, îndemînare f; meserie f;
  pricepere f; cunoaştere f; viclenie f; şiretlic n

artichoke ['a:ticiăuk] s anghinare f

article ['a:tikl] s articol n, obiect n de comerţ; articol (de ziar
  etc); paragraf n; pl prevederi f, contract n; vt a
  expune/ a prezenta punct cu punct; a obliga prin
  contract; a da la ucenicie

artifact ['a:tifækt) s artefact n; vestigii n pl de cultură materială
  a omului preistoric; obiect n făcut de om

artist ['a:tist] s artist m plastic; maestru m; actor m; cîntăreţ

as [ăz; aez] adv la fel de, tot atît de; nu mai puţin; şi; de
  asemenea; conj tot atît de...ca (şi), precum, la fel ca
  şi, ca (şi), întocmai ca (şi); cum, aşa cum; (pe) cînd,
  în timp/ vreme ce; deşi, cu toate acestea; prep ca, în
  calitate de; pr care

as...as [ăz...ăz] adv la fel de...ca; la fel ca

ascend [ă'send] vt a urca (pe), a sui; a se urca pe; vi a (se)
  urca, a se sui; a se ridica

ash [æş] s scrum n; cenuşă f; pl rămăşiţe f pl pămînteşti,
  pulbere f, ţărînă f

ashamed [ă'şeimd] adj pred ruşinat (de); jenat, care se sfieşte

ashtray ['æştrei] s scrumieră f

Asian ['eişăn] adj, s asiatic

ask [a:sk] vt a întreba; a pune o întrebare; a chestiona; a cere
(un sfat etc); a ruga (pe cineva); a pretinde; a necesita;
a invita; vi a întreba

ask for [a:sk făr] vi cu prep a cere; a avea nevoie de; a
solicita, a necesita, a pretinde; a întreba de, a se
interesa de

aspect ['æspekt] s înfățișare f, mină f; aspect n, latură f, parte
f; poziție f; așezare f; vedere f

aspire [ăs'paiă] vi a aspira, a tinde (spre), a năzui (la)

ass [æs] s măgar m; prost m, nătîng m, idiot m

assail [ă'seil] vt a asalta; a ataca violent; a încerca să învingă; a
înfrunta cu hotărîre

assassinate [ă'sæsineit] vt a ucide, a asasina, a suprima

assassination [ăsæsi'neișăn] s ucidere f, asasinat n, asasinare f,
suprimare f

assembly [ă'sembli] s adunare f, întrunire f, întîlnire f; sfat n,
consiliu n; ședință f

assert [ă'să:t] vt a afirma cu putere, a susține; a sublinia; a
arăta, a manifesta; vr a se impune/ afirma; a se
remarca; a insista asupra drepturilor sale

assess [ă'ses] vt a evalua, a estima, a aprecia; a stabili; a fixa;
a judeca (meritele etc)

assessment [ă'sesmănt] s evaluare f, estimare f, apreciere f;
stabilire f, fixare f (a valorii); valoare f, preț n;
impozit n; taxă f; părere f, opinie f

asset ['æset] s bun n de preț, lucru n valoros; calitate f,
însușire f; pl bunuri n; avere f; investiție f; pl
succesiune f; moștenire f

assiduity [,æsi'diu:iti] s asiduitate f, stăruință f, perseverența f

assiduous [ă'sidiuăs] adj asiduu, stăruitor, insistent; atent;
perseverent

assign [ă'sain] vt a atribui; a aloca, a destina; a ceda; a acorda;
a fixa, a stabili; a preciza; a delimita; a numi

assignation [,æsig'neişăn] s stabilire f, fixare f; atribuire f;
   alocare f; destinare f; precizare f; delimitare f; cedare
   f;

assignee [,æsi'ni:] s reprezentant m; împuternicit m; agent m
   (al unei firme); moştenitor m de drept

assignment [ă'sainmănt] s numire f; sarcină f, datorie f;
   alocare f; detaşare f; temă f, lecţie f

assist [ă'sist] vt a ajuta; a sprijini; a asista, a colabora (cu); vi
   a ajuta; a asista ca martor (la)

assistant [ă'sistănt] s ajutor n, asistent m; vînzător m

associate [ă'săuşieit] vt a asocia; a stabili o asociaţie/ legătură
   (cu); vi, vr a se asocia; a se uni (cu); a se alia (cu); a
   se înhăita (cu); [ă'săuşiit] adj asociat; unit; legat;
   [ă'săuşiit] s asociat m; partener m; membru m al unei
   asociaţii etc

assortment [ă'so:tmănt] s sortare f; grupare f; clasificare f;
   asortiment n; varietate f

assume [ă'siu:m] vt a presupune, a crede, a bănui; a deduce; a
   înţelege; a-şi asuma, a lua asupra sa; a-şi aroga; a
   simula, a pretinde că are; a lua, a căpăta (o formă etc);
   a-şi da/ lua (aere)

assure [ă'şuăr] vt a asigura, a încredinţa; vr a se convinge (de)

astonished [ăs'tonişt] adj uimit, surprins

astrologer [ăs'trologiăr] s astrolog m; cititor m de stele

astronomer [ăs'tronomăr] s astronom m

at [ăt, æt] prep la; în; împotriva; asupra; spre; către; în timpul;
   de; de la; din; din cauza; datorită; cu

athlete ['æƟli:t] s sportiv m; atlet m

atmosphere ['ætmosfiăr] s atmosferă f; aer n; ambianţă f

atom ['ætăm] s atom m; strop m

attach [ă'tæci] vt a ataşa (de); a prinde, a lega, a fixa (de); a
   da, a acorda, a atribui (importanţă etc)

attack [ă'tæk] vt a ataca; a asalta; a critica; a se apuca de; vi a
    ataca, a întreprinde un atac; s atac n; asalt n; criză f;
    critică f; început n; abordare f

attempt [ă'tempt] vt a încerca; a încerca să facă; a atenta la
    (viaţa cuiva); s încercare f; tentativă f; experienţă f,
    probă f; atentat n

attend [ă'tend] vt a fi prezent la, a frecventa; a însoţi; a
    escorta; a avea parte de; a urmări; a trata; a îngriji; a
    sluji; vi a fi prezent; a frecventa

attention [ă'tenşăn] s atenţie f; concentrare f; îngrijire f;
    preocupare f; interes n

attitude ['ætitiu:d] s atitudine f, ţinută f; comportare f, purtare
    f; părere f; poziţie f; punct n de vedere; poză f

attract [ă'trækt] vt a atrage; a ademeni, a ispiti; a fi urmat de;
    a fi ascultat de; a atrage; a avea farmec

attraction [ă'trækşăn] s atragere f; atracţie f; forţa f de
    atracţie; punct n de atracţie; farmec n

attractive [ă'træktiv] adj atractiv; atrăgător; frumos; plăcut;
    agreabil; simpatic; interesant

auction ['o:kşăn] s licitaţie f; vt a vinde la licitaţie

audience ['o:diăns] s auditoriu n; asistenţă f; public n;
    spectatori m pl; audienţă f

August ['o:găst] s august m, Gustar

aunt [a:nt] s mătuşă f; tanti f

austere [os'tiăr] adj auster, sobru, sever, grav, aspru; simplu,
    fără ornamente

Australian [os'treiliăn] adj, s australian

Austrian ['o(:)striăn] adj, s austriac

authentic [o:'θentik] adj autentic, veritabil, adevărat; original;
    demn de încredere

author ['o:θăr] s autor m; scriitor m; creator m

authority [o:'θoriti] s autoritate f; putere f; drept n,
    competenţă f; împuternicire f; acreditare f; delegaţie f;

prestigiu n; persoană f competentă; specialist m; expert m; sursă f autorizată/ competentă

automatic [,o:tă'mætik] adj automat; automatizat; mecanic; maşinal; involuntar; s armă f automată

automation [o:tă'meişăn] s automatizare f

automobile ['o:tomăbi:l] s automobil n

autumn ['o:tăm] s toamnă f

available [ă'veilăbl] adj disponibil, existent; la îndemînă; prezent; abordabil; accesibil; liber

avenue ['æviniu:] s alee f; drum n/ stradă f cu pomi; bulevard n; magistrală f; cale f, posibilitate f, mijloc n

average ['ævărigi] s valoare f medie; medie f; adj mediu; obişnuit; normal; mediocru; vt a calcula/ a face media; a ajunge la o medie de

averse to [ă'vă:s tă] adj care este contra/ împotriva; care nu e de acord cu; care se opune

avid ['ævid] adj avid (de); lacom; pasionat

avoid [ă'void] vt a evita, a ocoli; a se feri de; a anula (o decizie etc)

avow [ă'vau] vt a declara deschis; a recunoaşte, a mărturisi

await [ă'ueit] vt a aştepta; a fi în aşteptarea; a-l aştepta (pe cineva); vi a aştepta, a fi în aşteptare

awake [ă'ueik], **awoke** [ă'uăuk] şi **awaked** [ă'ueikt] vi a trezi, a deştepta; a scula; a evoca; a stimula; a stîrni; vi a se trezi, a se deştepta; a se scula; a căpăta viaţă; adj pred treaz, sculat (din somn)

award [ă'uo:d] vi a da, a acorda (un premiu etc); s răsplată f; premiu n; recompensă f; acordare f, conferire f; decizie f; hotărîre f (a unui arbitru etc)

aware [ă'ueăr] adj pred conştient, care îşi dă seama de; calificat, pregătit, priceput; înţelegător, sensibil

away [ă'uei] adv departe; în altă parte; încolo; altundeva; la o depărtare de; de mult, de mult timp; interj (hai) pleacă de aici!; (hai) să mergem!

awful ['o:ful] adj grozav, teribil, cumplit; îngrozitor; afurisit

awkward ['o:kuăd] adj stîngaci, neîndemînatic; nepotrivit,
impropriu; incomod; jenant; apăsător; dificil, greu

ax [æks] s secure f, topor n; vt a tăia de pe listă, a şterge din
buget

B

baby ['beibi] s copil m (mic), copilaş m; prunc m; sugaci m;
  pui m (de animal); drăguţă f, fată f frumoasă
bachelor ['bæcilăr] s celibatar m, cavaler m, holtei m; licenţiat
  m
back [bæk] s spate n, spinare f; fund n; spetează f, spătar n;
  străfund n; sprijin n; adj pred din urmă/ spate,
  dindărăt; ultim; vechi; înapoiat; adv înapoi, îndărăt, în
  spate; altădată; din nou; vt a sprijini, a susţine; a
  încăleca; a paria (pe un cal); vi a merge înapoi; a da
  îndărăt
background ['bækgraund] s fund n; fond n; fundal n; loc n
  retras; atmosferă f; mediu n; decor n; cunoştinţe f pl;
  acompaniament n; zgomot n de fond
backwards ['bækuădz] adv înapoi, îndărăt, în spate; invers; de-
  a-ndoaselea; de-a-ndărătelea; pe spate
bacon ['beikăn] s bacon; slănină f
bad [bæd] adj rău, prost; urît; stricat, imoral, vicios;
  necuviincios; stătut; bolnav; neplăcut; nepotrivit;
  dăunător; fals; greşit, incorect, inexact; nereuşit,
  neizbutit; nesatisfăcător; s the --- cei/ oamenii m pl răi;
  adv rău, prost; greşit; urît; foarte mult, grozav
badge ['bædgi] s semn n (distinctiv); marcă f; emblemă f;
  insignă f; simbol n; vt a însemna, a marca
bag [bæg] s sac m; desagă f; săculeţ n; traistă f; tolbă f; valiză
  f, geamantan n; geantă f, poşetă f; balon n; muiere f;
  vt a pune la sac, a îndesa; a face (o colecţie etc); a
  împuşca (vînat); a fura; vi a se umfla; a se pungi
baggage ['bæghigi] s bagaj n; echipament n; tren n, convoi n;
  puştancă f; drăcoaică f; tîrfă f; palavragiu m, pierde-
  vară m

308

bake [beik] vt a coace (în cuptor); a usca (la soare); a arde; vi
   a se coace; a se întări; a se prăji (la soare), a se
   bronza

bakery ['beikări] s brutărie f

baking soda ['beikiŋ,săudă] s bicarbonat n de sodiu

balance ['bælăns] s balanţă f, cîntar n; echilibru n; stabilitate f;
   greutate f, pondere f; nesiguranţă f; cîntărire f,
   cumpănire f; bilanţ n; vt a cîntări; a aprecia, a
   compara; a contrabalansa; a echilibra, a egala; vi a fi
   în echilibru; a se balansa

balcony ['bælkăni] s balcon n

bald [bo:ld] adj chel; gol, golaş; simplu, sărăcăcios; plat; sec,
   monoton; făţiş, sincer

ball [bo:l] s sferă f, glob n; bilă f; corp n ceresc; minge f;
   balon n; glonte n; ghem n; chiftea f; vt a strînge/ a
   face ghem; vi a se face ghem

balloon [bă'lu:n] s balon n; aerostat n; vt a înălţa, a ridica; vi a
   se ridica cu balonul; a se umfla

ballot ['bælăt] s bilă f (de vot); buletin n de vot; vot n, scrutin
   n; tragere f la sorţi; vi a vota; a trage la sorţi; vt a
   vota, a alege

ban [bæn] vt a interzice; a opri; a blestema; a condamna; s
   interzicere f, interdicţie f; exilare f, surghiun n;
   blestem n; oprobriu n

banana [bă'na:nă] s banan m; banană f; măscărici m, paiaţă f

band1 [bænd] s legătură f; bandă f; fîşie f; cordon n; centură f;
   obligaţie f; lungime f de undă

band2 [bænd] s ceată f, grup n; bandă f; şleahtă f; detaşament
   n; orchestră f; fanfară f; vi a se uni, a se coaliza

bang [bæŋ] vi a trînti cu zgomot; a izbi; a bate, a lovi; vi a se
   închide cu zgomot; a pocni, a răsuna; s lovitură f,
   izbitură f; pocnet n; adv cu un bubuit/ pocnet; brusc,
   deodată; drept, direct

bank [bæŋk] s mal n, ţărm n; dig n, zăgaz n; terasament n;
  banc n; troian n, nămete n; vt a îndigui, a zăgăzui; vi
  a se înclina

bar [ba:r] s bară f; drug n; bucată f; lingou n; zăvor n; barieră
  f, obstacol n, piedică f; discriminare f; banc n de
  nisip; măsură f, tact n; dungă f, fîşie f; vt a bara, a
  împiedica, a bloca; a zăvorî; a interzice, a opri; a
  despărţi (de); a exclude; a vărga, a dunga; prep cu
  excepţia, în afară de

barbarism ['ba:bărizm] s barbarie f; lipsă f de civilizaţie;
  purtare f necivilizată; acţiune f barbară; barbarism

bare [beăr] adj gol, despuiat, neacoperit; pustiu, deşert;
  desfrunzit; sterp, neroditor; sărac (în); ros, tocit;
  simplu, numai; vt a dezgoli; a despuia, a dezbrăca; a
  dezvălui, a da în vileag

barefoot ['beăfut] adj, adv desculţ

bargain ['ba:ghin] s afacere f, tranzacţie f, tîrg n; cîştig n,
  profit n; cumpărătură f; vt a negocia, a se tîrgui
  pentru; a face troc cu; a încheia un tîrg; a face o
  afacere; a se tocmi

barn [ba:n] s hambar n, pătul n; şură f, şopron n; grajd n, ocol
  n; depou n de tramvaie

barrack ['bærăk] s baracă f; pl cazarmă f; clădire f uriaşă

barrel ['bærăl] s butoi n; baril m; butoiaş n

barrier ['bæriăr] s barieră f; poartă f; graniţă f, hotar n, limită
  f; piedică f, obstacol n

bartender ['ba:tendă] s bufetier m, barman m

barter ['ba:tăr] s schimb n în natură, troc n; vi a face troc; vt
  a vinde

base [beis] s bază f, fundament n, temelie f; esenţă f; start n,
  punct n de plecare; adj atr de la bază; de bază;
  fundamental; vt a întemeia; a pune bazele

basement ['beismănt] s fundament n, temelie f; subsol n

bashful ['bæşful] adj ruşinos, timid, sfios

basic ['beisik] adj de bază, fundamental; bazic

basis ['beisis] s bază f, temelie f; punct n de plecare

basket ['ba:skit] s coş n; nacelă f; vt a arunca la coş

bastard ['bæstăd] s bastard m, copil m nelegitim; hibrid m,
      corcitură f; ticălos m, nemernic m; tip m, individ m;
      adj bastard, nelegitim; stricat, fals; monstruos; hidos

bat [bæt] s băţ n; bîtă f, ciomag n; lovitură f

bath [ba:Θ] s baie f, îmbăiere f; cadă f; cameră f de baie; băi f
      pl, staţiune f balneară; vi a face baie; vt a îmbăia, a
      spăla

bathe [beiδ] vt a scălda, a spăla, a uda; vi a se scălda; s baie f,
      scăldat n

bathing suit ['beiδiŋ siu:t] s costum n de baie

bathroom ['ba:Θru(:)m] s cameră f de baie

bathtub ['ba:Θtab] s cadă f

battery ['bætări] s bătaie f; baterie f; divizion n; acumulator n

battle ['bætl] s bătălie f, luptă f; bătaie f; conflict n; întrecere
      f; vi a (se) lupta (pentru)

bay [bei] s arcadă f; deschidere f; nişă f; golf n

bay [bei] adj murg; s (cal) murg m

be [bi:], **was** [uăz], **were** [ueă], **been** [bi:n] a fi, a exista, a
      fiinţa; a se împlini; a costa, a face

beach ['bi:ci] s ţărm n de mare; litoral n; plajă f; banc n de
      nisip; vt a pune pe uscat; a descărca pe ţărm; vi a eşua

bead [bi:d] s mărgea f; perlă f; mărgăritar n; bob n, boabă f;
      strop n

beam [bi:m] s grindă f, bară f, traversă f; rază f; nimb n,
      aureolă f

bean [bi:n] s fasole f

bear [beă] vt a purta, a duce , a căra; a naşte, a da naştere la;
      a suporta; a suferi; vr a se comporta; vi a rezista; a
      naşte; a rodi

bear [beă] s urs m; om m ursuz

beard [biăd] s barbă f; radiculă f, mustaţă f; vt a trage de barbă; a înfrunta, a sfida

beast [bi:st] s animal n, dobitoc n; vită f, fiară f; bestie f

beat [bi:t] vt a bate; a lovi; a ciomăgi; a marca; a suna; a învinge; a întrece; a depăşi; vi a bate, a ciocăni; a lovi, a izbi; a urla; s lovitură f; bătaie f (a ceasului etc); măsură f; ritm n; rond n, patrulare f; hăituială f, goană f

beautiful ['biu:tăful] adj frumos; minunat; admirabil; mîndru

beauty ['biu:ti] s frumuseţe f; splendoare f; femeie f frumoasă; graţie f

beauty parlor ['biu:ti,pa:lăr] s salon n de coafură

because [bi'koz] conj pentru că, fiindcă, deoarece, întrucît, cum

become [bi'kam] vi a deveni, a ajunge, a se face; vt a i se potrivi, a-i veni bine cuiva

bed [bed] s pat n; aşternut n; culcuş n; vt a culca; a sădi, a planta; vi a se culca; a înnopta

bedroom ['bedru(:)m] s dormitor n, cameră f de culcare

bee [bi:] s albină f; om m harnic; concurs n şcolar pe discipline

beef [bi:f] s carne f de vită; forţă f (muşchiulară)

beer [biăr] s bere f; (pahar de) bere f

beetle [bi:tl] s gîndac m; cărăbuş m

before [bi'fo:r] adv înainte, în faţă; altădată; odinioară; deja; înaintea, dinaintea; conj înainte de a, înainte ca; pînă ce/ cînd

beg [beg] vt a ruga, a se ruga de, a solicita; a cere cuiva; vi a cerşi, a cere de pomană; a ruga, a cere (de la)

begin [bi'ghin] vt a începe, a porni; a se apuca de; a debuta în; vi a începe, a porni

beginning [bi'ghiniŋ] s început n; debut n; pornire f; origine f; punct n de plecare

behave [bi'heiv] vi a se purta, a se comporta; a funcţiona, a lucra

behind [bi'haind] adv în urmă, în spate, îndărăt; prep în
      spatele, îndărătul, în urma; din spatele; după
belch ['belci] vi a rîgîi; a vomita, a vărsa; a erupe; vt a da
      afară; a vărsa; a erupe; a rosti; a profera; s rîgîială f,
      eructaţie f; vomitare f; erupţie f
Belgian ['belgiăn] adj, s belgian
belief [bi'li:f] s credinţă f; încredere f; convingere f; părere f
believe [bi'li:v] vt a crede; a socoti; a fi de părere; vi a crede
      (în); a socoti
believer [bi'li:văr] s credincios m; credul m; partizan m,
      apărător
bell [bel] s clopot n; sonerie f; talangă f; pîlnie f; halteră f;
      caliciu
belly ['beli] s burtă f; pîntece n; stomac n; fuzelaj n; vt a
      umfla; vi a se umfla
belongings [bi'loŋinŋz] s pl lucruri n pl, obiecte n pl, bunuri n
      pl; neamuri n pl, rude f pl; acareturi n pl, dependinţe f
      pl
below [bi'lău] adv dedesubt, jos; mai jos; la subsol(ul paginii);
      mai departe; în cele ce urmează; adj de jos, de mai
      jos; dedesubt; prep dedesubtul, sub; în josul
belt [belt] s curea f, centură f, cordon n; cingătoare f, brîu n;
      curea f de transmisie
bench ['benci] s bancă f; banchetă f; scaun n judecătoresc; zid
      n, val n; banc n de lucru
bend [bend] vi a îndoi, a încovoia; a apleca; a strîmba; a
      întinde; a supune; vi a se îndoi, a se încovoia, a se
      strîmba; a se apleca, a se întinde; s îndoire f,
      încovoiere f; aplecare f; strîmbare f; cotitură f,
      meandră f, curbură f
beneath [bi'ni:θ] adj mai jos, dedesubt; prep dedesubtul, sub,
      mai jos de; inferior
beneficial [,beni'fişăl] adj binefăcător, folositor, util; avantajos,
      profitabil

313

benefit ['benifit] s beneficiu n, cîştig n, folos n; ajutor n; avantaj n; binefacere f; privilegiu n; vi a beneficia; vt a folosi, a aduce foloase

benevolent [bi'nevălănt] adj binevoitor; favorabil; mărinimos, milostiv

berry ['beri] s boabă f, bob n, grăunţe n pl

beside [bi'said] prep lîngă, aproape de; pe lîngă, faţă de, în comparaţie cu; în afară de, mai presus de

best [best] adj cel mai bun; superior; excelent; neîntrecut; minunat; adv cel mai bine, cel mai mult; s maximum n; vt a învinge, a înfrînge, a bate

bet [bet] s pariu n, rămăşag n, prinsoare f; miză f; vt a face pariu pe; a face pariu cu; vi a face pariu/ prinsoare (pe)

better ['betă] adj mai bun; superior; preferabil; mai mare; adv mai bine; s superioritate f, avantaj n; vt a îmbunătăţi, a corija, a îndrepta; a mări, a spori; a depăşi; vi, vr a se îndrepta; a progresa

between [bi'tui:n] prep între; dintre; printre; la mijlocul; adv la mijloc; între unul şi altul

beyond [bi'iond] prep dincolo de; peste; de/ pe partea cealaltă; mai presus de; pe lîngă, în afară de; adv dincolo, pe partea cealaltă; mai departe; mai încolo; la distanţă; adj de dincolo; din partea cealaltă, din depărtare

Bible, the ['baibl ðă] s Biblia f

bicycle ['baisikl] s bicicletă f

big [big] adj mare; masiv; gros; solid; înalt; voinic; vîrstnic; major; important

bike [baik] s v **bicycle**

bill [bil] s proiect n de lege, lege f; document n; listă f; inventar n; certificat n; factură f; notă f de plată; cambie f; afiş n; anunţ n; vt a înregistra; a factura; a înştiinţa

billion ['biliăn] s bilion n; miliard n

bin [bin] s dulăpior n; ladă f; cutie f; ladă f de gunoi; cupă f

bind [baind] vt a lega; a strînge; a uni; a întări; a prinde; a obliga; a determina; s legătură f; panglică f; fîşie f

binoculars [b(a)i'nokiu:lăz] s pl binoclu n (de cîmp)

bird [bă:d] s pasăre f; tip m, cetăţean m, individ m

birth [bă:Ө] s naştere f; facere f; început n, origine f

birth control ['bă:Өkăn,trăul] s măsuri f pl anticoncepţionale

birthday ['bă:Өdei] s zi f de naştere, aniversare f

bitch ['bici] s căţea f; femelă f; tîrfă f

bite [bait] vt a muşca; a arde; a coroda; a ustura; a calomnia, a defăima; vi a muşca; a arde; a ustura; s muşcătură f; ardere f, corodare f; îmbucătură f

bitter ['bităr] adj amar, dureros; crud, chinuitor; aspru; înverşunat; s amar n, amărăciune f; bere f amară

black [blæk] adj negru; brun; întunecat; închis; supărat; abătut; s negru m; om m de culoare neagră; doliu n; vt a înnegri; a defăima

blade [bleid] s foaie f, frunză f; fir n (de iarbă); lamă f; pană f, ic n; pală f, paletă f; pînză f (de ferăstrău)

blame [bleim] vt a învinovăţi, a acuza; a blama; s mustrare f, reproş n; vină f, învinuire f; răspundere f

blank [blæŋk] adj gol, pustiu; liber; curat; nescris; total, complet; s loc n/ spaţiu n liber; spărtură f; ţintă f

blanket ['blæŋkit] s cuvertură f, pătură f; vt a acoperi cu o pătură; a stinge, a înăbuşi; a cuprinde, a include

blasphemy ['blæsfimi] s blasfemie f, hulă f

blast [bla:st] s suflu n, rafală f; vijelie f; detunătură f, explozie f; distrugere f; vt a distruge, a ruina; a arunca în aer, a exploda; a blestema; vi a huli, a blasfema; a răsuna

bleed [bli:d] vi a sîngera; a fi rănit; a-şi vărsa sîngele; a muri; a fi jecmănit; vt a lua sînge, a însîngera; a răni

bless [bles] vt a binecuvînta, a blagoslovi; a ridica în slăvi; a ferici, a face fericit; a fi recunoscător

blind [blaind] adj orb, nevăzător; obtuz; nechibzuit; neclar; neciteţ; vt a orbi, a lua vederea; a eclipsa

blink [bliŋk] vi a clipi; a privi chiorîş; a sclipi, a luci; vi a privi printre gene; a închide ochii la; a ocoli; s clipit n, clipire f; privire f furişă; sclipire f, licărire f

bliss [blis] s fericire f; beatitudine f; extaz n

blizzard ['blizăd] s viscol n, furtună f de zăpadă; vifor n, vijelie f

block [blok] s butuc n; buştean n; bloc n de piatră, lespede f; corp n de case; cvartal n; barieră f, obstacol n; carnet n de note; vt a bloca, a opri; a pune piedici

blonde [blond] adj blond, bălai; s (bărbat) blond m

blood [blad] s sînge n; neam n, viţă f; viaţă f; omor n

blossom ['blosăm] s floare f; inflorescenţă f; înflorire f; vi a înflori; a îmboboci; a se dezvolta

blouse [blauz] s bluză f

blow [blău] vi a sufla, a bate; a suna; a explода; vt a sufla în, a aţîţa; a cînta la; s răsuflare f; suflu n

blue [blu:] adj albastru; azuriu; vînăt; palid; învineţit; indecent; abătut; conservator; vt a albăstri

boar [bo:r] s vier m; (porc) mistreţ m

board [bo:d] s scîndură f; masă f; mîncare f, hrană f; poliţă f, raft n; scenă f; carton n; copertă f; avizier n; vt a acoperi cu scînduri, a pardosi; a ţine în pensiune; a urca pe/ la bord

boast [băust] s laudă f de sine; mîndrie f; vi a se lăuda, a se făli; vt a lăuda; a dispune de; a se lăuda cu

boat [băut] s ambarcaţiune f; barcă f; luntre f; şalupă f; vas n; corabie f; submarin n

body ['bodi] s corp n, trup n; cadavru n; persoană f, individ m, om m; tulpină f; caroserie f; organ n organizaţie f; masă f, mulţime f; vt a întruchipa

boil [boil] vi a fierbe, a clocoti; a face spume la gură; vt a fierbe, a pune la fiert; s fierbere f; punct n de fierbere

bold [băuld] adj îndrăzneţ, curajos; obraznic; abrupt; stîncos; apăsat; citeţ

bolt [băult] s săgeată f; fulger n; trăsnet n; zăvor n; lacăt n; fugă f, goană f; vi a o lua la fugă; vt a zăvorî

bone [băun] s os n, ciolan n; pl schelet n; vt a scoate oasele din

bonfire ['bonfaiă] s foc n în aer liber

book [buk] s carte f; volum n; broşură f; cînt n; caiet n; listă f; tabel n; inventar n; vt a înregistra; a lua/ a elibera bilete; a angaja (un vorbitor etc)

boot [bu:t] s gheată f; bocanc m; cizmă f; vi a lovi cu piciorul; a da afară

booth [bu:Θ, bu:ð] s tarabă f; dugheană f; baracă f; chioşc n; cabină f

border ['bo:dăr] s hotar n; graniţă f, frontieră f; limită f, margine; mal n, ţărm n; bordură f; chenar n; vi a (se) mărgini (cu)

bore [bo:r] vt a sfredeli, a perfora; a fora; a aleza; a plictisi, a enerva; s muncă f plicticoasă; persoană f plictisitoare; sfredelitură f; alezaj n

born [bo:n] adj născut; înnăscut

borrow ['borău] vt a împrumuta, a lua cu împrumut; a-şi însuşi

boss [bos] s şef m; patron m, stăpîn m; vt a fi şeful, a conduce; vi a face pe şeful

both [băuΘ] adj amîndoi, ambii; cei doi; amîndouă, ambele; cele două; pr amîndoi; ambii; cei doi; amîndouă, ambele; cele două

bother ['boðăr] vt a plictisi; a necăji; a bate la cap; a supăra

bottle ['botl] s sticlă f; flacon n; butelie f; băutură f; vt a îmbutelia

bottom ['botăm] s fund n; capăt n; poale f pl; bază f, fundament n; fond n, miez n; adj de la fund, de jos; din spate; fundamental, esenţial

bounce [bauns] vi a sări; a ricoşa; a sălta; a se lăuda; s salt n, săritură f; ricoşeu n; izbitură f; fanfaronadă f

bound [baund] adj legat, ataşat, prins; obigat, silit

boundary ['baundări] s frontieră f, hotar n, graniţă f; limită f; margine f

bow [bau] vi a se îndoi; a se încovoia; a se apleca; a se înclina; a se supune; vt a înclina; a pleca fruntea; s aplecare f, plecăciune f; arc n; arcuş n; curcubeu n; fundă f

bowl [băul] s vas n; vază f; strachină f; castron n; lighean n; cupă f

box [boks] s cutie f; tabacheră f; casetă f; ladă f; boxă f; bancă f; lojă f; gheretă f; cabană f; cadou n; vi a pune într-o cutie, a împacheta

boy [boi] s băiat m; tînăr m; fiu m, fecior m

boyhood ['boihud] s copilărie f; adolescenţă f

bracelet ['breislit] s brăţară f

brag [bræg] vi a se lăuda, a se făli, a face paradă de

braid [breid] s cosiţă f; panglică f; împletitură f; şnur n; şiret n; tresă f; vt a împleti; a lega cu o panglică

brake [breik] s frînă f; piedică; vt a frîna; a împiedica

branch ['bra:nci] s creangă f, ramură f; ramificaţie f; afluent n; braţ n de rîu; filială f, sucursală f; domeniu n; vt a împărţi, a diviza; vi a se ramifica; a se lărgi, a se întinde

brand [brænd] s marcă f, clasă f, sort n; semn n, stigmat n; tăciune m aprins; vt a arde cu fierul roşu, a însemna; a stigmatiza

brassiere ['bræsiăr] s brasieră f; sutien n

brat [bræt] s puşti m; ştrengar m, copil m neastîmpărat

brave [breiv] adj brav, curajos, viteaz; frumos; minunat, splendid; vt a brava, a înfrunta; a sfida; a provoca

bread [bred] s pîine f; hrană f; mîncare f; vt a găti cu pesmet

breadth [bredϴ] s lăţime f, lărgime f; mărinimie f, generozitate f

break [breik] vt a sparge, a sfărîma; a frînge; a rupe; a strica; a zdrobi; a desface; a renunţa la; a îmblînzi, a domestici; a distruge, a ruina; vi a se sparge, a se sfărîma; a se frînge; a se rupe; a se strica; a se opri

breakfast ['brekfăst] s micul dejun n, gustare f de dimineaţă; vt a lua micul dejun

breast [brest] s piept n; pieptar n; platoşă f; vt a da piept cu, a înfrunta

breaststroke ['brest străuk] s bras n (la înot)

breath [breθ] s respiraţie f, răsuflare f, suflu n

breeze [bri:z] s adiere f, boare f; ceartă f; vi a adia, a sufla lin

brew [bru:] vt a fierbe, a fabrica (bere); a pune la cale, a urzi; vi a fabrica bere etc; a urzi; a se pregăti; a se apropia

brick [brik] s cărămidă f; bucată f; tabletă f; brichetă f; vt a construi din cărămidă

bridge ['brigi] s pod n; punte f; ponton n; covertă f; pasarelă f; vt a construi un pod/ o punte; a împăca, a concilia

brief [bri:f] adj scurt, concis; s rezumat n, compendiu n; vt a rezuma; a da ultimele instrucţiuni cuiva

bright [brait] adj strălucitor; luminos; senin; sclipitor; lucitor; viu; limpede, clar; ager; minunat; grozav; vesel; optimist; favorabil

brilliant ['briliănt] adj strălucitor; luminos; splendid; măreţ; eminent; s briliant n

bring [briŋ] vt a aduce; a lua, a duce; a cauza, a produce; a intenta

broad [bro:d] adj larg, lat, întins; spaţios; vădit, clar; tolerant; principal, general; adv pe faţă, deschis; complet

broadcast ['bro:dka:st] vt a transmite (prin radio); a difuza; vi a vorbi, a cînta (la radio); adj radiodifuzat; s emisiune f radiofonică; program n de radio

broken ['brăukăn] adj sfărîmat, spart, dărîmat, distrus; nerespectat; întrerupt, întretăiat

brook [bruk] vt a suferi, a suporta; a accepta

broom [bru:m] s mătură f; vt a mătura

brother ['braðă] s frate m; confrate m; tovarăş m

brown [braun] adj cafeniu, maron; s hîrtie f de ambalaj

brush [braş] s perie f; pensulă f; tufiş n; s periat n; vt a peria;
a atinge uşor

bubble ['babl] s băşică f, bulă f; himeră f; vi a face băşici

bucket ['bakit] s găleată f

buckle ['bakl] s cataramă f; vt a încheia cu cataramă

budget ['badgit] s buget n

buffet ['bafit] s lovitură f, pumn m; vt a lovi; ['bufei] s bufet
n; bar n

bug [bag] s ploşniţă f

build [bild] s construcţie f; vt a construi, a clădi; a crea; a
făuri treptat; a aduna

building ['bildiŋ] s clădire f; construire f, făurire f

bull [bul] s taur m

bum [bam] s vagabond m

bun [ban] s coc n; chiflă f

bunch ['banci] s mănunchi n, legătură f; buchet n de flori;
ciorchine m; vt, vi a (se) înmănunchia

bundle ['bandl] s legătură f; teanc n; vt a lega, a înmănunchia

burden ['bă:dn] s povară f, sarcină f, greutate f, răspundere f;
vt a încărca; a asupri

bureaucracy [biuă'rokrăsi] s birocraţie f, birocratism n;
birocraţii m pl

burn [bă:n] vt a arde; a cauteriza; a ustura; a prăji; a pîrli; vi a
arde, a fi aprins; a dogori; a lumina; a avea febră; s
arsură f; semn n cu fierul roşu

burst [bă:st] vi a plesni, a crăpa; a exploda; vi a arunca în aer;
a distruge; s explozie f; ropot n; izbucnire f; apariţie f

bury ['beri] vt a îngropa, a înmormînta; a ascunde, a tăinui

bus [bas] s autobuz n

bush [buş] s tufă f, tufiş n; coadă f stufoasă

business ['biznis] s afacere f; tranzacţie f; comerţ n; magazin
n; chilipir n; ocupaţie f; chestiune f, problemă f;
obligaţie f, datorie f

busy ['bizi] adj harnic, activ; ocupat, prins cu; aglomerat; plin,
  încărcat; plictisitor, sîcîitor, insistent; vt a da de lucru
  cuiva

but [bat, băt, bt] conj dar, însă; ci; şi; totuşi, cu toate acestea;
  fără să; decît; fără a; adv numai, doar; prep (în) afară
  de, cu excepţia; pr rel neg care să nu

butcher ['buciă] s măcelar m; călău m; lucrător m prost; vt a
  înjunghia, a sacrifica; a ucide, a omorî, a măcelări; a
  masacra

butter ['bată] s unt n; linguşire f, linguşeală f; vt a unge cu unt

butterfly ['batăflai] s fluture m; (stil n de înot) fluture; om m
  superficial; femeie f frumoasă

buttock ['batăk] s fesă f

button ['batn] s nasture m, bumb m; buton n, pastilă f; vt a
  coase nasturi; a încheia cu nasturi, a încheia nasturii

buy [bai] vt a cumpăra; a corupe, a mitui; a face cumpărături

by [bai] prep lîngă, foarte aproape; alături de; în preajma; pînă
  la; prin; cu ajutorul; prin mijlocul; adv alături,
  aproape, în apropiere

C

C, c [si:] (litera) C, c; (nota) do
cab [kæb] s cabrioletă f; birjă f; birjar m
cabbage ['kæbigi] s varză f; căpăţînă f de varză; om m
    insensibil/ nepăsător
cabin ['kæbin] s casă f simplă; bordei n; baracă f; vi a înghesui
cable ['keibăl] s cablu n, otgon n, frînghie f groasă; parîmă f;
    cablogramă f; telegramă f; vt a fixa cu un cablu; a
    telegrafia; vi a telegrafia
cafe ['kæfei] s ceainărie f; cafe f, restaurant n; bar n; cafenea f
cafeteria [,kæfi'tiăriă] s bufet n cu autoservire
cage ['keigi] s colivie f; cuşcă f; închisoare f; (cabină de) lift
    n; vt a băga într-o colivie
cake [keik] s prăjitură f; cozonac m; chec n; tort n; turtă f;
    bucată f; bulgăre m; brichetă f; crustă f; vi a se întări,
    a prinde coajă; a se lipi de
calculate ['kælkiu,leit] vt a calcula, a socoti, a număra; a
    chibzui; a presupune; a-şi închipui; a prevedea; vi a
    calcula; a număra
calendar ['kælindăr] s calendar n; almanah n; listă f, tabel n;
    catalog n; vt a trece în calendar
call [ko:l] vt a chema; a numi; a spune; a denumi; a boteza; a
    convoca; a atrage (atenţia); a deştepta; a considera; a
    telefona cuiva; vi a striga; a mieuna; a urla; a telefona;
    a trece (pe la cineva); s chemare f; strigăt n; apel n;
    invitaţie f; propunere f; solicitare f; convorbire f
    telefonică; somaţie f; cauză f, motiv n
calm [ka:m] adj calm; frumos, senin; liniştit; cu sînge rece; s
    calm n, acalmie f; linişte f, pace f; vi a calma, a linişti
camel ['kæmăl] s cămilă f; macara f
camera ['kæmără] s aparat n de fotografiat; cameră f de
    chibzuinţă; cameră f de televiziune

camp [kæmp] s lagăr n, tabără f; bivuac n; vi a campa, a ridica o tabără

camping ['kæmpiŋ] s drumeţie f; excursie f; camping n; campare f; campament n

campus ['kæmpăs] s cetate f universitară

can [kæn, kăn] v mod def a putea, a fi în stare, a fi capabil; a şti, a se pricepe; a fi posibil, a fi cu putinţă; a avea voie

canal [kă'næl] s canal n; tub n; duct n

cancel ['kænsăl] vt a şterge, a radia; a anula; a rezilia; a neutraliza; a compensa; s refacere f a unei pagini, retipărire f

cancer ['kænsăr] s cancer n, carcinom n; pacoste f, năpastă f, blestem n

candidate ['kændi,deit] s candidat m; pretendent m

candle ['kændl] s lumînare f; watt m

candy ['kændi] s zahăr n candel; bomboană f; drops n; vt a fierbe în zahăr; a zaharisi; vi a se zaharisi

cannot ['kænot] v mod def a nu se putea, a fi imposibil

cap [kæp] s şapcă f; beretă f; bonetă f; pălărie f; înveliş n; capac n; calotă f; şef m; vt a pune cuiva şapca etc pe cap; a înveli; a încununa; a întrece

capable ['keipăbăl] adj capabil; priceput; competent; eficient

cape [keip] s promontoriu n; cap n

capital ['kæpităl] s capital n; venit n; capitală f; majusculă f; adj principal; excelent

captain ['kæptin] s conducător m, şef m; comandant m; căpitan m; vt a fi căpitanul (echipei)

capture ['kæpciăr] s captură f; capturare f; pradă f, trofeu n; vt a prinde, a captura; a capta

car [ka:r] s maşină f, automobil n; autoturism n; vagon n; cabină f (de lift)

card [ka:d] s carte f de joc; pl (joc de) cărţi f; carnet n; agendă
    f; carte f de vizită; fişă f; tichet n; bilet n; cartonaş n;
    carte f poştală; buletin n de identitate; felicitare f

care [keăr] s grijă f, îngrijire f; supărare f; nelinişte f; atenţie
    f; prevedere f; vi a se îngriji, a avea grijă de; a-i păsa

career [kă'riăr] s carieră f, profesiune f; progres n; viaţă f,
    existenţă f; goană f, viteză f; galop n; vi a goni, a
    zbura

careful ['keăful] adj atent; prudent; minuţios; migălos;
    scrupulos

careless ['keălis] adj fără griji; nepăsător; neatent; neglijent;
    indolent; uşuratic; firesc, natural

carpet ['ka:pit] s covor n; carpetă f; vt a aşterne cu covoare; a
    acoperi (cu flori etc)

carriage ['kærigi] s trăsură f; caleaşcă f, echipaj n; vagon n;
    vagonet n; transport n; cărăuşie f; ţinută f, alură f; aer
    n, înfăţişare f; executare f

carrot ['kærăt] s morcov m

carry ['kæri] vt a duce, a purta, a căra; a transporta; a sprijini,
    a susţine; a întreţine; a răspîndi, a transmite; a dispune
    de; a conţine, a cuprinde; a reporta; a tipări, a publica;
    a difuza; a atrage după sine; a impune; a forţa; a
    cuceri; vi a ajunge pînă la o anumită distanţă; a fi
    însărcinată; s distanţă f; sonoritate f; traiectorie f

cart [ka:t] s căruţă f, car n; furgon n; cărucior n de transport;
    roabă f; vt a duce cu căruţa

carve ['ka:v] vt, vi a tăia, a ciopli; a sculpta, a grava

case [keis] s caz n, întîmplare f; incident n; accident n; situaţie
    f; problemă f; proces n; pacient m; om m ciudat

cash [kæş] s bani m pl; bani gheaţă; vt a încasa; a schimba în
    bani; a plăti (în numerar)

cast [ka:st] s aruncare f; risc n; şansă f; matriţă f; distribuţie f;
    înfăţişare f, aspect n; colorit n, nuanţă f; expresie f,
    mină f; model n; înclinare f; vt a arunca; a da (votul);

a lepăda; a răspîndi; a îndepărta; a turna (în forme etc); a distribui

castle ['ka:sl] s castel n; turn n (la şah); vi a face rocadă

cat [kæt] s pisică f; felină f; pisica f cu-nouă-cozi; caţă f; gură f rea; individ m, tip m; vt a bate cu pisica-cu-nouă-cozi

catch, caught, caught ['kæci], [ko:t], [ko:t] vt a prinde, a apuca; a ajunge la timp; a molipsi; a cuceri; a reţine; a pricepe; a captura; a se îmbolnăvi de; a vîna; a pescui; vi a se prinde, a se agăţa; a fi molipsitor, a se răspîndi; a se aprinde; s prindere f, apucare f; capturare f; captură f, pradă f; cîştig n; venit n; folos n; viclenie f, şiretlic n; pauză f, întrerupere f, oprire f

cathedral [kă'θidrăl] s catedrală f, dom n

catholic ['kæθălik] adj catolic; universal; larg; tolerant; lipsit de prejudecăţi

cattle ['kætăl] s vite f pl; bovine f pl

cause [ko:z] s cauză f; temei n; motiv n; justificare f; problemă f, chestiune f; vi a cauza, a stîrni; a pricinui

caution ['ko:şăn] s prudenţă f, precauţie f; atenţie f; avertisment n; vt a preveni, a avertiza

cave [keiv] s peşteră f, grotă f, cavernă f; cavitate f; depresiune f; pivniţă f; vt a săpa, a scobi

ceiling ['si:liŋ] s tavan n, plafon n; limită f

celebrate ['seli,breit] vt a sărbători, a celebra; a comemora; a oficia

cemetery ['semitri] s cimitir

censor ['sensă] s cenzor m; supraveghetor m; vt a cenzura

cent [sent] s cent m

centimeter ['senti,mi:tăr] s centimetru m

central ['sentrăl] adj central; fundamental, esenţial, principal; accesibil

central heating ['sentrăl hi:tiŋ] s încălzire f centrală

century ['senciări] s secol n, veac n; centurie f

ceremony ['serimăni] s ceremonie f; ceremonial n; ritual n; solemnitate f; formalitate f; politeţe f

certain ['să:tăn] adj anumit, anume; oarecare; sigur, precis, cert, categoric; pr unii, unele

chain [cein] s lanţ n; pl cătuşe f pl; robie f, sclavie f; captivitate f; reţea f, sistem n; grup n, concern n; vt a lega cu un lanţ; a pune în lanţuri, a fereca; a înrobi

chair ['ceăr] s scaun n; catedră f; loc n de onoare; scaun n electric; vt a aşeza (pe un scaun); a instala (într-un post); a purta în triumf

challenge ['ciælingi] s provocare f, chemare f (la întrecere); pretenţie f; cerere f; parolă f; somaţie f; vt a provoca, a chema (la luptă etc); a cere, a pretinde; a necesita; a se îndoi de; a contesta; a soma; a recuza

champagne [şæm'pein] s şampanie f; vin n spumos

chance [cia:ns] s întîmplare f; noroc n, şansă f, soartă f; risc n; posibilitate f; vt a risca; adj întîmplător, incidental

change ['ceingi] vt a schimba; a înlocui; a modifica; a transforma; vi a se schimba, a se modifica; a se transforma; s schimbare f, înlocuire f; modificare f, transformare f; variaţie f, noutate f; mărunţiş n, rest n

channel ['ciænăl] s matcă f, albie f; canal n; senal n; rigolă f; braţ n; făgaş n; vt a-şi face/ a-şi croi drum; a canaliza, a îndrepta

chaos ['keios] s haos n; prăpastie f, abis n; confuzie f; anarhie f

chapter ['ciæptăr] s capitol n; episod n; temă f, subiect n; filială f (a unui club etc); asociaţie f studenţească

character ['kæriktăr] s caracter n, fire f, natură f; forţă f morală; aspect n, fel n; personaj n, erou m; caracterizare f; reputaţie f; calitate f, rol n, funcţie f; literă f

characteristic [kæriktă'ristik] adj caracteristic, tipic, specific; s caracteristică f, particularitate f

charge ['cia:gi] s învinuire f, acuzare f; şarjă f, atac n; preţ n,
cost n; sarcină f; încărcătură f; grijă f; păstrare f;
supraveghere f; vt a încărca; a alimenta; a ataca; a
cere (un preţ); vi a cere/ a pretinde plata

charge card ['cia:gi ka:d] s carte f de credit pentru
cumpărături

charge account ['cia:gi ă'kaunt] s cont n curent

charm [cia:m] s vrajă f, farmec n; talisman n, fetiş n; vt a
fermeca; a vrăji; a fascina

charming ['cia:miŋ] adj fermecător, fascinant, încîntător

chase [ceis] vt a vîna; a urmări; a alerga după; a îndepărta; a
risipi; vi a vîna; a alerga, a fugi; s vînătoare f; vînători
m pl; vînat n; sălbăticiuni f pl; urmărire f, hăituire f;
animal n urmărit

chat ['ciæt] vi a sta de vorbă, a sporovăi; s şuetă f, discuţie
prietenească

cheap [ci:p] adj ieftin; convenabil; banal; superficial; prost;
jenat; adv ieftin, convenabil

cheat [ci:t] vt a înşela; a păcăli; vi a înşela, a trişa; s
înşelăciune f, amăgire f; escrocherie f; înşelător m;
escroc m

check [cec] s oprire f, întrerupere f; piedică f, frînă f; şah n;
control n, verificare f; etichetă f; semn n; bon n;
recipisă f; fisă f; carou n, pătrat n; vt a opri brusc, a
întrerupe; a frîna; a împiedica; a controla; a verifica; a
bifa; a înregistra

cheer [ciăr] vt a bucura; a înveseli; a încuraja; a aclama, a
ovaţiona; vi a se bucura; a prinde curaj; a aclama; s
aprobare f, acord n; pl urale f, aclamaţii f, ovaţii f;
încurajare f; dispoziţie

cheerful ['ciăful] adj voios, vesel; primitor, prietenos; luminos

cheese s brînză f

chef [şef] s bucătar m şef; bucătar m

chemical ['kemikal] adj chimic; s preparat n chimic

cherry ['ceri] s vişin m; vişină f; adj vişiniu

chess [ces] s (jocul de) şah n

chest [cest] s ladă f, cufăr n; scrin n; dulap n; piept n

chew [ciu:] vt a rumega, a mesteca; a cugeta; s rumegat n,
    mestecat n; tutun n de mestecat

chewy [ciu:i] adj greu de mestecat

chicken ['cikin] s pui m (de găină); găină f, cocoş m; odor n,
    copilaş m; tînăr m/ tînără f fără experienţă; om m laş
    sau fricos

chief [ci:f] s şef m, conducător m; ofiţer m întîi; ofiţer m
    secund; adj atr de frunte; conducător; principal

child [ciaild] s copil m; prunc m; sugar m; persoană f imatură;
    urmaş m; produs n, rezultat n

childish ['ciaildiş] adj naiv; copilăresc; copilăros; prost

children ['cildrăn] s pl de la **child**

chilly ['cili] adj rece, răcoros; înfrigurat, îngheţat; distant;
    descurajator; deprimant

chimney ['cimni] s şemineu n, cămin n; coş n, horn n; crater n
    de vulcan; crăpătură f în stîncă

chin [cin] s bărbie f; vi a trăncăni, a flecări

chip [cip] s aşchie f; surcică f; şindrilă f; şipcă f; fărîmă f,
    fragment n, ciob n; felie f subţire; copil m, odraslă f;
    vi a aşchia; a se fărămiţa; a se sparge

chocolate ['ciokălit] s ciocolată f; pl bomboane f de ciocolată;
    adj de ciocolată; ciocolatiu

choice [ciois] s alegere f, selecţie f; opţiune f; preferinţă f;
    alternativă f; (a)sortiment n; parte f aleasă; adj cel mai
    bun; superior; elegant; rafinat

choose [ciu:z] vt a alege; a selecta; a hotărî; a prefera; a vrea;
    vi a alege, a putea alege

chop [ciop] vt a tăia bucăţi; a ciopli; a toca; vi a ciopli; a
    despica; s lovitură f de topor etc; cotlet n

Christmas ['krismăs] s Crăciun n

Christmas tree ['krismăs,tri:] s pom m de Crăciun

church ['ciă:ci] s biserică f; capelă f; paraclis n; slujbă f,
        serviciu n divin; rit n; vt a face o slujbă pentru
cigarette [,sigă'ret] s țigaretă f; țigară f
cigarette lighter [,sigă'ret,laită] s brichetă f
cinema ['sinimă] s cinema(tograf) n; film n; cinematografie f
circle ['să:kl] s cerc n; inel n; manej n; arenă f; rang n; rotație
        f; curs n; coroană f; vt a se învîrti în jurul; a
        înconjura, a încercui; vi a se învîrti; a se mișca în cerc
circular ['să:kiulăr] adj circular; de cerc; s circulară f; reclamă
        f; prospect n
circus ['să:kăs] s circ n; piață f (rotundă); arenă f; manej n
citizen ['sitizăn] s cetățean m; orășean m
city ['siti] s oraș n
city hall ['siti,ho:l] s primărie (a unui oraș)
civilization [,sivilai'zeișăn] s civilizație f; cultură f; lumea f
        civilizată
civilize ['sivilaiz] vt a civiliza
claim [kleim] vt a cere, a pretinde; a reclama; a revendica; a
        afirma, a susține; a solicita; s pretenție f; revendicare
        f; drept n
clap [klæp] s pocnet n, pocnitură f; tunet n; pl aplauze f; vt a
        pocni din ; a aplauda; a trînti cu zgomot; a bate din; vi
        a pocni; a trosni; a aplauda
clarify ['klærifai] vt a clarifica; a purifica; a decanta; vi a se
        clarifica, a se limpezi; a se purifica
clash [klæș] vi a se izbi; a se lovi, a se ciocni; a zăngăni; a
        răsuna; a fi în conflict; a nu se potrivi/ asorta; a
        coincide; vt a trînti cu zgomot; s ciocnire f; zăngănit
        n; conflict n; nepotrivire f
class [kla:s] s clasă f, categorie f; calitate f; rang n; promoție f;
        vt a clasifica; a aparține unei clase
classic ['klæsik] adj perfect, desăvîrșit; clasic, vestit; simplu,
        sobru; esențial; tradițional, tipic; s clasic m, autor m
        clasic; lucrare f clasică

classify ['klæsifai] vt a clasifica; a declara/ a considera secret

classmate ['kla:s,meit] s coleg m de clasă

claw [klo:] s gheară f; cleşte m; mînă f; foarfece f pl; vt a-şi
        înfige ghearele; a apuca cu ghearele; a zgîria; vi a se
        apuca cu mîinile de

clay [klei] s argilă f, lut n, humă f; pămînt n, ţărînă f; noroi n;
        pulbere f; trup n

clean [kli:n] adj curat, îngrijit; pur; nescris; nepătat; imaculat;
        inocent; nevinovat; dibaci; iscusit; adv cu desăvîrşire;
        s curăţenie f; vt a curăţi; a curăţa; a lustrui; a spăla; a
        şterge

cleanse [klenz] vt a curăţa; a dezinfecta; a purga

clear [kliăr] adj limpede, clar; senin; transparent; curat; adv
        strălucitor; cu totul; total; vt a curăţa; a strînge; a
        evacua; a elibera; a risipi; a limpezi; a achita; a
        lămuri; a defrişa; vi a se limpezi, a se însenina; a se
        ridica (ceaţa)

clergy ['klă:gi] s cler n; preoţi m pl

clerk [klă:k, kla:k] s secretar m; funcţionar m; amploiat m;
        vînzător m; cleric m

clever ['klevăr] adj deştept, inteligent; spiritual; ingenios;
        talentat; înzestrat; abil; dibaci

client ['klaiănt] s client m; cumpărător m; favorit m; trepăduş
        m

cliff [klif] s faleză f; ţărm n stîncos; stîncă f în mare; coastă f;
        terasă f

climax ['klaimæks] s culme f, punct n culminant; culminaţie f;
        gradaţie f; vi a culmina

climb [klaim] vt a (se) urca pe, a sui; a se căţăra; a face o
        ascensiune; vi a se urca, a se ridica; s urcare f,
        căţărare f, ascensiune f

clock [klok] s ceas n; pendulă f; orologiu n; deşteptător n; vt a
        cronometra, a ponta

close [klăus] adj închis; îngrădit; încuiat; ascuns; secret; strîns; viciat; sever; apropiat, intim; detaliat, minuţios; exact, fidel; adv strîns, apropiat; aproape, cît pe ce; vt a închide; a împrejmui; a încuia; a bloca; a termina; a sfîrşi, a încheia

closet ['klozit] s cameră f, odaie f; cămară f, magazie f; dulap n (în perete); birou n, cabinet n; toaletă f

cloth [kloϴ] s pînză f, postav n; stofă f; cîrpă f; faţă f de masă

clothes [klăuδz] s pl îmbrăcăminte f, haine f pl; rufărie f, lenjerie f

clothing ['klăuδiŋ] s îmbrăcăminte f; înveliş n

cloud [klaud] s nor m; potop n; umbră f, supărare f; văl n; vt a înnora, a umbri; vi a se înnora; a se întuneca

cloudy ['klaudi] adj noros; înnorat; tulbure; confuz; înceţoşat

clown [klaun] s clovn m; măscărici m; bădăran m; vi a face pe clovnul/ bufonul

club [klab] s club n; vi a se strînge, a se întruni

clumsy ['klamzi] adj stîngaci, neîndemînatic; aspru, grosolan; lipsit de tact

clutch ['klaci] vt a apuca, a prinde; a ţine strîns; s apucare f, strîngere f, strînsoare f; ambreiaj n

coal [kăul] s cărbune m; huilă f; tăciune m; vt a preface în cărbune, a carboniza

coarse [ko:s] adj aspru, grosolan; brut; inferior; vulgar; nepoliticos

coast [kăust] s coastă f, ţărm n de mare; litoral n; graniţă f, limită f; vt, vi a naviga de-a lungul coastei

coat [kăut] s haină f; veston n; sacou n; jachetă f; palton n, mantou n; blană f; lînă f; piele f, penaj n; înveliş n; vt a înveli, a acoperi; a vopsi

cock [kok] s cocoş m; cîntatul n cocoşului; şef m; sfîrlează f; trăgaci n; vt a ridica (trăgaciul etc); a pune pe o ureche (pălăria etc)

cockroach ['kok,răuci] s gîndac m de bucătărie

cocktail ['kokteil] s cocteil n; cal m cu coada tăiată

cocoa ['kăukău] s arborele m de cacao; cacao f

code [kăud] s cod n; codice n; cifru n; semnal n; vt a codifica, a cifra

coffee ['kofi] s cafea f; arborele m de cafea

coffee pot ['kofi,pot] s cafetieră f; ibric n pentru cafea

coin [koin] s monedă f; ban m; vt a bate (monedă); a născoci, a inventa

cold [kăuld] adj rece; răcoros; înfrigurat; neprietenos; mort; leşinat; s vreme f rece; temperatură f scăzută; senzaţie f de frig; răceală f

collar ['kolăr] s guler n; zgardă f; manşon n; vt a lua de guler; a încăleca

collect [kă'lekt] vt a strînge; a aduna; a colecta; a încasa; vi a se strînge, a se aduna; a fi colecţionar; adv, adj (contra) ramburs; cu taxă inversă

collection [kă'lekşăn] s strîngere f, adunare f; colecţionare f; colecţie f; grămadă f; colectă f

college ['koligi] s colegiu n; facultate f; universitate f; academie f; şcoală f superioară; institut n; corporaţie f

color ['kalăr] s culoare f; colorit n; ton n; nuanţă f; vopsea f; pigment m; roşeaţă f; caracter n; pl steag n, drapel n

colorful ['kalăful] adj pitoresc; plin de culoare

comb [kăum] s pieptene m; meliţă f; darac n; creastă f; fagure m; vt a pieptăna; a dărăci; a scotoci

combination [,kombi'neişăn] s combinare f; combinaţie f; unire f; combinezon n; sintagmă f; cifru n secret

combine [kăm'bain] vt a combina; a uni; a amesteca; vi a se combina; a se uni; a se amesteca; ['kombain] s combină f; cartel n; sindicat n

come [kam] vi a sosi, a veni; a ajunge; a se apropia; a se întîmpla, a se petrece; a proveni; a se face, a deveni; a se găsi; interj hai! haide! ei hai!; (ei hai) lasă!

comedy ['komedi] s comedie f

comfort ['kamfăt] s mîngîiere f; sprijin n; tihnă f; confort n; vt
  a mîngîia, a alina; a consola

comfortable ['kamftăbăl] adj confortabil; tihnit, comod;
  liniştitor

command [kă'ma:nd] vt a comanda; a pretinde; a stăpîni; a
  dispune de; a domina; a impune; vi a comanda; a
  cuprinde cu vederea; s ordin n; comandă f; autoritate ;
  ordine f, dispoziţie f

comment ['koment] s comentariu n; observaţii f pl; vi a
  comenta; a discuta despre

commerce ['komă:s] s comerţ n

commission [kă'mişăn] s comisie f; mandat n; comision n;
  comitere f, însărcinare f; funcţie f; ordin n, brevet n;
  vt a împuternici; a autoriza; a comanda; a da în
  funcţiune

commit [kă'mit] vt a comite, a face, a săvîrşi; vr a se obliga

committee [kă'miti] s comitet n; comisie f

common ['komăn] adj comun; general; obişnuit; vulgar, trivial;
  s islaz n (comunal)

commonwealth ['komăn,uelθ] s republică f; stat n; comunitate
  f de naţiuni; federaţie f; bunăstare f generală

commotion [kă'măuşăn] s freamăt n, agitaţie f, tulburare f;
  zarvă f, zgomot n; zguduire f

communicate [kă'miu:ni,keit] vt a comunica, a transmite

communism ['komiu,nizăm] s comunism n

communist ['komiunist] adj, s comunist m

community [kă'miu:niti] s comunitate f; proprietate f în
  comun; asemănare f; opinia f publică

community center [kă'miu:nity   'sentăr] s cămin n cultural;
  ateneu n

compact [kăm'pækt] s adj compact; dens; concis; înghesuit; vt
  a consolida; a face compact

compact ['kompækt] s pudrieră f

companion [kăm'pæniăn] s tovarăş m; însoţitor m; interlocutor
m; complice m; ghid n, manual n

company ['kampăni] s companie f, tovărăşie f; vizitatori m pl;
asociaţi m pl; societate f (comercială)

comparative [kăm'pærătiv] adj comparat; comparativ;
aproximativ; s (gradul) comparativ n

compare [kăm'peă] vt a compara; a face schimb de; vi a fi
comparabil; s comparaţie f

comparison [kăm'pærisăn] s comparaţie f; asemănare f

compassionate [kăm'pæşănăt] adj compătimitor, milos, plin de
compasiune

compatible [kăm'pætăbăl] adj compatibil (cu)

compete [kăm'pi:t] vi a concura; a se întrece

competition [kămpi'tişăn] s concurenţă f, rivalitate f;
competiţie f; concurs n

competitor [kăm'petităr] s concurent m

complain [kăm'plein] vi a se plînge de; a aduce o acuzaţie

complaint [kăm'pleint] s nemulţumire f; reclamaţie f; plîngere
f; durere f; boală f

complete [kăm'pli:t] adj complet; total; încheiat, terminat; vt a
sfîrşi, a termina, a încheia; a perfecţiona, a desăvîrşi

complex ['kompleks] adj complex; complicat; dificil

complicate ['kompli,keit] vt a complica; a încurca; vi a se
complica; a se încurca

complicated ['kompli,keitid] adj complicat; complex; dificil

compliment ['komplimănt] s compliment n; laudă f; pl salutări
f pl; vi a face complimente cuiva; a felicita

complimentary [,kompli'mentări] adj laudativ, măgulitor; de
felicitare; gratuit

comply [kăm'plai] vi a ceda; a fi de acord; a se supune

compose [kăm'păuz] vi a compune; a redacta; a culege; a se
domoli; a aplana; vr a se stăpîni; vi a compune; a
culege

composer [kăm'păuzăr] s compozitor m

composition [,kompă'zişăn] s compunere f; formare f;
        compoziţie f; amestec n; constituţie f; caracter n
comprehend [,kompri'hend] vt a înţelege; a cuprinde, a include
compromise ['kompră,maiz] s compromis n; compromitere f;
        vt a compromite; a periclita; a ajunge la un
        compromis; a renunţa la; vi a face un compromis
computer [kăm'piu:tăr] s calculator n; maşină f de calculat
conceited [kăn'si:tid] adj încrezut, vanitos; îngîmfat
concentrate ['konsăn'treit] vt a concentra, a aduna; vi a se
        concentra, a se strînge; s concentrat n
concentration [,konsăn'treişăn] s concentrare f; strîngere f;
        concentraţie f
concern [kăn'să:n] vt a privi, a afecta; a preocupa; s interes n,
        participare f; relaţie f; importanţă f; preocupare f, grijă
        f
concerned [kăn'să:nd] adj implicat; preocupat; îngrijorat;
        neliniştit
concert ['konsă:t] s concert n; acord n, concordanţă f, armonie
        f; vt a plănui împreună
concise [kăn'sais] adj concis; laconic; scurt, succint
conclude [kăn'klu:d] vt a încheia, a termina; a conchide; a
        stabili, a hotărî; vi a încheia, a termina
conclusion [kăn'klu:jăn] s încheiere f, terminare f, sfîrşit n;
        concluzie f; rezumat n; deducţie f
condition [kăn'dişăn] s condiţie f; stipulaţie f; clauză f; stare f;
        situaţie f; vt a condiţiona; a determina, a produce; a
        pregăti, a antrena
condom ['kondom] s condom n, prezervativ n
conference ['konfărăns] s conferinţă f; congres n; adunare f;
        şedinţă f
confess [kăn'fes] vt a mărturisi, a recunoaşte; a confesa, a
        spovedi; vi a-şi recunoaşte (vina etc); a face mărturisiri
confession [kăn'feşăn] s mărturisire f, recunoaştere f;
        confesiune f, spovedanie f; credinţă f, crez n; rit n

confide [kăn'faid] vi a avea încredere în; a se încrede în

confidence ['konfidăns] s convingere f; siguranţă f; încredere f; confidenţă f; secret n

confidential [,konfi'denşăl] adj confidenţial, secret; de încredere; încrezător, credul

conflict ['konflikt] s conflict n; luptă f; ciocnire f; contradicţie f; [kăn'flikt] vi a fi în conflict/ contradicţie (cu)

conform [kăn'fo:m] vt a pune de acord; vi a se acorda, a fi în concordanţă

confuse [kăn'fiu:z] vt a confunda; a amesteca, a încurca; a zăpăci; a intimida

confusion [kăn'fiu:jăn] s confuzie f, încurcătură f; dezordine f; zăpăceală f; perplexitate f

congratulate [kăn'grætiuleit] vt a felicita

congress ['koŋgres] s congres n; adunare f generală; the C-- congresul n SUA

connect [kă'nekt] vt a lega; a uni; a asocia; a conecta; vi a fi în legătură (cu)

connection [kă'nekşăn] s legătură f; corespondenţă f; pl rude f pl; cunoscuţi m pl; relaţii f pl

connoisseur [,koni'să:r] s cunoscător m

conquer ['koŋkăr] vt a cuceri, a cîştiga; vi a învinge

conquest ['koŋkuest] s cucerire f

conscience ['konşăns] s conştiinţă f; cuget n

conscious ['konşăs] adj conştient, lucid; treaz; inteligent; intenţionat; voit

consciousness ['konşăsnis] s cunoştinţă f; conştienţă f; conştiinţă f

consecutive [kăn'sekiutiv] adj consecutiv, succesiv

consequence ['konsikuăns] s consecinţă f, urmare f; importanţă f, însemnătate f

conservative [kăn'să:vătiv] adj, s conservator n

consider [kăn'sidăr] vi a se gîndi la ; a intenţiona; a considera, a crede; vr a se crede, a se considera; vi a judeca

336

considerable [kăn'sidărăbăl] adj considerabil, remarcabil

consideration [kăn,sidă'reişăn] s consideraţie f, respect n; considerare f; apreciere f; considerent n; argument n

consist [kăn'sist] vi a sta în; a consta în; a se reduce la

consistent [kăn'sistănt] adj consistent; solid; des; consecvent; logic; compatibil

console [kăn'săul] vt a consola, a mîngîia, a încuraja

conspicuous [kăn'spikiuăs] adj izbitor; remarcabil

conspiracy [kăn'spirăsi] s conspiraţie f; uneltire f

constant ['konstănt] adj constant, stabil, permanent; fidel; s constantă f

constitution [,konsti'tiu:şăn] s constituţie f; sistem n de guvernămînt; organism n; structură f

construct [kăn'strakt] vi a construi, a clădi; a imagina; a crea

construction [kăn'strakşăn] s construire f; construcţie f, clădire f; interpretare f

constructive [kăn'straktiv] adj de construcţie; constructiv

consulate ['konsiulit] s consulat n

consult [kăn'salt] vt a consulta; a se sfătui cu; a ţine cont de; a lua în consideraţie

consume [kăn'siu:m] vt a consuma, a mînca sau a bea; a uza, a folosi; a irosi, a cheltui; vi a se consuma (din cauza)

consumer [kăn'siu:măr] s consumator m

contagious [kăn'teigiăs] adj contagios, molipsitor, infecţios

contain [kăn'tein] vt a conţine, a cuprinde, a include; a înfrîna, a-şi stăpîni

contaminate [kăn'tæmineit] vt a murdări, a polua; a strica, a contamina, a corupe

contemporary [kăn'temprări] adj contemporan; simultan; concomitent; modern; s contemporan m

content [kăn'tent] adj mulţumit, satisfăcut; vt a mulţumi, a satisface

contents ['kontents] s conţinut n; volum n; cuprins n, tablă f de materii

contest ['kontest] s luptă f; întrecere f; competiţie f; controversă f; [kăn'test] vt a cotesta, a nega; a dezbate, a disputa

continual [kăn'tiniuăl] adj continuu, neîntrerupt; repetat

continue [kăn'tiniu:] vt a continua, a urma; a relua; a menţine; vi a continua; a rămîne; a dura

continuous [kăn'tiniuăs] adj continuu, neîntrerupt; progresiv

contract ['kontrækt] s contract n, acord n, înţelegere f; [kăn'trækt] vt a contracta; a prescurta; a contrage

contradict [,kontră'dikt] vt a contrazice; a fi în contradicţie cu; a contraveni

contrary ['kontrări] adj contrar, opus; nefavorabil; încăpăţînat; s contrar n; opus n

contrast ['kontræst] s contrast n, opoziţie f; diferenţă f; [kăn'træst] vt a contrasta, a opune; a compara; vi a contrasta, a forma un contrast

contribute [kăn'tribiu:t] vt a contribui cu; a colabora cu; a scrie (pentru)

contribution [,kontri'biu:şăn] s contribuţie f; participare f; colaborare f; articol n

control [kăn'trăul] vt a controla, a verifica; a reglementa; a norma; a dirija, a conduce; a stăpîni; a comanda; s control n, verificare f; normare f; reglare f; conducere f

controversial [,kontră'vă:şăl] adj controversat; discutabil

controversy ['kontrăvă:si] s controversă f, discuţie f în contradictoriu

convenient [kăn'vi:niănt] adj confortabil; comod; convenabil, avantajos

conventional [kăn'venşănăl] adj convenţional, tradiţional; normal; artificial; curtenitor; monden

conversation [,konvă'seişăn] s conversaţie f, discuţie f; purtare f, comportare f

convict [kon'vikt] vt a dovedi că cineva este vinovat; a declara vinovat; a condamna; ['konvikt] s condamnat m, ocnaş m

cook [kuk] s bucătar m, bucătăreasă f; vt a găti; a fierbe; a coace; a prăji etc; vi a găti; a fi bucătar; a se găti; a se fierbe

cool [ku:l] adj răcoros; calm; liniştit; nepăsător; indiferent; imperturbabil; neprietenos, rece; vt a răcori; vi a se răcori; a se răci

cooperate [kău'opă,reit] vi a coopera; a conlucra

cooperation [kău,opă'reişăn] s cooperare f; conlucrare f; cooperaţie f

coordinate [kău'o:di,nit] adj coordonat; egal, de acelaşi fel; [kău'o:di,neit] vt a coordona, a pune de acord

cope [kăup] vi a face faţă; a învinge

copper ['kopăr] s cupru n; aramă f; monedă f de cupru; cazan n de aramă

copy ['kopi] s copie f, imitaţie f; reproducere f; manuscris n; text n; vt a copia; a scrie un text; a imita

cord [ko:d] s sfoară f; şnur n; şiret n; cordon n; funie f; cablu n; coardă f

cork [ko:k] s dop n; buşon n; plută f; vt a astupa cu un dop; a ascunde

corkscrew ['ko:k,skru:] s tirbuşon n

corn [ko:n] s grăunte m, bob n; grîne f pl; cereale f pl; grîu n; porumb m; vt a granula; a săra (carnea)

corner ['ko:năr] s colţ n, ungher n; loc n retras; vt a încolţi

corporation [,ko:pă'reişăn] s corporaţie f; societate f pe acţiuni; municipalitate f

corpse [ko:ps] s cadavru n

correct [kă'rekt] adj corect; exact; just; corespunzător; vt a corecta; a îndrepta; a potrivi

correspond [,kori'spond] vi a corespunda; a corespunde, a se potrivi, a se armoniza

correspondence [,kori'spondăns] s corespondenţă f; concordanţă f; asemănare f

corrupt [kă'rapt] adj corupt, imoral, depravat; venal; viciat; vt a corupe; a mitui; a priva de drepturi civile

corruption [kă'rapşăn] s putrezire f, descompunere f; corupţie f; depravare f; denaturare f, falsificare f

cost [kost] vt a costa, a face; a evalua, a preţui; a cere, a reclama; s cost n; preţ n, valoare f; cheltuieli f pl

costume ['kostium] s costum n; fel n de a se îmbrăca, stil n vestimentar

cosy ['kăuzi] adj v **cozy**

cottage ['kotigi] s casă f ţărănească; bordei n; casă f la ţară; vilă f

cotton ['kotan] s bumbac; ţesătură f de bumbac, stambă f; vată f; aţă f (de bumbac)

couch ['kauci] s sofa f, divan n, canapea f; cuşetă f; bîrlog n, vizuină f; vt a exprima, a formula, a redacta; vi a se culca; a sta culcat

cough [kof] vi a tuşi; vt a expectora; s tuse f; tuşit n

could [kud] pret şi cond pres de la **can**

council ['kaunsăl] s consiliu n, sfat n; sinod n; adj atr de consiliu

count [kaunt] vt a număra; a socoti; a calcula; a considera; vi a număra; a socoti; a fi inclus; a conta; s numărătoare f, numărare f; calcul n; consideraţie f; total n, sumă f

counterfeit ['kauntăfit] adj contrafăcut, fals; s contrafacere f; vt a contraface, a falsifica

country ['kantri] s ţară f; stat n; patrie f; loc n natal; the -- ţară f, provincie f; ţinut n, regiune f; adj atr rural, rustic; provincial

county ['kaunti] s comitat n, district n; judeţ n

couple ['kapal] s pereche f; cuplu n; soţ m şi soţie f; vt a împerechea; a lega, a uni; a asocia, a cupla

coupon ['ku:pon] s cupon n; talon n; bon n

courage ['karigi] s curaj n; bravură f, vitejie f

courageous [kă'reigiăs] adj curajos; brav; viteaz

course [ko:s] s curs n, desfășurare f; scurgere f; durată f, timp
n; mers n, direcție f; purtare f, comportare f; mod n,
manieră f; fel n de mîncare; pistă f, teren n; ciclu f,
serie f; puls n, tendință f; vi a urma un curs; a circula;
a alerga; a curge

court [ko:t] s curte f; ogradă f; judecătorie f; tribunal n; teren
n de sport; avansuri n pl; vt a curta; a atrage asupra sa

courteous ['ko:tiăs] adj curtenitor, manierat, bine crescut

cousin ['kazăn] s văr m sau verișoară f; rudă f, neam n

cover ['kavăr] vt a acoperi; a ascunde; a apăra; a cuprinde; a
trata; a parcurge; a cloci; a asigura; vi a forma un strat
gros; s învelitoare f, înveliș n; capac n; toc n; teacă f;
plic n; copertă f; refugiu n; pretext n; acoperire f

covet ['kavit] vt a rîvni; a dori cu înfocare; a invidia

cow [kau] s vacă f; femelă f

coward ['kauăd] s (om) fricos m, laș m; adj fricos, laș

cozy [kauzi] adj comod, confortabil

crab [kræb] s crab m; homar m; rac m; the C-- Cancerul n,
Racul m; zodia f Cancerului

crack [kræk] s pocnet n; pocnitură f; trosnet n; bubuit n;
crăpătură f, fisură f; deschizătură; glumă f; adj de
calitate superioara; de elită; vt a pocni din, a trosni
din; a crăpa; a sparge; a strica; a întrerupe; vi a pocni;
a crăpa

cram [kræm] vt a îndesa, umple; a ghiftui; a îndopa; a băga în
cap; a toci (o materie), a învăța mecanic; s înghesuială
f, aglomerație f; toceală f

crash [kræș] vi a se prăbuși; a se sparge; a da greș; a se ruina;
vt a doborî; a sfărîma; s accident n; prăbușire f, ruină
f; bubuit n; trosnet n

crazy ['kreizi] adj nebun, dement, smintit; nebunesc, prostesc;
mînios; dezechilibrat

cream [kri:m] s frişcă f; cremă f; spumă f; elită f; adj crem; vt
a lua crema de pe

create [kri:'eit] vt a crea; a face; a numi; a acorda titlul de; a
stîrni; a lăsa (o impresie etc)

creation [kri:'eişăn] s creare f, facere f; numire f, acordare f a
unui titlu; creaţie f, operă f

creative [kri:'eitiv] adj creator, inventiv

creature ['kri:ciăr] s creatură f, făptură f, fiinţă f; animal n
domestic; rob m, sclav m, unealtă f

credit ['kredit] s credit n; influenţă f; încredere f; reputaţie f,
renume n; cinste f, onoare f; aprobare f; vt a credita; a
împrumuta; a crede în

creep [kri:p] vi a se tîrî; a se furişa; a se căţăra; a se strecura;
s tîrîre f; furişare f; dilatare f

crevice ['krevis] s crăpătură f, fisură f

crew [kru:]s echipaj n; brigadă f; grup n; companie f; echipă f

crib [krib] s iesle f; pătuţ n, pat n (de copil); odăiţă f; casă f,
locuinţă f; magazin n; furtişag n; vt a închide; a
înghesui; a copia

crime [kraim] s delict n; infracţiune f; crimă f; asasinat n;
mîrşăvie f

criminal ['kriminăl] adj criminal, penal; s criminal m; asasin
m, ucigaş m

cripple ['kripăl] s infirm m, schilod m, invalid m; vt a
schilodi; a mutila; a paraliza; a strica

crisis ['kraisis] s criză f; moment n crucial

crisp [krisp] adj crocant; fragil; rece; îngheţat; răcoros,
proaspăt; ondulat; vioi; precis, clar; animat; vt a prăji
bine; a ondula; vi a deveni crocant; a se ondula

critic ['kritik] s critic m

critical ['kritikăl] adj critic; decisiv, hotărîtor; culminant;
riscant, periculos

criticize ['kritisaiz] vt a critica; a dezaproba

croak [krăuk] s croncănit n; orăcăit n; vi a croncăni; a orăcăi;
a bombăni; a vorbi răgușit

crocodile ['krokă,dail] s crocodil m

crook [kruk] s cîrjă f; cîrlig n; cange f; cotitură f; meandră f;
cocoașă f; escroc m; vt a îndoi, a încovoia

crooked ['krukid] adj încovoiat, cocoșat; îndoit; necinstit;
reprobabil

crop [krop] s recoltă f; seceriș n; cultură f; serie f; masă f; păr
m tăiat scurt; bici n, cravașă f; vt a recolta, a culege; a
cultiva, a crește; a tunde

cross [kros] s cruce f; semnul n crucii; crucifix n; încrucișare
f; hibrid m; intersecție f; adj transversal; supărat (pe);
contrariu; vt a intersecta; a traversa; a hibridiza; a se
opune; a contrazice

crossing ['krosiŋ] s traversare f; intersecție f

crow [krău] s cioară f; corb m; cîntecul n cocoșului, cucurigu
n; strigăt n de bucurie

crowd [kraud] s mulțime f, masă f; înghesuială f; grămadă f; vt
a umple, a înțesa; a ticsi; a presa; vi a se îngrămădi; a
se înghesui

crucial ['kru:șăl] adj crucial; decisiv; hotărîtor; critic

crucify ['kru:si,fai] vt a răstigni, a crucifica

crude [kru:d] adj brut, neprelucrat; necopt; imatur; grosolan;
needucat; țipător

cruel [kru:ăl] adj crud, nemilos; chinuitor

cruise [kru:z] vi a face o croazieră; a patrula pe mare; a
călători; s croazieră f; navigare f, plutire f

crumb [kram] s fărîmă f, fărîmitură f; miez n de pîine

crumble ['krambăl] vt a face fărîme; vi a se face fărîme; a se
preface în ruine; a se spulbera; a se nărui

crunch ['kranci] vt a roade, a ronțăi; vi a scîrțîi; s ronțăit n;
scîrțîit n

crunchy ['kranci] adj crocant

crusade [kru:'seid] s cruciadă f; campanie f; vi a lua parte la o cruciadă/ campanie; a duce o campanie/ luptă

crush [kraş] vt a strivi; a zdrobi; a şifona; a supune; a paraliza; a copleşi; vi a se înghesui; a-şi croi drum; a se şifona; s înghesuială f; strivire f; apăsare f; lovitură f; suc n de portocale

crust [krast] s coajă f; crustă f, înveliş n; vt a acoperi cu o crustă; a prinde coajă

crutch ['kraci] s cîrjă f; suport n; sprijin n

cry [krai] vi a ţipa; a plînge; a jeli; a urla, a lătra; a zbiera; a striga; vt a exclama; a anunţa cu glas tare; s ţipăt n; plînset n; strigăt n

cube [kiu:b] s cub n; vt a ridica la cub; a tăia sub formă de cuburi

cucumber ['kiu:,kambăr] s castravete m

cuff [kaf] s manşetă f; cătuşă f; vt a pune în cătuşe; a pălmui

cuff links ['kafliŋks] s pl butoniere f pl

cultivate ['kaltiveit] vt a cultiva; a creşte; a educa, a instrui

culture ['kalciăr] s cultură f; semănătură f; creştere f, cultivare f; nivel n intelectual; vt a cultiva

cup [kap] s ceaşcă f; cupă f; potir n; caliciu n; vt a face mîna căuş

cupboard ['kabăd] s bufet n, dulap n; şifonier n, garderob n

curb [kă:b] s zăbală f; strună f; frîu n; bordură f a trotuarului; vt a struni; a stăpîni, a înfrîna

cure [kiuăr] vt a vindeca; a îndrepta; a înlătura; a curma; a conserva; a săra; a afuma; cură f, tratament n; vindecare f; remediu n; conservare f

curiosity [,kiuări'ositi] s curiozitate f; indiscreţie f; ciudăţenie f

curl [kă:l] vt a ondula; a încreţi; a încolăci; vi a se ondula, a se încreţi; a se încolăci; s buclă f; spirală f; colac m; vîrtej n; ondulaţie f

curly ['kă:li] adj creţ, ondulat; încreţit; neregulat

currency ['karănsi] s valută f; valoare f, mijloc n de plată; curs n (valutar); valabilitate f; circulaţie f

current ['karănt] adj curent, comun, răspîndit; în curs; actual, prezent; s curent n; flux n; şuvoi n; curs n, desfăşurare f

curse [kă:s] s blestem n; înjurătură f; pacoste f, nenorocire f; vt, vi a blestema; a înjura

curtain ['kă:tn] s perdea f; draperie f; cortină f ecran n; vt a pune perdele la

curve [kă:v] s curbă f; curbură f; arc n; cot m; vt a curba; a îndoi; a bomba; a arcui, a bolti; vi a se curba; a se arcui, a se bolti

cushion ['ku:şăn] s pernă f; saltea f; tampon n, amortizor n; vt a pune o pernă sub; a amortiza; a muşamaliza

custody ['kastădi] s custodie f, grijă f; păstrare f; arest n, închisoare f

custom ['kastăm] s obicei n, datină f; obişnuinţă f; uzanţe f pl, convenţii f pl; impozit n; taxă f; client m, cumpărător m; vamă f, taxe f pl vamale

customer ['kastămăr] s cumpărător m, client m; tip m, individ m

cut [kat] vt a tăia; a croi; a reteza; a tunde; a cosi; a secera; a recolta; a strînge; a grava; a jigni; a lipsi (la şcoală etc); a biciui; a intersecta; s tăietură f; rană f; reducere f; bucată f, felie f; croială f; jignire f; adj tăiat; retezat; tuns; cosit; secerat; gravat

cute [kiu:t] adj deştept, isteţ; drăguţ, atrăgător

cutlery ['katlări] s cuţitărie f, cuţite n pl; tacîmuri n pl

cutlet ['katlit] s cotlet n, antricot n; crochetă f

cycle ['saikăl] s ciclu n; timp m; perioadă f; serie f; bicicletă f; tricicletă f; motocicletă f; vi a încheia un ciclu; a merge cu bicicleta etc

cynic ['sinik] adj v **cynical**

cynical ['sinikal] adj cinic; sarcastic; batjocoritor

D, d [di:] s (litera) D, d; (nota) re

dad [dæd] s tăticu(ţu) m

daddy ['dædi] s v **dad**

dagger ['dægăr] s pumnal n; hanger n

daily ['deili] adj zilnic, cotidian; obişnuit; adv zilnic, în fiecare zi; s ziar n care apare zilnic, cotidian n

dainty ['deinti] adj drăguţ, nostim; graţios; elegant; minunat; mofturos, dificil; sensibil, gingaş; ales, gustos; s delicatesă f; trufanda f

dairy ['deări] s lăptărie f

daisy ['deizi] s bănuţel m, părăluţă f; margaretă f

dam [dæm] s baraj n, dig n; zăgaz n; vt a zăgăzui, a stăvili

damage ['dæmigi] s pagubă f; rău n; stricăciune f; pl compensaţie f, despăgubiri f pl

damn [dæm] vt a osîndi; a blestema; a înjura; a condamna; a critica; s blestem n; înjurătură f

damp [dæmp] adj umed; ud; jilav; deprimat; s umezeală f; igrasie f; deprimare f; vt a umezi; a stropi; a uda; a stinge (focul); a potoli

dance [da:ns] vi a dansa; a juca; a sări; vt a dansa; a legăna; s dans n; joc n; horă f; muzică f de dans; serată f dansantă; bal n

danger ['deingiăr] s pericol n, primejdie f

dangerous ['deingiără s] adj periculos, primejdios; riscant

dare [deăr] v mod a îndrăzni; a cuteza; a se aventura; a risca; vt a îndrăzni; a înfrunta, a risca; a desfide

dark [da:k] adj întunecos, întunecat; închis; negru; cu părul negru; brunet; ascuns; obscur, neclar; urît, ticălos; mohorît; trist; jalnic; s întuneric n; noapte f; ignoranţă f

darling ['da:liŋ] s iubit(ă) m/f, drag m, scump(ă) m/f;
preferat(ă) m/f; adj art scump, favorit; minunat

date [deit] s dată f; zi f; timp n; epocă f, perioadă f; întîlnire f;
băiat m/fată f cu care îţi dai întîlnire; vt a data; a avea
o întînire cu cineva

daughter ['do:tăr] s fiică f, fată f, copilă f

daughter-in-law ['do:tărin'lo:] s noră f

dawn [do:n] vi a se crăpa de ziua; a începe; a se ivi; s zori pl,
auroră f

day [dei] s zi f; pl vreme f, timp n; viaţă f; perioadă f, epocă f

daze [deiz] vt a ului; a zăpăci, a năuci; s uluire f; zăpăceală f

dazzle [dæzl] vt a orbi cu lumina; a lua vederea

dazzling [dæzliŋ] adj orbitor, care îţi ia vederea

dead [ded] adj mort; decedat; fără viaţă; inactiv; amorţit;
îngheţat; total, complet; exact, precis; stricat;
monoton; mat, fără luciu

deadline ['ded,lain] s limită f; hotar n, margine f; termen n
final

deaf [def] adj surd; care nu vrea să audă/ să asculte

deal [di:l], **dealt** [delt], **dealt** [delt] vt a împărţi, a distribui; a
da, a administra; vi a da/ a face cărţile; s afacere f;
tranzacţie f; servit n, datul n cărţilor; sistem n de
măsuri (guvernamentale)

dear ['diăr] adj scump, costisitor; drag; dragă; stimate m,
stimată f; adv scump; s iubit m, iubită f

death [deΘ] s moarte f; ucidere f, asasinat n; sfîrşit n; mormînt
n

debate [di'beit] s dezbatere f; polemică f; controversă f; vt a
dezbate, a discuta; vi a discuta; a polemiza

debt [det] s datorie f

decade ['dekeid] s (grup de) zece; deceniu n, zece ani

decay [di'kei] vi a putrezi, a se descompune; a se strica; a se
ruina; a decădea; a slăbi, a scădea; a se şubrezi; a

îmbătrîni; s putrezire f, descompunere f; dărăpănare f; ruină f; decădere f; slăbire f; şubrezire f; îmbătrînire f

decease [di'si:s] s deces n, moarte f; vi a deceda, a muri

deceive [di'si:v] vt a înşela, a amăgi; a induce în eroare; vr a se înşela, a se minţi singur

December [di'sembăr] s (luna) decembrie m, îndrea

decent ['di:sănt] adj decent, cuviincios; mulţumitor; bun; cumsecade; amabil, serviabil; modest; adecvat, corespunzător

decide [di'said] vt a decide, a hotărî; a rezolva; a determina; vi a hotărî, a lua o hotărîre; a se hotărî; a alege

decision [di'sijăn] s hotărîre f, decizie f; concluzie f; sentinţă f; fermitate f, tărie f; energie f

deck [dek] s punte f; imperială f; tablier n de pod; pachet n (de cărţi de joc); vt a orna, a împodobi

decline [di'klain] vt a declina; a refuza; vi a apune , a asfinţi; a fi în declin, a decădea; a scădea; a se înclina, a se apleca; s declin n, decădere f; prăbuşire f

decorate ['dekă,reit] vt a împodobi, a ornamenta; a decora; a vărui; a tencui; a tapeta

decoration [,dekă'reişăn] s decoraţi(un)e f, ornamentaţie f, ornament n; decorare f; ornamentare f; văruire f; tencuire f; tapetare f

decrease [di'kri:s] vt a micşora, a diminua; a reduce, a scădea; vi a descreşte, a se micşora, a se reduce; ['di:kri:s] s descreştere f, micşorare f, reducere f

decrepit [di'krepit] adj ramolit, slăbit de bătrîneţe; uzat, vechi; ponosit

dedicate ['dedikeit] vt a sfinţi (o biserică); a consacra, a dedica; a închina

deduce [di'diu:s] vt a deduce, a trage concluzia

deed [di:d] s faptă f, acţiune f; manifestare f; ispravă f; realitate f; act n, document n

deep [di:p] adj adînc; profund; complicat, greu; cufundat, adîncit; jos; intens; misterios; s adîncime f, adînc n; adv adînc, la mare adîncime

deer [diăr] s cerb m; căprioară f

defeat [di'fi:t] vt a învinge; a distruge; a anula; a declara nul şi neavenit; s înfrîngere f; anulare f

defect [di'fekt] s defect n, lipsă f, imperfecţiune f; vi a dezerta; a cere azil politic; a trece în tabăra duşmanului

defend [di'fend] vt a apăra; a proteja; a feri; vr a se apăra

defense [di'fens] s apărare f; protecţie f; scut n; pavăză f; pledoarie f

defer [di'fă:r] vt a amîna; a suspenda; a întîrzia (să)

define [di'fain] vt a defini; a preciza; a caracteriza; a descrie; a explica, a lămuri

definite ['definit] adj precis, limpede, clar; desluşit, hotărît; definit

definition [,defi'nişăn] s definire f; precizare f; definiţie f; caracterizare f; claritate f; contur n clar

definitive [di'finitiv] adj definitiv, final; decisiv; definitoriu

deflate [di'fleit] vt a dezumfla, a goli; a reduce, a scădea; vi a se dezumfla, a scădea, a se micşora

deform [di'fo:m] vt a deforma, a sluţi, a urîţi; a desfigura; a denatura

defy [di'fai] vt a desfide; a provoca; a sfida; a încălca (legea); a dispreţui; a brava

degree [di'gri:] s grad n, ordin n, rang n; treaptă f; măsură f; clasă f; titlu n

delay [di'lei] vt a întîrzia; a amîna; s întîrziere f; amînare f

deliberate [di'libărit] adj voit, intenţionat; plănuit; precaut; lent, încet; greoi; [di'libă,reit] vt a discuta, a se sfătui; vi a delibera (asupra; cu privire la)

delicate ['delikit] adj delicat, fin; slăbuţ, plăpînd; graţios; discret, atenuat; ales; atent; prevenitor; fragil

delicatessen [,delikă'tesăn] s delicatese f pl, alimente f pl fine; alimente f pl preparate; bufet n; magazin n alimentar

delicious [di'lişăs] adj delicios, savuros; încîntător, fermecător

delight [di'lait] s plăcere f, bucurie f, desfătare f

deliver [di'livă] vt a scăpa, a salva; a elibera; a transmite; a distribui; a livra; a rosti, a ţine (un discurs etc); a ceda; a da (o lovitură); a naşte

delivery [di'livări] s livrare f; furnizare f; distribuire f; transmitere f, predare f; alimentare f; dicţiune f

demand [di'ma:nd] vt a cere, a pretinde; a necesita, a reclama; s cerere f, solicitare f, dorinţă f, revendicare f; căutare f; întrebare f; investigaţie f, cercetare f

democracy [di'mokrăsi] s democraţie f

demolish [di'moliş] vt a dărîma, a demola; a distruge, a zdrobi

demonstrate ['demănstreit] vt a demonstra, a dovedi; a prezenta; a manifesta

denial [di'naiăl] s negare f; contestare f; dezminţire f; refuz n; renegare f

denounce [di'nauns] vt a acuza, a învinui; a denunţa

dense [dens] adj dens, des, compact; strîns; mare, profund; opac, obtuz

dent [dent] s dinte m, zimţ m; semn n, urmă f; vt a tăia, a cresta

dentist ['dentist] s dentist m

deny [di'nai] vt a nega; a respinge; a contesta; a renega; a renunţa la; a refuza; vi a nega

depart [di'pa:t] vi a pleca; a porni; a muri; vt a pleca din

department [di'pa:tmănt] s raion n, secţie f; departament n, minister n; catedră f; domeniu n, ramură f

depend [di'pend] vi a fi în suspensie, a fi pendinte; a depinde, a fi condiţionat

deposit [di'pozit] s zăcămînt n; depozit n; depunere f; vt a depune; a precipita; a sedimenta; a depozita; a aşeza

depress [di'pres] vt a apăsa, a presa; a scufunda; a deprima; a
    slăbi, a micşora; a coborî

depressed [di'prest] adj apăsat, presat; deprimat; abătut; trist;
micşorat; coborît;

depth [depΘ] s adîncime f; înălţime f; profunzime f; mizerie f

deputy ['depiuti] s deputat m; reprezentant m; delegat m

descend [di'send] vi a (se) coborî, a se da jos; a se lăsa în jos;
    vt a coborî

descendant [di'sendănt] s urmaş m, descendent m

describe [dis'kraib] vt a descrie, a prezenta; a caracteriza; vr a
    se prezenta (ca)

desert ['dezăt] s pustiu n, deşert n; pustietate f; adj pustiu,
    nelocuit; [di'ză:t] vt a părăsi, a abandona; a dezerta

deserve [di'ză:v] vt a merita, a fi vrednic de

design [di'zain] vt a desena; a proiecta, a plănui; a destina; vi
    a desena; a proiecta; s desen n; proiect n; plan n;
    schiţă f; tip n; model n; scop n; intenţie f

desirable [di'zaiărăbl] adj de dorit, dezirabil; oportun; bun

desire [di'zaiăr] vt a dori, a vrea; s dorinţă f; rugăminte f;
    cerere f; poftă f

desk [desk] s masă f de scris, birou n; bancă f, pupitru n

despair [dis'peăr] s deznădejde f, desperare f

desperate ['despărit] adj desperat; nebunesc; nesăbuit; teribil,
    grozav

despise [dis'paiz] vt a dispreţui

despite [dis'pait] prep în ciuda, cu tot

dessert [di'ză:t] s desert n, dulce n

destination [,desti'neişăn] s destinaţie f

destiny ['destini] s destin n, soartă f

destroy [dis'troi] vt a distruge, a dărîma; a demola; a nimici; a
    ruina; a nărui

destruction [dis'trakşăn] s distrugere f, nimicire f

detach [di'tæci] vt a detaşa, a separa; vr a se detaşa

detail ['di:teil] s detaliu n, amănunt n; vt a detalia; a descrie amănunţit

detain [di'tein] vt a reţine; a face să aştepte; a împiedica

detect [di'tekt] vt a găsi; a descoperi; a detecta; a constata

detergent [di'tă:giănt] s detergent m

deteriorate [di'tăriă,reit] vt a strica; a deteriora; a înrăutăţi; vi a se strica; a se deteriora

determine [di'tă:min] vt a determina, a stabili; a constata; a hotărî; a convinge; a (se) decide

detest [di'test] vt a detesta, a urî, a nu putea suferi

detour ['di:tuăr] s înconjur n, ocol n

devastate ['devăsteit] vt a devasta, a pustii

develop [di'velăp] vt a dezvolta; a extinde; a stimula; a expune amănunţit; a manifesta; vi a se dezvolta; a creşte; a evolua

development [di'velopmănt] s dezvoltare f, extindere f, creştere f; mărire f; evoluţie f; împrejurare f; întîmplare f

device [di'vais] s mecanism n, dispozitiv n; aparat n; instrument n; deviz n; plan n, schemă f, proiect n; procedeu n; truc n, şiretlic n; dorinţă f; voie f

devil ['devăl] s diavol m, drac m; om m rău; împieliţat m; vt a preface într-un drac; a îndrăci; a condimenta puternic

devote [di'văut] vt a dedica, a consacra

dew [diu:] s rouă f; picături f pl; prospeţime f

diabetes [,daiă'bi:tis] s diabet n

diagnose ['daiăg,năuz] vt a diagnostica

diagonal [dai'ægănăl] adj diagonal; oblic; s diagonală f; secţiune f diagonală

diagram ['daiă,græm] s diagramă f; grafic n; schemă f

dial ['daiăl] s cadran n; scală f; busolă f; disc n cu numere; vt a forma (un număr)

dialect ['daiă,lekt] s dialect n; regionalism n; limbaj n; limbă f

diamond ['daiămănd] s diamant n; caro n (la jocul de cărţi)

diaper ['daiăpăr] s pînză f cu desene geometrice; scutec n; şervet n

diarrhea [,daiă'riă] s diaree f

diary ['daiări] s jurnal n zilnic; jurnal n intim; carnet n de notiţe; calendar n de buzunar

dictate [dik'teit] vt, vi a dicta; şi ['dikteit] s dictat n, ordin n

dictator [dik'teităr] s dictator m

dictionary ['dikşănări] s dicţionar n

die [dai] vt a muri, a deceda; a nu mai putea după; a se stinge, a pieri

diet ['daiăt] s dietă f, regim n alimentar; hrană f; vt a pune la regim; vr a ţine regim alimentar; vi a fi la regim, a respecta un regim alimentar

difference ['difărăns] s diferenţă f, deosebire f; diferend n, neînţelegere f

different ['difărănt] adj diferit, deosebit; altfel; neobişnuit, special

difficult ['difikălt] adj dificil, greu; complicat; capricios; susceptibil

difficulty ['difikălti] s dificultate f, greutate f; necaz n; problemă f

diffident ['difidănt] adj neîncrezător în sine; modest, sfios; rezervat

dig [dig], **dug** [dag], **dug** [dag] vt a săpa; a băga, a vîrî; a înghionti; a scoate, a extrage; a înţelege; vi a săpa; a învăţa intens; s săpătură f; ghiont n; împunsătură f; pl bîrlog n, locuinţă f

digest ['daigest] s rezumat n; compendiu n; [di'gest] vt a digera; a înţelege, a-şi însuşi; a clasifica; a acapara; vi a digera; a se digera

dignified ['dignifaid] adj demn, plin de demnitate; respectabil

dignity ['digniti] s demnitate f; prestigiu n

diligent ['diligeănt] adj harnic, silitor, sîrguincios

dill [dil] s mărar n

dilute [dai'lu:t] vt a dilua; a slăbi, a atenua, a micşora

dim [dim] adj slab; obscur; mat; întunecos; estompat, vag; neclar; şters, nebulos

dimension [di'menşăn] s dimensiune f, măsură f; proporţii f pl

diminish [di'miniş] vt a diminua; a slăbi; vi a se diminua; a se micşora, a slăbi

dine [dain] vt a oferi o masă, a ospăta; a da de mîncare; a deservi; vi a mînca, a lua masa; a prînzi; a cina

dining room ['dainiŋ ru:m] s sufragerie f

dinner ['dină] s masă f (principală); prînz n; cină f; dineu n

diplomat ['diplă,mæt] s diplomat m; persoană f plină de tact

direct [di'rekt] adj direct; nemijlocit; personal; sincer; exact; vt a dirija; a conduce; a controla; a îndruma; a ordona; vi a ordona; a dirija

direction [di'rekşăn] s direcţie f; orientare f; indicaţie f; normă f; conducere f; control n; îndrumare f; sferă f, domeniu n; tendinţă f; regie f

director [di'rektăr] s director m; conducător m; administrator m; dirijor m; regizor m

directory [di'rektări] s registru n/ carte f de adrese; carte f de telefon

dirt [dă:t] s murdărie f; gunoi n; pămînt n, sol n, teren n; indecenţă f, pornografie f, obscenitate f

dirty ['dă:ti] adj murdar; indecent, obscen; infectat; necinstit; urît; vt a murdări; a păta; vi a se murdări; a se păta

disabled [dis'eibăld] adj inapt; invalid; infirm

disadvantage [,disăd'va:ntigi] s dezavantaj n; inconvenient n; prejudiciu n, pagubă f

disagree [,disă'gri:] vi a nu corespunde, a nu coincide, a se contrazice; a nu fi de acord; a se certa; a nu se înţelege

disappear [,disă'piăr] vi a dispărea; a se stinge, a muri

disappoint [,disă'point] vt a dezamăgi, a decepţiona; a înşela; a dezluziona

disapprove [,disă'pru:v] vt a dezaproba; a nu fi de acord

disaster [di'za:stăr] s dezastru n, nenorocire f, calamitate f; sinistru n

discard [dis'ka:d] vt a înlătura; a îndepărta; a renunţa la

discipline ['disiplin] s disciplină f; ordine f; ramură f (a unei ştiinţe); pedeapsă f; vt a disciplina; a antrena; a pedepsi

discompose [,diskăm'păuz] vt a tulbura liniştea; a stingheri

disconnect [,diskă'nekt] vt a desface; a separa; a detaşa; a deconecta

discount ['diskaunt] s reducere f; rabat n; scont n; şi [dis'kaunt] vt a deconta; a micşora valoarea; a nu ţine cont de

discover [dis'kavăr] vt a descoperi; a găsi; a constata

discuss [dis'kas] vt a discuta, a judeca

discussion [dis'kaşăn] s discuţie f

disease [di'zi:z] s boală f; vt a îmbolnăvi; a molipsi, a infecta

disgrace [diz'greis] s dizgraţie f; ruşine f; vt a face de ruşine; a dizgraţia

disguise [dis'gaiz] vt a deghiza, a masca; a ascunde; s deghizare f; travestire f; mască f

disgust [dis'gast] s dezgust n, silă f; vt a dezgusta; a scîrbi

disgusting ['dis'gastiŋ] adj dezgustător; respingător

dish [diş] s farfurie f; strachină f; vas n; fel n (de mîncare); disc n; vt a pune/ servi în farfurie; a înşela

dishwasher ['diş'uoşăr] s maşină f de spălat vase; spălător m de vase

disintegrate [dis'inti,greit] vt a dezintegra, a descompune; a dezagrega; a destrăma; a fărămiţa; vi a se descompune, a se dezintegra, a se fărămiţa

dislike [dis'laik] vt a nu-i plăcea; s antipatie f, aversiune f, repulsie f

dismal ['dizmăl adj întunecat, posomorît, mohorît; deprimant; trist; groaznic

dismiss [dis'mis] vt a concedia; a da drumul; a îndepărta, a
    alunga; a respinge

disorder [dis'o:dăr] s dezordine f; confuzie f; tulburare f;
    zăpăceală f; vt a deranja, a dezorganiza

disperse [dis'pă:s] vt a împrăştia; a dispersa; vi a se împrăştia,
    a se dispersa

display [dis'plei] vt a etala, a expune, a prezenta; a manifesta;
    s etalare f, expunere f, prezentare f; expoziţie f

disposal [dis'păuzăl] s dispoziţie f, dispunere f, aşezare f;
    ordine f; evacuare f, eliminare f; transfer n; cedare f;
    vînzare f

dispose [dis'păuz] vt a dispune, a aşeza; a aranja; a folosi

dispute [dis'piu:t] vt a contesta; a se opune; a disputa; a
    discuta, a dezbate; s dispută f, discuţie f, dezbatere f,
    controversă f, ceartă f

disrupt [dis'rapt] vt a distruge, a sfărîma; a submina; a
    dezmembra

dissatisfied [dis'sætisfaid] adj nemulţumit

dissolve [di'zolv] vt a dizolva; a dilua; a evapora; a lichida; a
    anula; a desfiinţa; a elucida; vi a se dizolva; a se dilua;
    a se evapora; a se anula; a dispărea

distance ['distăns] s distanţă f; depărtare f; interval n; răceală
    f; rezervă f; perspectivă f; perioadă f; vt a se distanţa
    de

distant ['distănt] adj îndepărtat; vag, aproximativ; rezervat,
    rece, distant

distinct [dis'tiŋkt] adj distinct, clar; deosebit, diferit;
    individual; anume, precis; divers, felurit

distinction [dis'tiŋkşăn] s distincţie f, diferenţă f; fineţe f,
    eleganţă f; originalitate f; superioritate distinguish f;
    renume n; decoraţie f

distinguish [dis'tiŋguiş] vt a distinge; a percepe; a vedea; a
    remarca; vr a se distinge, a se remarca

distract [dis'trækt] vt a distrage; a zăpăci; a sminti

distress [di'stres] s suferinţă f, durere f; epuizare f; catastrofă f; avarie f; nenorocire f; pericol n; naufragiu n; vt a face să sufere; a produce suferinţă

distribute [di'stribiu:t] vt a împărţi, a distribui; a repartiza; a difuza; a da

district ['distrikt] s district n, raion n, sector n; ţinut n; zonă f; cartier n; domeniu n; circumscripţie f

disturb [dis'tă:b] vt a tulbura, a deranja; a incomoda, a stînjeni; a strica; vr a se deranja

disturbance [di'stă:băns] s tulburare f; nelinişte f; perturbare f; defectare f

ditch ['dici] s şanţ n, canal n; rigolă f; jgheab n; tranşee f; vt a săpa un şanţ

dive [daiv] vi a plonja; a se scufunda; a se ascunde; s plonjare f; scufundare f

diverse [dai'vă:s] adj diferit; altfel (decît); variat, divers

divert [dai'vă:t] vt a abate; a devia; a distrage atenţia; a distra, a amuza

divide [di'vaid] vt a împărţi, a distribui; a repartiza; a diviza; a separa; a izola; vi a se despărţi; a se separa; a se izola; a se înstrăina

divorce [di'vo:s] s divorţ n; despărţire f, separare f; vt a divorţa; a se despărţi (prin divorţ)

dizzy ['dizi] adj ameţit; zăpăcit, năucit; ameţitor; vt a ameţi, a zăpăci

do [du:], **did** [did], **done** [dan] vt a face, a se ocupa cu; a înfăptui; a studia; a rezolva; a aranja; a curăţa; a servi; a străbate; a juca; a înşela; a pregăti; a reda; vi a face; a fi activ; a lucra; a acţiona; a proceda; s chef n, petrecere f; serată f; înşelătorie f

dock [dok] s bazin n; doc n; boxă f, bancă f (a acuzaţilor);   vt a andoca; a acosta

doctor ['doktăr] s doctor m, medic m; vt a îngriji de; a boteza (vinul etc); a falsifica

documentary [,dokiu'mentări] adj documentar; s (film)
documentar n

dog [dog] s cîine m; mascul m; vulpoi m; lup m; şacal m;
individ m; vt a lua urma; a merge pe urmele; a urmări

doll [dol] s păpuşă f; fată f/ femeie f frumoasă

dollar ['dolăr] s dolar m

dome [dăum] s dom n, cupolă f; acoperiş n; catedrală f; capac
n, calotă f

domestic [dă'mestik] adj domestic, casnic; intern; indigen;
conjugal; s servitor m

dominate ['domineit] vt a domina; a ţine sub influenţa sa

donate [dău'neit] vt a dona; a face o donaţie; a contribui

donation [dău'neişăn] s donare f; donaţie f; contribuţie f

donkey ['doŋki] s măgar m; asin m; nătărău m; încăpăţînat m

doom [du:m] s soartă f, destin n; osîndă f; damnaţiune f;
pieire; sfîrşitul n lumii; vt a condamna; a pecetlui
(soarta etc)

door [do:r] s uşă f; poartă f; acces n

dope [dăup] s lăcuire f, emailare f; drog n, narcotic n,
stupefiant n; toxicoman m; tîmpit m; vt a droga

dormitory ['do:mitări] s dormitor n (în internate etc)

dose [dăuz] s doză f; vt a doza; a administra/ un medicament

dot [dot] s punct n; bulină f; vt a puncta; a preciza detaliile

double ['dabăl] adj dublu, îndoit; încovoiat; ipocrit, fals; adv
dublu, îndoit; s dublu n; număr n dublu; pas m
alergător; fugă f; meandră f; viclenie f; dublură f; vt a
dubla; a îndoi; a duplica; vi a se dubla; a coti; a fugi
înapoi

doubt [daut] s îndoială f; bănuială f, suspiciune f; vi a se îndoi;
a ezita, a şovăi; vt a se îndoi de, a nu avea încredere

dough [dău] s aluat n, cocă f; pastă f; bani m pl

dove [dav] s porumbel m

down [daun] adv jos; la parter; pe pămînt; coborît; adj
coborîtor, descendent; situat mai jos; deprimat; bolnav;

în numerar; s coborîre f; vt a coborî; a da de duşcă; a
lăsa, a pune jos (uneltele)

downstairs [daun'steăz] adv la parter, jos; adj de la parter

downtown ['daun'taun] adv în sau spre centrul unui oraş

doze [dăuz] vi a moţăi; a dormi uşor; s moţăială f; somn n uşor

dozen ['dazăn] s duzină f

drag [dræg] vt a scoate cu greutate; a tîrî; a tîndăli; a curăţa;
vi a se tîrî; a se scurge încet; a draga; s dragă f; frînă
f; obstacol n

drain [drein] s drenaj n, golire f; canal n de scurgere; rigolă f;
asanare f; scurgere f; flux n; vt a seca; a drena; a
deseca; a secătui; a epuiza

drama ['dra:mă] s dramă f; teatru n

drastic ['dræstik] adj drastic, aspru, sever; extrem

draught [dra:ft] s proiect n, schiţă f; plan n; concept n; curent
n; tiraj n; atelaj n; sorbitură f, înghiţitură f

draw [dro:], **drew** [dru:], **drawn** [dro:n] vt a trage, a tîrî; a
mişca; a scoate; a extrage; a deduce; a smulge; a
atrage; a inspira; a redacta; a desena; a termina la
egalitate; s scoatere f, extragere f; tragere f; loterie f;
atracţie f; egalitate f; remiză f

drawer ['dro:ăr] s sertar n; trăgător m; desenator m; proiectant
m

dread [dred] vt a se teme de; s teamă f; sperietoare f

dreadful ['dredful] adj teribil, cumplit, grozav; îngrozitor; s
roman n poliţist

dream [dri:m], **dreamt** [dremt], **dreamt** [dremt] vt a visa; a-şi
închipui; a se gîndi la; a năzui; s vis n, aspiraţie f;
fantezie f; iluzie f; halucinaţie f; încîntare f

dress [dres] s rochie f; îmbrăcăminte f, haine f pl; vi a
îmbrăca; a pregăti; a împodobi; a bandaja; a tăbăci; a
finisa; vi a îmbrăca

dressmaker ['dres,meikăr] s croitoreasă f

drink [driŋk], **drank** [dræŋk], **drunk** [draŋk] vt a bea; a sorbi; a absorbi; a inspira; a adăpa; vi a bea; a se adăpa; s băutură f; pahar n; duşcă f

drip [drip] vi a picura; a se prelinge; vt a picura; s picurare f; scurgere f; strop m, picătură f

drive [draiv], **drove** [drăuv], **driven** ['drivăn] vt a mîna; a goni; a urmări; a conduce; a acţiona; a duce; a împinge; a vîrî; vi a mîna; a conduce; a merge (cu o maşină); s mers n, cursă f; pasaj n, drum n carosabil; urmărire f; energie f, forţă f; imbold n; tendinţă f; întrecere f

driver ['draivăr] s şofer m, conducător m auto; vizitiu m; birjar m; mecanic m; văcar m

driver's license ['draivăz,laisăns] s permis n de conducere auto

drop [drop] s strop m, picătură f; duşcă f; bomboană f; cădere f; reducere f; distanţă f; vi a picura; a cădea; a scădea; a se lăsa în jos; a se înclina; vt a picura; a stropi; a scăpa; a se lăsa de; a întrerupe

drown [draun] vt a îneca; a scufunda; a inunda; a înăbuşi; a astupa; a îndepărta; a acoperi

drowsy ['drauzi] adj somnoros, moleşit; adormitor; vlăguit

drum [dram] s tobă f; tambur n; bidon n, canistră f; vi a cînta la tobă; a bate toba; vt a executa (muzică) la tobă

drunk [draŋk] adj beat, îmbătat; s om m beat

dry [drai] adj uscat; secat; secetos; sec; însetat; plictisitor; zvîntat; vt a usca; a şterge; a seca; vi a se usca, a seca

duck [dak] s raţă f; comoară f, odor n; scumpete f; afundare f, scufundare f; ferire f (a capului); vt a cufunda; a ocoli; a se eschiva de la

due [diu:] adj pred datorat, de plată; corespunzător; aşteptat; s cele cuvenite; drept n; adv drept, direct, exact

dull [dal] adj stupid; obtuz; mat; încet; leneş; insensibil; indiferent; posomorît; sumbru; vag, ceţos; tocit, bont;

monoton; vt a toci; a amorți; a potoli; a slăbi; vi a se
toci; a se micșora; a slăbi

dumb [dam] adj mut; tîmpit; necuvîntător

dump [damp] s morman n, grămadă f; zgomot n surd

duplicate [,diu:pli'keit] vt a dubla; a copia; ['diu:plikăt] adj
dublu; analog; ['diu:plikit] s duplicat n; copie f;
reproducere f

durable ['diuărăbăl] adj durabil, trainic

during ['diuăriŋ] prep în timpul/ cursul

dust [dast] s pulbere f, praf n; țărînă f; polen n; agitație f;
fleac n; vt a șterge praful, a curăța; a prăfui

dusty ['dasti] adj prăfuit; vag; neinteresant, sec

duty ['diu:ti] s datorie f, obligație f; serviciu n; răspundere f;
folosire f; taxă f; pl taxe f pl (vamale)

dwarf [duo:f] s pitic m; vt a opri creșterea; a micșora

dwell ['duel], **dwelt** ['duelt], **dwelt** ['duelt] vi a locui, a trăi; a
rămîne

dye [dai] s colorant m; vopsea f; culoare f; nuanță f; vt a
colora, a vopsi

each ['i:ci] adj fiecare; pr fiecare

eager ['i:găr] adj doritor, dornic; pasionat; înverşunat

eagle ['i:găl] s vultur n; monedă f de aur de 10 dolari

ear [iăr] s ureche f; auz n; mîner n, toartă f; spic n; vi a da în spic

early ['ă:li] adj timpuriu; prematur, precoce; urgent

earn [ă:n] vt a cîştiga; a dobîndi, a căpăta

earring ['iă,riŋ] s cercel m

earth [ă:Ө] s pămînt n, glob n; lume f; omenire f; uscat n; ţărînă f; lut n; sol n, teren n; vt a îngropa; a săpa

earthquake ['ă:Ө,kueik] s cutremur n; zguduire f

ease [i:z] s pace f, linişte f; tihnă f; lenevie f; mîngîiere f; uşurinţa f; naturaleţe f; vt a linişti; a mîngîia; a alina; a reduce, a micşora

east [i:st] s răsărit n, est n; adj estic, răsăritean; oriental; adv la răsărit, în est

Easter ['i:stăr] s Paşte n, Paşti n pl

easy ['i:zi] adj simplu, uşor; comod; liniştit; degajat; blînd; înţelegător; nesilit; adv uşor, cu uşurinţă; fără grabă, liniştit

eat [i:t], **ate** [et, eit], **eaten** [i:tn] vt a mînca; a se hrăni cu; a roade; a distruge; vi a mînca, a lua masa

eccentric [ik'sentrik] adj excentric, ciudat, straniu; s excentric m, original m

echo ['ekău] s ecou n, răsunet n; urmare f, rezultat n; imitaţie f; vi a avea ecou; a răsuna; vt a repeta, a imita

economics [,i:kă'nomiks] s economie f, ştiinţa f economiei

economy [i'konămi] s economie f; gospodărie f; păstrare f; organizare f, structură f; sistem n economic

edge ['egi] s margine f; muchie f; lizieră f; tăiş n; creştet vîrf n; chenar n; tiv n; agerime f; vt a ascuţi; a teşi; a tăia; a strecura; vi a se furişa

edible ['edibăl] adj comestibil; s pl mîncare f, bucate f pl

edit ['edit] vt a edita; a publica; a redacta

educate ['ediu,keit] vt a educa; a creşte; a cultiva; a antrena; vr a se instrui

education [,ediu'keişăn] s educaţie f; învăţătură f, pregătire f; creştere f; cultură f; învăţămînt n

effect [i'fekt] s efect n, consecinţă f, rezultat n; acţiune f; valabilitate f; cuprins n; impresie f; vt a efectua, a executa

effective [i'fektiv] adj eficace; util; activ; în vigoare; efectiv, real; frapant; s pl efective n pl

efficient [i'fişănt] adj eficient, eficace, operativ; productiv; capabil; s cauză f, agent m

effort ['efăt] s efort n, sforţare f; realizare f, rezultat n

egg [eg] s ou n; germen m, embrion m; mină f, grenadă f

eight [eit] num opt; s opt n; formaţie f de opt

eighteen ['ei'ti:n] num optsprezece

eighty ['eiti] num optzeci

either ['aiðăr, iðăr] pr fiecare, oricare (din doi); amîndoi, ambii; adj fiecare, oricare; ambii, amîndoi; conj sau...sau; adv nici

elastic [i'læstik] adj elastic, flexibil; adaptabil; optimist; s gumă f; elastic n

elbow ['elbău] s cot n; cotitură f; curbă f; meandră f; vt a înghionti; a îmbrînci; vi a coti, a şerpui

elect [i'lekt] vt a vota, a alege; a numi; a prefera; a decide; adj ales; votat; desemnat; distins

election [i'lekşăn] s alegeri f pl; scrutin n; alegere f, opţiune f

electric [i'lektrik] adj electric; electrizant; s corp n electric; izolator n

electricity [ilek'trisiti] s electricitate f; energie f electrică

elegant ['eligant] adj elegant; frumos; rafinat; luxos; excelent;
    dichisit

element ['elimănt] s element n, parte f; stihie f; mediu n; fond
    n; noţiuni f pl de bază

elementary [,eli'mentări] adj elementar, primar, primitiv,
    simplu

elephant ['elifănt] s elefant m

elevator ['eli,veităr] s elevator n; macara f; lift n, ascensor n

eleven [i'levăn] num unsprezece

eliminate [i'limineit] vt a elimina, a înlătura; a lichida, a
    distruge

else [els] adv mai, încă, în plus; altul; alt; alta; altă; altfel,
    altminteri

emanation [,emă'neişăn] s emanaţie f; radiaţie f; exalare f;
    origine f

embark [em'ba:k] vt a îmbarca; a încărca pe un vas; vi a se
    îmbarca

embarrass [im'bærăs] vt a stînjeni, a jena; a îngreuia, a
    complica; a împiedica

embassy ['embăsi] s ambasadă f; funcţie f de ambasador

emblem ['emblăm] s emblemă f, simbol n; stemă f; blazon n;
    mostră f

embrace [im'breis] vt a îmbrăţişa; a accepta, a primi; a studia;
    a cuprinde; s îmbrăţişare f

embroider [im'broidăr] vt a broda; a înzorzona

emerge [i'mă:gi] vi a se ivi, a apărea; a ieşi la iveală

emergency [i'mă:giănsi] s eventualitate f; necesitate f; caz n
    extrem; pericol n; urgenţă f

emigrate ['emi,greit] vi a emigra

emit [i'mit] vt a răspîndi, a emana; a emite, a radia; a scoate
    (sunete etc)

emotion [i'măuşăn] s sentiment n; emoţie f

emphasize ['emfăsaiz] vt a accentua; a sublinia, a reliefa

empire ['empaiăr] s imperiu n; împărăţie f; stăpînire f, putere f

employ [im'ploi] vt a folosi; a angaja; vr a se ocupa

employee [em'ploii:] s funcţionar m, slujbaş m

employer [im'ploiăr] s patron m, stăpîn m; antreprenor m

employment [im'ploimănt] s folosire f, ocupaţie f, serviciu n, slujbă f

empty ['empti] adj gol, neocupat, liber; nelocuit; vt a goli; a descărca; vi a se goli; a se vărsa (un rîu)

enable to [in'eibăl tă] vt cu inf a da posibilitatea de a; a permite; a îndreptăţi (pe cineva) să

enclose [in'klăuz] vt a închide; a îngrădi; a pune (în plic etc); a anexa

encore ['aŋko:r] interj bis; s bis n; vt a bisa

encourage [in'karigi] vt a încuraja; a sprijini, a favoriza; a stimula; a instiga

end [end] s capăt n, cap n; rest n; sfîrşit n; limită f; hotar n; moarte f; scop n; rezultat n; concluzie f; vt a (se) sfîrşi; a se spulbera

endeavor [in'devăr] vt a se strădui, a încerca; s sforţare f, efort n, strădanie f

endure [in'diuăr] vt a îndura, a suporta; vi a dura, a dăinui

enemy ['enămi] s duşman m; adj inamic, ostil

energetic [,enă'getik] adj energic; de energie, energetic

energy ['enăgi] s energie f, forţă f, vigoare f

engage [in'gheigi] vt a angaja; a tocmi; a absorbi; a reţine; a obliga; a logodi; a ataca; vi a garanta; a se obliga; a promite

engaged [in'gheigid] adj angajat; ocupat; logodit; angrenat

engagement [in'gheigimănt] s angajament n, obligaţie f; logodnă f; ocupaţie f; luptă f; întîlnire f

engine ['engin] s maşină f; motor n; locomotivă f; dispozitiv n; mecanism n

engine-driver ['engin'draivăr] s mecanic m de locomotivă

engineer [,engi'niăr] s inginer m; mecanic m, maşinist m; tehnician m; montor m; vt a construi, a proiecta; a pune la cale

English ['iŋgliş] adj englez(esc), britanic; s (limba) engleză f; vt a traduce în engleză; a angliciza

engrave [in'greiv] vt a grava, a tăia; a întipări

enigma [i'nigmă] s enigmă f, mister

enjoy [in'gioi] vt a se bucura de; a gusta, a-i plăcea; vr a se distra, a petrece

enormous [i'no:măs] adj enorm, uriaş, colosal, imens; monstruos, îngrozitor

enough [i'naf] adj destul, suficient; adv destul, de ajuns, suficient; foarte

enrage [in'reigi] vt a înfuria, a exaspera, a scoate din sărite

enrich [in'rici] vt a îmbogăţi;a înfrumuseţa; a îngrăşa, a fertiliza; vr a se îmbogăţi

enroll [in'răul] vt a înscrie; a înregistra; a înrola; a înregimenta; a împacheta

ensure [en'şuăr] vt a asigura, a garanta; vr a se asigura

enter ['entăr] vt a intra, a pătrunde în; a vîrî, a introduce; a fi admis la; a înscrie; a înainta; a intenta; a iniţia; vi a intra

enterprise ['entă,praiz] s întreprindere f; proiect n, plan n; iniţiativă f; antrepriză f; fabrică f, uzină f

entertain [entă'tein] vt a primi, a trata; a întreţine, a conversa cu; a distra, a amuza; vr a se distra; a petrece; vi a primi vizite

enthusiastic [in,Өiu:zi'æstik] adj entuziast, înflăcărat; entuziasmat

entire [in'taiăr] adj întreg, tot, deplin; intact; nealterat

entrance1 ['entrăns] s intrare f, pătrundere f; acces n; uşă f; poartă f; debut n; început n

entrance2 [in'tra:ns] vt a vrăji; a fermeca; a aduce în stare de transă

entry ['entri] s intrare f, acces n; ivire f, apariţie f; uşă f; poartă f; trecere f; vestibul n; înscriere f; listă f; articol n de dicţionar

envelope ['envă,lăup] s plic; înveliş n; copertă f

envious ['enviăs] adj invidios

environment [in'vairănmănt] s înconjurare f; împrejurimi f pl; mediu n, ambianţă f; atmosferă f

envy ['envi] s invidie f; obiect n al invidiei; vt a invidia, a pizmui

episode ['epi,săud] s episod n; întîmplare f

epoch ['i:pok] s epocă f; ev n; perioadă f

equal ['i:kuăl] adj egal; acelaşi; asemenea; echivalent, corespunzător; echilibrat; uniform; calm; ponderat; imparţial; s egal m; pereche f; vt a egala; a fi egal cu; a se compara cu

equality [i'kuoliti] s egalitate

equator [i'kueităr] s ecuator n

equipment [i'kuipmănt] s echipare f; echipament n; utilaj n; instalaţie f

era ['iără] s eră f; epocă f

erase [i'reiz] vt a rade, a şterge; a îndepărta

erect [i'rekt] adj drept, vertical; ridicat; înălţat, sus; neclintit; mîndru; vt a ridica, a construi; a monta; a asambla; a înălţa; a stabili

erotic [i'rotik] adj erotic; amoros; s erotism n; poezie f erotică; senzual m

error ['erăr] s eroare f, greşeală f; păcat n; abatere f

erupt [i'rapt] vi a erupe; a izbucni; a ţîşni; a ieşi

escalator ['eskă,leităr] s escalator n, scară f rulantă

escape [is'keip] vi a scăpa, a fugi; vt a scăpa de; s scăpare f; fugă f; evadare f; evacuare f, eşapament n

escort ['esko:t] s escortă f; pază f; însoţitor m; [is'ko:t] vt a escorta; a însoţi

essence ['esăns] s esenţă f, fiinţă f; substanţă f; parfum n

essential [i'senşăl] adj esenţial, vital; absolut, extrem; s esenţă f, substanţă f; lucru n esenţial; bază f

establish [i'stæbliş] vt a stabili, a aşeza; a organiza; a instala; a consacra; a fonda; a constitui; a demonstra

estate [i'steit] s clasă f (socială), stare f, avere f, proprietate f; condiţie f

estimate ['estimit] s evaluare f, apreciere f; sumă f, total n; părere f, opinie f; ['esti,meit] vt a estima, a aprecia

eternal [i'tă:năl] adj etern; neschimbat; interminabil

eternity [i:'tă:niti] s eternitate f, veşnicie f

ethics ['eϴiks] s pl etică f, morală f

evacuate [i'vækiueit] vt a evacua, a goli; a părăsi

evade [i'veid] vt a eluda; a ocoli; a evita; vi a evada, a fugi (din)

evaluate [i'væliu,eit] vt a evalua, a preţui; a aprecia

evaporate [i'væpă,reit] vi a se vaporiza; a se evapora; a dispărea; vt a vaporiza

even ['i:văn] adj neted; plan; egal; cu soţ; lichidat; calm; echilibrat; echitabil; exact; adv chiar, pînă şi; întocmai; vt a nivela, a egaliza

evening ['i:vniŋ] s seară f; serată f

event [i'vent] s întîmplare f, accident n; eveniment n; competiţie f; eventualitate f

eventual [i'venciuăl] adj final, decisiv, definitiv; eventual, posibil

ever ['evăr] adv vreodată, cîndva; mereu, întotdeauna

every ['evri] adj fiecare; toţi, toate

everybody ['evri,bodi] pr fiecare; toţi, toată lumea

everyday ['evri,dei] adj atr zilnic, cotidian; obişnuit, banal

everyone ['evri,uan] pr v **everybody**

everything ['evri,ϴiŋ] pr tot, toate (lucrurile)

everywhere ['evri,ueă] adv pretutindeni, peste tot

evidence ['evidăns] s dovadă f, mărturie f; probă f; evidenţă f; vt a dovedi, a demonstra; vi a depune mărturie

evident ['evidănt] adj evident, clar

evil [i:văl] adj rău; nefast, funest, dăunător; trist, jalnic; s rău n; necaz n, nenorocire f

evolution [,i:vă'lu:şăn] s evoluţie f, dezvoltare f, progres n; desfăşurare f

exact [ig'zækt] adj exact, precis; riguros; metodic; punctual; corect; vt a pretinde, a cere

exaggerate [ig'zægiăreit] vt a exagera; a amplifica

exam [ig'zæm] s presc de la examination

examination [ig,zæmi'neişăn] s examen n; examinare f, cercetare f; inspecţie f; control n; revizie f; verificare f; interogatoriu n

examine [ig'zæmin] vt a examina; a cerceta; a inspecta; a controla; a verifica; a interoga

example [ig'za:mpăl] s exemplu n; model n; mostră f; precedent n; lecţie f

excavate ['ekskă,veit] vt a excava, a săpa, a dezgropa

exceed [ik'si:d] vi a depăşi; a întrece

excel [ik'sel] vt a depăşi, a întrece; a fi superior; a excela, a se distinge

excellent ['eksălănt] adj excelent, minunat, ireproşabil

except [ik'sept] prep cu excepţia, (în) afară de; mai puţin, minus; conj dacă nu; vt a excepta, a exclude

exception [ik'sepşăn] s excepţie f, abatere f; raritate f; obiecţie f; opoziţie f; rezervă f

excessive [ik'sesiv] adj excesiv, exagerat; extravagant; exorbitant

exchange [iks'ceingi] s schimb n; bursă f; centrală f (telefonică); vt a schimba; a face schimb de

excite [ik'sait] vt a excita; a provoca; a emoţiona

excitement [ik'saitmănt] s excitare f, excitaţie f; emoţie f; frămîntare f

exciting [ik'saitiŋ] adj excitant; emoţionant, mişcător; captivant

exclude [ik'sklu:d] vt a exclude, a elimina

excursion ik'skǎ:șǎn] s excursie f; expediție f; călătorie f; incursiune f; digresiune f, divagație f

excuse [iks'kiu:s] s scuză f; justificare f; scutire f; [iks'kiu:z] vt a scuza; a justifica; a scuti; vr a se scuza, a-și cere iertare

execute ['eksi,kiu:t] vt a executa, a îndeplini; a efectua; a aplica; a redacta, a scrie; a sancționa, a viza; a omorî

exercise ['eksǎ,saiz] s exercițiu n, exercitare f; aplicare f; antrenament n; dovadă f; temă f; vt a exersa; a antrena; a exercita; a instrui; vi a se exersa

exhaust [ig'zo:st] vt a goli; a scoate; a epuiza; s eșapament n, evacuare f

exhibition [,eksi'bișǎn] s expunere f, prezentare f; manifestare f; expoziție f; salon n; tîrg n de mostre

exile ['egzail] s exilare f; exil n; exilat m; vt a exila

exist [ig'zist] vi a fi, a exista; a trăi; a se afla

exit ['egzit] vi a ieși, a pleca; s ieșire f, plecare f; ușă f; moarte f

exotic [ig'zotik] adj exotic; s plantă f exotică

expand [iks'pænd] vt a dilata; a extinde; vi a se dilata; a se extinde; a se desfășura

expect [iks'pekt] vt a aștepta; a spera; a se aștepta la; a vrea, a dori

expedition [,ekspi'dișǎn] s expediție f; promptitudine f, grabă f

expel [ik'spel] vt a da afară, a exclude, a elimina

expense [ik'spens] s cheltuială f; preț n, cost n

expensive [ik'spensiv] adj scump, costisitor; luxos

experience [ik'spiǎriǎns] s experiență f; trăire f; întîmplare f; calificare f; cunoaștere f; vt a experimenta; a simți, a trece prin; a încerca un sentiment

experiment [ik'sperimǎnt] s experiență f, experiment m, probă f; vi a experimenta

expert ['ekspǎ:t] s expert m, specialist m; adj expert, cunoscător

expire [ik'spaiăr] vt a expira; vi a expira; a muri; a se termina

explain [ik'splein] vt a explica; a interpreta; a motiva; vr a se justifica, a se explica; vi a da explicaţii

explanation [,eksplă'neişăn] s explicare f; interpretare f; motivare f; explicaţie f

explode [ik'splăud] vt a arunca în aer; a discredita; vi a exploda; a izbucni

explore [ik'splo:r] vt a explora; a cerceta, a studia; a sonda

explosion [ik'splăujăn] s explozie f; izbucnire f; hohot n

export [ik'spo:t] vt a exporta; ['ekspo:t] s export n; articol n de export

expose [ik'spăuz] vt a expune; a demasca; a etala; a destăinui; a abandona; vr a se expune

express [ik'spres] vt a exprima, a formula; a expedia urgent; vr a se exprima; adj expres, formal; special, exact; intenţionat

expression [ik'spreşăn] s exprimare f; expresie f; mină f; expresivitate f; noţiune f

extend [ik'stend] vt a întinde, a extinde; a lungi; a lărgi; a prelungi; a răspîndi; a oferi

exterior [ik'stiăriăr] adj exterior; extern; s exterior n, parte f exterioară

extinct [ik'stiŋkt] adj stins; mort; uitat

extinguish [ik'stiŋuiş] vt stinge; a potoli; a distruge, a nimici; a achita

extra ['ekstră] adj extra, suplimentar; superior; adv suplimentar, peste; extrem de; s plată f suplimentară; figurant m; calitate f extra

extract [iks'trækt] vt a extrage, a scoate; a alege; ['ekstrækt] s extras n, pasaj n, fragment n; esenţă f

extreme [ik'stri:m] adj extrem; maxim, minim; excesiv; din urmă, de sfîrşit; s extremă f; limită f, capăt n

eye [ai] s ochi m; ureche f (de ac); vizor n; vt a privi (la); a observa, a urmări

eyebrow ['ai,brau] s spînceană f
eyeglasses ['ai,gla:siz] s pl ochelari m
eyelash ['ai,læş] s geană f

F

F, f [ef] s (litera) F, f; (nota) fa; notă f insuficientă

fable [feibăl] s fabulă f; născocire f; legendă f; mit n; fabulaţie
   f; subiect n; vt a născoci, a inventa; a minţi

fabric ['fæbrik] s material n, ţesătură f, stofă f; construcţie f;
   structură f

face [feis] s faţă f; expresie f, mină f; pl grimasă f; neruşinare
   f; prezenţă f; a spect n exterior; cadran n; faţadă f; vt
   a brava, a sfida; a sta în faţă, a aştepta

fact [fækt] s fapt n; împrejurare f; realitate f; adevăr n; esenţă f

faculty ['fækălti] s facultate f; aptitudine f; talent n

fade [feid] vi a se ofili; a păli; a se şterge; a se decolora; a se
   stinge

fail [feil] s eşec n; cădere f; vi a nu reuşi; a cădea; a slăbi; a se
   temina; vt a nu reuşi; a omite; a nu promova

failure ['feiliăr] s absenţă f, lipsă f; insuficienţă f; eşec n;
   cădere f; slăbiciune f; pagubă f; ratat m; pană f

faint [feint] adj slab, sleit; fricos; vag; s leşin n; vi a slăbi; a
   ameţi; a leşina

fair [fea] adj frumos, îngrijit; senin; limpede; lizibil; nepătat;
   firesc; favorabil; cinstit; imparţial; blond; adv cinstit;
   drept; echitabil; direct, sincer

fairy ['feări] s zînă f, nimfă f; elf m, gnom m; adj atr de zînă;
   fermecat, feeric, de basm

faith [feiΘ] s credinţă f; convingere f; încredere f; religie f;
   loialitate f

faithful ['feiΘful] adj credincios; fidel; exact; cinstit

fake [feik] vt a falsifica; a înşela; a simula; s contrafacere f;
   înşelăciune f; impostor m; adj atr fals

falcon ['fo:lkăn] s şoim m

fall [fo:l], **fell** [fel], **fallen** [fo:lăn] vi a cădea; a se prăbuşi; a
se lăsa; a se ruina; a pieri; a se potoli; a decădea; s
cădere f; scădere f; cascadă f; pantă f; toamnă f

false [fo:ls] adj fals, greşit; neîntemeiat; necredincios; artificial;
adv fals

fame [feim] s faimă f; renume n;

familiar [fă'miliăr] adj familiar; obişnuit, comun; ireverenţios;
familial; s prieten m apropiat

family ['fæmili] s familie f, neam n; clan n; grup n

famine [fæmin] s foamete f; lipsă f; absenţă f

famous ['feimăs] adj vestit, renumit; grozav, straşnic

fan1 [fæn] s evantai n; ventilator n; vînturătoare f; vt a face
vînt; a vîntura; a stîrni; a adia

fan2 [fæn] s microbist m; amator m entuziast; admirator m al
cuiva

fancy ['fænsi] s fantezie f; imaginaţie f; capriciu n; preferinţă
f; adj atr straniu; fantezist; capricios; modern;
extravagant; vt a-şi imagina; a avea impresia; a
considera; vi a-şi imagina, a-şi închipui

fantastic [fæn'tæstik] adj fantastic; închipuit; bizar; excentric;
capricios

fantasy ['fæntăsi] s iluzie f; fantezie f, imaginaţie f; capriciu n;
bănuială f

far [fa:] adv departe; mult, considerabil; adj (în)depărtat;
extrem

fare [feă] s costul n unei călătorii; bilet n; călător m; mîncare
f; vi a o duce; a se simţi

farm [fa:m] s fermă f, gospodărie f; locuinţă f de fermier;
pepinieră f; vt a lucra (pămîntul); a arenda; vi a cultiva
pamîntul

farmer ['fa:măr] s fermier m; ţăran m; arendaş m

fascinate ['fæsi,neit] vt a fascina, a fermeca; a deochea; vi a
fascina, a vrăji

fashion ['fæʃăn] s fel n, mod n, manieră f; modă f; vogă f; stil n; gen n; gust n; croială f; uzanţă f; vt a modela; a transforma

fast1 [fa:st] adj tare, solid; durabil; strîns; trainic; tenace; dens; adv strîns, tare

fast2 [fa:st] adj repede, iute; frivol; adv repede, iute

fasten [fa:săn] vt a fixa, a lega; a închide; a încuia; vi a se întări; a se fixa; a se prinde; a se închide

fat [fæt] adj gras, unsuros; dolofan; fertil; abundent; rentabil; mărginit; s grăsime f; untură f; vt a îngrăşa

fate [feit] s soartă f, destin n; prăpăd n, moarte f

father ['fa:ðăr] s tată m; creator m; părinte m; strămoş m; preot m; vt a crea; a adopta

father-in-law ['fa:ðărin'lo:] s socru m

fatigue [fă'tig] s oboseală f, extenuare f; corvoadă f; vt a obosi, a extenua, a istovi

fault [fo:lt] s defect n; lipsă f; eroare f; vină f; falie f

favor ['feivăr] s favoare f; serviciu n; îndatorire f; avantaj n; interes n; ocrotire f; vi a favoriza; a sprijini

favorite ['feivărit] adj favorit, preferat

fear [fiăr] s frică f, teamă f; groază f; temere f; îngrijorare f; veneraţie f; vi a se teme; a fi îngrijorat; vt a se teme

feast [fi:st] s sărbătoare f; petrecere f; desfătare f; vt a ospăta; a desfăta

feather ['feðăr] s pană f; coamă f; fel n, fire f; vt a împodobi

feature ['fi:ciar] s trăsătură f; aparenţă f; fizionomie f; articol n de ziar; număr n de atracţie; vt a descrie; a sublinia; a prezenta în rolul principal

February ['februări] s februarie m, Făurar

fee [fi:] onorariu n, retribuţie f; bacşiş n; cotizaţie f; taxă f şcolară

feed [fi:d], **fed** [fed], **fed** [fed] vt a hrăni; a paşte; a încărca; a întreţine; vi a mînca; a se hrăni; s hrană f; aliment n; nutreţ n; porţie f

feel [fi:l], **felt** [felt], **felt** [felt] vt a pipăi, a atinge; a simţi; a
    resimţi; a fi de părere; a considera; a aprecia; a
    presimţi; vi a simţi; a se simţi; s senzaţie f; impresie f,
    sentiment n

feeling ['fi:liŋ] adj sensibil, simţitor; compătimitor; senzitiv; s
    senzaţie f; simţ n; sentiment n, emoţie f; tulburare f;
    sensibilitate f

feet [fi:t] s pl de la **foot**

female ['fi:meil] adj femeiesc, feminin; al femeilor; pentru
    femei; s femelă f

feminine ['feminin] adj de femeie, femeiesc; feminin; efeminat

fence [fens] s gard n; ţarc n; parapet n; balustradă f; vt a
    îngrădi

ferry ['feri] s feribot n; pod n plutitor; bac n; vt a transborda
    cu feribotul/ bacul

fertile ['fă:tail] adj fertil, roditor; bogat; fertilizat

fertilize ['fă:ti,laiz] vt a fertiliza; a fecunda

festival ['festivăl] s festival n; sărbătoare f; adj festiv

festive ['festiv] adj festiv, sărbătoresc; jovial; petrecăreţ

fetch ['feci] vt a aduce; a se vinde la/cu; a da; a atrage; vi a se
    duce să aducă ceva; s truc n, şmecherie f

fever ['fi:văr] s temperatură f, febră f; friguri n pl; înfrigurare
    f; nervozitate f

few ['fiu:] adj, pr puţini, nu mulţi

fiance [fi'ansei] s logodnic m

fiancee [fi'ansei] s logodnică f

fiber ['faibăr] fibră f, filament n; ţesătură f; structură f,
    caracter n

fickle ['fikăl] adj schimbător, capricios, nestatornic

fiction ['fikşăn] s ficţiune f, invenţie f; beletristică f; imaginaţie
    f

fidelity [fi'deliti] s credinţă f, fidelitate f, loialitate f,
    devatament n; acurateţe f

field [fi:ld] s cîmp n; ogor n; teren n; bazin n; domeniu n;
cîmp n de luptă; fond n

fierce [fiăs] adj feroce, aprig; sălbatic; fioros; grozav; cumplit;
energic, activ

fifteen ['fif'ti:n] num cincisprezece

fifty ['fifti] num cincizeci

fight [fait], **fought** [fo:t], **fought** [fo:t] vt a (se) lupta; a
combate; a se bate în; a apăra; s luptă f; bătaie f;
întrecere f; campanie f

figure ['figăr] s cifră f; preţ n; figură f geometrică; ţinută f;
diagramă f; formă f; personalitate f; vt a reprezenta; a-
şi imagina; a simboliza; a considera

file [fail] s fişier n; arhivă f; dosar n; vt a fişa; a pune la dosar;
a prezenta (un act)

fill [fil] vt a umple; a umfla; a astupa; a completa; a satisface;
a sătura; a ocupa (un post); vi a se umple; s saţ n,
saturare f

filthy ['filθi] adj murdar, urît, ticălos, mîrşav; imoral, obscen,
desmăţat

final ['fainăl] adj final; decisiv; de scop; s partidă f decisivă;
examen n final

find [faind], **found** [faund], **found** [faund] vt a găsi, a afla, a
descoperi; a inventa; a considera; a căpăta; a constata;
vr a se realiza; a se pomeni; s descoperire f

fine [fain] adj fin, delicat; fragil; gingaş; precis; festiv; adv
grozav, foarte bine

finger ['fiŋgăr] s deget n; indicator n; vt a atinge cu degetele; a
lua; a fura

finish ['finiş] vt a sfîrşi; a epuiza; a distruge; a ucide; a finisa;
vi a termina; s final n; încheiere f; finisaj n

fire ['faiăr] s foc n; incendiu n; tragere f; căldură f, pasiune f;
temperatură f; vt a pune pe foc; a incendia; a împuşca;
vi a se aprinde; a trage cu arma

fireman ['faiămăn] s fochist m; pompier m

firm [fã:m] adj dur, tare; ferm; compact; hotărît; aspru; adv
    ferm

first [fã:st] num prim, întîi; adj prim, întîi; principal; adv
    primul; mai întîi; mai curînd; s început n

fish [fiş] s peşte m; tip m; vt a pescui; a prinde peşte; a scoate;
    vi a pescui; a umbla după ceva

fist [fist] pumn m; mînă f; vt a lovi cu pumnul; a strînge în
    mînă

fit [fit] adj adecvat, bun, potrivit; indicat; competent; vrednic;
    sănătos; vt a se potrivi; a corespunde; a ajusta; a utila;
    vi a se potrivi; s potrivire f

fitness ['fitnis] s potrivire f; conformitate f; calificare f;
    sănătate f; oportunitate f

five [faiv] num cinci

fix [fiks] vt a fixa; a stabili; a aţinti; a întipări; a aranja; a se
    uita fix; vi a se fixa; s bucluc n; ordine f

flag [flæg] s steag n; drapel n; fanion n; pavilion n; vt a
    semnaliza cu steagul; a marca cu steguleţe

flake [fleik] s fulg m; solz m; coajă; vi a cădea sub formă de
    fulgi

flame [fleim] s flacără f; foc n, pasiune f; dragoste f; vi a arde;
    a izbucni în flăcări; a se înflăcăra

flash [flæş] s fulgerare f; scînteiere f; licărire f; zîmbet n;
    ocheadă f; clipă f; explozie f; instantaneu n; vi a
    fulgera; a scînteia; a licări; a zbura; a arunca (o
    privire)

flashlight ['flæş,lait] s bliţ n; flaş n; far n proiector

flat [flæt] adj plat, întins, neted; monoton; stătut; trezit; exact;
    direct; adv lat, întins; precis; complet; s cîmpie f; ţărm
    n jos; baltă f

flatter [flætăr] vt a flata; a înfrumuseţa; a încînta (ochii); a
    satisface; vi a recurge la linguşiri

flavor ['fleivăr] s gust n plăcut; buchet n; parfum n; iz n;
    condiment n; aromă f; atmosferă f; vt a condimenta

flea [fli:] s purice m

flea market ['fli:ma:kit] s hală f de vechituri

flee [fli:], **fled** [fled], **fled** [fled] vi a fugi; a dispărea din; a se sfîrşi; vt a fugi din; a părăsi (o ţară)

flesh [fleş] s carne f; trup n; muritor m; miez n; senzualitate f; vt a înroşi cu sînge; a îngrăşa; a descărna

flexible ['fleksibăl] adj flexibil, elastic; maleabil; adaptabil; îngăduitor

flight [flait] s zbor n; stol n; salvă f; şir n; scurgere f atimpului); trepte f pl; vi a migra

flip [flip] vt a lovi uşor; s lovitură f uşoară; bobîrnac n

flirt [flă:t] vi a flirta, a cocheta; a se mişca încoace şi încolo; vt a mişca încoace şi încolo; s cochetă f; flirt n

float [flăut] vi a pluti; a se perinda; vt a inunda; a face să plutească; a realiza; s dop n, plută f; flotor n; baliză f

flood [flad] s inundaţie f; potop n; flux n; şuvoi n; vt a inunda; a revărsa; a copleşi; vi a se revărsa; a se îngrămădi

floor [flo:r] s podea f; planşeu n; etaj n; nivel n; vatră f; fund n (de mare); vt a pardosi; a doborî; a încurca

florist ['florist] s florar m, cultivator m/vînzător m de flori

flour [flauăr] s făină f; vt a măcina

flourish ['flariş] vt a agita; a etala; a împodobi; vi a prospera; a vorbi bombastic; s agitare f; fluturare f; parafă f; înfloritură f retorică

flow [flău] s curgere f, flux n, curent n; vărsare f; curs n; debit n; revărsare f; vi a curge; a inunda; a se scurge

flower ['flauăr] s înflorire f; floare f; elită f; vi a înflori; vt a împodobi cu flori

flu [flu:] s the-- gripă f

fluent ['flu:ănt] adj fluent, curgător

fluid ['flu:id] adj fluid, lichid

fly [flai], **flew** [flu:], **flown** [flăun] vi a zbura; a fugi; a dispărea; vt a zbura peste; a înălţa; a pilota; s zbor n; rever n; clapă f

foam [făum] s spumă f; zgură f; mare f; vi a spumega

focus ['făukăs] s focar n; centru n; epicentru n; miez n; vt a focaliza; a concentra

fog [fog] s ceață f, pîclă f; abur n; fum n; întuneric n; vt a încețoșa

foggy ['foghi] adj cețos; nebulos, neclar; încețoșat

foil [foil] s frunză f; tablă f subțire; foaie f; contrast n

fold [făuld] s cută f; fald n; ușă f; canat n; vt a îndoi; a înfășura; a plisa; a încrucișa (mîinile); vi a se împături

folk [făuk] s oameni m pl, lume f; popor n, națiune f

folklore ['făuk,lo:r] s folclor n

follow ['folău] vi a urma; a continua; a frecventa; vt a urma după; a se ține de; a imita; a înțelege

fond [fond] adj iubitor, afectuos; indulgent; drag, scump

food [fu:d] s hrană f, alimente n pl; alimentație f; provizii f pl

fool [fu:l] s prost m, neghiob m; nebun m, măscărici m, clovn m; vi a se prosti; a glumi; a face pozne

foot [fut] s picior n; poale f pl; suport n; piedestal n; vi a dansa; vt a trece prin; a plăti (nota)

footstep ['fut,step] s pas m; călcătură f; urmă f de picior

for [fo:; făr] prep pentru; spre binele; de partea; în vederea; împotriva; spre; către; prin; din cauza; în timpul; ca, drept; ca urmare; în ciuda; conj pentru ca, fiindcă, deoarece, întrucît

forbid [fă'bid], **forbade** [fă'bæd], **forbidden** [fă'bidăn] vt a opri, a interzice; a împiedica; a nu permite

force [fo:s] s forță f, putere f; valabilitate f; solicitare f; influență f; intensitate f; vt a forța; a viola; a smulge

forecast ['fo:,ka:st] vt a prevedea; a anticipa; vi a prevedea; a planifica dinainte; s prognoză f, prevedere f

forehead ['fo:hed] s frunte f

foreign ['forin] adj străin; extern; exterior; impur

foreigner ['forinăr] s străin m, persoană f din altă țară

forest ['forist] s codru m; pădure f; mulțime f; vt a împăduri

forever [fo:'revăr] adv pentru totdeauna; mereu, într-una

foreword ['fo:,uă:d] s cuvînt n înainte, prefaţă f

forge ['fo:gi] s forjă f; fierărie f; vt a forja; a falsifica; a
    născoci, a inventa

forgery ['fo:giări] s fals n, falsificare f, contrafacere f

forget [fă'ghet], **forgot** [fă'got], **forgotten** [fă'gotăn] vt a uita;
    vr a-şi pierde cunoştinţa; a uita de sine; a fi altruist; vi
    a uita (de)

forgive [fă'ghiv], **forgave** [fă'gheiv], **forgiven** [fă'ghivăn] vt a
    ierta; a scuza; a renunţa la; vi a ierta; a fi iertător

fork [fo:k] s furculiţă f; furcă f; bifurcaţie f; confluenţă f;
    diapazon n; vt a bifurca

form [fo:m] s formă f, aspect n; contur n; siluetă f; expresie f;
    manieră f; specie f, varietate f; etichetă f; ceremonie f;
    formular n; bancă f; clasă f; model n; vt a da o formă,
    a modela; a educa; a alcătui; a fonda; a forma; vi a se
    forma; a lua o formă

formal ['fo:măl] adj formal; de formă; oficial; formalist;
    categoric, precis; simetric

former [fo:măr] adj fost, trecut; pron the -- primul, cel dintîi

fort [fo:t] s fort n

forth [fo:Θ] adv afară; în afară; înainte; mai departe

fortify ['fo:tifai] vt a fortifica; a întări; a corobora; a confirma;
    vr a se fortifica

fortress ['fo:tris] s fortăreaţă f

fortunate ['fo:ciănăt] adj norocos; favorizat; prielnic; s om m
    norocos

fortunately ['fo:ciănitli] adv din fericire; (în mod) fericit

fortune ['fo:ciăn] s noroc n; şansă f; întîmplare f fericită;
    succes n; soartă f; avere f

forty ['fo:ti] num patruzeci

forward ['fo:uăd] adj din faţă, dinainte; înaintat; de avangardă;
    fruntaş; isteţ; obraznic; timpuriu; adv înainte, mai

departe; în faţă; spre viitor; s înaintaş m (la fotbal); vt
    a accelera; a promova; a expedia

foul [faul] adj murdar; urît; necinstit; putred; viciat; molipsitor;
    s lucru n murdar; ciocnire f; fault n; vt a murdări; a
    polua; a păta

foundation [faun'deişăn] s fundare f; înfiinţare f; fundaţie f;
    donaţie f; bază f; organizaţie f

fountain ['fauntin] s izvor n; fîntînă f arteziană; rezervor n;
    sursă f; obîrşie f

four [fo:] num patru; s patru, grup n de patru

fourteen ['fo:'ti:n] num patrusprezece

fox [foks] s vulpe f, vulpoi m; şmecher m; vi a se acri; a se
    trezi

fragile ['frægiail; 'frægil] adj fragil; gingaş; şubred; trecător

fragment ['frægmănt] s fragment n; parte f; pasaj n

fragrance ['freigrăns] s parfum n, mireasmă f

frail [freil] adj fragil; slab; plăpînd, bolnăvicios

frame [freim] s schelet n, corp n; construcţie f; cadru n, ramă
    f; chenar n; structură f; organizare f; sistem n; imagine
    f; vt a încadra, a înrăma; a îmbina; a elabora; a forma;
    a rosti; a înscena; a născoci

frank [frænk] adj sincer, franc, deschis; evident, clar; vt a
    franca; a timbra

fraud [fro:d] s înşelătorie f; escroc m, pungaş m

freak [fri:k] s capriciu n, fantezie f; idee f trăsnită; ciudăţenie
    f; monstru m; anormalitate f

freckle [frekăl] s pistrui m; vt a pistruia; vi a se umple de
    pistrui

free [fri:] adj liber; autonom; suveran; dezlegat; scutit de;
    imparţial; spontan; firesc; gratuit; generos; adv gratis,
    gratuit; vt a elibera; a scuti

freedom ['fri:dăm] s libertate f; drept n; privilegiu n; intimitate

freeze [fri:z], **froze** [frăuz], **frozen** ['frăuzăn] vt a îngheţa; a
congela; a stabiliza; vi a îngheţa; a da îngheţul; s
îngheţ n; ger n; îngheţare f

frequent ['fri:kuănt] adj frecvent; repetat; constant; obişnuit;
[fri'kuent] vt a frecventa

fresh [freş] adj proaspăt; nou; recent; dulce; potabil; curat;
nefolosit; diferit; odihnit; întărit; actual;
neexperimentat

Friday ['fraidi] s vineri f; servitor m credincios

fridge ['frigi] s frigider n

friend [frend] s prieten m; cunoscut m; coleg m; sfătuitor m;
simpatizant m

friendly ['frendli] adj prietenesc; amical; prietenos; favorabil;
adv prieteneşte; s meci n amical

friendship ['frendşip] s prietenie f, amiciţie f

frighten ['fraităn] vt a speria, a băga groaza în

frog [frog] s broască f; macaz n; nasture m; francez m

from [from, frăm] prep de la, din; de pe; din partea; după; în
urma; din cauza; dintre; între; adv de sus

frost [frost] s ger n, îngheţ n; chiciură f; asprime f; vt a
îngheţa; a congela; a glazura

frown [fraun] vi a se încrunta; s încruntătură f; privire f
încruntată

fruit [fru:t] s fruct n; rod n; rezultat n; urmare f; vi a rodi

frustrate [fra'streit] vt a zădărnici; a dejuca; a învinge; a înşela

fry [frai] vt a prăji, a frige; vi a se prăji; a se frige; s carne f
prăjită; friptură f

frying pan ['fraiiŋ,pæn] s tigaie f, tingire f

fuel [fiuăl] s carburant m, combustibil m; vt a alimenta cu
carburant; a stimula

fulfill [ful'fil] vt a realiza; a satisface; a termina; a desăvîrşi

full [ful] adj plin; sătul; săţios; nutritiv; lejer; bogat; complet;
întreg; rotund; gras; adv complet; drept, direct, chiar,
tocmai; vt a croi larg

fun [fan] s glumă f; distracţie f; veselie f; ridiculizare f; partea
    f amuzantă

function [faŋkşăn] s funcţie f, post n; activitate f; rol n;
    ceremonie f; recepţie f; vi a funcţiona; a lucra

fund [fand] s fond n, capital n; rezervă f, stoc n; vt a
    consolida; a finanţa

funeral ['fiu:nărăl] adj funerar, funebru; s înmormîntare f,
    funeralii f pl; procesiune f funebră

funny ['fani] adj amuzant, distractiv; nostim; caraghios; ciudat;
    s pagina f veselă

fur [fă:r] s blană f; piele f (de animal); vt a îmblăni

furious ['fiuăriăs] adj furios, înfuriat; violent, năpraznic

furnish ['fă:niş] vt a aproviziona (cu); a furniza; a mobila; a
    oferi; a procura

furniture ['fă:niciăr] s mobilă f, mobilier; utilaj n, inventar n

further ['fă:δăr] adj adiţional; ulterior; adv mai mult; în plus;
    vt a promova; a încuraja

fuse [fiu:z] vi a se topi; a fuziona; a se amesteca; vt a topi; a
    amesteca; s siguranţă f; fitil n

fuss [fas] s agitaţie f; nervozitate f inutilă; obiecţie f;
    frămîntare; pedant m; vt a plictisi; a enerva; vi a se
    agita; a se enerva; a se certa

fussy ['fasi] adj agitat, nervos; aferat; exagerat; înzorzonat

future ['fiu:ciăr] adj viitor; următor; s viitor n; timpuri n pl
    viitoare; contract n pentru bunuri de perspectivă

G

gain [ghein] s cîştig n; spor n; avantaj n; răsplată f; vt a
    cîştiga; a obţine; a cuceri; a ajunge la; vi a cîştiga; a
    profita; a se îngrăşa; a spori; a înainta
gall [go:l] s fiere f, bilă f; amărăciune f; invidie f; tupeu n;
    scîrbă f; jupuitură f; vt a jupui; a roade; a enerva
gallery ['gælări] s galerie f; balcon n; suporteri m pl; sală f de
    expoziţie
gallon ['gælăn] s galon n
gallows ['gælăuz] s spînzurătoare f; spînzurare f
gamble ['gæmbăl] s joc n de noroc; aventură f; vi a juca jocuri
    de noroc; a miza (pe); a risca; vt a risca la joc; a
    miza, a paria
gambler ['gæmblăr] s jucător m de jocuri de noroc, cartofor;
    escroc m; aventurier m
game [gheim] s joc n; sport n; partidă f, meci n; ghem n (la
    tenis); distracţie f; farsă f; intenţie f, plan n; vînat n;
    adj curajos; dispus, pregătit; vi a juca jocuri de noroc;
    vt a juca/a miza la cărţi etc
gang [gæŋ] s bandă f; echipă f; grup n; serie f; organizaţie f de
    gangsteri; vt a pune laolaltă; a cupla; vi a se aduna, a
    se înhăita
gangster ['gæŋstăr] s gangster m; bandit m
gap [gæp] s (loc) gol n; lipsă f, lacună f; omisiune f; pauză f;
    decalaj n; abis n; chei n; întrerupere f; spărtură f
garage ['gæra:j] s garaj n; atelier n de reparaţii auto
garbage ['ga:bigi] s gunoi n; murdărie f
garden ['ga:dăn] s grădină f; parc n; terasă f; arenă f; sală f
    mare; adj cultivat; de grădină; vi a face grădinărit
gardener ['ga:dnăr] s grădinar m
garlic ['ga:lik] s usturoi m; căpăţînă f de usturoi

gas [gæs] s gaz n; abur m; benzină f; anestezie f; adj atr gazos;
   de gaze; vt a gaza; vi a pălăvrăgi

gate [gheit] s poartă f; pas n, trecătoare f; ecluză f; valvă f;
   spectatori m pl (la meciuri); taxă f (de intrare)

gather ['gæðăr] vt a strînge; a culege; a recolta; a cuprinde; a
   plisa; a cîştiga; a prinde; a spori; a înţelege; a deduce;
   a afla; vi a se aduna; a se îmbulzi; s pliseu n

gauge ['gheigi] s măsură f; ecartament n; gabarit n; jojă f;
   etalon n; reper n; vt a măsura

gay [ghei] adj vesel; ţipător; petrecăreţ; imoral; afemeiat;
   homosexual; lesbiană

gaze [gheiz] vt a privi lung; a privi în gol; s privire f lungă

gear [ghiăr] s angrenaj n; viteză f; costum n; utilaj n;
   mecanism n; vt a înzestra cu un mecanism; a adapta

gem [gem] s piatră f preţioasă, nestemată f; bijuterie f; odor n;
   vt a împodobi cu nestemate

general [genrăl] adj general, universal; obişnuit; vag; nedefinit;
   principal; s general m; comandant m

generation [,genă'reişăn] s generaţie f; producere f

generous ['genărăs] adj generos; nobil; altruist; bogat

genius ['gi:niăs] s geniu n, genialitate f; om m genial; dar n;
   talent n; particularitate f

gentle ['gentăl] adj blînd; gingaş; amabil; moderat; uşor;
   distins; galant; onorabil; s larvă; vt a îmblînzi

gentleman ['gentălmăn] s domn m, gentleman; bărbat m, om m

genuine ['geniuin] adj veritabil; autentic; pur; onest, sincer,
deschis, cinstit

germ [giă:m] s microb m, germene m; bacterie f; embrion m;
   nucleu n; început n; spor n; adj microbian; vi a
   germina

gesture ['gesciăr] s gest n, mişcare f; acţiune f, act n; vi a
   gesticula

get [ghet], **got** [got], **got** [got], **gotten** ['gotăn] vt a căpăta; a
   obţine; a procura; a găsi; a primi; a lua; a sili; a

determina; a convinge; a sosi; a realiza; a cîştiga; a
suferi; a deprinde; a pricepe; a prinde; a culege; a
cuceri; vi a ajunge; a sosi; a reuşi; a se duce, a merge;
a nimeri; a începe să; a spori

get in [ghet'in] vt a strînge; a stoca; a aduna; a plasa; a educa;
a semăna; a planta; vi a intra; a ajunge; a reveni; a se
urca; a veni la putere

get out ['ghet'aut] vt a scoate, a extrage; a publica; a rosti; a
rezolva; vi a ieşi (afară); a pleca; a coborî; a scăpa; a
se afla

get up ['ghet'ap] vt a urca, a înălţa; a irita; a pregăti; a
elabora; a organiza; a stîrni; a născoci; a aranja; a
prezenta; a monta; vi a se scula; a încăleca; a se înteţi;
a se găti; a se agita

ghost [găust] s stafie f, duh n, fantomă f; autor m care scrie
sub semnătura altuia; suflet n; umbră f

giant ['giaiănt] adj uriaş, colosal, gigantic; s uriaş m, gigant m,
colos m; titan m

gift [ghift] s cadou n; donaţie f; talent n; fleac n

gigantic [giai'gæntik] adj uriaş, gigantic

giggle ['ghigăl] vi a chicoti; s chicoteală f; mucalit m; glumă f

ginger ['gingiăr] s ghimbir n, imbir n; elan n, însufleţire f; vt a
aromatiza cu ghimbir; a îmboldi; a învora

girl [gă:l] s fată f; tînără f; domnişoară f; iubită f; fiică f;
slujnică f; vînzătoare f

girl friend ['gă:l,frend] s prietenă f; iubită f; logodnică f

give [ghiv], **gave** [gheiv], **given** ['ghivăn] vt a da; a dărui; a
dona; a oferi; a atribui; a acorda; a permite; a
distribui; a plăti; a preda; a împărtăşi; a rosti; a emite;
a realiza; a dedica; a comunica; a ura; a interpreta; vi
a ceda; a da de pomană; a se prabuşi; a se umezi; a
ieşi; a se zvînta

give in [ghiv'in] vt a înmîna; a anunţa; a adăuga; vi a ceda; a se supune

give up ['ghiv'ap] vt a abandona; a se retrage; a ceda; a renunţa la; a sacrifica; a se dezice; a preda; a denunţa; vi a ceda; a renunţa; a se retrage

glad [glæd] adj bucuros; fericit; voios; dispus (să facă ceva)

glamorous ['glæmărăs] adj fermecător, încîntător

glance [gla:ns] s privire f (fugară); licărire f; vi a se uita în treacăt

gland [glænd] s glandă f; ganglioni m pl (la gît)

glass [gla:s] s sticlă f; sticlărie f; oglindă f; ochean n, binoclu n; lunetă f; adj de sticlă

glasses ['gla:siz] s pl ochelari n pl

glimpse [glimps] s privire f (fugară), ochire f; licărire f; vt a zări; vi a arunca o privire; a licări; a se ivi

glitter ['glităr] s sclipire f, strălucire f; splendoare f, fast n; vi a sclipi, a străluci

globe [glăub] s glob n, sferă f; glob n pămîntesc; astru m

gloomy ['glu:mi] adj întunecos; sumbru; trist; lugubru

glorious ['gloriăs] adj glorios,victorios; splendid, grozav; superb; cherchelit

glory ['glori] s glorie f; merit n; mîndrie f; nimb n; strălucire f

glossary ['glosări] s glosar n, vocabular n

glow [glău] s strălucire f, lumină f; dogoare f; arşiţă f; flacără f; licărire f; ardoare f; vioiciune f; îmbujorare f; vi a arde; a scînteia; a (stră)luci; a radia; a se aprinde; a se îmbujora

glue [glu:] s clei n; vt a lipi

glutton ['glatăn] s (om) lacom m, gurmand m, mîncău m

gnome [năum] s gnom m, pitic m

go [gău], **went** [uent], **gone** [gon] vi a merge, a umbla; a se duce la; a călători; a ieşi; a circula; a pleca; a se întinde; a se scurge; a funcţiona; a proceda; a se petrece; a izbuti; a intenţiona; a pieri; a se integra; a suna; vi a face; a îndura; a accepta; s mişcare f, acţiune f; probă f; modă f; întîmplare f; tîrg n; elan n; succes n

go on [gău on] vi a se prelungi; a merge înainte; a continua; a progresa; a avansa; a avea succes; a se petrece; a expira

go out ['gău'aut] vi a ieşi (afară); a pleca; a porni; a demisiona; a apărea; a se termina; a se stinge

goal [găul] s ţintă f, ţel n; scop n; obiectiv n; poartă f; but n; sosire f, finiş n

god [god] s zeu m, zeitate f, divinitate f

gold [găuld] s aur n; avere f; odor n; adj de/din aur; auriu; blond

golf [golf] s golf n; vi a juca

good [gud] adj bun; solid; sănătos; cumsecade; frumos; corect; chipeş; amabil; agreabil; potrivit; veritabil; valabil; capabil; priceput; abil; ascultător; propice; pios; amplu; adv tare, destul, foarte; bine, cu adevărat; s bine n; serviciu n; folos n; fericire f, bunăstare f

goodbye [,gud'bai] interj la revedere! bun rămas! drum bun! s rămas n bun

goose [gu:s] s gîscă f; friptură f de gîscă; gogoman m, gîsculiţă f

gorgeous ['go:giăs] adj minunat, splendid; abundent, luxuriant

gossip ['gosip] vi a pălăvrăgi; a bîrfi; s taifas n; bîrfă f; flecar m; bîrfitor m; cronică f mondenă (în ziare)

govern ['gavăn] vt a guverna; a conduce; a stăpîni; vi a fi la putere

government ['gavănmănt] s guvern n; stat n; guvernare f; control n; adj guvernamental; oficial

gown [gaun] s rochie f; togă f, robă f, mantie f, pelerină f; vt, vi a (se) îmbrăca în robă

grab [græb] vt a înhăţa; a şterpeli; s înhăţare f; lăcomie f; acaparare f

grace [greis] s grație f, farmec n; eleganță f; pl mofturi n pl, aere n pl; favoare f; politețe f; iertare f; amînare f; dispensă f de studii; vt a împodobi; a onora

grade [greid] s rang n; grad n; clasă f; notă f; categorie f; fel n; înclinație f; ascensiune f; vt a grada; a clasa

graduate ['grædiuit] s titrat m, licențiat m, diplomat m universitar; absolvent m; ['grædiu,eit] vi a-și lua diploma; a grada; a doza; a conferi o diplomă

graduation [,grædiu'eișăn] s gradare f; gradație f; dozare f; decorare f; absolvire f

grain [grein] s grăunte m, bob n; grîne f pl; dram n; fire f; vt a granula, a măcina

grand [grænd] adj mare, important; grandios; splendid; nobil; generos; principal; total; încrezut; s bancnotă f de o mie de dolari

grandchild ['græn'ciaild] s nepot m, nepoată f

granddaughter ['græn,do:tăr] s nepoată f de bunică

grandfather ['græn,fa:ðăr] s bunic m, tată m mare

grandmother ['græn,maðăr] s bunică f

grandparent ['græn,peărănt] s bunic m/bunică f

grandson ['grænsan] s nepot m de bunic

grant [gra:nt] vt a acorda; a aloca; a ceda; a dona; a permite; a admite; a aproba; a garanta; s alocație f; bursă f; acordare f; aprobare f; donație f; permisiune f

grape [greip] s bob n de strugure; pl struguri m pl; viță f de vie

grapefruit ['greip,fru:t] s pom m care produce grepfrut; grep n

graph [gra:f] s grafic n, diagramă f; șapirograf n; vt a multiplica

grasp [gra:sp] vt a apuca; a smulge; a îmbrățișa; a pricepe; s înhățare f, înșfăcare f; pricepere f; dominație f; mîner n

grass [gra:s] s iarbă f; păşune f, păşunat n; buruiană f; vt a paşte; a semăna cu iarbă; a trînti; vi a se acoperi cu iarbă

grate [greit] vt a rîcîi; a zgîria; a răzui; vi a scîrţîi; a scrîşni

grateful ['greitful] adj recunoscător; binevenit; odihnitor; reconfortant

gratify ['grætifai] vt a satisface; a mulţumi; a face pe plac; a desfăta; a răsplăti

gratitude ['grætitiu:d] s recunoştinţă f, mulţumire f

grave [greiv] adj grav, serios; solemn; urgent; sumbru; modest

gravy ['greivi] s suc n de carne; sos n de friptură

gray [grei] adj cenuşiu, gri; sur; cărunt; palid; mohorît; monoton; s gri n; bursuc m; vt a vopsi în gri; a încărunţi

grease [gri:s] s grăsime f; untură f; lubrifiant m; [gri:z] vt a unge; a gresa; a lubrifia

great [greit] adj mare, măreţ, grandios; considerabil; intens; uriaş; esenţial; ilustru; excelent; iscusit; grozav; nobil; arogant; îndelungat; s the -- cei mari; bogaţii m pl; total n, întreg n; interj grozav! straşnic!

greedy ['gri:di] adj lacom, avid; ahtiat; avar, hrăpăreţ

green [gri:n] adj verde; crud, necopt; pămîntiu; proaspăt; nepriceput; nevinovat; viguros; neînvăţat; s (culoare) verde f; verdeaţă f; pajişte f; vigoare f; vt a înverzi; a vopsi verde

greet [gri:t] vt a saluta; a da onorul; a întîmpina

greeting ['gri:tiŋ] s salut n, salutare f; complimente n pl; urări f pl; întîmpinare f

grief [gri:f] s supărare f, durere f; necaz n; plîngere f

grill [gril] s grătar n; rotiserie f; grilaj n; grilă f; vt a frige la/pe grătar; a supune unui interogatoriu sever; a anula; vi a frige; a face plajă

grin [grin] s rînjet n; zîmbet n; vi a rînji; a zîmbi; a zîmbi /a rîde silit

grind [graind], **ground** [graund] **ground** [graund] vt a măcina; a mărunţi; a mesteca; a poliza; a şlefui; a scrîşni; a îndopa; a asupri; vi a se măcina; a se freca; a se şlefui; a scîrţîi; a învăţa pe rupte; s măcinare f; scîrţîit n; corvoadă f; toceală f

grip [grip] s strînsoare f; înhăţare f; înţelegere f; mîner n; atracţie f; vt a apuca/ a ţine strîns; a strînge; a prinde; a cuprinde

grocery ['grăusări] s băcănie f; pl coloniale f pl, articole n pl de băcănie

gross [grăus] adj grosolan, vulgar; carnal; obscen; măcinat mare; global, brut; obez; s gros n, toptan n

ground [graund] s paint n, sol n, teren n; poligon n; parc n de vînătoare; grădină f; fond n; temelie f; motiv n; vt a întemeia; a motiva; a depune; a trînti; a pune temelia; a grundui; vi a ateriza; a eşua; a se împotmoli

group [gru:p] s grup n; grupă f; grupare f; formaţie f; vt a grupa; a clasifica, a asorta

grove [grăuv] s crîng n, pădurice f, dumbravă f

grow [grău], **grew** [gru:], **grown** [grăun] vi a creşte; a se dezvolta; a progresa; a proveni din; a deveni; vt a creşte, a produce; a lăsa să-i crească

grown-up ['grăun,ap] adj adult, mare; s adult m, om m mare

gruel ['gru:ăl] s terci n, fiertură f de cereale; vt a pedepsi aspru

gruesome ['gru:săm] adj de groază, înspăimîntător

grumble ['grambăl] vi a bombăni, a protesta; a chiorăi; vt a mormăi, a murmura; s bombăneală f, mormăit n; bubuit n de tunet

guarantee [,gæerăn'ti:] vt a garanta; a asigura; vi a depune garanţie; s garanţie f; cauţiune f; amanet n; garant m

guard [ga:d] s gardă f; pază f; vigilenţă f; reţinere f; rezervă f; neîncredere f; corp n de gardă; şef m de tren; vt a păzi; a-şi măsura (cuvintele); a însoţi; vi a se feri; a fi prudent; a face de gardă

guess [ghes] vt a ghici; a presupune; a crede; vi a face presupuneri; s bănuială f, presupunere f; apreciere f

guest [ghest] s oaspete m, invitat m; chiriaş m; parazit m

guide [gaid] s călăuză f, ghid m; îndreptar n; consilier m; dispozitiv n de ghidare; vt a îndruma; a dirija, a conduce

guilt [ghilt] s vină f, culpă f; vinovăţie f, culpabilitate f

guilty ['ghilti] adj vinovat, culpabil

gum [gam] s gumă f; cauciuc n; gumă f de mestecat, chewing-gum; clei n de arbore; urdoare f; vt a lipi; a lua peste picior; vi a se lipi; a secreta răşină

gun [gan] s armă f de foc; pistol n; revolver n; tun n; trăgător m; vînător m; hoţ m; vt a vîna, a împuşca; a bombarda cu artileria

gurgle ['gă:găl] vi a gîlgîi, a bolborosi; a clipoci; s gîlgîit n, bolborosit n; clipocit n

gush [gaş] vi a ţîşni, a izbucni; a-şi revărsa sentimentele; a împroşca cu; s şuvoi n, torent n, jet n; revărsare f (a sentimentelor)

gut [gat] s intestin n; stomac n; poftă f (de mîncare); coardă f (de vioară); pl tupeu n, curaj n; defileu n; vt a curăţa; a goli; a devasta; a jefui

guy [gai] s tip m, individ m, băiat m; glumă f; sperietoare f; vt a ridiculiza

gymnasium [gim'neiziăm] s sală f de gimnastică/sporturi; liceu n; gimnaziu n

gypsy ['gipsi] s v **gipsy**, s ţigan m, rom m; nomad m; vagabond m; (limba) ţigănească; adj ţigan; ţigănesc; cîmpenesc; vi a vagabonda

habit ['hæbit] s obicei n; obişnuinţă f; comportare f;
    mentalitate f; caracteristică f; costum n de călărie; vt a
    îmbrăca

hair [heăr] s păr m; blană f; puf n; vt a depila

hairbrush ['heăbraş] s perie f de păr

hairdresser ['heă dresăr] s coafor m; coafeză f; frizer m

hairy ['heări] adj din/de păr; păros; hirsut

half [ha:f] s jumătate f; doime f; semestru n; repriză f; adj
    parţial, incomplet; adv pe din două, pe jumătate;
    parţial, incomplet; oarecum

half brother ['ha:f,braðăr] s frate m vitreg

hall [ho:l] s coridor n, culoar n; hol n; auditoriu n; salon n;
    sală f de judecată; edificiu n public; cămin n studenţesc

ham [hæm] s şuncă f, jambon n; cabotin m; cabotinism n;
    radioamator m; ageamiu m; vt a juca prost; vi a sarja

hamburger ['hæmbă:găr] s hamburger m; chiftea f; sandviş n
    cu tocătură

hammer ['hæmăr] s ciocan n; vt a ciocăni; a distruge; a
    bombarda cu artileria; a dojeni; vi a ciocăni; a bocăni

hamper [hæmpăr] vt a stingheri; a limita, a restrînge

hand [hænd] s mînă f; braţ n; dibăcie f; antrenament n; stil n,
    amprentă f; scriere f; sursă f; autoritate f; muncitor m;
    ajutor n; individ m; beneficiu n; vt a înmîna; a
    expedia; a conduce; a urca; a manipula

handbag ['hænd,bæg] s sac m de voiaj; trusă f; poşetă f

handicap ['hændi,kæp] s handicap n; dezavantaj n; obstacol n;
    vt a handicapa; a dezavantaja; a stînjeni

handle ['hændăl] s mîner n, coadă f; toartă f; ocazie f; vt a
    mînui; a pipăi; a conduce; a trata; a discuta; a se
    ocupa cu

handsome ['hændsăm] adj frumos, chipeş; drăguţ, elegant; generos; însemnat, considerabil

handy ['hændi] adj comod; la îndemînă; disponibil; potrivit; abil, priceput

hang [hæŋ], **hung** [haŋ], **hung** [haŋ] vt a atîrna; a prinde; a expune; vi a atîrna; a spînzura; a oscila; a fi în suspensie; a depinde de; a persista

hangar ['hæŋăr] s hangar n; adăpost n; şopron n

hangover ['hæŋ,ăuvăr] s mahmureală f; vestigii n pl; efecte n pl tîrzii

happen ['hæpăn] vi a se întîmpla; a surveni; a se petrece; a se întîmpla să fie

happiness ['hæpinis] s fericire f, satisfacţie f; noroc n; veselie f

happy ['hæpi] adj fericit; vesel; bucuros; norocos; grozav

harass ['hærăs] vt a hărţui, a chinui, a necăji

harbor ['ha:băr] s port n; adăpost n, refugiu n; vt a adăposti; a proteja; a conţine; a nutri; vi a ancora; a se adăposti; a acorda azil

hard [ha:d] adj tare, ferm; dur; solid; rezistent; puternic; dificil; aspru; rău; obositor; silitor; supărător; zgîrcit; adv greu; sever; cumplit; rău; necruţător

hardly ['ha:dli] adv abia (dacă, de); prea puţin; puţin probabil; tocmai, abia; aspru

hare [heă] s iepure m de cîmp; vi a alerga iute/ ca un iepure

harm [ha:m] s vătămare f; rău n; avarie f; dăunare f; vt a dăuna; a face rău; a avaria

harmful ['ha:mful] adj nociv, dăunător, rău; periculos

harmless ['ha:mlis] adj inofensiv; inocent; blînd

harmonious [ha:'măuniăs] adj armonios; omogen, uniform; muzical, melodios

harsh [ha:ş] adj aspru; sever; nemilos; strident; dezagreabil

harvest ['ha:vist] s seceriş n; recoltare f, cules n; recolta f; rezultate n pl; răsplată f; vt a recolta; a culege

hasty ['heisti] adj grăbit; pripit; irascibil; nesăbuit

hat [hæt] s pălărie f; rang n; individ m; vt a pune pălăria pe cap; a acoperi cu pălăria

hate [heit] vt a urî; a duşmăni; s ură f; silă f; oroare f; persoană f antipatică

hatred ['heitrid] s ură f; silă f; oroare f; duşmănie f; pica f

haughty ['ho:ti] adj semeţ; mîndru; arogant; demn

haunt [ho:nt] vt a frecventa; a bîntui; a obseda; a chinui; vi a rămîne; s loc n frecventat; vizuină f; speluncă f de hoţi

have [hæv], **had** [hæd], **had** [hæd] vt a avea, a poseda; a dispune de; a cuprinde; a dovedi; a concepe; a reţine; a permite; a suporta; a trece prin; a căpăta; a mînca/a bea; a îndeplini; a determina; a-şi comanda; [hæv, hæf] v mod a trebui; a necesita; a cere

hawk [ho:k] s şoim m; om m hrăpăreţ; vt a vîna cu şoimi; a ataca

hay [hei] s fîn n; răsplată f (a muncii); sumă f infimă; vt a usca; a hrani, a da fîn

hazardous ['hæzădăs] adj riscant; temerar; bazat pe noroc

hazy ['heizi] adj ceţos; înnorat; voalat; cherchelit

he [hi:] pr el, dînsul; s mascul m, bărbat m

head [hed] s cap n; minte f; inteligenţă f; inventivitate f; talent n; viaţă f; persoană f; vîrf n; şef m; extremitate f; vt a fi în fruntea; a aşeza; a se opune; vi a se întoarce cu faţa; a merge (spre)

headache ['hed,eik]] s durere f de cap, nevralgie f; complicaţie f, dificultate f

heal [hi:l] vt a vindeca; a remedia; a reface; a întări; vi a se vindeca; a se reface

healthy ['helθi] adj sănătos; viguros; viabil; sigur; prosper; salutar; considerabil

hear [hiă], **heard** [hă:d], **heard** [hă:d] vt a auzi; a afla; a asculta; a împlini; a audia; vi a auzi, a afla de; a primi veşti; a accepta, a permite

heart [ha:t] s inimă f, cord n; piept n; simţire f; suflet n; afecţiune f; plăcere f; dispoziţie f; conştiinţă f; părere f; sinceritate f

hearty ['ha:ti] adj entuziast; energic; sincer; abundent

heat [hi:t] s căldură f; arşiţă f; caniculă f; ardoare f; vigoare f; toi n; foc n; efort n; serie f (sport); vt a înfierbînta; a inflama; a irita

heating ['hi:tiŋ] s încălzire f

heaven ['hevăn] s cer n; rai n, paradis n; fericire f

heavy ['hevi] adj greu; greoi; încărcat; apăsător; stîngaci; închis; sumbru; prost; dificil; puternic

heed [hi:d] s atenţie f; vt a acorda atenţie; a ţine seama de

heel [hi:l] s călcîi n; toc n; gît n (de vioară); colţ n (de pîine)

heinous ['heinăs] adj atroce; odios, ticălos

heir [eăr] s succesor m; urmaş m

hell [hel] s iad n, infern n; interj drace! la naiba!; vi a alerga repede

hello [he'lău] interj alo! da!; hei! ascultă!; s apel n; vi a striga alo; vt a chema

helmet ['helmit] s coif n; cască f; bonetă f

help [help] s ajutor n; servitoare f; remediu n; vt a ajuta; a sprijini; a remedia; a folosi; a servi cu; vi a ajuta

hem [hem] s tiv n; vt a tivi; a încorseta

hen [hen] s găină f; femelă f; cloşcă f; femeie f agitată

her [hă:] adj pos ei; său, sa, săi, sale; pr pers pe ea, -o

herb [hă:b] s iarbă f; plantă f medicinală; buruiană f

herd [hă:d] s turmă f; cireadă f; gloată f; vi a se ţine împreună; a se asocia; vt a paşte, a mîna la păscut

here [hiăr] adv aici; încoace; acum; adj de aici, aici de faţă; s locul n acesta; momentul n acesta

hereditary [hi'reditări] adj ereditar, moştenit; succesoral

heritage ['heritigi] s moştenire f; avere f; soartă f; drept n legitim; tradiţie f

hero ['hiărău] s erou m; viteaz m; protagonist m

herself [hă'self] pr refl se; pr de întărire (ea) însăşi, chiar ea;
     o, pe ea însăşi; ei însăşi, chiar ei; pr pers ea, dînsa
hesitate ['hezi,teit] vt a ezita; a şovăi; a se bîlbîi
hi [hai] interj hei! alo! bună!
hiccup, hiccough ['hikap] s sughiţ n; vi a sughiţa
hide [haid], **hid** [hid], **hidden** ['hidăn] vt a ascunde; a acoperi; a ţine
     secret; vi a ascunde; a se refugia; s ascunzătoare f; observator n
high [hai] adj înalt; furios; distins; strident; avansat; trecut;
     intens; neobişnuit; propice; serios; important; arogant;
     tulburat; adv sus; abundent; s înălţime f; deal n; cer n
high school ['hai'sku:l] s liceu n, colegiu n, şcoală f secundară
hike [haik] s plimbare f, excursie f; ridicare f; vt a ridica; a
     spori; a lua la plimbare; vi a face o plimbare; a
     călători; a se ridica
hilarious [hi'leăriăs] adj ilar, vesel, zgomotos
hill [hil] s deal n, colină f; movilă f; pantă f; vt a face
     morman; a îngrămădi
him [him] pr pers pe el, îl; lui, îi
himself [him'self] pr refl se; pr de întărire (el) însuşi, chiar el;
     pr pers el personal
hint [hint] s aluzie f; indiciu n; sugestie f; urmă f; vt a sugera;
     vi a face aluzie la, a insinua
hip [hip] s şold n; îmbinare f
hire [haiă] vt a închiria; a da cu chirie; a angaja; a lua cu
     împrumut; vi a se angaja; s închiriere f; angajare f;
     slujbă f; salariu n
his [hiz, iz, z] adj pos lui, său, îi, -i; pr pos al lui/său, a lui/sa,
     ai lui/săi, ale lui/sale
history ['histări] s istorie f; cronică f; poveste f; trecut n
hit [hit], **hit** [hit], **hit** [hit] vt a lovi, a izbi; a se lovi; a găsi; a
     nimeri; a şoca; a ajunge; vi a lovi; a se izbi; a ataca; a
     se petrece; a reuşi; s lovitură f; şoc n; atingere f;

triumf n; şlagăr n; noroc n

hitchhike ['hicihaik] vi a face autostop; vt a solicita autostop; s autostop

hive [haiv] s stup m; roi n; vt a aduna (ca) într-un stup; vi a sta (ca) într-un stup

hobby ['hobi] s pasiune f, manie f

hog [hog] s porc m; mîncău m, gurmand m; mitocan m; vt a acapara

hold [hăuld], **held** [held], **held** [held] vt a ţine; a stăpîni; a deţine; a ocupa; a opri; a reţine; a preocupa; a conţine; a considera; a susţine; vi a se ţine; a rezista; a se aplica; a se apuca de; s influenţă f; sprijin n; stăpînire f; temniţă f

hole [hăul] s gaură f; defect n; vizuină f; ascunzătoare f; bucluc n; gropiţă f; vi a găuri; vi (la golf) a marca un punct

holiday ['holădi] s sărbătoare f; zi f de odihnă; pl vacanţă f; concediu n; adj atr vesel, de sărbătoare

hollow ['holău] adj scobit; găunos; gol; scofîlcit; dogit; necinstit; s scobitură f; depresiune f; adv zdravăn, rău

home [hăum] s cămin n, casă f; domiciliu n; patrie f; habitat n; familie f; azil n; sediu n; adj atr domestic; familial; intern; adv acasă; spre casă; la ţintă; vt a adăposti

homeless ['hăumlis] adj fără casă/adăpost/cămin

homely ['hăumli] adj familial; simpatic; obişnuit; natural; plat; urît

honest ['onist] adj cinstit; adevărat; sincer; onorabil; merituos; virtuos; modest; nevinovat

honey ['hani] s miere f; dulceaţă f, iubită f; interj scumpo! iubito! vt a îndulci

honeymoon ['hanimu:n] s luna f de miere; vr a-şi petrece luna de miere

honor ['onăr] s onoare f, cinste f; virtute f; legămînt n; faimă f; mîndrie f; stimă f; distincţie f; vt a onora

hood [hu:d] s glugă f; capotă f; insignă f; vt a acoperi cu o glugă

hoof [hu:f] s copită f; vt a lovi cu copita; a merge pe jos; a
       ţopăi, a dansa

hook [huk] s cîrlig n; cosor n, cuţit n; croşetă f; copcă f;
       capcană f; vt a agăţa, a prinde; vi a se încovoia

hop [hop] s hamei n; drog n; vt a aromatiza cu hamei; a droga;
       a stimula

hope [hăup] s speranţă f; încredere f; şansă f; sprijin n; vi a
       spera; vt a spera; a-şi pune speranţele în

horizon [hă'raizăn] s orizont n; orizont n intelectual

horn [ho:n] s corn n; antenă f; cornet n; braţ n (de rîu); vt a
       scurta, a reteza; a împunge

hornet ['ho:nit] s gărgăun m, viespe f

horoscope ['horăskăup] s horoscop n

horrible ['horibăl] adj oribil, groaznic; odios

horror ['horăr] s groază f; oroare f; înfiorare f; pl anxietate f;
       melancolie f

horse [ho:s] s cal m; armăsar m; cavalerie f; cal-putere m; vt a
       muta cu de-a sila; a supune biciuirii; vi a călări

horseradish ['ho:srædiş] s hrean n

horseshoe ['ho:s,şu:] s potcoavă f de cal; obiect n în formă de
       potcoavă

hose [hăuz] s ciorapi m pl lungi; furtun n; vt a stropi cu
       furtunul

hospital ['hospităl] s spital n; clinică f; atelier n de reparaţii

hospitality [,hospi'tæliti] s ospitalitate f

hostage ['hostigi] s ostatic m; garanţie f; chezaş m

hostel ['hostăl] s han n; cămin n; azil n

hostess ['hăustis] s gazdă f; hangiţă f; stewardesă f

hostile ['hostail] adj ostil; inamic; rece; neospitalier; antagonist

hot [hot] adj fierbinte; iute; aprins; febril; nervos; lacom;
       nestăpînit; vehement; dornic;lasciv; proaspăt; excitant;
       la modă; ilicit; periculos; absurd vt a înfierbînta, a
       încălzi

hotel [hău'tel] s hotel n

hour [auăr] s oră f; ceas n; lecţie f; oră f de drum; moment n, timp n

house [haus] s casă f; imobil n; clădire f; domiciliu n; locuinţa f; gospodărie f; cămin n; adăpost n; local n; sală f; spectacol n; public n; familie f, stirpe f; adj atr de casă, casnic; domestic

housewife ['haus,uaif] s nevastă f; femeie f de casă

how [hau] adv cum, în ce fel; în ce sens; din ce cauză? de ce?; cît? în ce măsură?; conj cum, felul cum; după cum, aşa cum; în orice fel; s mod n, fel n, metodă f

however [hau'evăr] conj oricum, în orice mod; adv oricît de mult; în orice caz; totuşi, cu toate acestea; pe de altă parte

hug [hag] vt a strînge în braţe; a iubi; s îmbrăţişare f; strîngere f puternică

huge ['hiu:gi] adj uriaş, enorm, imens, colosal

hum [ham] vi a bîzîi; a fredona; a se bîlbîi; a ezita; vt a fredona; s şovăială f; ezitare f; bîlbîiala f; mormăit n; interj hm!

human ['hiu:măn] adj omenesc, uman; pămîntesc; s om m, fiinţă f omenească

humane [hiu:'mein] adj omenos, uman; indulgent; umanistic

humble ['hambl] adj umil; supus; umilit; obscur; modest; vt a umili; a diminua; a submina; vr a se umili

humidity [hiu:'miditi] s umiditate f, umezeală f

humiliate [hiu:'mili,eit] vt a umili; a face de ruşine

humor ['hiu:măr] s dispoziţie f, stare f; înclinaţie f; umor n; veselie f; vt a satisface; a răsfăţa; a se supune (cuiva)

humorous ['hiu:mărăs] adj cu/de umor; spiritual; amuzant

hundred ['handrăd] num sută; sutălea; s sută f

hunger ['haŋgăr] s foame f; poftă f; înfometare f; vi a-i fi foame; a tînji după; vt a înfometa

hungry ['haŋgri] adj flămînd; avid; sărac, sterp; nerentabil

hunt [hant] vt a vîna, a hăitui; a împuşca; a urmări; a
    persecuta; a cutreiera; vi a merge la vînătoare; a
    scotoci; s vînătoare f; teren n de vînătoare

hurricane ['harikăn] s uragan n, furtună f

hurry ['hari] s grabă f; urgenţă f; pripeală f; agitaţie f;
    nerăbdare f; vi a se grăbi; a se pripi; vt a grăbi; a
    rasoli, a face în pripă

hurt [hă:t] vt a răni; a lovi; a jigni; a strînge; a strica; a dăuna;
    vi a te durea; a fi dureros; s rană f; lovitură f;
    nedreptate f; durere f

husband ['hazbănd] s soţ m, bărbat m, om m; vt a economisi;
    a cruţa; a mărita

hut [hat] s colibă f; baracă f; cabană f; adăpost n; vt a caza în
    barăci; vi a locui în baracă

hygiene ['haigi:n] s igienă f

hymn [him] s imn n; vt a lăuda, a slăvi; a exprima, a da glas

hypocrite ['hipăkrit] s ipocrit m, prefăcut m; mironosiţă f

hypocritical [,hipă'kritikăl] adj ipocrit, prefăcut

hysteria [hi'stiăriă] s isterie f

hysterical [hi'sterikăl] adj isteric

I [ai] pr eu; s eu n, ego n

ice [ais] s gheaţă f; îngheţată f; glazură f; răceală f, rezervă f; vt, vi a îngheţa; a răci, a frapa; a se jivra, a se răci

ice cream ['ais,kri:m] s îngheţată f

icicle ['aisikl] s ţurţure m

icon ['aikon] s imagine f; chip n; icoană f; idol m

idea [ai'diă] s idee f, noţiune f; imagine f; gînd n; concepţie f; bănuială f; mod n de gîndire; mentalitate f

ideal [ai'diăl] adj desăvîrşit, ideal, perfect; nereal; mintal; s ideal n, perfecţiune f; ţintă f

identical [ai'dentikăl] adj identic, absolut la fel cu

identity [ai'dentiti] s identitate f; asemănare f; unicitate f; persoană f

identity card [ai'dentiti ka:rd] s legitimaţie f; buletin n de identitate

idiom [idiăm] s idiom n, dialect n, grai n; limbaj n; expresie f idiomatică

idle [aidl] adj inutil; nefondat; stupid; trîndav, indolent; nefolosit, inactiv

idol ['aidăl] s idol m; ideal n; impostor m; concepţie f greşită

if [if] conj dacă, de, ca; deşi, cu toate că; în cazul cînd; cu condiţia ca

iffy ['ifi] adj nesigur, improbabil, incert

ignite [ig'nait] vt a aprinde; a inflama; vi a se aprinde; a se inflama; a arde

ignorant ['ignărănt] adj ignorant, neştiutor

ignore [ig'no:] vt a ignora; a refuza să ţină seama de

ill [il] adj pred bolnav; adj atr rău, ticălos; aspru; nenorocos; ostil; prost, urît; adv rău, prost, urît; aspru; duşmănos; neplăcut; s rău n; daună f; necaz n, nenorocire f

illegal [i'li:găl] adj ilegal, nepermis; ilicit, clandestin

illicit [i'lisit] adj ilicit, interzis; clandestin, nepermis

illness ['ilnis] s boală f, maladie f; indispoziţie f

illusion [i'lu:jăn] s iluzie f, amăgire f; înşelăciune f

illustrate ['ilă,streit] vt a ilustra; a exemplifica; a explica, a
lămuri

image ['imigi] s imagine f, chip n; idee f; concepţie f; replică
f; idol m; icoană f; simbol n; descriere f; portret n

imagine [i'mægin] vt a(-şi) imagina; a concepe; a deduce; a
presupune

imitate ['imi,teit] vt a imita; a copia; a simula; a maimuţări

immature [,imă'tiuăr] adj imatur, necopt, crud, nematur

immediate [i'mi:diăt] adj imediat, direct; instantaneu; urgent;
iminent

immediately [i'mi:diătli] adv imediat, pe loc; urgent; conj de
îndată ce, curînd după ce

immense [i'mens] adj imens, uriaş, colosal; nemărginit;
grozav, straşnic

immigrant ['imigrant] s imigrant m; adj care imigrează

immoral [i'morăl] adj imoral; stricat; ticălos; desfrînat

immortal [i'mo:tăl] adj nemuritor

impact ['impækt] s ciocnire f; efect n; impact n; [im'pækt] vt a
lovi, a ciocni; a influenţa

impatient [im'peişănt] adj nerăbdător; nervos; iritat; intolerant

imperfect [im'pă:fikt] adj imperfect; defectuos; incomplet

imperial [im'piăriăl] adj imperial; maiestuos; suveran

impersonal [im'pă:sănăl] adj impersonal; detaşat; şters

implacable [im'plækăbăl] adj neîmpăcat; implacabil

implement ['implimănt] s unealtă f; obiect n; mijloc n;
[,impli'ment] vt a aplica; a îndeplini; a utila

imply [im'plai] vt a presupune; a sugera; a însemna că; a
insinua

impolite [,impă'lait] adj nepoliticos; fără maniere

import [im'po:t] vt a importa; a însemna; ['impo:t] s import n;
sens n; importanţă f

404

important [im'po:tănt] adj important; influent; pompos

impossible [im'posăbăl] adj imposibil; insuportabil; inacceptabil; condamnabil

impotent ['impătănt] adj slab; incapabil; impotent

impress [im'pres] vt a imprima; a impresiona; vi a impresiona; ['impres] s imprimare f; fixare f; amprentă f; sigiliu n; efect n; caracteristică f

impressive [im'presiv] adj impresionant

improper [im'propăr] adj impropriu; inexact; nepotrivit; indecent; grosolan

improve [im'pru:v] vt a perfecţiona; a corecta; a valorifica; a profita de; vi a se ameliora; a progresa

improvement [im'pru:vmănt] s îmbunătăţire f; corectare f; amenajare f; valorificare f

impulse ['impals] s impuls n; imbold n; stimulent n; motivaţie f; impulsivitate f; [im'pals] vt a impulsiona

in [in] prep în; la; înăuntrul; cu; prin; adv înăuntru, în interior; acasă; la destinaţie; adj (din) interior, dinăuntru; sosit; la modă; în plin sezon; la curent cu; s autoritate f

inability [,ină'biliti] s incapacitate f; neputinţă f

inaccurate [in'ækiurit] adj inexact, incorect

inactive [in'æktiv] adj inactiv; leneş; retras; sedentar

inappropriate [,ină'prăupriit] adj nepotrivit; insuficient

inch ['inci] s ţol m, inci m; vi a înainta treptat; vt a cîştiga teren pas cu pas

incident ['insidănt] s incident n, întîmplare f; luptă f; fapt n; ciocnire f; adj incident; legat (de); inerent (pentru)

incline [in'klain] vt a înclina; a convinge; a decide; vi a se înclina; a tinde (să); s pantă f, înclinaţie f

include [in'klu:d] vt a include; a îngrădi; a mărgini

income ['inkam] s venit n, cîştig n

incompetent [in'kompitănt] adj incompetent; necalificat; nepotrivit

incomplete [,inkăm'pli:t] adj incomplet

inconvenient [,inkăn'vi:niănt] adj incomod; inoportun

incorporate [in'ko:pă,reit] vt a integra; a uni; a grupa; a întrupa; [in'ko:părit] adj integrat; îmbinat; unit

incorrect [,inkă'rekt] adj incorect; fals; nepotrivit

increase [in'kri:s] vt a spori; a creşte; vi a se mări; a se înmulţi; a se dezvolta; ['inkri:s] s sporire f; adaos n; dezvoltare f

incredible [in'kredăbăl] adj incredibil; neobişnuit; uluitor

indecent [in'di:sănt] adj indecent, neruşinat

indecisive [,indi'saisiv] adj nehotărît; neconcludent; nesigur

indeed [in'di:d] adv într-adevăr; sigur; foarte; extrem de; ba chiar; totuşi; ['in'di:d] interj ei nu, zău! chiar aşa! ţi-ai găsit!

indefinite [in'definit] adj nedefinit; nehotărît; vag; nelimitat

indent [in'dent] vt a zimţui; a cresta; a face un duplicat; a angaja ca ucenic; vi a face zimţi; a se îmbina; ['in,dent] s zimţ m; dantelare f; cupon n

independence [,indi'pendăns] s independenţă f, autonomie f

independent [,indi'pendant] adj independent; autonom; înstărit

Indian ['indiăn] s indian m; indian m american; adj indian, din India; (de) indian american, de piele roşie

Indian summer ['indiăn,samăr] s toamnă f lungă; vară f tîrzie

indicate ['indi,keit] vt a indica; a schiţa; a fixa; a denota; a pomeni

indifferent [in'difrănt] adj indiferent; neînsemnat; banal; mediocru

indignant [in'dignănt] adj indignat, revoltat

indirect [,in'direkt] adj indirect; evaziv; nesincer

individual [,indi'vidiuăl] s om m, individ m; personalitate f; adj individual; specific; original; separat; personal

indoors [,in'do:z] adv în casă; în interior

indulge [in'dalgi] vt a răsfăţa; a tolera; a păsui; a se consola; vi a trage la măsea

industry ['indăstri] s industrie f; fabrică f, uzină f; hărnicie f

inertia [i'nă:şă] s inerţie f; indolenţă f

inevitable [in'evităbăl] adj inevitabil; fatal; inerent

infamous ['infămăs] adj infam; josnic; scîrbos; execrabil

infant ['infănt] s prunc m, sugaci m; minor m; adj infantil; pueril; embrionar

infection [in'fekşăn] s infecţie f; infectare f, molipsire f; viciere f

inferior [in'fiăriăr] adj inferior; subaltern; s inferior m; subaltern m; subordonat m

infinite ['infinit] adj fără margini; infinit; s puzderie f, puhoi n

inflate [in'fleit] vt a umfla, a umple; a încărca (nota)

inflict [in'flikt] vt a izbi, a lovi în; a cauza; a aplica; vr a se impune, a se vîrî

influence ['influăns] s influenţă f; autoritate f; forţă f; vt a influenţa

influential [,influ'enşăl] adj influent; puternic

inform [in'fo:m] vt a informa; a anunţa; a inspira; a umple de

informer [in'fo:măr] s informator m; delator m

infuriate [in'fiuări,eit] vt a înfuria; adj furios, mînios

ingenious [in'gi:niăs] adj ingenios; inventiv; spiritual

ingredient [in'gri:diănt] s ingredient n

inhale [in'heil] vt a inhala; a inspira; a absorbi; a respira; vi a trage în piept (fumul)

inherit [in'herit] vt a moşteni; a succede, a urma

initial [i'nişăl] adj iniţial; primordial; s iniţială f; pl parafă f; vt a parafa, a aviza

inject [in'gekt] vt a injecta; a insufla; a intercala

injection [in'gekşăn] s injecţie f; insuflare f; sugerare f

injure ['ingiăr] vt a răni; a lovi; a jigni; a păgubi; a dăuna; a avaria; vr a se răni

injury ['ingiări] s rană f; ofensă f; lezare f; daună f; avarie f; prejudiciu n

inn [in] s han n; birt n, ospătărie f; cîrciumă f

inner ['inăr] adj interior, intern, lăuntric; tainic; slab

innocent ['inăsănt] adj inocent; candid; ignorant; simplist; firesc; inofensiv; s nevinovat m; novice m

inquire [in'kuaiăr] vt a întreba de; a se interesa; vi a întreba, a se interesa

inquisitive [in'kuizitiv] adj iscoditor, curios; indiscret

insane [in'sein] adj dement, nebun; demenţial, nebunesc

insatiable [in'seişăbăl] adj nesăţios, avid; nesătul

insect ['insekt] s insectă f, gîză f; nulitate f

insecure [,insi'kiuăr] adj nesigur; şubred; instabil; critic; periculos

insert [in'să:t] vt a insera; a intercala; a înscrie; a vîrî; ['insă:t] s insert n; inserţie f, intercalare f

inside ['in'said] s interior n; dos n; burtă f; gînduri n pl ascunse; adj dinăuntru; secret; adv înăuntru, în interior

insight ['in,sait] s intuiţie f; perspicacitate f; înţelegere f; privire f, ochire f

insist [in'sist] vi a insista; a pretinde că; a persista în; vt a pretinde, a susţine

inspect [in'spekt] vt a inspecta; a cerceta; a verifica

inspection [in'spekşăn] s inspecţie f; verificare f; control n; revizie f; examen n

instant ['instănt] s clipă f, moment n; adj curent; imediat; urgent; insistent; uşor solubil

instead [in'sted] adv în schimb; mai degrabă

instinct ['instiŋkt] s instinct n, simţ n; intuiţie f

instruct [in'strakt] vt a instrui; a informa; a da instrucţiuni; a însărcina; a furniza relaţii

instrument ['instrumănt] s instrument n; unealtă f; dispozitiv n; vt a orchestra; a înfăptui

insult ['insalt] s insultă f; batjocură f; [in'salt] vt a insulta, a ofensa, a jigni

insurance [in'şuărăns] s asigurare f

intact [in'tækt] adj neatins

intellect ['inti,lekt] s intelect n, minte f, raţiune f, inteligenţă f

intellectual [,inti'lecciuăl] adj intelectual; mintal; s intelectual m; intelectualitate f

intelligent [in'teligiănt] adj inteligent, deştept

intend [in'tend] vt a plănui, a intenţiona; a urmări; a destina; a vrea să spună

intense [in'tens] adj intens; arzător; acut; iritabil; zelos

intention [in'tenşăn] s intenţie f; plan n; scop n; concept n, noţiune f

intentional [in'tenşănăl] adj intenţionat; plănuit; virtual

interest ['intrist] s interes n, avantaj n, profit n; pasiune f; importanţă f; punct n de atracţie; dobîndă f; vt a interesa, a atrage; vi a fi interesat, a prezenta interes

interested ['intristid] adj interesat, plin de interes

interesting ['intristiŋ] adj interesant; important; decisiv

interfere [,intă'fiăr] vi a interveni; a mijloci; a se amesteca; a interfera

interior [in'tiăriăr] adj interior, intern; lăuntric, intim; s interior n; suflet n

intermediate [,intă'mi:diăt] adj intermediar; mijlocit; mediat; mediu; [,intă'mi:dieit] vi a face pe mijlocitorul

intermission [,intă'mişăn] s pauză f; recreaţie f; antract n

internal [in'tă:năl] adj intern; intrinsec; intim

international [,intă'næşănăl] adj, s internaţional m

interpret [in'tă:prit] vt a interpreta; a explica; a înţelege; a traduce; a juca; vi a fi interpret

interrogate [in'teră,gheit] vt a interoga, a întreba

interrupt [,intă'rapt] vt a întrerupe; a tulbura; vi a întrerupe

interval ['intăvăl] s interval n; răstimp n; întrerupere f;pauză f

intervene [,intă'vi:n] vi a surveni; a se amesteca în; a se scurge, a trece

interview ['intăviu:] s interviu n; întrevedere f; vt a interviva

intimate ['intimit] adj intim; secret; familiar; profund; s intim m; confident m;

intimidate [in'timi,deit] vt a intimida

into ['intă, 'intu] prep în; spre, înspre; cu

intolerable [in'tolărăbăl] adj intolerabil, inadmisibil

intoxicate [in'toksi,keit] vt a îmbăta, a ameţi

intricate ['intrikit] adj complicat; încîlcit

intrigue [in'tri:g] s intrigă f; uneltire f; dragoste f; vt a intriga, a mira; vi a unelti

introduce [,intră'diu:s] vt a introduce; a iniţia; a prezenta; a recomanda; vr a se prezenta

introduction [,intra'dakşăn] s introducere f; prefaţă f; iniţiere f; prezentare f

intrude [in'tru:d] vi a veni nepoftit; a deranja; a impune; vr a-şi impune prezenţa

invade [in'veid] vt a invada; a copleşi; a încălca; a viola

invalid ['invalid] adj bolnav; infirm; inapt; s bolnav m; infirm m, invalid m; om m inapt

invasion [in'veijăn] s invadare f; năvălire f; încălcare f

invent [in'vent] vt a inventa; a descoperi; a născoci

invention [in'venşăn] s invenţie f; descoperire f; ingeniozitate f; născocire f

invest [in'vest] vt a investi; a împuternici; a instala; a înveşmînta; vi a investi

investigate [in'vesti,gheit] vt a investiga; a ancheta; vi a face cercetări/o anchetă

investigation [investi'gheişăn] s investigaţii f pl; cercetare f; anchetă f

invitation [,invi'teişăn] s invitaţie f; solicitare f

invite [in'vait] vt a invita; a solicita; a provoca; a tenta; vi a lansa o invitaţie

involve [in'volv] vt a implica;a interesa; a necesita; a complica

iron ['aiăn] s fier n; fier n de călcat; sabie f; cătuşe f pl; armă f de foc; harpon n; adj de fier; feros; aspru; viguros; neclintit; vt a netezi; a călca (cu fierul)

ironic(al) [ai'ronik(ăl)] adj ironic, sarcastic

irony ['aiărăni] s ironie f, sarcasm n

irrational [i'ræşănăl] adj iraţional, nelogic; absurd; inexplicabil

irregular [i'reghiulăr] adj neregulat; asimetric; dezordonat; ilicit; s pl trupe f pl neregulate

irrelevant [i'relivănt] adj irelevant; neînsemnat

irresponsible [,iri'sponsăbăl] adj iresponsabil, nesăbuit

irritable ['irităbăl] adj iritabil; susceptibil

irritate ['iri,teit] vt a irita, a enerva; a stimula; a excita

is [z, s, iz] pers 3 sg prez de la be este, e

island ['ailănd] s insulă f; zonă f izolată; refugiu n pentru pietoni; vt a izola

isolated ['aisă,leitid] adj izolat; separat

issue ['işu:] s ieşire f; scăpare f; scurgere f; sfîrşit n; rezultat n; progenitură f; ediţie f; emisiune f; eliberare f; chestiune f; concluzie f; vi a decurge; a ajunge la un rezultat; vt a emite; a edita, a publica; a distribui

it [it] pr pers el, ea; pr dem acesta/aceasta, ăsta/asta

itch ['ici] s rîie f; sete f, dorinţă f (de), pasiune f (pentru); vi a produce mîncărime; a fi nerăbdător să

item ['aităm] s paragraf n, alineat n, articol n, punct n; element n; număr n; subiect n; vt a bifa, a nota

itinerary [ai'tinărări] s itinerar n, rută f; călătorie f; plan n de călătorie

its [its] adj pos pers 3 sg lui, sale, ei

itself [it'self] pr refl se; pr de întărire (pe) el însuşi, chiar pe el; chiar lui, lui/sie însuşi; pe ea insăşi, chiar (pe) ea; ei/sie însăşi

ivory ['aivări] s fildeş n, colţ m; culoare f ivorie; adj din fildeş; ivoriu

J

jacket ['giækit] s jachetă f; vestă f; coajă f; înveliş n

jail [geil] s temniţă f; vt a întemniţa

jam [giæm] vt a strînge; a îndesa; a presa; a bruia; vi a se
strînge; a se presa; a se bloca; s încurcătură f de
circulaţie; presare f; blocare f; bucluc n

janitor ['giænităr] s portar m; administrator m; îngrijitor m

January ['giæniuări] s (luna) ianuarie m, Gerar

jar [gia:r] vi a trepida; a scîrţii; a se ciocni; vt a lovi; s sunet n
discordant; şoc n; trepidaţie f; ciocnire f

jaw [gio:] s falcă f; sporovăială f; vi a îndruga verzi şi uscate;
vt a dădăci

jazzy ['giæzi] adj de jaz; ţipător; animat

jealous ['gielăs] adj gelos; invidios; atent

jelly ['geli] s jeleu n; peltea f; piftie f; vi a se face jeleu; vt a
face jeleu/piftie

jeopardize ['gepădaiz] vt a periclita, a primejdui

jet [get] s avion n cu reacţie; jet; n; canal n; vt a arunca; a
pulveriza

Jew [giu:] s evreu m

jewel ['giu:ăl] s bijuterie f; nestemată f; odor n

Jewish ['giu:iş] adj evreiesc; evreu; ebraic

job [giob] s muncă f, lucru n, ocupaţie f; post n; profit n;
afacere f; ocazie f; furt n; vi a munci ocazional; a
specula; vt a angaja; a închiria

jog [giog] s zgîlţîit n; ghiont n; obstacol n; mers n încet; vt a
zgîlţîi; a zgudui; vi a se mişca încet; a face "jogging"

join [gioin] vt a lega, a uni, a cupla; a intra în; a reveni la; a
însoţi; vi a se uni cu

joint [gioint] s încheietură f; îmbinare f; halcă f; racord n; nod
n; vt a cupla; a îmbina

joke [giăuk] s glumă f; întîmplare f hazlie; vi a glumi

journal ['giǎ:nǎl] s jurnal n zilnic; revistă f; ziar n

journalism ['giǎ:nǎlizǎm] s ziaristică f, gazetărie f; presă f

journey ['giǎ:ni] s călătorie f, voiaj n; vi a călători

joy [gioi] s bucurie f; voioşie f; confort n

joyful ['gioiful] adj vesel, voios; mulţumit

judge ['giagi] s judecător m; critic m; expert m; vt a judeca, a
          hotărî; a critica; a evalua; vi a judeca; a crede; a
          condamna; a cugeta

judgment ['giagimănt] s judecată f; sentinţă f; opinie f;
          discernămînt n; pedeapsă f divină

jug [giag] s ulcior n; ibric n; cană f; închisoare f; vt a pune în
          ulcior; a întemniţa

juice [giu:s] s suc n, zeamă f; miez n; vigoare f; vt a scoate
          sucul din

juicy ['giu:si] adj suculent, zemos; umed; picant; grozav;
          viguros

July [giu:'lai] s (luna) iulie m; (luna lui) Cuptor

jump [giamp] s săritură f, salt n; fior n; avantaj n; vt a sări; a
          sălta; a zgudui; vi a sări; a sălta; a trece repede

jumper ['giampăr] s săritor m; paraşutist m; pulover n; bluză
          f

junction ['giankşăn] s joncţiune f; încrucişare f; asociaţie f;
          confluenţă f

June [giu:n] s (luna) iunie m, Cireşar

jungle ['giangl] s junglă f; desiş n; mlaştină f cu păpuriş

junior ['giu:niăr] adj junior; mai tînăr; subordonat; s junior m;
          subaltern m; persoană f mai tînără; student/elev în anul
          3

jury ['giuări] s juraţi m pl; juriu n

just [giast] adj drept, just, corect; meritat; justificat; exact; adv
          tocmai, precis; adineaori; chiar atunci; chiar acum;
          doar, numai

justice ['giastis] s justiţie f; judecată f; dreptate f; judecător m
          (de pace)

justify ['giastifai] vt a justifica; a motiva; a explica; a confirma
juxtaposition [,giakstăpă'zişăn] s alăturare f; juxtapunere f

K

keen [ki:n] adj ascuțit; tăios; profund; inteligent; subtil; acut; activ; pasionat; dornic

keep [ki:p], **kept** [kept], **kept** [kept] vt a ține; a respecta; a apăra; a se îngriji de; a întreține; a continua; vi a dura; a rezista; s întreținere f; hrană f; temniță f

keg [keg] s butoiaș n; butoi n

kennel ['kenl] s coteț n (de cîine); adăpost n; vizuină f; refugiu n; vt a ține în coteț

kettle ['ketăl] s ceainic n; ibric n; oală f; vas n de fiert; cazan n; boiler n

key [ki:] s cheie f; zăvor n; soluție f; cod n; ton n; cifru n; conector n; tastă f; vt a acorda; a manipula; a închide cu cheia

kick [kik] vi a da din picioare; a da cu copita; a protesta; a sări în sus; vt a lovi cu piciorul; a azvîrli sus; a da afară; s lovitură f (cu piciorul); recul n; tărie f

kid [kid] s păcăleală f; vt a păcăli; a glumi; a se preface

kidnap ['kidnæp] vt a răpi, a fura (un copil sau un om)

kidney [kidni] s rinichi m; fel n; natură f; temperament

kill [kil] vt a omorî; a asasina; a tăia; a distruge; a îndurera; a istovi; a respinge; a epata; a înăbuși; s animal m omorît; vînat n; omor n

kin [kin] s rude f pl; înrudire f; rudenie f

kind1 [kaind] s rasă f; neam n; familie f; fel n; esență f; gen n; calitate f

kind2 [kaind] adj bun, amabil; cordial, sincer, amical

king [kiŋ] s rege m; domn m; monarh m; suveran m; magnat m

kiss [kis] vt a săruta; a atinge ușor; vi a se săruta; s sărutare f; atingere f ușoară

kit [kit] s cadă f; găleată f; echipament n; raniță f; set n; trusă f de scule; grup n

kitchen ['kicin] s bucătărie f; fel n de a găti

kite [kait] s uliu m, erete m; zmeu n; om m hrăpăreț

kitten ['kităn] s pisicuță f; motănaş m

knee [ni:] s genunchi m; colțar n; legătură f; vt a lovi cu
    genunchiul; vi a îngenunchea

kneel [ni:l], **knelt** [nelt], **knelt** [nelt] vi a îngenunchea; a sta în
    genunchi

knick-knack ['nik,næk] s bibelou n; bagatelă f

knife [naif] s cuțit n; racletă f; bisturiu n; vt a tăia

knight [nait] s cavaler m; cal m (la şah); vt a face cavaler

knit [nit] vt a tricota; a împleti; a lega; a încrunta
    (sprîncenele); vi a împleti; a tricota; a se lega

knob [nob] s nod n; ciot n; dîmb n, colină f; mîner n

knock [nok] vt a bate; a ciocăni; a învinge; a critica aspru; a se
    izbi cu; vi a bate; a se ciocni; a se lovi; s lovitură f;
    ciocănit n; critică f aspră

knot [not] s nod n; buclă f; fundă f; miez n; legătură f; ceată f;
    vt a înnoda; a lega

know [nău], **knew** [niu:], **known** [năun] vt a şti; a cunoaşte; a
    se pricepe la; a recunoaşte; a avea experiență; vi a şti;
    a cunoaşte

knowledge ['noligi] s cunoaştere f; cunoştinţe f pl; informaţie
    f; cunoştinţă f, ştiinţă f; ştire f, veste f

L

label ['leibăl] s etichetă f; inscripţie f; denumire f; marca f
fabricii; vt a eticheta; a marca; a califica

labor ['leibăr] s muncă f; efort n; lucru n; muncitorii m pl;
strădanie f; pl durerile f pl facerii; vt a trudi; a munci;
vt a munci la; a elabora

laboratory [lă'borătări] s laborator n

lace [leis] s dantelă f; şiret n; şnur n; panglică f; tresă f; vt a
lega cu şireturi; a vărga; a biciui; a înfrumuseţa

lack [læk] s lipsă f; neajuns n; vt a-i lipsi; a-i trebui; vi a lipsi,
a nu se găsi

lad [læd] s băiat m; tînăr m; flăcău m

ladder ['lædăr] s scară f; ochi n deşirat (la ciorapi); vi a se
deşira

ladle ['leidăl] s lingură f mare, polonic n; cupă f, benă f; vt a
scoate cu polonicul

lady ['leidi] s doamnă f; stăpînă f; iubită f; adj atr feminin; de
femeie

lag ['læg] vi a zăbovi; a întîrzia; s întîrziere f

lagoon [lă'gu:n] s lagună f

lake [leik] s lac n; iaz n; ghiol n; iezer n

lamb [læm] s miel m; (carne de) miel f; om m blînd; ageamiu
m

lame [leim] adj schilod; şchiop; neconvingător; vt a schilodi

lamp [læmp] s lampă f; felinar n; lanternă f; vt a lumina

land [lænd] s pămînt n; uscat n; sol n; teren n; ţară f; ţinut n;
provincie f; vi a debarca; a ateriza; a sosi; a cădea; vt
a debarca; a captura; a trage; a cîştiga

landlady ['lænd,leidi] s gazdă f; proprietăreasă f; stăpînă f;
gospodină f; hangiţă f

landlord ['lænd,lo:d] s moşier m; proprietar m; gazdă f;
hangiu m

landmark ['lænd,ma:k] s bornă f de hotar; baliză f; moment n
    hotărîtor

landscape ['lænd,skeip] s peisaj n

lane [lein] s alee f; cărare f; străduţă f; culoar n; pasaj n;
    coridor n; bandă f de circulaţie

language ['læŋguigi] s limbă f; limbaj n; vorbire f; exprimare
    f, stil n

languid [længuid] adj moale; pasiv, apatic; slab

lanky ['læŋki] adj deşirat; lins; rar

lantern ['læntăn] s felinar n, lanternă f

lap [læp] s poală f; genunchi m pl; sîn m; lob m (al urechii)

lapel [lă'pel] s rever n

lapse [læps] s eroare f; lapsus n; delăsare f; cădere f; curs n;
    interval n; întrerupere f; declin n; vi a decădea; a se
    scurge; a pieri

larceny ['la:sini] s furt

lard [la:d] s untură f; vt a împăna (cu slănină); a unge; a
    presăra

large ['la:gi] adj mare; larg; spaţios; întins, vast; vulgar; adv
    larg; pompos; trufaş

lark [la:k] vi a glumi; vt a tachina; a necăji; s glumă f; năzbîtie
    f; distracţie f

lasso ['læsău] s lasso n; arcan n

last [la:st] adj ultim; trecut; final; cel mai recent, modern; adv
    ultimul, la sfîrşit; ultima oară

late [leit] adj tîrziu; ultim, recent; întîrziat; răposat; adv tîrziu;
    de curînd, recent

lately ['leitli] adv recent, de curînd; în ultima vreme

latitude ['læti,tiud] s latitudine f; libertate f (de acţiune);
    lărgime f

latter ['lætăr] adj, pr the -- cel din urmă, cel de-al doilea,
    ultimul

laugh [la:f] s rîs n; vi a rîde

laughter ['la:ftăr] s rîs n, rîsete n pl

launch ['lo:nci] vt a lansa; a da (o lovitură); a întreprinde; a începe; s lansare f

laundry ['lo:ndri] s spălătorie f; rufe f pl spălate

lavatory ['lævătări] s spălător n; toaletă f; piscină f

lavish ['læviş] adj generos, darnic

law [lo:] s lege f; regulă f; regulament n; drept n; proces n

lawn [lo:n] s peluză f, pajişte f

lawyer ['lo:iăr] s avocat m; jurist m

lay [lei], **laid** [leid], **laid** [leid] vt a pune, a aşeza; a culca; a oua; a scăpa de; a situa; a paria; vi a oua; a paria; s cablare f; situare f; contur n; direcţie f

layer ['leiăr] s strat n; banc n; matcă f; zăcămînt n; vlăstar n; vt a stivui

lazy ['leizi] adj leneş; încet; indolent

lead ['li:d], **led** [led], **led** [led] vt a (con)duce; a ghida; a dirija; a determina; vi a fi ghid; a conduce; s conducere f; comandă f; exemplu n; alee f

leader ['li:dăr] s conducător m; şef m; lider m; articol n de fond; conductă f de scurgere

leaf [li:f] s frunză f; petală f; frunziş n; filă f; canat n; vi a înfrunzi; vt a frunzări

leak [li:k] vi a curge; a ieşi la iveală; vt a scurge; a strecura; s spărtură f; scurgere f

leaky ['li:ki] adj neetanş; care are scurgeri

lean [li:n], **leant** [lent], **leant** [lent] vi a se înclina; vt a sprijini, a rezema

leap [li:p], **leapt** [lept], **leapt** [lept] vi a sări; a acţiona pripit; vt a sări peste; a face să sară; s salt n, săritură f

learn [lă:n], **learnt** [lă:nt], **learnt** [lă:nt] vt a învăţa, a studia; a afla; a auzi; a reţine; vi a învăţa; a exersa

lease [li:s] s arendă f; chirie f; închiriere f; vt a arenda; a închiria

least [li:st] adj cel mai mic; cel mai puţin; adv cel mai puţin

leather ['leðăr] s piele f; vt a acoperi cu piele; a bate

leave [li:v], **left** [left], **left** [left] vt a părăsi, a pleca din; a lăsa; a depune; a omite; vi a porni spre; a demisiona; a termina; s învoire f; plecare f; despărţire f

lecture ['lekciăr] s prelegere f; conferinţă f; morală f; vi a ţine o prelegere; vt a face morală; a conferenţia (despre)

leech ['li:ci] s lipitoare f; parazit m; exploatator m

leek [li:k] praz m

left [left] adj stîng; radical; liberal; adv de/în/spre stînga; s the -- stînga f

leg [leg] s picior n; gambă f; suport n; piedestal n; rundă f; vt a împinge cu piciorul; a păcăli

legal ['li:găl] adj juridic; legal; judecătoresc; permis

legend ['legiănd] s legendă f; mit n; explicaţie f

legible ['legiăbăl] adj citeţ, lizibil; clar

legislation [,legis'leişăn] s legislaţie f

legitimate [li'gitimit] adj legitim; drept; [li'gitimeit] vt a adopta, a înfia

leisure ['li:jăr] s răgaz n; timp n liber; tihnă f; adv în tihnă, pe îndelete; adj liber

lemon ['lemăn] s lămîi m; lămîie f; eşec n

lend [lend], **lent** [lent], **lent** [lent] vi a împrumuta; a închiria; a împărtăşi; vt a da cu împrumut

length [leɳθ] s lungime f; distanţă f; durată f; măsură f; metraj n

lenient ['li:niănt] adj blînd; indulgent; binevoitor; răbdător

lens [lens] s lentilă f; lupă f; obiectiv n

leopard ['lepăd] s leopard m

less [les] adj mai puţin; mai mic; inferior; minor; adv mai puţin; nu atît/aşa de; prep fără, minus, mai puţin

lesson ['lesăn] s lecţie f; prelegere f; dojană f; tîlc n; vt a da lecţii; a dojeni

let [let], **let** [let], **let** [let] vt a permite; a lăsa; a închiria; vi a se închiria

lethal ['li:θăl] adj de moarte; mortal; fatal

420

letter ['letăr] s literă f; caracter n; scrisoare f; vt a imprima litere; a nota

lettuce ['letis] s lăptucă f

level ['levăl] s nivelă f; cotă f; nivel n; treaptă f; cîmpie f; adj plan; regulat; monoton; calm; vt a nivela; a egaliza

lever ['li:văr] s pîrghie f; levier n; mîner n

lewd [lu:d] adj desfrînat; lasciv; obscen

liable ['laiăbăl] adj obligat să; care poate să; pasibil de; expus la; raspunzător de/pentru

liaison [li'eizon] s legătură f (amoroasă); pronunțare f legată

liar ['laiăr] s mincinos m

libel ['laibăl] s calomnie f; vt a calomnia

liberal ['libărăl] adj liberal; generos; degajat

liberate ['libă,reit] vt a elibera; a degaja

liberty ['libăti] s libertate f; permisiune f; risc n

librarian [lai'breăriăn] s bibliotecar m

library ['laibrări] s bibliotecă f

lice [lais] s pl de la **louse**

license ['laisăns] s licență f; autorizație f; brevet n; abatere f; libertinaj n

lick [lik] vt a linge; a bate; vt a fugi; s lingere f, lins n; ciomăgeală f; fugă f

lid [lid] s capac n; pleoapă f; copertă f; interdicție f

lie1 [lai], **lay** [lei], **lain** [lein] vi a sta culcat, a zăcea; a locui; a se afla; s configurație f

lie2 [lai] vi a minți; s minciună f; născocire f

life [laif] s viață f; trai n; existență f; biografie f; ființă f; durată f; natură f; suflet n; regn n

lift [lift] vt a ridica; a fura; a plagia; a dezgropa; a urca; vi a se ridica; a se împrăștia; a decola; s ridicare f; înălțare f; ascensor n

light1 [lait] s lumină f; zi f; lampă f; foc n; stop n; stea f; adj luminos; deschis; blond; vt a aprinde; a lumina; vi a se aprinde; a se însenina

light2 [lait] adj slab; suplu; delicat; adv uşor; cu uşurinţă

light-headed [,lait'hedid] adj delirant; zăpăcit, aiurit

lighter ['laităr] s brichetă f; aprinzător m; fitil n

lighthouse ['lait,haus] s far n

like [laik] vt a-i plăcea; a ţine la; a îndrăgi; vi a-i plăcea, a
    vrea, a dori

likely ['laikli] adj probabil; potrivit, adecvat

lilac ['lailăk] s liliac m; adj liliachiu, violaceu

limb [lim] membru m; creangă f; părtaş m; vt a dezmembra

lime1 [laim] s tei m

lime2 [laim] s lămîi m

limit ['limit] s limită f; margine f; pl ţinut n; vt a limita; a fixa
    preţul

limp [limp] vi a şchiopăta; s şchiopătat n

line [lain] s funie f; sfoară f; şnur n; aţă f; undiţă f; linie f;
    hotar n; regulă f; rînd n; vers n; front n; neam n; rută
    f; vt a linia; a brăzda; a înşirui; a alinia

linen ['linin] s pînză f; olandă f; lenjerie f

linger ['liŋgăr] vi a zăbovi; a dura; a hoinări; a şovăi; a tînji;
    vt a-şi pierde vremea

lingerie ['lænjări:] s lenjerie f; albituri f pl

lining ['lainiŋ] s căptuşeală f; dublură f; garnitură f

link [liŋk] s verigă f, inel n; ochi n; legătură f; vt a înlănţui; a
    uni; vi a se lega

lion ['laiăn] s leu m; celebritate f

lip [lip] s buză f; margine f; muchie f; vt a săruta

lipstick ['lip,stik] s ruj n

liquid ['likuid] adj lichid; fluid; senin; schimbător; plăcut; s
    lichid n; soluţie f

liquor ['likăr] s băutură f; soluţie f; suc n; sos n

lisp [lisp] vi a sîsîi; a se bîlbîi; vt a rosti sîsîit; s sîsîit n; foşnet
    n; susur n

list [list] s listă f; tabel n; inventar n; registru n; catalog n; rol
    n; stat n; vt a nota pe o listă; a înregistra

listen [lisăn] vi a asculta; a fi atent la; s audiţie f

liter ['lităr] s litru m

literal ['litărăl] adj literal; precis; pedant; prozaic

literary ['litărări] adj literar; de litere

literature ['lităriciăr] s literatură f; litere f pl; bibliografie f

litter ['lităr] s gunoi n; murdărie f; dezordine f; purcei etc abia
      fătaţi; vt a murdări; a aşterne paie; a făta

little ['lităl] adj mic; puţin; cîtva, ceva; îngust; meschin; pr, s
      puţin, ceva; adv puţin, nu mult; ceva, oarecum,
      întrucîtva; deloc, de fel

live [liv] vi a trăi, a exista; a locui; a se întreţine; vt a trăi; a
      duce (o viaţă)

lively ['laivli] adj vioi; agil; viu; vesel; energic; iute

liver ['livăr] s ficat m

livestock ['laiv,stok] s vite f pl; şeptel n

livid ['livid] adj livid; vînăt

lizard ['lizăd] s şopîrlă f

load [lăud] s povară f, sarcină f; vt a încărca; a copleşi; vi a
      încărca; a lua încărcătură

loaf [lăuf] s pîine f; franzelă f; căpăţînă f de zahăr

loan [lăun] s împrumut n; vt a da cu împrumut

lobby ['lobi] s vestibul n; hol n; coridor n; lobby n; vt a
      influenţa (Congresul)

local ['lăukăl] adj local; îngust; s localnic m; tren n local; scenă
      f (a acţiunii)

locate [lău'keit] vt a localiza; a amplasa; a instala; vi a se
      stabili

location [lău'keişăn] s loc n; situaţie f; amplasare f; locaţie f

lock [lok] s lacăt n; zăvor n; broască f; ecluză f; piedică f; vt a
      încuia; a frîna; a strînge în braţe; vi a fi închis; a se
      încuia; a se strînge

locker ['lokăr] s dulăpior n; compartiment n; cheson n

lodge ['logi] s gheretă f; colibă f; căsuţă f; culcuş n; vt a
      găzdui; a caza; a investi; vi a poposi; a găzdui

lodging ['lodiŋ] s găzduire f; locuinţă f; cameră f de închiriat

loft [loft] s pod n; mansardă f; porumbar n

log [log] s butuc n; buturugă f; jurnal n de bord

logical ['logikăl] adj logic, raţional

lonely ['lăunli] adj solitar; retras; stingher; singuratic

long [loŋ] adj lung; prelung; mare; ridicat; s durată f; adv mult (timp), multă vreme; în întregime; de mult (timp)

longing ['loŋiŋ] adj doritor; plin de dor; s dor n; năzuinţă f

look [luk] s privire f; aspect n, figură f; mină f; vi a se uita, a privi; a părea; a da înspre; vt a exprima

look at ['luk ăt] vi cu prep a se uita la; a urmări; a lua în considerare; a cerceta

look for ['luk făr] vi cu prep a căuta; a se aştepta la

look forward ['luk'fo:uăd] vi a aştepta cu nerăbdare

loop [lu:p] s laţ n, nod n; ochi n; meandră f; buclă f; arc n; luping n; vt a înnoda; a ridica; vi a şerpui

loose [lu:s] adj dezlegat; liber; dezlănţuit; larg; vag; inexact; neciteţ; imoral; vt a dezlega; a despleti; a elibera

lord [lo:d] s domn(itor) m; stăpîn m; lord m; senior m; magnat m; vt a conferi titlul de lord; a domni peste

lose [lu:z], **lost** [lost], **lost** [lost] vt a pierde; a rătăci; vi a pierde; a suferi pierderi

loss [los] s pierdere f; daune f pl; pagubă f; impas n; scurgere f; deşeuri n pl

lost [lost] adj pierdut

lot [lot] s sorţi n pl; tragere f la sorţi; soartă f; noroc n; lot n; parte f; individ m

lotion ['lăuşăn] s loţiune f

lottery ['lotări] s loterie f

loud [laud] adj puternic, tare; zgomotos; sonor; strident; vulgar; adv tare; pătrunzător; strident

lounge ['laungi] vi a se odihni; a trîndăvi; s lenevie f; fotoliu n; şezlong n; sofa f; foaier n; hol n

louse [laus] s păduche m

lousy ['lauzi] adj păduchios; rău, groaznic, prost

love [lav] s iubire f; odor n; persoană f iubită; salutări f pl; vt a iubi; a îndrăgi; vi a iubi

lovely ['lavli] adj drăguț; frumos; fermecător; grozav

lovemaking ['lav,meikiŋ] s amor n, dragoste f; curte f

lover ['lavăr] s îndrăgostit m; iubit m; pețitor m

low [lău] adj jos, scund, mic; redus; încet; șoptit; adînc; vulgar; josnic; urît; adj jos; la pamînt; încet; recent

lower ['lăuăr] vt a coborî; a reduce; vr a se umili; vi a scădea

loyal ['loiăl] adj loial

lucid ['lu:sid] adj limpede; clar; lucid; lămurit

luck [lak] s noroc n; soartă f

luckily ['lakili] adv printr-un noroc; din fericire

lucky ['laki] adj norocos; propice, favorabil

ludicrous ['lu:dikrăs] adj ridicol, grotesc; absurd

luggage ['laghigi] s bagaj n

lumber ['lambăr] s vechituri f pl; cherestea f; vt a arunca de-a valma; a îngrămădi

luminous ['lu:minăs] adj luminos; limpede; inteligent

lump [lamp] s masă f, grămadă f; angro n; bulgăre m; nod n (în gît); bucată f de zahăr; cucui n; vt a aduna; a lua în bloc; a înghiți (un afront)

lunacy ['lu:năsi] s nebunie f

lunatic ['lu:nătik] adj nebun, alienat; lunatic

lunch ['lanci] s prînz n; gustare f; vi a prînzi; a lua o gustare; vt a oferi o gustare

lung [laŋ] s plămîn m

lure [luăr] s nadă f, momeală f; ademenire f; ispită f; vt a ispiti; a fermeca

lurk [lă:k] vi a sta ascuns; a pîndi; a spiona; a se furișa

luscious ['lașăs] adj suculent; delicios; încărcat; seducător

lush [laș] adj luxuriant, bogat; amplu

lust [last] s senzualitate f; poftă f trupească; sete f (de putere)

luxurious [lag'ziăriăs] adj luxos; risipitor; senzual

luxury ['lakşări] s lux n; bogăţie f; belşug n; pompă f;
    desfătare f

machine [mă'şi:n] s maşină f; aparat n; automobil n; mecanism n; motocicletă f; bicicletă f

mad [mæd] adj nebun; furios; absurd; turbat; cumplit; vt a înfuria

madam ['mædăm] s doamnă f

made [meid] adj făcut; clădit; instruit; creat

madman ['mædmăn] s nebun m; disperat m

madness ['mædnis] s nebunie f; prostie f; furie f; frenezie f

magazine [,mægă'zi:n] s revistă f; magazin n; magazie f

magic ['mægik] adj magic; de basm, minunat; s magie f; vrajă f, farmec n; fascinaţie f

magnet ['mægnit] s magnet n; punct n de atracţie

magnificent [mæg'nifisănt] adj magnific; luxos; grozav

magnify ['mægni,fai] vt a mări; a amplifica; a exagera

maid [meid] s fată f; fecioară f; servitoare f

maiden name ['meidn,neim] s nume n de fată

mail [meil] s corespondenţă f; poştă f; vt a expedia prin poştă

mailman ['meilmăn] s poştaş m, factor m poştal

maim [meim] vt a mutila, a schilodi

main [mein] s continent n; uscat n; conductă f principală; adj principal; fundamental

mainly ['meinli] adv mai ales, în special, îndeosebi

maintain [mein'tein] vt a menţine; a întreţine; a apăra; a susţine; a afirma

maintenance ['meintinăns] s menţinere f; întreţinere f; apărare f

majestic [mă'gestik] adj măreţ, maiestuos

major ['meigiăr] adj major, mare; semnificativ; s major m; senior m; maior m

majority [mă'gioriti] s majorat n; majoritate f

make, made, made [meik, meid, meid] vt a face, a fabrica; a construi; a produce; a destina; a pregăti; a înfățișa; a cauza; a simula; a ajunge la; a obliga; a determina; vi a încerca; a părea; a merge spre; a se întinde; a deveni; s marcă f (de fabrică); tip n; model n; formă f; talie f; caracter n

make it ['meik it] vt a sosi la timp; a reuși, a izbuti

make up ['meik'ap] vt a aplana; a farda; a machia; a inventa; a ticlui; a prescrie; a plăti; a recîștiga; a alcătui; a pregăti

makeup ['meikap] s machiaj n; fard n

malady ['mælădi] s maladie f, boală f

male [meil] adj bărbătesc, masculin; s bărbat m; mascul m

malevolent [mă'levălănt] adj răuvoitor; invidios; neprielnic

malice [mælis] s răutate f; pică f, ranchiună f; invidie f; intenție f criminală

malicious [mă'lișăs] adj rău; răutăcios; răzbunător; invidios; premeditat

malignant [mă'lignănt] adj rău; dăunător; malign; ostil; perfid

malnutrition [,mælniu:'trișăn] s alimentație f defectuoasă; subnutriție f

mammal ['mæmăl] s mamifer n

man [mæn] s bărbat m; soț m; prieten m; adult m; individ m; soldat m; jucător m; navă f; vt a echipa; a înarma; a încuraja; interj omule! "măi"!; măi, să fie! extraordinar!

manage ['mænigi] vt a dirija; a administra; a conduce; a reuși; a îmblînzi; a duce la capăt; vi a reuși; a se descurca

management ['mænigimănt] s conducere f; administrație f; pricepere f; dibăcie f; tertip n; direcție f

manager ['mænigiăr] s director; conducător m; administrator m; șef m; gospodar m; manager m

mandatory ['mændătări] adj împuternicit; obligatoriu; forțat; s mandatar m

maneuver [mă'nu:văr] s manevră f; maşinaţie f; uneltire f; vi a
    face manevre; a manevra

mania ['meiniă] s manie f; nebunie f; delir n; idee f fixă;
    pasiune f

manifest ['mæni,fest] adj clar; vt a manifesta; vi a manifesta, a
    demonstra; vr a se manifesta

manipulate [mă'nipiu,leit] vt a manipula; a manevra; a măslui

mankind [,mæn'kaind] s omenire f, umanitate f

manner ['mænăr] s mod n, fel n; manieră f; stil n; obicei n;
    ţinută f; categorie f

mansion ['mænşăn] s vilă f; casă f mare; bloc n

manual ['mæniuăl] adj manual; s manual n; ghid n

manufacture [,mæniu'fækciăr] s fabricare f; prelucrare f;
    produs n; industrie f; vt a fabrica; a inventa, a plăsmui

many ['meni] adj mulţi, multe; numeroşi, numeroase; o
    mulţime; pr mulţi dintre ei/ele

map [mæp] s hartă f; plan n; schiţă f; mutră f; vt a întocmi
    harta

maple ['meipăl] s arţar m

March ['ma:ci] s (luna) martie m; mărţişor

march ['ma:ci] vi a mărşălui; a defila; a se scurge; a înainta; a
    face progrese; s marş n; mers n; scurgere f; progres n

margin ['ma:gin] s margine f; frontieră f; ţărm n; deosebire f;
    vt a mărgini; a adnota

marine [mă'ri:n] adj marin; maritim; s navă f marină; marină f
    comercială; bleumarin n

mark [ma:k] s urmă f, semn n; pată f; simptom n; notă f;
    punct n; reper n; ţintă f; fel n; amprentă f; indicator n;
    vt a păta; a marca; a indica; a nota; a alege; a dovedi

market ['ma:kit] s piaţă f; tîrg n; cerere f; vt a vinde; a lansa
    pe piaţă; vi a face piaţa

marketing ['ma:kitiŋ] s comerţ n; marketing n; vînzare f

marriage ['mærigi] s căsătorie f; căsnicie f; îmbinare f

married ['mærid] adj căsătorit, măritată/însurat; conjugal

marry ['mæri] vt a căsători; a se căsători cu; a îmbina, a uni; vi a se căsători cu

martial ['ma:şăl] adj marţial, de război; războinic

marvelous ['ma:vălăs] adj minunat, uimitor; de necrezut; extraordinar

masculine ['mæskiulin] adj masculin; bărbătesc; viril

mash [mæş] s terci n; pireu n de cartofi; amestec n; ghiveci n; vt a terciui; a face piure

mask [ma:sk] s mască f; pretext n; vt a masca; a ascunde; vi a se masca; a se ascunde

mass [mæs] s masă f, grămadă f, mulţime f; substanţă f; vt a masa; a strînge; vi a se aduna

massage ['mæsa:j] s masaj n; vt a face masaj

massive ['mæsiv] adj masiv; greu; compact; mare; robust; uriaş, grozav; vast

mast [ma:st] s catarg n; pilon n; prăjină f

master ['ma:stăr] s stăpîn m; patron m; domn m; maestru m; meşter m; căpitan m; învăţător m; licenţiat m; director m; adj atr principal; conducător; vt a-si însuşi; a subjuga; a învăţa; a învinge; a conduce

mat [mæt] s covoraş n; preş n; suport n; muşama f; păr m încîlcit; vt a acoperi; a încîlci; adj mat, opac; şters

match ['mæci] s pereche f; meci n; competiţie f; pariu n; partidă f; potrivire f; vt a potrivi; a împerechea; a egala; vi a se potrivi; a se asorta

mate [meit] s coleg m; prieten m; însoţitor m; pereche f; ajutor n; ofiţer m; vt a căsători; a împerechea; vi a se căsători; a se împerechea

material [mă'tiăriăl] adj material, fizic; trupesc; real; concret; s material n; materie f; subiect n

maternity [mă'tă:niti] s maternitate f; instinct n matern

mathematics [,mæƟă'mætiks] s matematică f

matter ['mætăr] materie f; fond n; problemă f; afacere f, lucru n; ocazie f; importanţă f; vi a conta

mattress ['mætris] s saltea f; somieră f

mature [mă'tiuăr] adj matur; copt; vt a lăsa să se coacă; vi a
se coace; a se maturiza

maximum ['mæksimăm] s maxim n

May [mei] s (luna) mai m, florar; tinereţe f; primăvară f

may, might [mei, mait] v mod a putea, a avea voie, a-i fi
permis; a fi posibil

mayor [meăr] s primar m

me [mi:] pr pe mine, mă; mie, îmi, mi, -mi

meadow ['medău] s pajişte f; livadă f; fîneaţă f; luncă f

meager ['mi:găr] adj slab; rar; sărac; insuficient

meal [mi:l] s masă f; mîncare f; vi a mînca

mean, meant, meant [mi:n, ment, ment] vt a însemna; a vrea
să spună; a intenţiona, a vrea; a fi gata de; vi a
însemna; a fi important

meaning ['mi:niŋ] adj atr semnificativ; intenţionat; s înţeles n,
sens n

meaningless ['mi:niŋlis] adj fără sens; inexpresiv

meanwhile ['mi:n,uail] adv între timp; deocamdată

measles [mi:zălz] s pojar n

measure ['mejăr] s măsură f; volum n; mărime f; întindere f;
forţă f; limită f; grad n; ritm n; moderaţie f; vt a
măsura; a evalua; vi a lua măsuri; a măsura

measurement ['mejămănt] s măsurare f, măsură f

meat [mi:t] s carne f; esenţă f

mechanic [mi'kænik] s mecanic m; maşinist m; lăcătuş m

mediate ['mi:diit] adj intermediar; ['mi:di,eit] vt a mijloci; a fi
mediator

medical ['medikăl] adj medical; s student m în medicină;
examen n medical

medicine ['medisin] s medicină f; medicament n; remediu n

medieval [,medi'i:văl] adj medieval

mediocre [,mi:di'ăukăr] adj mediocru; banal, comun

meditate ['medi,teit] vi a medita; vt a plănui

medium ['mi:diăm] s medie f; agent m; ambianţă f; mijloc n; mijlocitor m; metodă f

meek [mi:k] adj blînd; supus; împăciuitor; sfios, umil

meet, met, met [mi:t, met, met] vt a întîlni; a cunoaşte; a întîmpina; a înfiinţa; a da de; a satisface; a onora; vi a se întîlni; a se cunoaşte; a se asocia; a se înfrunta; a fi de acord

meeting ['mi:tiŋ] s întîlnire f; întrunire f; şedinţă f; confluenţă f; întrecere f

melancholy ['melănkăli] s melancolie f, tristeţe f; adj melancolic, trist; deprimat; posomorît; dezolant

mellow ['melău] adj copt; suav; delicat; moale; discret; vt a înmuia; a îndulci; a atenua; vi a se (în)muia; a se coace

melodious [mi'lăudiăs] adj melodios; dulce; muzical

melon ['melăn] s pepene m galben; cantalup m; pepene m verde

melt [melt] vt a topi; a dizolva; a înmuia; a mişca; a amesteca; vi a se topi; a se dizolva; a dispărea

member ['membăr] s membru m; asociat m; tovarăş m

membership ['membăşip] s calitate f de membru; societate f, comunitate f

memorial [mi'mo:riăl] adj memorial; memorabil; s amintire f; memorie f; memoriu n; notă f; petiţie f

memorize ['memă,raiz] vt a memora; a reţine

memory ['memări] s memorie f; amintire f; comemorare f

men [men] s pl de la **man**

mend [mend] vt a repara; a corecta; a vindeca; vi a se corija; a se însănătoşi; s reparaţie f; întremare f

menstruation [,menstru'eişăn] s menstruaţie f

mental ['mentăl] adj mental; intelectual; spiritual; psihic

mention ['menşăn] s menţiune f; vt a menţiona; a cita; a releva

menu [''meniu:] s meniu n, listă f de bucate

merchandise ['mă:ciăn,dais] s marfă f, mărfuri f pl

merchant ['mă:ciănt] s comerciant m; tip m

merciful ['mă:siful] adj iertător, îndurător; indulgent;
    compătimitor

mercy ['mă:si] s compasiune f; clemenţă f; iertare f; caritate f;
    indulgenţă f; voie f

mere [miăr] adj pur, simplu; doar, numai

merely ['miăli] adv numai, doar; pur şi simplu

merge ['mă:gi] vt a amesteca, a contopi; a uni; vi a îmbina; a
    fuziona; a se uni

merit ['merit] s merit n, valoare f; calitate f; vt a merita

merry ['meri] adj vesel, voios; iute; vioi; glumeţ

mess [mes] s murdărie f; gunoi n; dezordine f; necaz n; vt a
    murdări; a răvăşi; a face dezordine; a cîrpăci

message ['mesigi] s mesaj n, ştire f; apel n; misiune f;
    scrisoare f; comunicare f; vt a transmite; a semnaliza

messenger ['mesingiăr] s mesager m, curier m; vestitor m

messy ['mesi] adj murdar; dezordonat; răvăşit

metal ['metăl] s metal n; macadam n; pietriş n; balast n; zel n;
    vt a acoperi cu metal; a macadamiza

meteor ['mi:tiăr] s meteor m; meteorit m; bolid m

meter ['mi:tăr] s metru

method ['meΘăd] s metodă f; sistem n; procedeu n

meticulous [mi'tikiulăs] adj meticulos; minuţios

metropolitan [,metră'politan] adj metropolitan; s locuitor m din
    metropolă; mitropolit m, arhiepiscop m

microphone [,maikră'făun] s microfon n

middle ['midăl] adj atr mijlociu; median; s mijloc n; talie f; vt
    a pune la mijloc

midget ['migit] s pitic m, liliputan m; obiect n mic

midnight ['mid,nait] s miezul n nopţii; beznă f

might [mait] s putere f, autoritate f; energie f

mighty ['maiti] adj puternic, tare; mare, întins; grandios

migrate [mai'greit] vi a migra

mild [maild] adj moderat; blînd; moale; senin; slab

mile [mail] s milă f

military ['militări] adj militar

milk [milk] s lapte n; vt a mulge; a stoarce; vi a da lapte

mill [mil] s moară f; rîşniţă f; fabrică f, uzină f, filatură f; vt a
măcina; a şlefui; vi a merge în cerc, a se învîrti

million ['miliăn] s, num milion

mimic ['mimik] adj mimic; imitativ; simulat; vt a mima; a
imita; s imitator m

mince [mins] vt a mărunţi; a toca; s carne f tocată; tocătură f

mind [maind] s memorie f; minte f; amintire f; conştiinţă f;
raţiune f; intelect n; opinie f; dorinţă f; dispoziţie f; vt
a fi atent la; a avea grijă de; a avea ceva împotrivă; vi
a fi atent; a-i păsa

mine [main] pr al meu, a mea, ai mei, ale mele; adj meu, mea,
f mei, mele

miner ['mainăr] s miner m

mineral ['minărăl] adj mineral; s mineral n; minereu n

mingle ['miŋgăl] vt a amesteca; a împreuna; vi a se amesteca cu

miniature ['miniciăr] s miniatură f

minimum ['minimăm] s minim n; valoare f minimă; adj minim

minister ['ministăr] s ministru m; preot m; slujitor m; agent m;
unealtă f; vi a fi preot

ministry ['ministri] s slujire f; serviciu n; preoţie f; cler n;
minister n

minor ['mainăr] adj minor, mic, neimportant; s minor m;
materie f secundară; ton n minor

minority [mai'noriti] s minoritate f; minorat n

mint [mint] s monetărie f; sumă f mare; sursă f; vt a bate
monedă; a inventa; a născoci

minute ['minit] s minut n; clipă f; moment n; pl proces n
verbal; notă f; vt a cronometra

miracle ['mirăkăl] s minune f, miracol n; model n, pildă f

mirage ['mira:j] s miraj n

mirror ['mirăr] s oglindă f; reflectare f; vt a oglindi

mischief ['miscif] s rău n; necaz n; pagubă f; poznă f, prostie
    f; trăsnaie f

mischievous ['miscivăs] adj răutăcios; răuvoitor; rău, dăunător;
    zburdalnic

miser ['maizăr] s zgîrcit m

miserable ['mizărăbăl] adj jalnic, nefericit; prost, rău; trist;
    groaznic, mizerabil; mizer; abject

misfortune [mis'fo:ciăn] s nenorocire f; adversitate f; ghinion n

misplace [,mis'pleis] vt a rătăci; a pune greşit

Miss [mis] s domnişoară f

miss [mis] vt a scăpa, a pierde; a sări; a duce lipsa/ dorul; a-i
    fi dor de; vi a nu nimeri; a nu reuşi; s eşec n

missing ['misiŋ] adj absent

mission ['mişăn] s misiune f; chemare f; scop n; sarcină f

mistake [mi'steik] s greşeală f, eroare f; **mistook, mistaken**
    [mi'stuk, mi'steikăn] vt a greşi

Mister ['mistăr] s (numai **Mr**) domnul m, domnule m

mistress ['mistris] s stăpînă f; (numai **Mrs**) doamna f, doamnă
    f

mistrust [,mis'trast] s bănuială f, neîncredere f; vt a nu se
    încrede în; a bănui

misunderstanding [,misandă'stændiŋ] s înţelegere f greşită;
    neînţelegere f; dezacord n

mix [miks] vt a amesteca; a mixa; a încrucişa; vi a se
    amesteca; a se asocia; s dozaj n; amestec n; mixaj n

moan [măun] s geamăt n; suspin n; murmur n; vi a geme; a
    suspina; a murmura

mob [mob] s gloată f, mulţime f; bandă f; vt, vi a se îmbulzi

mobile ['măubail] adj mobil; mişcător; schimbător; migrator;
    adv mobil; s parte f mobilă

mock [mok] vt a-şi bate joc de; a sfida; a parodia; a înşela; adj
    atr prefăcut; înscenat; fals; s imitare f

mockery ['mokări] s batjocură f; ridiculizare f; parodie f

model ['modăl] s model n; tipar n; şablon n; tip n; mostră f; exemplu n; sistem n; vt a modela; a influenţa

moderate ['modărit] adj moderat; reţinut; mediu; modic; ['moda,reit] vt a modera; vi a se tempera; a arbitra

modern ['modăn] adj modern; nou; contemporan; s om m modern

modest ['modist] adj modest; umil; simplu; ieftin; decent

modify ['modi,fai] vt a modifica; a schimba; a transforma; vi a se modifica

moist [moist] adj umed; jilav

moisture ['moisciăr] s umezeală f, umiditate f

mold [măuld] s tipar n, mulaj n, şablon n; caracter n; vt a modela; a turna

moldy ['măuldi] adj mucegăit

mole [măul] s cîrtiţă f

molest [mă'lest] vt a necăji, a supăra

moment ['măumănt] s moment n, clipa f; importanţă f

monastery ['monăstări] s mănăstire f

Monday ['mandi] s luni f

money ['mani] s bani m pl

monk [maŋk] s călugăr m

monkey ['maŋki] s maimuţă f; neastîmpărat m; ulcior n

monopoly [mă'nopăli] s monopol n

monotonous [mă'notănăs] adj monoton; plictisitor

monster ['monstăr] s monstru m; dihanie f; bestie f

month [manΘ] s lună f

monument ['moniumănt] s monument n

mood [mu:d] s dispoziţie f; mod n; stare f sufletească; ton n

moon [mu:n] s lună f; satelit m; vi a merge ca un somnambul

mop [mop] s spălător m; pămătuf n; smoc n; vt a spăla, a şterge

moral ['morăl] adj moral, etic; spiritual; virtuos; s morală f, tîlc n; pildă f; moralitate f

morale [mo'ra:l] s moral n; stare f de spirit; curaj n

morbid ['mo:bid] adj morbid; patologic; nesănătos; groaznic

more [mo:] adj, pr mai mult(ă); mai mulţi/multe; adv mai (mult)

moreover [mo:'ăuvăr] adv mai mult decît atît; în plus; pe lîngă acestea; de asemenea

morning ['mo:niŋ] s dimineaţă f; început n; zori pl; adj atr de dimineaţă; matinal

mortal ['mo:tăl] adj muritor; de moarte; mortal; fatal; teribil; s muritor m

mortality [mo:'tæliti] s caracter n muritor; mortalitate f; oameni m pl; omenire f

mortify ['mo:ti,fai] vt a chinui, a mortifica; a umili; a jigni; a înăbuşi

mosquito [mă'ski:tău] s ţînţar m

moss [mos] s muşchi m; vt, vi a se acoperi cu muşchi

most [măust] adj cel mai mult, cea mai multă; cei mai mulţi, cele mai multe; adv cel/cea mai; cei/cele mai; extrem de, foarte; cel mai mult; îndeosebi

moth [moθ] s fluture m de noapte; molie f; fluture m

mother ['maðăr] s mamă f; sursă f, obîrşie f; stareţă f; vt a fi mamă; a da naştere; a se îngriji ca o mamă de

mother-in-law ['maðărin'lo:] s soacră f

motion ['măuşăn] s mişcare f; mers n; gest n; funcţionare f; impuls n; vt, vi a face semn

motivate ['motiveit] vt a motiva; a inspira; a stimula

motive ['măutiv] s motiv n, mobil n; cauză f; adj motor; stimulator; vt a inspira; a stimula; a motiva

motor ['măutăr] s motor n; maşină f; vi a merge cu maşina

mountain ['mauntin] s munte m; grămadă f; adj atr colosal

mourn [mo:n] vt, vi a plînge

mourning ['mo:niŋ] adj atr de doliu; s doliu n; durere f

mouse [maus] s şoarece m; vi a prinde şoareci

moustache [măs'ta:ş] s mustaţă f

mouth [mauθ] s gură f; cioc n; bot n; orificiu n; rît n; [mauð] vt a declara; a mesteca; a vorbi tare/afectat

move [mu:v] vt a mişca; a muta; a împinge; a se muta; a emoţiona; a propune; vi a se mişca; a se muta; a funcţiona; s mişcare f; mutare f

movement ['mu:vmănt] s mişcare f; mutare f; deplasare f; gest n; mers n; funcţionare f; circulaţie f

movie ['mu:vi] s film n

mow, mowed, mown [mău, măud, măun] vt a cosi, a secera, a recolta; s stog n; căpiţă f

Mr ['mistăr] s v **Mister**

Mrs ['misiz] s v **mistress**

much ['maci] adj mult(ă); adv prea; foarte; mult; cu mult; de departe; cam, aproximativ

mud [mad] s noroi n; murdărie f; vt a murdări; a mînji; a tulbura

muddle ['madăl] vt a amesteca, a încurca; a tulbura; a ameţi; a cîrpăci; a strica; vi a lucra prost; s confuzie f, zapăceală f; harababură f

muddy ['madi] adj plin de noroi; tulbure; brunet; confuz; răguşit; vag

mug [mag] s cană f; pahar n; halbă f; mutră f; grimasă f; vt a pălmui; a jefui; a farda

multiply ['malti,plai] vt a înmulţi; a spori; vi a spori, a se înmulţi

multitude ['maltitiu:d] s masă f, mulţime f

mumble ['mambăl] vt, vi a murmura, a mormăi; a molfăi

munch ['manci] vt, vi a clefăi, a plescăi, a mînca cu zgomot

mural ['miuărăl] adj mural; s pictură f murală; frescă f

murder ['mă:dăr] s crimă f, asasinat n; omor n; vt a ucide; a asasina; a masacra; a stîlci

murderer ['mă:dărăr] s asasin m, criminal m, ucigaş m

murmur ['mǎ:mǎr] s murmur n; susur n; foşnet n; zumzet n;
        zgomot n; vt a murmura; a şopti; vi a murmura; a
        şopti; a foşni; a susura

muscle ['masǎl] s muşchi m

muse [miu:z] vi a medita, a cugeta, a se gîndi

museum [miu:'ziǎm] s muzeu n

mushroom ['maşru:m] s ciupercă f; parvenit m; vi a creşte ca
        ciupercile

music ['miu:zik] s muzică f; note f pl muzicale

musician [miu:'zişǎn] s muzician m; compozitor m; muzicant
        m; interpret m

Muslim ['muzlim] adj, s musulman m, mahomedan m

muslin ['mazlin] s muselină f

must [mǎst, mst, mast] v mod a trebui, a fi obligat; a fi
        sigur/probabil; a nu avea voie, a nu fi permis, a fi
        interzis; s necesitate f imperioasă

mustache [mǎ'sta:ş] s mustaţă f

mute [miu:t] adj mut; tăcut; taciturn; s mut m; figurant m;
        surdină f; vt a pune surdină

mutilate ['miu:ti,leit] vt a mutila, a schilodi; a deforma

mutiny ['miu:tini] s răscoală f; rebeliune f; vi a se răscula

mutter ['matǎr] vt, a murmura; a mormăi; vi a murmura; a
        bombăni; s murmur n; mormăit n

my [mai] adj meu, mea; mei, mele; interj aoleo! vai!

myself [mai'self] pr refl mă; pr de întărire însumi, însămi; pr
        pers eu

mysterious [mi'stiǎriǎs] adj misterios, tainic; secret

mystery ['mistǎri] s mister n; secret n; enigmă f; problemă f

myth [miΘ] s mit n; legendă f

N

nag [næg] vt a cicăli; a sîcîi; s cicăleală f; sîcîială f

nail [neil] s unghie f; cui n; vt a ţintui; a aţinti; a fixa; a înhăţa

naive [na:'i:v] adj naiv

naked ['neikid] adj gol; nud; dezgolit; dezbrăcat; golaş

name [neim] s nume n; titlu n; denumire f; faimă f; neam n; pl
    înjurături f pl; vt a (de)numi; a spune pe nume; a fixa

nap [næp] s aţipeală f; pui m de somn

narrate [nă'reit] vt a povesti; a relata; a nara

narrative ['nærătiv] adj narativ, de povestire

narrow ['nærău] adj îngust; strîmt; limitat; sever; strict; exact;
    vi a restrînge

nasty ['na:sti] adj murdar; obscen; scîrbos; josnic; urît;
    dăunător; obraznic; răutăcios

nation ['neişăn] s naţiune f; popor n; ţară f

national ['næşănăl] adj naţional; s cetăţean m

nationality [,næşă'næliti] s naţionalitate f; cetăţenie f; naţiune
    f, popor n

native ['neitiv] adj natal; înnăscut; nativ; s băştinaş m; indigen
    m; localnic m

natural ['næcirăl] adj natural; normal; firesc; simplu; real; viu;
    s dispoziţie f naturală

naturally ['næcirăli] adv fireşte, bineînţeles; natural, firesc;
    simplu

nature ['neiciăr] s natură f; univers n; fire f; fel n; esenţă f;
    dispoziţie f

naughty ['no:ti] adj obraznic, rău; mofturos; urît; şocant;
    nepoliticos

nausea ['no:ziă] s greaţă f; rău n de mare; silă f

naval ['neivăl] adj naval, maritim

navigate ['nævigheit] vt, vi a naviga, a pilota

navy ['neivi] s marină f; flotă f militară; flotă f

near [niăr] adv aproape; în preajmă; adj apropiat; intim; greu; prep lîngă; aproape de; spre; vt, vi a se apropia

nearby ['niă,bai] adv aproape; prep aproape de; adj apropiat

nearly ['niăli] adv aproape; mai-mai; de aproape

neat [ni:t] adj curat, ordonat; frumos; simplu; clar; concis

necessary ['nesisări] adj necesar; obligatoriu; esenţial; s necesar n; toaletă f

necessity [ni'sesiti] s necesitate f; imperativ n; lipsă f, nevoie f

neck [nek] s gît n; guler n; istm n; coş n vulcanic

necklace ['neklis] s salbă f, colier n; cravată f

necktie ['nek,tai] s cravată f

need [ni:d] s nevoie f; necaz n; lipsă f; vt a avea nevoie de; a trebui; v mod a trebui

needle ['ni:dăl] s ac n; andrea f; săgeată f; vîrf n; obelisc n; vt a coase; a sîcîi

negative ['negătiv] adj negativ; s negaţie f; refuz n; vt a nega; a respinge

neglect [ni'glekt] vt a neglija; a omite; s neglijare f; desconsiderare f

negligent ['negligiănt] adj neglijent; neatent; indolent

negotiate [ni'găuşi,eit] vi a negocia; vt a negocia; a trata; a discuta; a învinge

neighbor ['neibăr] s vecin m; semen m; vt, vi a se învecina

neither ['naiðăr] pr nici unul/ una; adj nici unul/una; adv nici; conj ... nor nici...nici

nephew ['neviu:] s nepot m

nerve [nă:v] s nerv m; forţă f; energie f; curaj n

nervous ['nă:văs] adj nervos; agitat; expresiv; enervant

nest [nest] s cuib n; adăpost n; viespar n; set n; vt a cuibări; vi a trăi în cuib

net [net] s plasă f; capcană f; reţea f; vt a prinde în plasă

neutral ['niu:trăl] adj neutru; neprecis; s stat n neutru

never ['nevăr] adv niciodată; deloc, defel; imposibil

nevertheless [,nevăðă'les] adv totuşi, cu toate acestea

new [niu:] adj nou; recent; proaspăt; novice

news [niu:z] s ştire f, veste f, noutate f

newspaper ['niu:z,peipăr] s ziar n; hîrtie f de ziar

next [nekst] adj următor; vecin; viitor; adv pe urmă, apoi, după aceea; prep lîngă; ca şi; s următorul m

nice [nais] adj plăcut, frumos; drăguţ; agreabil; cusurgiu; virtuos; subtil; dificil; fin

niece [ni:s] s nepoată f

night [nait] s noapte f; seară f; beznă f

nightgown ['nait,gaun] s camaşă f de noapte

nightmare ['nait,meăr] s coşmar n; groază f; obsesie f

nil [nil] s zero n; nimic n

nimble ['nimbăl] adj sprinten, vioi, agil; prompt; receptiv

nine [nain] num nouă; s noar m

nineteen [,nain'ti:n] num nouăsprezece

ninety ['nainti] num nouăzeci

no [nău] adv nu; adj nici un/o; nu; s negaţie f; refuz n; vot n contra

noble ['năubăl] adj generos; nobil; superb; grandios

nobody ['năubădi] pr nimeni; s nimeni m; nulitate f

nod [nod] s salut n; moţăit n; vi a da din cap aprobator; a picoti; vt a da din cap; a încuviinţa

noise [noiz] s zgomot n; larmă f; zvon n; intrigă f; vt a raspîndi zvonul

noisy ['noizi] adj zgomotos; gălăgios; ţipător

nominate ['nomi,neit] vt a propune candidatura; a numi

none [nan] pr nici unul/una; nimeni; nimic

nonfiction [non'fikşăn] s proză f (dar nu beletristică)

nonsense ['nonsăns] s nonsens n; absurditate f; interj prostii!; aiurea!

noodle ['nu:dăl] s prost(ănac) m, tont m

noon [nu:n] s amiază f; apogeu n, culme f

nor [no:] conj nici

normal ['no:măl] adj normal; obişnuit; conform; s stare f
normală; tip n normal

north [no:θ] s nord n; adj atr nordic, de nord; adv spre nord

nose [năuz] s nas n; bot n; cioc n; miros n; agent m; vt, vi a
mirosi; a adulmeca; a dibui

nosy ['năuzi] adj băgăcios

not [not] adv nu; nici

notable [năutăbăl] adj notabil; remarcabil; s personalitate f

note [năut] s notă f; adnotare f; bancnotă f; semn n; sunet n;
melodie f; reputaţie f; vt a fi atent la; a observa; a
nota; a adnota; a denota

notebook ['năut,buk] s carnet n; agendă f

nothing ['naθiŋ] pr nimic; s lucru n mărunt, nimic n, fleac n;
zero n; nefiinţă f; adv deloc, defel, cîtuşi de puţin

notice ['năutis] s aviz n; anunţ n; ştire f; recenzie f; vt a
observa; a recenza; a se referi

notion ['năuşăn] s noţiune f, idee f; concept n; intenţie f;
capriciu n

notorious [nău'to:riăs] adj notoriu, faimos

nourish ['nariş] vt a nutri; a hrăni, a alimenta

novel [novăl] adj nou, inedit; neobişnuit; straniu; s roman n

novelty ['novălti] s noutate f; inovaţie f; ciudăţenie f

novice ['novis] s novice m, neofit m; începător m

now [nau] adv acum; în prezent; imediat; conj acum cînd;
acum că; cum, de vreme ce

nowhere ['năuueăr] adv nicăieri

nude [nu:d] adj gol, nud; clar, evident; s nud n; goliciune f

nuisance ['niu:săns] s neplăcere f, bătaie f de cap; pacoste f,
om m cicălitor

numb [nam] adj amorţit; indiferent; vt a amorţi

number ['nambăr] s număr n; numeral n; pl aritmetică f; serie
f; exemplar n; vt a număra; a numerota; a însuma

nun [nan] s călugăriţă f

nurse ['nă:s] s doică f; soră f, infirmieră f; îngrijire f; vt a
  alăpta; a creşte (un copil); a trata; a nutri

nut [nat] s nucă f; alună f; miez n de nucă; mufă f; cap n;
  aiurit m; vi a culege nuci

nutritious [niu:'trişăs] adj nutritiv, hrănitor

O [ău] interj ah! a! vai! o(h)!; hei! alo; s zero n

oak [ăuk] s stejar m

oar [o:r] s vîslă f, lopată f, ramă f; vîslaş m; vt a vîsli

oat [ăut] s ovăz n

oath [ăuθ] s jurămînt n; înjurătură f

obedient [ă'bi:diănt] adj supus; docil; ascultător

obey [ă'bei] vt a asculta (de); a se supune; a executa; vi a fi
supus; a se supune

object ['obgikt] s obiect n, lucru n; scop n; obstacol n;
[ăb'gekt] vi a obiecta

objection [ăb'gekşăn] s obiecţie f; reclamaţie f

objective [ăb'gektiv] adj obiectiv; concret; impersonal;
imparţial; s obiectiv n; scop n

obligation [,obli'gheişăn] s obligaţie f; datorie f

oblivion [ăb'liviăn] s uitare f

obscene [ăb'si:n] adj obscen

obscure [ăb'skiuăr] adj obscur; enigmatic; complicat; vt a
întuneca; a complica

observe [ăb'ză:v] vt a observa; a scruta; a constata; a păstra; a
respecta; vi a observa

obsess [ăb'ses] vt a obseda

obstacle ['obstăkăl] s obstacol n, piedică f

obstinate ['obstinit] adj încăpăţînat, persistent

obstruct [ăb'strakt] vt a astupa; a împiedica; a îngreuia

obtain [ăb'tein] vt a obţine; a cîştiga; a procura; a realiza; vi a
exista; a folosi

obvious ['obviăs] adj evident, clar, vădit

occasion [ă'keijăn] s ocazie f; prilej n; motiv n; pretext n; vi a
cauza; a prilejui

occasional [ă'keijănăl] adj ocazional; accidental

occupation [,okiu'peişăn] s ocupaţie f; profesie f

occur [ă'kă:r] vi a se petrece, a avea loc; a exista

ocean ['ăuşăn] s ocean n

October [ok'tăubăr] s (luna) octombrie m, brumărel

odd [od] adj impar, fără soţ; neregulat; adiţional; răzleţ; de
    ocazie; liber; ciudat

odor ['ăudăr] s miros n; iz n; parfum n; reputaţie f

of [ov, ăv] prep lui; al, a, ai, ale; de; cu; din cauza; din, de la;
    în; din partea

off [o(:)f] part adv departe; încolo; în culise; prep de pe; din;
    de; în largul; adj liber; depărtat; interj afară! pleacă!

offend [ă'fend] vt a jigni; a răni; a supăra; vi a ofensa

offensive [ă'fensiv] adj jignitor; neplăcut; agresiv; s ofensivă f

offer ['ofăr] vt a oferi; a da; a acorda; a prezenta; vr, vi a se
    ivi; s ofertă f; propunere f

office [ofis] s birou n; oficiu n; cabinet n; minister n; post n;
    funcţie f; datorie f

officer ['ofisăr] s ofiţer m; membru m al unui comitet; poliţist
    m

official [ă'fişăl] adj oficial; formal; s funcţionar m

often ['ofăn] adv frecvent; adesea

oil [oil] s ulei n; petrol n; vt a unge; a lubrifia; a gresa

ointment ['ointmănt] s unguent n, alifie f; pomadă f

OK, okay ['ău,kei] interj foarte bine! perfect! în regulă! de
    acord! s-a făcut! adj pred în regulă/ordine; foarte bine,
    perfect; vt a aproba; a fi de acord cu

old [ăuld] adj bătrîn; vechi; antic; priceput; adj de altădată, de
    demult

old-fashioned ['ăuld'fæşănd] adj demodat; învechit

omen ['ăumăn] s semn n, augur n, prevestire f; vt a prevesti

omit [ău'mit] vt a omite; a neglija

on [on] prep pe; la; în; spre; cu; despre; cu privire la; din;
    asupra; pentru; de la; după

once [uans] adv o dată; altă dată; niciodată; conj odată (ce);
    dacă

one [uan] num unu(l), una; un, o; prim, prima, întîi; pr unul,
        una (dintre); cel/cea; cei/cele

oneself [uan'self] pr refl se; pr de întărire însuşi, însăşi

onion ['aniăn] s ceapă f

only ['ăunli] adj unic; adv numai; conj numai că; dacă nu

open ['ăupăn] adj deschis; liber; neacoperit; desfăcut; vacant;
        sincer; vt a deschide; a descuia; a desface; vi a se
        deschide; a se desface

opening ['ăupăniŋ] s deschidere f; gaură f; început n; şansă f;
        luminiş n; premieră f; post n

opera ['opără] s operă f

operate ['opă,reit] vt a manipula; a acţiona; a conduce; vi a
        opera; a funcţiona; a lucra; a acţiona; a avea efect

opinion [ă'piniăn] s părere f; opinie f; concluzie f

opportunity [,opă'tiu:niti] s prilej n favorabil, ocazie f
        favorabilă; moment n potrivit

opposite ['opăzit] adj opus; invers; s opoziţie f; adv vizavi;
        prep vizavi de

oppress [ă'pres] vt a apăsa; a asupri; a prigoni

opt [opt] vi a opta (pentru)

optical ['optikăl] adj optic, ocular; vizual

option ['opşăn] s opţiune f; selecţie f; alegere f; drept n

or [o:] conj sau, ori; altfel, altminteri; dacă nu

oral ['o:răl] adj oral, verbal; bucal; s (examen) oral n

orange ['oringi] s portocal m; portocală f; portocaliu n

orchard ['o:ciăd] s livadă f

orchestra ['o:kistră] s orchestră f; parter n; fotoliu 1 n; stal n

ordeal [o:'di:l] s încercare f grea; chin n

order ['o:dăr] s ordine f; serie f; linişte f; rînduială f; comandă
        f; decizie f; ordin n; fel n; poziţie f; vt a ordona; a
        comanda; a rîndui; a prescrie; vi a comanda

ordinary ['o:dănri] adj obişnuit; uzual; cotidian; comun;
        normal; ordinar

organ ['o:găn] s organ n; voce f; orgă f; ziar n

organize ['o:gănaiz] vt a organiza, a forma; a institui; a aranja;
    vr a se organiza

origin ['origin] s origine f; neam n; obîrşie f

original [ă'riginal] adj prim, iniţial; original; originar; nou;
    creator; înnăscut; s original n; excentric m

ornament ['o:nămănt] s ornament n; vt a ornamenta

orphan ['o:făn] s orfan m; adj atr orfan; vt a lăsa orfan

other ['aðăr] adj alţi; alte; alt; altă; celălalt/cealaltă;
    ceilalţi/celelalte; pr altul/ alta; alţii/altele; adv altfel

otherwise ['aðăuaiz] adv altfel; conj sau, dacă nu, altminteri;
    altfel; adj altfel, diferit, altul

ought [o:t] v mod a trebui; a se cuveni; a fi probabil

our [auăr] adj nostru/noastră; noştri/noastre

ourselves [,auă'selvz] pr refl ne; pr de întărire înşine; pr pers
    noi

out [aut] adv afară; în exterior; departe; în altă parte; absent;
    stins; demodat; adj atr excesiv; depărtat; exterior;
    interj (ieşi) afară!

outcast ['aut'ka:st] s proscris m, paria m

outcome ['autkam] s urmare f, efect n, rezultat n

outdoors [,aut'do:z] adv afară, în aer liber

outer ['autăr] adj atr extern, exterior; periferic; obiectiv; fizic

outfit ['autfit] s echipament n; instalaţie f; dispozitiv n; utilaj n;
    vt a echipa; a utila

outlaw ['autlo:] s proscris m; exilat m; haiduc m; criminal m;
    vt a proscrie; a exila

outlet ['autlet] s debuşeu n; debit n; livrare f; piaţă f de
    desfacere; evacuare f

outline ['autlain] s schiţă f, contur n; plan n; conspect n; vt a
    schiţa; a prezenta sumar

outlook ['autluk] s perspectivă f; concepţie f; prognoză f

outrageous [aut'reigiăs] adj atroce; imoral; ruşinos; excesiv;
    cumplit

outside [,aut'said] s exterior n; imperială f; adj atr extern; extrem; periferic; adv afară; în exterior; în larg; prep afară din; în afară; dincolo de

outskirts ['aut,skă:ts] s pl periferie f

outspoken [,aut'spăukăn] adj sincer, deschis, fățiş

outstanding [,aut'stændiŋ] adj remarcabil; important; în suspensie; neefectuat; pendinte

oval ['ăuvăl] adj oval; s oval n

oven ['avăn] s cuptor n; furnal n

over ['ăuvăr] prep peste; (pe) deasupra; în cursul; mai mult de; prin; la; adv dincolo; acolo; sus; în plus; gata, isprăvit; exagerat, excesiv

overcome, overcame, overcome [,ăuvă'kam, ,ăuvă'keim] vt a învinge; a copleşi; a doborî; vi a învinge; a cîştiga

overdo, overdid, overdone [,ăuvă'du:, ,ăuvă'did, ,ăuvă'dan] vt a exagera; a arde, a prăji prea tare

overlook [,ăuvă'luk] vt a se ridica deasupra; a domina; a vedea de sus; a omite; a cerceta; a supraveghea

overseas [,ăuvăsi:z] adj atr de peste mări; străin; exterior; adv peste mari; peste hotare

oversleep, overslept, overslept [,ăuvă'sli:p, ,ăuvă'slept] vt a dormi prea mult, a nu se trezi la timp

overture ['ăuvătiuăr] s uvertură f; propunere f oficială; parte f introductivă

overwhelm ['ăuvă'uelm] vt a copleşi; a nimici

owe [ău] vt a datora; a fi obligat la; a fi îndatorat

owl [aul] s bufniță f; pasăre f de noapte; înţelept m

own [ăun] adj propriu; personal; scump; apropiat; vt a poseda, a avea; a recunoaşte

owner ['ăunăr] s proprietar m, stăpîn m

ox [oks] bou m; taur m; bivol m; bizon m

oxygen ['oksigiăn] s oxigen n

P

P, p [pi:] s (litera) P, p

pa [pa:] s tăticu m, papa m

pace [peis] s pas m; mers n; treaptă f; viteză f; vt a păşi; a ţine pas cu; vi a păşi; a merge; a umbla

pack [pæk] s legătură f; balot n; pachet n; ambalaj n; raniţă f; grup n; bandă f; haită f; vt a împacheta; a balota; a lega; a umple; vi a împacheta

package ['pækigi] s împachetare f; balotare f; legare f; pachet n; cutie f

packet ['pækit] s pachet n; balot n; vt a împacheta

pact [pækt] s pact n; tratat n

pad [pæd] s căptuşeală f; pernă f; tampon n; suport n; proptea f; bloc n de scris; rampă f de lansare; vt a căptuşi; a umple

paddle [pædăl] s vîslă f, ramă f; padelă f; paletă f; lopată f; vîslit n; canotaj n; vi a se bălăci; vt a conduce cu vîslele

page1 ['peigi] s paj m; aprod m, uşier m; comisionar m; vt a chema, a striga (pe nume)

page2 ['peigi] s pagină f; filă f; episod n; moment n; vt a pagina

pain [pein] s durere f; pacoste f; osteneală f; pedeapsă f; vt a durea; a mîhni

painful ['peinful] adj dureros; penibil; sensibil; obositor

paint [peint] s vopsea f; ruj n; fard n; vt a picta; a descrie; a farda; a vopsi; vi a picta; a se ruja

painting ['peintiŋ] s pictură f, tablou n

pair [peăr] s pereche f; schimb n; vt,vi a împerechea

pajamas [pă'gia:măz] s pl pijama f

palace ['pælis] s palat n; reşedinţă f oficială

pale [peil] adj palid; deschis; şters; difuz; vi a păli; a fi
        eclipsat; vt a face să palească
palm [pa:m] s palmă f; vt a da mîna; a mitui
pamphlet ['pæmflit] s broşură f; pamflet n; catalog n; prospect
        n
pan [pæn] s tigaie f; cratiţă f; tingire f; vt a găti în tigaie; a
        critica aspru
pancake ['pænkeik] s clătită f; vi a ateriza brusc
panic ['pænik] s panică f; vi a fi cuprins de panică
pants [pænts] s pl pantaloni m pl; chiloţi m pl
paper ['peipăr] s hîrtie f; ziar n; articol n; teză f; referat n;
        tapet n; vt a scrie; a tapeta
parade [pă'reid] s paradă f; defilare f; marş n; vt a face paradă
        de; a defila
paradise ['pærădaiz] s paradis n, rai n; cer n
paralyze ['pæră,laiz] vi a paraliza
parasite ['pæră,sait] s parazit m
parcel ['pa:săl] s pachet n; colet n; parcelă f; vt a face un
        pachet
pardon ['pa:dăn] s iertare f; scuză f; amnistie f; vt a ierta
parent ['peărănt] s părinte m; tată m, mamă f; sursă f
park [pa:k] s parc n; vt,vi a parca
parliament ['pa:lămănt] s parlament n
parrot ['pærăt] s papagal m; vt a repeta ca un papagal
parsley ['pa:sli] s pătrunjel m
part [pa:t] s parte f; bucată f; membru m; număr n; datorie f;
        reper n; voce f; rol n; vt a separa; a distinge; vi a se
        rupe ; a muri; a se despărţi de
partial ['pa:şăl] adj parţial; incomplet; subiectiv
participate ['pa:tisi,peit] vi a participa
particular [pă'tikiulăr] adj special, deosebit, anumit; ciudat;
        minuţios; mofturos; s particularitate f; detaliu n
partner ['pa:tnăr] s partener m, asociat m; soţ m, soţie f; vt a
        face partener; a alia cu

party ['pa:ti] s partid n; partidă f; grup n; companie f;
    reuniune f; serată f, petrecere f; parte f

pass [pa:s] vi a trece; a merge; a se scurge; a circula; a se
    perima; a se sfîrşi; a fi votat; a pasa; a depăşi; vt a
    trece pe lîngă; a petrece; a înmîna; a spune; a vota; a
    aproba; s trecere f; pasaj n; defileu n; paşaport n;
    permis n

passage ['pæsigi] s trecere f; coridor n; scurgere f; voiaj n;
    fragment n; votare f; evoluţie f; episod n; incident n

passenger ['pæsingiăr] s pasager m, călător m

passion ['pæşăn] s pasiune f; izbucnire f; patimă f

passport ['pa:spo:t] s paşaport n

past [pa:st] adj trecut; scurs; dus; ultim; fost; terminat; s trecut
    n; prep după, trecut de; dincolo de; peste; pe lîngă, în
    dreptul

paste [peist] s pastă f; clei n; aluat n; terci n; vt a lipi

pastry ['peistri] s patiserie f; cofetărie f

pat [pæt] vt a bate (cu palma); vi a răpăi; s bătaie f uşoară;
    răpăit n; cocoloş n

patch ['pæci] s petic n; bucată f; plasture m; pată f; rest n;
    spaţiu n verde; vt a petici

path [pa:Ө] s cărare f; pîrtie f; rută f; drum n; cale f

pathetic [pă'Өetik] adj duios, mişcător; patetic; disperat; inutil;
    jalnic

patient ['peişănt] adj răbdător; stăruitor; rezistent; s pacient m,
    bolnav m

patriot ['peitriăt] s patriot m

patrol [pă'trăul] s rond n; patrulare f; patrulă f; vt, vi a patrula

patron ['peitrăn] s patron m; sfînt m protector; spectator m;
    vizitator m

pattern ['pætăn] s model n, tipar n, şablon n; mostră f; desen
    n; mod n; stil n; pildă f; fel n; vt a aplica modele

pause [po:z] s pauză f; oprire f; răgaz n; ezitare f; vi a se opri;
    a şovăi, a ezita

pavement ['peivmănt] s pavare f; pardosire f; pavaj n; trotuar n; caldarîm n

paw [po:] s labă f; mînă f; vt a lovi cu laba; a scotoci

pawn [po:n] s amanet n; ipotecă f; garanție f; ipotecare f; vt a amaneta; a ipoteca

pay, paid, paid [pei, peid] vt a plăti; a achita; a răsplăti; a da atenție; a merita; vi a plăti; a merita; s plată f

payment ['peimănt] s plată f; sumă f de plată; răsplată f; răzbunare f

pea [pi:] s mazăre f; bob n de mazăre

peace [pi:s] s pace f; liniște f; ordine f; odihnă f

peaceful ['pi:sful] adj pașnic; liniștit, calm

peach ['pi:ci] s piersic m; piersică f; odor n

peacock ['pi:kok] s păun m; filfizon m; înfumurat m

peak [pi:k] s pisc n; vîrf n; culme f; punct n culminant

peal [pi:l] s sunet n; zgomot n; bubuit n; hohot n; vi a răsuna; a bate; vt a face să răsune; a bate (clopotele)

peanut ['pi:nat] s arahidă f

pear [peăr] s păr m; pară f

pearl [pă:l] s perlă f; odor n; nestemată f; sidef n; vt a împodobi; a granula; a pescui perle

peasant ['pezănt] s țăran m; fermier m; bădăran m

peck [pek] s ciugulire f; ciocănire f; sărut n dat în fugă; vt a ciuguli; a scobi

peculiar [pi'kiu:liăr] adj specific, propriu; distinct; exclusiv; unic; ciudat

pedal ['pedăl] s pedală f; suport n; vi a pedala

pedestal ['pedistăl] s soclu n, piedestal n; suport n; bază f

pedestrian [pi'destriăn] adj pedestru; prozaic; plicticos; neinspirat; s pieton m

peek [pi:k] vi a arunca o privire, a se uita (pe furiș)

peel [pi:l] vt a coji; a dezghioca; a jupui; vi a se coji; s coajă f

peg [peg] s cui n; țintă f; pană f; par m; cîrlig n; temă f; pretext n; vt a bate un cui în; a marca; a stabiliza

pelvis ['pelvis] s pelvis n. bazin n

pen [pen] s condei n; toc n; stilou n; peniţă f; pană f; scris n; vt a scrie, a compune

penalty ['penălti] s pedeapsă f; amendă f; penalizare f

pencil ['pensăl] s creion n; penel n; stil n; vt a schiţa, a desena, a picta

penetrate ['peni,treit] vt a pătrunde; a înţelege; a mişca; vi a pătrunde, a intra în

penguin ['penguin] s pinguin m

penitent ['penitănt] adj care se pocăieşte; s penitent m

pension ['penşăn] s pensie f; vt a pensiona

pensive ['pensiv] adj gînditor; trist, melancolic

people ['pi:păl] s popor n; naţiune f; neam n; oameni m pl, lume f; familie f; vt a popula

pepper ['pepăr] s piper n; boia f; ardei m iute; ardei m gras; vt a pipera; a presăra

per [pă:r] prep per, prin, cu; de (fiecare); pe

perceive [pă'si:v] vt a percepe; a înţelege; a observa; a zări; a vedea

percent [pă'sent] s procent n; procentaj n

perception [pă'sepşăn] s percepere f; sesizare f; percepţie f; intuiţie f

perch ['pă:ci] s stinghie f; poziţie f, situaţie f; vt a cocoţa; vr a se cocoţa

perfect ['pă:fikt] adj perfect; excelent; complet; exact; [pă'fekt] vt a perfecţiona

perform [pă'fo:m] vt a efectua, a îndeplini; a executa; a juca; vi a se produce

performance [pă'fo:măns] s executare f; performanţă f; spectacol n; interpretare f

perfume ['pă:fiu:m] s parfum n, aromă f; ['pă:'fiu:m] vt a parfuma

perhaps [pă'hæps] adv poate (că); probabil; posibil; cumva

period ['piăriăd] s perioadă f; durată f; eră f; etapă f; punct n; lecţie f

perish ['periş] vi a pieri; a se sfîrşi; vt a distruge; a muri

perishable ['perişăbăl] adj perisabil; s pl mărfuri f pl perisabile

perm [pă:m] s permanent n; vt a face un permanent; vi a fi ondulat

permanent ['pă:mănănt] adj permanent; stabil; durabil; s permanent n

permission [pă'mişăn] s permisiune f, îngăduire f

permit [pă'mit] vt a permite; a da posibilitatea; vi a permite; ['pă:mit] s permis n; licenţă f

pernicious [pă'nişăs] adj dăunător; fatal; pernicios

perpendicular [,pă:păn'dikiulă] adj perpendicular; abrupt

perpetual [pă'petiuăl] adj perpetuu; pe viaţă; veşnic

persecute ['pă:si,kiu:t] vt a persecuta, a prigoni

persist [pă'sist] vi a persista, a stărui; a dăinui

person ['pă:săn] s individ m; persoană f; ţinută f; sine m

personal ['pă:sănăl] adj personal; privat; jignitor; mobil; s pl avere f personală

personality [pă:să'næliti] s personalitate f; notabilitate f

personnel [,pă:să'nel] s personal n; salariaţi m pl

perspire [pă'spaiăr] vi a asuda, a transpira; a exsuda

persuade [pă'sueid] vt a convinge; a determina, a hotărî să; vr a se convinge

pessimism ['pesi,mizăm] s pesimism n

pest [pest] s dăunător m; parazit m; pacoste f

pet [pet] s răsfăţat m; favorit m; odor n; animal n favorit; adj iubit, favorit; vi a se săruta

petal ['petăl] s petală f

petition [pi'tişăn] s cerere f, petiţie f; rugăminte f; vt a inainta cerere; a ruga; a cere

petroleum [pă'trăuliăm] s ţiţei n; petrol n; gaz n

petty ['peti] adj mic; mărunt; meschin; îngust

pharmacy ['fa:măsi] s farmacie f; drogherie f

phase [feiz] s fază f; etapă f; stadiu n; vt a introduce

pheasant ['feznt] s fazan m

philosophy [fi'losăfi] s filozofie f; calm n; răbdare f;
    înţelepciune f

phone [făun] s telefon n; vt, vi a telefona

photograph ['făută,gra:f] s fotografie f, poză f; vt, vi a
    fotografia

phrase [freiz] s expresie f; vorbărie f; limbaj n, stil n;
    locuţiune f; vt a exprima; a defini; a fraza

physical ['fizikăl] adj fizic; trupesc; carnal; material

physician [fi'zişăn] s doctor m, medic m

piano ['pia:nău] s pian n

pick [pik] s scobitoare f; tîrnăcop n; alegere f; vt a săpa; a
    scobi; a culege; a ciuguli; a critica; vi a fura; a
    ciuguli; a culege

picture ['pikciăr] s tablou n, pictură f; imagine f; desen n;
    portret n; film n; pl cinema n; vt a reprezenta; a picta;
    a oglindi; a ilustra; a descrie

pie [pai] s plăcintă f, pateu n; tort n

piece [pi:s] s bucată f; fărîmă f; parcelă f; piesă f; fragment n;
    monedă f; vt a repara

pierce [piăs] vt a străpunge; a găuri; a străbate; vi a răzbate

pig [pig] s porc m; mistreţ m; om m murdar; vt, vi a făta

pigeon ['pigin] s porumbel m; nerod m; vt a trişa

pile [pail] s grămadă f; morman n; teanc n; maldăr n; pachet n;
    pilă f (atomică); vt a aduna

pilgrim ['pilgrim] s pelerin m; călător m

pill [pil] s pilulă f; vt a prescrie pilule

pillar ['pilăr] s stîlp m; pilon m; pilastru m; sprijin n

pillow ['pilău] s pernă f; vt a pune capul pe pernă

pillow case ['pilău,keis] s faţă f de pernă

pimple ['pimpăl] s pustulă f

pin [pin] s ac n cu gămălie/ de păr/de siguranţă; broşă f; ţăruş
    m; vt a fixa cu un ac; a străpunge

pinch ['pinci] vt a ciupi, a pişca; a strînge; a chinui; a fura; a
   aresta; vi a strînge; a fi avar; s ciupitură f; necaz n;
   chin n; cleşte m; pic n

pine [pain] vi a se ofili; a fi nemulţumit; a duce dorul

pineapple ['pain,æpăl] s ananas n

pink [piŋ] s (culoare f) roz; garoafă f; adj trandafiriu, roz

pint [paint] s pintă f; halbă f

pious [[paiăs] adj cucernic, pios; religios; virtuos

pipe [paip] s ţeavă f; conductă f; tub n; pipă f; fluier n; vt a
   cînta la fluier; vi a piui; a fluiera; a cînta; a plînge

pit [pit] s groapă f; mină f; carieră f; arenă f; parter n; fosă f;
   vt a îngropa

pitcher ['piciăr] s ulcior n

pitiful ['pitiful] adj milos; jalnic

pity ['piti] s milă f; păcat n; regret n; vt a-i fi milă de

place [pleis] s loc n; poziţie f; situaţie f; adăpost n; rang n;
   spaţiu n; vt a pune; a numi; a plasa; a situa; a fixa

placid ['plæsid] adj paşnic, calm, liniştit

plague [pleig] s ciumă f, pacoste f; vt a se îmbolnăvi; a chinui;
   a supăra; a plictisi

plain [plein] adj limpede, evident; citeţ; simplu; sincer; cinstit;
   urît; ordinar; s şes n, cîmpie f; adv limpede, clar

plaintiff ['pleintif] s reclamant m

plan [plæn] s plan n; proiect n; schemă f; intenţie f; vt a
   plănui; a proiecta

plane [plein] adj plan, neted; întins; s şes n; platou n; plan n;
   avion n; bază f; rindea f

planet ['plænit] s planetă f

plank [plæŋk] s scîndură f

plant [pla:nt] s plantă f; uzină f, fabrică f; agregat n; capcană
   f; truc n; spion m; vt a planta; a fonda; a posta

plaster ['pla:stăr] s mortar n; ipsos n; vt a tencui; a ghipsa

plastic ['plæstik] adj plastic; elastic; de pictură/sculptură;
   supus; sugestiv; artificial; s material n plastic

plate [pleit] s farfurie f; fel n de mîncare; mîncare f; tablă f;
    placă f; gravură f, stampă f; vt a placa; a sufla

platform ['plætfo:m] s peron n; rampă f; platformă f; planşeu
    n; tribună f; poziţie f

play [plei] s joc n; piesă f; glumă f; purtare f; acţiune f;
    libertate f; vt a interpreta; a juca; vi a se juca; a cînta

plea [pli:] s pretext n, scuză f; pledoarie f; dovadă f; apel n;
    cerere f; excepţie f

pleasant ['plezănt] adj plăcut, simpatic; atrăgător; vesel

please ['pli:z] vt a mulţumi; vi a vrea; a plăcea; a binevoi

pleasure ['plejăr] s plăcere f; distracţie f; veselie f

pledge ['plegi] s garanţie f; obligaţie f; promisiune f; dar n;
    toast n; vt a promite

plenty ['plenti] s belşug n; prisos n; bogăţie f

plot [plot] s conspiraţie f; complot n; intrigă f; subiect n; vt a
    urzi, a inventa

plough [plau] s plug n; vt a ara; a brăzda; a-şi croi drum; a
    trînti la examen; vi a ara

plug [plag] s tampon n; dop n; pană f; plombă f; bujie f; vt a
    astupa; a vîrî o pană în

plum [plam] s prun m; prună f; stafidă f; delicatesă f

plumber ['plamăr] s instalator m; sudor m

plump [plamp] adj durduliu; bucălat; vt a îngrăşa; a umfla; a
    umple; vi a se îngraşa

plunge ['plangi] s plonjare f; plonjon n; afundare f; vi a plonja

plus [plas] s plus n; surplus n; prisos n; avantaj n; prep plus;
    adj plus; pozitiv

pocket ['pokit] s buzunar n; sac n; pungă f; gol n de aer; vt a
    băga în buzunar

pod [pod] s păstaie f; sac n; cocon m; vt a dezghioca

poem [păuim] s poezie f, poem n

poetry ['păuitri] s poezie f; expresivitate f

point [point] s punct n; moment n; esenţă f; punct n de vedere;
       nivel n; vîrf n; rezultat n; vt a ascuţi; a indica; a
       puncta

poise [poiz] s echilibru n; calm n; siguranţa f; ezitare f; postură
       f; vt a echilibra

poison [poizăn] s otravă f; venin n; vt a otrăvi; a infecta

pole [păul] s stîlp m; par m; ţăruş m; jalon n; oişte f

police [pă'li:s] s poliţie f; vt a păzi ordinea

policeman [pă'lismăn] s poliţist m

policy ['polisi] s politică f, tactică f, metodă f; dibăcie f;
       diplomaţie f; înţelepciune f

Polish [păuliş] adj polon(ez); s (limba) poloneză f

polish ['poliş] vt a lustrui; a şlefui; a poliza; a cizela; a finisa;
       vi a se lustrui/şlefui; s lustru n; lac n; cizelare f;
       eleganţa f; rafinament n

polite [pă'lait] adj politicos; amabil; distins; rafinat

political [pă'litikăl] adj politic; statal; de conducere

politics ['politiks] s ştiinţa f politică; politică f

pollute [pă'lu:t] vt a polua; a murdări; a terfeli; a profana

pollution [pă'lu:şăn] s poluare f; poluţie f

pond [pond] s eleşteu n; iaz n; bazin n

pool [pu:l] s iaz n; baltă f; bazin n; piscină f; bulboană f

poor [puăr] adj sărac; biet; nenorocit; sterp; şubred; prost;
       insuficient; redus

Pope [păup] s papă m; preot m

poppy ['popi] s mac m; opiu n

popular ['popiulăr] adj popular; folcloric; ieftin; de succes;
       curent; simpatizat

population [,popiu'leişăn] s populare f; populaţie f

porridge ['porigi] s păsat n de ovăz; terci n de ovăz

port [po:t] s port n; liman n; refugiu n; hangar n

portable ['po:tăbăl] adj portabil; portativ

porter ['po:tăr] s portar m, uşier m; hamal m; însoţitor m

portion ['po:şăn] s parte f; cotă-parte f; zestre f; soartă f; fragment n; vt a împărţi

portrait ['po:trit] s portret n; poză f; imagine f

posh [poş] adj şic; distins

position [pă'zişăn] s poziţie f; postură f; atitudine f; post n; vt a aşeza; a instala

positive ['pozitiv] adj real, pozitiv; valoros; precis; ferm; sigur; empiric

possess [pă'zes] vt a poseda, a avea; a stăpîni; a cunoaşte bine; vr a se stăpîni

possession [pă'zeşăn] s posesie f; avere f; autocontrol n

possibility [,posi'biliti] s posibilitate f; putinţă f; modalitate f

possible ['posibăl] adj posibil; acceptabil; admisibil

post [păust] s stîlp m; par m; pilon m; ţăruş m; vt a afişa; a lipi; a posta; a amplasa

postage ['păustigi] s tarif n poştal; timbre n pl

postcard ['păust,ka:d] s carte f poştală; ilustrată f

poster ['păustăr] s afiş n; placardă f; afişor n

postman ['păustmăn] s poştaş m, factor m poştal

post office ['păust,ofis] s oficiu n poştal

postpone [păust'păun] vt a lăsa pentru mai tîrziu; a amîna

pot [pot] s vas n; oală f; cană f; borcan n; galeată f; ulcior n; duşcă f; vt a conserva; a fierbe; a pune în oală

potato [pă'teitău] s cartof m

potion ['păuşăn] s poţiune f

poultry ['păultri] s orătănii f pl, păsări f pl de curte

pound [paund] s livra f, funt n, pund n; liră f (sterlină)

pour [po:r] vt a turna; a vărsa; vi a curge; a ploua cu găleata; a se revărsa

poverty ['povăti] s sărăcie f; lipsă f; absenţă f

powder ['paudăr] s praf n; pudră f; vt a pudra; a săra

power ['pauăr] s putere f, forţă f; tărie f; control n; guvernare f; stat n

powerful ['pauăful] adj tare, puternic; viguros; influent; intens; elocvent; eficace

power station ['pauă,steişăn] s centrală f electrică

practical ['præktikăl] adj practic; concret; aplicabil; util; comod; s examen n practic

practice ['præktis] s practică f; aplicare f; obicei n; rutină f; metodă f; vt, vi a practica; a folosi; a profesa

praise [preiz] vt a lăuda; a glorifica; s laudă f; slavă f

pray [prei] vi a se ruga

prayer [preăr] s rugăciune f; rugăminte f; cerere f

preach ['pri:ci] vi a predica; a ţine o lecţie de morală

precarious [pri'keăriăs] adj precar, greu; nesigur; riscat; accidental; nefondat

precaution [pri'ko:şăn] s precauţiune f, prevedere f

precede [pri'si:d] vt a preceda; a întrece; a prefaţa; vi a preceda

precious ['preşăs] adj preţios; scump; drag; perfect; afectat; adv grozav de; s comoară f

precise [pri'sais] adj precis; întocmai; corect; fidel; clar; migălos; pedant

precision [pri'sijăn] s precizie f, exactitate f; fidelitate f; claritate f

precocious [pri'kăuşăs] adj precoce; prematur

predatory ['predătări] adj răpitor; jefuitor; acaparator

predict [pri'dikt] vt a prezice; a prevesti; a prevedea

predominant [pri'dominănt] adj predominant, preponderent

prefer [pri'fă:r] vt a prefera; a avansa, a promova; a formula

preferable ['prefărăbăl] adj preferabil; mai bun decît

preference ['prefărăns] s preferinţă f; alegere f

pregnant ['pregnănt] adj gravidă; cu pui; prolific; inventiv; bogat; pregnant

prejudice ['pregiudis] s prejudiciu n; prejudecată f; vt a prejudicia; a dăuna

prepare [pri'peăr] vt a studia; a pregăti; a găti; a echipa; a
   redacta; vi a se pregăti

prescribe [pri'skraib] vt a prescrie; a recomanda; vi a da rețete

prescription [pri'skripșăn] s prescripție f; rețetă f; prescriere f;
   recomandare f

presence ['prezăns] s prezență f; existență f; companie f; aspect
   n; demnitate f; spirit n

present ['prezănt] adj prezent; actual; s actualitate f; prezent n;
   cadou n; [pri'zent] vt a prezenta; a înainta; a depune; a
   juca; vr a se ivi

preserve [pri'ză:v] vt a feri; a păstra; a conserva; vi a face
   conserve; s pl conserve f pl; rezervație f

preside [pri'zaid] vi a fi în frunte; a prezida; a conduce

president ['prezidănt] s președinte m; rector m

press [pres] vt a apăsa; a călca; a stoarce; a imprima; a asupri;
   a grăbi; a strînge; vi a presa; a răzbate; s apăsare f;
   presiune f; grabă f

pressure ['preșăr] s apăsare f, presare f; asuprire f; forțare f;
   vt a exercita presiune

prestige [pre'sti:j] s prestigiu n; considerație f

presume [pri'ziu:m] vt a crede, a presupune; a admite; a
   bănui; a implica; vi a presupune; a fi prea îndrăzneț

pretend [pri'tend] vt a invoca, a pretexta; a simula; a susține

pretty ['priti] adj drăguț, simpatic; afectat, prețios; grozav; adv
   destul de; cam

prevail [pri'veil] vi a prevala; a domni; a triumfa; a exista; a fi
   răspîndit

prevent [pri'vent] vt a preîntîmpina, a împiedica; vi a
   interveni, a se întîmpla

previous ['pri:viăs] adj anterior, prealabil, precedent

prey [prei] s pradă f; jertfă f; vi a ieși să prade

price [prais] s preț n; cost n; valoare f; răsplată f; jertfă f; vt a
   estima; a fixa prețul

pride [praid] s mîndrie f, fală f; îngîmfare f; înflorire f

priest [pri:st] s preot m, cleric m

prime [praim] s înflorire f; cremă f; adj prim; important; principal; esenţial; excelent; vt a pregăti; a încărca

primitive ['primitiv] adj primitiv; natural; simplu; barbar; s primitiv(ist) m

prince [prins] s domn(itor) m; principe m; prinţ m; magnat m

princess [prin'ses] s prinţesă f

principal ['prinsipăl] adj principal, esenţial; s şef m; conducător m; patron m; rector m; director m; protagonist m

principle ['prinsipăl] s lege f; principiu n; regulă f; concepţie f; origine f

print [print] vt a tipări; a publica; a edita; vi a se tipări; s publicaţie f; copie f; imprimat n; gravură f; imprimare f; amprentă f

prior ['praiăr] adj anterior; precedent; s egumen m; stareţ m

priority [prai'oriti] s prioritate f; precedenţă f

prison ['prizăn] s închisoare f; arest n; vt a întemniţa

prisoner ['prizănăr] s captiv m; prizonier m; arestat m; deţinut m; sclav m

privacy ['privăsi] s izolare f; retragere f; intimitate f; taină f

private ['praivit] adj privat, particular; personal; intim; s soldat m

privilege ['priviligi] s privilegiu n; onoare f; patent n; imunitate f; vt a acorda un privilegiu; a scuti; a elibera

prize [praiz] vt a preţui, a aprecia; s premiu n; cîştig n; noroc n; plăcere f

probable ['probăbăl] adj probabil; nesigur; veridic; bănuit; s candidat m probabil

problem ['problăm] s problemă f; chestiune f; caz n dificil

proceed [pră'si:d] vi a continua, a înainta; a acţiona

process ['prăuses] s proces n; mers n; dezvoltare f; evoluţie f; progres n; procedură f; [pră'ses] vt a prelucra; a fabrica; a prepara

proclaim [prǎ'kleim] vt a proclama; a declara; a vesti; a
     interzice; a arăta, a trăda

procrastinate [prǎu'kræsti,neit] vi a amîna

procure [prǎ'kiuǎr] vt a găsi, a procura; a asigura; vi a fi
     proxenet

produce ['prodiu:s] s produs n; rezultat n; [prǎ'diu:s] vt a
     aduce; a arăta; a produce; a creşte; a determina; vi a
     se produce; a fabrica; a cultiva

product ['prodăkt] s produs n; articol n; rezultat n; rod n

profession [prǎ'feşăn] s profesie f; ocupaţie f; rit n; credinţă f;
     confesiune f

professional [prǎ'feşănăl] adj profesional, profesionist; s expert
     m; profesionist m

professor [prǎ'fesăr] s profesor m; expert m

proficient [prǎ'fişănt] adj expert în; competent în; priceput la; s
     expert m

profile ['prǎufail] s profil n; schiţă f, contur n; vt a desena /a
     schiţa profilul

profit ['profit] s profit n, cîştig n; folos n; rost n; vi a profita;
     a se folosi; vt a fi de folos (cuiva)

profitable ['profităbăl] adj profitabil; rentabil; util; avantajos

profound [prǎ'faund] adj adînc; profund; serios; abscons;
     complicat; s adînc

prognosis [prog'năusis] s pronostic n

program ['prǎugræm] s program n; afiş n; plan n; vt a
     programa

progress ['prǎugres] s progres n; evoluţie f; succes n; curs n;
     [prǎ'gres] vi a progresa; a evolua; a obţine succese

prohibit [prǎ'hibit] vt a opri, a interzice; a prohibi

project ['progekt] s proiect n, plan n; [prǎ'gekt] vt a plănui, a
     proiecta; vi a se proiecta

prolong [prǎ'loŋ] vt a lungi, a prelungi

prominent ['prominănt] adj proeminent; evident; remarcabil

promiscuous [prǎ'miskiuǎs] adj eterogen, amestecat;
        dezordonat
promise ['promis] s promisiune f; perspectivǎ f; vt a promite; a
        se angaja; a se obliga
promote [prǎ'mǎut] vt a promova; a susţine; a avansa
promotion [prǎ'mǎuşǎn] s promovare f; încurajare f
prompt [prompt] adj prompt; gata; eficient; imediat; adv
        repede; vt a îndemna; a sufla; a trezi; a sugera; a
insufla
prong [proŋ] s dinte m (de furcǎ); vîrf n; colţ n; corn n; furcǎ
        f; vt a strǎpunge
pronounce [prǎ'nauns] vt a rosti; a declara; vi a pronunţa
pronunciation [prǎ,nansi'eişǎn] s pronunţare f, pronunţie f;
        rostire f; accent n f
proof [pru:f] s dovadǎ f, probǎ f; mǎrturie f; verificare f;
        control n; vt a cauciuca
propagate ['propǎ,gheit] vt a spori; a creşte; a propaga; a
        cultiva; vi a se propaga
propel [prǎ'pel] vt a propulsa; a stimula
proper ['propǎr] adj adecvat, potrivit; propriu-zis; specific
properly ['propǎli] adv decent; propriu-zis; cum trebuie; pe
        drept cuvînt
property ['propǎti] s avere f; proprietate f; calitate f; recuzitǎ
        f; stǎpînire f; semn n
prophet ['profit] s profet m
proportion [pro'po:şǎn] s proporţie f; relaţie f; vt a
        proporţiona; a armoniza
proposal [prǎ'pǎuzǎl] s propunere f; sugestie f; ofertǎ f; proiect
        n; plan n; cerere f în cǎsǎtorie
propose [prǎ'pǎuz] vt a sugera; a propune; a supune; a
        intenţiona; a-şi propune; vi a propune; a plǎnui
proprietor [prǎ'praiǎtǎr] s proprietar m, stǎpîn m
prose [prǎuz] s prozaism n; prozǎ f; banalitate f

prosecute ['prosi'kiu:t] vt a efectua; a continua; a purta; a da în judecată; vi a intenta un proces

prospect ['prospekt] s vedere f; perspectivă f; pl viitor n; [pra'spekt] vt a prospecta

prospective [pros'pektiv] adj viitor; în perspectivă; bănuit; aşteptat

prosper ['prospăr] vi a prospera; a înflori; a reuşi; vt a face să prospere

prosperity [pros'periti] s prosperitate f; succes n

prostitute ['prosti,tiut] s prostituată f; om m venal; vt a prostitua; a necinsti

protect [pră'tekt] vt a apăra; a proteja; a îngrădi; vr a se apăra

protection [pră'tekşăn] s protejare f; protecţie f; favoare f, patronaj n

protest ['prăutest] s protest n; opoziţie f; obiecţie f; [pră'test] vt, vi a protesta; a declara solemn

protrude [pră'tru:d] vt a scoate afară; a impune; vi a ieşi în afară

proud [praud] adj mîndru; măreţ; splendid; aprig; adv mîndru, cu mîndrie

prove [pru:v] vt a dovedi; a atesta; a proba; a verifica; vi a se dovedi

proverb ['provăb] s proverb n

provide [pră'vaid] vt a face rost; a înzestra; a asigura; aproviziona; a prevedea

provision [pră'vijăn] s asigurare f; furnizare f; pregătire f; dispoziţie f; pl hrană f; vt a aproviziona

provoke [pră'văuk] vt a aţîţa; a provoca; a instiga; a cauza

prude [pru:d] s om m care face pe pudicul; "puritan" m

prune [pru:n] s prun m; prună f uscată

psalm [sa:m] s psalm m; imn n

pseudonym ['siu:dă,nim] s pseudonim n

psychiatrist [sai'kaiătrist] s psihiatru m

psychiatry [sai'kaiătri] s psihiatrie f

pub [pab] s tavernă f, bodegă f, cîrciumă f; han n

puberty ['piu:băti] s pubertate f

public ['pablik] adj public; popular; comunal; deschis; vestit; s public n; asistenţă f; auditoriu n; lume f

publish ['pabliş] vt a publica; a vesti; a edita; a declara; vi a se tipări, a fi sub tipar

pull [pul] vt a trage; a tîrî; a duce; a scoate; a întinde; a smulge; vi a trage; a tîrî; s tragere f; smucitură f; entorsă f; efort n

pulpit ['pulpit] s amvon n

pulse [pals] s puls n; pulsaţie f; ritm n; îndemn n; dispoziţie f; vt a pulsa; a vibra

pump [pamp] s pompa f; vt a pompa; a umfla; a epuiza

pumpkin ['pampkin] s dovleac m, bostan m; tont m, neghiob m

pun [pan] s joc n de cuvinte; calambur n; vi a face un joc de cuvinte/calambur

punch ['panci] s (lovitură de) pumn m; vt a lovi; a bate cu pumnii; a îndemna, a mîna

punctual ['paŋktiuăl] adj punctual; pedant; minuţios

puncture ['paŋkciăr] s pană f; puncţie f; punctură f; vt a găuri; a înţepa; vi a se dezumfla, a se perfora

pungent ['pangiănt] adj iute; înţepător; picant; ascuţit

punish ['paniş] vt, vi a pedepsi; a lovi

pupil ['piu:pil] s elev m, şcolar m; discipol m

puppet ['papit] s păpuşă f; marionetă f; unealtă f; om m de paie; manechin m

puppy ['papi] s căţel m; pui m; maimuţoi m

pure [piuăr] adj pur, curat; clar; absolut; simplu; perfect; nevinovat; abstract

purge ['pă:gi] vt a curăţa; a scăpa de; a purga; a epura; vi a se curăţa; s curăţenie f; purgativ n; epurare f

purple ['pă:păl] s purpură f; adj purpuriu; violet; bogat; luxos; vt a împurpura

purpose ['pǎ:pǎs] s scop n, ţel n, ţintă f, obiectiv n; intenţie f;
    efect n; voinţă f; vt a intenţiona, a avea de gînd

purse [pǎ:s] s portofel n; pungă f; portmoneu n; capital n;
    vistierie f; poşetă f; vt a pungi; a încreţi; vi a se pungi

pursue [pǎ'siu:] vt a urmări; a persecuta; a continua; a studia;
    a cerceta; vi a urmări

pursuit [pǎ'siu:t] s urmărire f; preocupare f; scop n

pus [pas] s puroi n

push [puş] vt a împinge; a apăsa; a îndemna să; a grăbi; a
    stimula; a lărgi; vi a apăsa; a împinge; a presa; s
    ghiont n; apăsare f; efort n; protecţie f

put, put, put [put, put, put] vt a pune; a aşeza; a plasa; a
    numi; a zice; a formula; a aprecia, a evalua, a preţui

putrid ['piu:trid] adj putred; putrezit; rău mirositor

puzzle ['pazăl] vt a nedumeri; a încurca; a complica; s enigmă
    f; nedumerire f; încurcătură f

pyramid ['pirămid] s piramidă f

Q

quack [kuæk] s vraci m; impostor m; adj empiric; băbesc; vi a
    practica medicina empirică; a fi un impostor
quadrangle ['kuod,ræŋgăl] s patrulater n; curte f pătrată
quaint [kueint] adj ciudat; nostim; original; demodat
qualified ['kuoli,faid] adj calificat; talentat; restrîns
quality ['kuoliti] s calitate f; natură f; capacitate f; fire f;
    valoare f
qualm [kua:m] s neliniște f; pl remușcări f pl; acces n; greață
    f; neputință f
quantity ['kuontiti] s mulțime f; cantitate f; mărime f
quarrel ['kuorăl] s ceartă f; conflict n; pică f; antipatie f; vi a
    se certa
quart [kuo:t] s aprox litru m; cuartă f
quarter ['kuo:tăr] s sfert n; pătrar n al lunii; loc n, parte f,
    direcție f; pl locuință f; vt a tăia; a caza; a cantona; vi
    a locui, a fi cazat
queasy ['kui:zi] adj grețos; delicat; scrupulos
queen [kui:n] s regină f; matcă f; damă f (la șah); vt a face
    regină; vi a domni ca regină
queer [kuiăr] adj bizar; excentric; indispus; trăsnit; afumat;
    dubios; fals; pederast; vt a strica; a înșela, a păcăli
quench ['kuenci] vt a stinge; a potoli; a înăbuși; a opri; vi a se
    stinge; a se potoli
quest [kuest] s căutare f; urmărire f; vt a căuta, a urmări; vi a
    căuta
question ['kuesciăn] s îndoială f; întrebare f; interpelare f;
    chestiune f; șansă f; vt a întreba; a contesta; a cerceta t
questionnaire [,kuesciă'neăr] s chestionar n
quick [kuik] adj rapid; agil; prompt, grăbit; ager; fin; adv iute,
    repede

quicken ['kuikăn] vt a grăbi; a accelera; a stîrni; a stimula; vi
    a se accelera

quiet ['kuaiăt] adj liniştit; tăcut; paşnic; retras; secret; şters; s
    linişte f; calm n; vt a linişti; a alunga; vi a se linişti

quilt [kuilt] s cuvertură f; plapumă f; pufoaică f; vt a vătui; a
    matlasa; a capitona

quit [kuit] adj chit, achitat; împăcat; eliberat; **quit, quit** [kuit,
    kuit] vt a părăsi, a lăsa; a achita; a răsplăti

quite [kuait] adv total, complet, (pe) deplin; tocmai, exact;
    foarte; destul de, cam; interj aşa e! desigur! fireşte!

quiz [kuiz] s interogare f; examen n oral; vt a examina; a
    chestiona; vi a ţine examene

quotation [kuău'teişăn] s citat n; moto n; deviză f; citare f;
    cotă f, curs n (la bursă)

rabbit ['ræbit] s iepure m; laş m, fricos m; ageamiu m

raccoon [ră'ku:n] s raton m, ursuleţ m spălător

race [reis] s cursă f; concurs n; carieră f; orbită f; vi a alerga; a concura; vt a mîna, a grăbi; a forţa

racist ['reisist] adj, s rasist m

rack [ræk] s grătar n; raft n; suport n; stativ n; cuier n; vt a pune pe grătar etc

racket ['rækit] s zarvă f; destrăbălare f; contrabandă f; pungăşie f

radiate ['reidi,eit] vt, vi a (i)radia; a emite; a răspîndi

radiator ['reidi,eităr] s radiator m

radical ['rædikăl] adj radical; esenţial; s radical n; rădăcină f (matematică)

radio ['reidiău] s radio n; vt a difuza prin radio

radish [rædiş] s ridiche f

rag [ræg] s zdreanţă f; cîrpă f; fiţuică f

rage ['reigi] s furie f; modă f; vt a se înfuria; a urla

ragged ['ræghid] adj zdrenţuit; jerpelit; dinţat; aspru; miţos; neglijent; necizelat

raid [reid] s raid n; razie f; vi a ataca; a face o razie; vt a prăda; a invada; a ataca

rail [reil] s şină f; cale f ferată; drug n; bară f; parapet n; **grilaj** n; vt a transporta

railroad ['reil,răud] s cale f ferată; adj atr feroviar; vt a transporta cu trenul; vi a călători cu trenul

rain [rein] s ploaie f; noian n; năvală f; v impers a ploua; vi **a** şiroi; vt a ploua cu; a revărsa, a copleşi de

rainbow ['reinbău] s curcubeu n

raincoat ['rein,kăut] s impermeabil n; pelerină f

raise [reiz] vt a ridica; a stîrni; a creşte; a cultiva; a avansa; **a** spori; a rosti; a aduna (bani); s urcare f

raisin ['reizăn] s stafidă f

rake [reik] s libertin m; vi a trăi în desfrîu

ram [ræm] s berbec m; vt a sparge; a presa; a vîrî; a ciocni; **a tampona**

ramp [ræmp] vi a se urca; a se răsuci; a sări; s rampă f; **pantă** f; taluz n; rîpă f; bord n, margine f, bordură f

random ['rændăm] s întîmplare f, hazard n; bătaie f a puştii; adj întîmplător; aleatoriu

range ['reingi] s şir n, rînd n; lanţ n; ordine f; categorie f; gamă f; anvergură f; traseu n; excursie f; sită f; plită f; vt a rîndui; a clasa; a sorta; vi a hoinări; a adulmeca

rank [ræŋk] s rînd n, front n, linie f; rang n; titlu n; clasă f; grad n; vt a rîndui; a preţui; a ataşa; vi a ocupa o funcţie; a avea un grad

ransom ['rænsăm] s răscumpărare f; eliberare f; amendă f; **vt a** răscumpăra

rape [reip] vt a viola; a răpi; a seduce; s viol n; răpire f; violare f; amestec n

rapid ['ræpid] rapid, iute; abrupt; s fugar m; vîrtej n

rare [reăr] adj rar; excelent; neasemuit; rărit; crud; nefiert

rascal ['ra:skăl] s ticălos m; hoţoman m; ştrengar m; adj slab; prăpădit

rash [ræş] adj pripit, iute; impetuos; temerar, nesăbuit

raspberry ['ra:zbări] s zmeură f; perdaf n

rat [ræt] s şobolan m; delator m; spion m; transfug m; vi a stîrpi şobolanii; a fi transfug

rate [reit] s preţ n, tarif n, curs n; rată f; normă f; porţie f; calcul n; taxă f; procent n; ritm n; viteză f; vt a preţui, a evalua; a cota

rather ['ra:ðăr] adv mai bine/ curînd; mai exact; oarecum; destul de; tare, prea, foarte

ration ['ræşăn] s raţie f; pl alimente f pl; vt a distribui; a aproviziona; a raţionaliza

rational ['ræşănăl] adj logic, raţional; lucid, moderat

rattle ['rætăl] s morişcă f; răpăit n; zăngănit n; flecar m; flecăreală f; zarvă f; vi a zornăi; a dudui; a flecări; vt a grăbi

rave [reiv] vi a delira; a mugi; vt a lăuda excesiv; s reclamă f exagerată

raven ['reivăn] s corb m; adj negru ca pana corbului; ['rævăn] vi a ataca; a devora

raw [ro:] adj crud; necopt; brut; natural; jupuit; novice; sensibil; pur; vulgar; s rană f; vt a jupui

raw deal ['ro:'di:l] s purtare f necivilizată; tratament n aspru

ray [rei] s rază f; dîră f; vi a (i)radia; vt a iradia

razor ['reizăr] s brici n; aparat n de ras; vt a rade

reach ['ri:ci] vt a ajunge; a sosi la; a înmîna; vi a ajunge, a se întinde; s atingere f; acces n; talent n; sferă f de influenţă; silinţă f; curs n

react [ri'ækt] vi a reacţiona

read, read, read [ri:d, red, red] vt a citi; a descifra; a ghici; a traduce; vi a citi; a studia; a suna; a se citi; s lectură f; citit n, citire f

ready ['redi] adj pregătit, disponibil; dispus; amabil; prompt; eficace; adv gata; repede; vt a pregăti; a corupe; a antrena

real [riăl] adj real, existent; adevărat; autentic; curat; pur; sincer; imobiliar; adv efectiv, într-adevăr; grozav de

realistic [,riă'listik] adj realist

reality [ri'æliti] s realitate f; adevăr n; realism n

realize ['riă,laiz] vt a înţelege; a realiza; a obţine

really ['riăli] adv efectiv, cu adevărat; de fapt; interj zău! serios! pe cuvînt!

realm [relm] s regat n; ţară f; împărăţie f; tărîm n; domeniu n

rear [riăr] s spate n, dos n; coadă f; fund n; adj din spate, dinapoi; de la coadă/sfîrşit

reason ['ri:zăn] s raţiune f, minte f; bun simţ n; motiv n; cauză f; vi a raţiona, a gîndi; a medita; vt a judeca; a medita; a convinge; a deduce

reasonable ['ri:zănăbăl] adj rezonabil; moderat; echitabil

rebel ['rebăl] s rebel m; răsculat m; adj răzvrătit, rebel; [ri'bel] vi a se revolta; a protesta; a se opune

recall [ri'ko:l] vt a rechema; a abroga; a retracta; a evoca; s rechemare f; abrogare f; destituire f; amintire f

receipt [ri'si:t] s primire f; chitanţă f; reţetă f

receive [ri'si:v] vt a primi; a găzdui; a admite; a confirma; a stabili; vi a primi vizite

reception [ri'sepşăn] s primire f; acceptare f; întîmpinare f; recepţie f

recess [ri'ses] s cotlon n; nişă f; alcov n; pl adîncuri n pl; pauză f; vacanţă f; vt a ascunde; vi a face o pauză

recipe ['resipi] s reţetă f; soluţie f; remediu n

reckless ['reklis] adj temerar; nesăbuit; nepăsător

reckon ['rekăn] vt a socoti; a evalua; a aprecia; vi a calcula

recline [ri'klain] vi a sta aplecat; a sta culcat; a se rezema; vt a înclina, a apleca

recognize ['rekăg,naiz] vt a recunoaşte; a admite; a accepta; a înţelege

recollect [,rekă'lekt] vt a-şi aminti

recommend [,rekă'mend] vt a recomanda; a sfătui; s stimă f, favoare f; recomandare f

recommendation ['rekămen'deişăn] s sfat n; stimă f; favoare f

reconcile ['rekăn,sail] vt a împăca; a aplana; vr a se împăca; a se resemna

record [ri'ko:d] vt a nota; a înregistra; a imprima; ['reko:d] s mărturie f; raport n; act n; registru n; dosar n; cazier n; record n

recover [ri'kavăr] vt a încasa; a redobîndi; a recîştiga; a recupera; a scoate; vr a-şi reveni; vi a se reface

recreation ['rekri'eişăn] s recreare f, destindere f; distracţie f; schimbare f

rectangle ['rek,tæŋgăl] s dreptunghi n

rectify ['rektifai] vt a rectifica; a îndrepta; a regla; a potrivi

recycle [ri:'saikăl] vt a recicla, a reutiliza

red [red] adj roşu; rumen; roib; revoluţionar; sîngeros; s roşu m; comunist m; extremist m

reduce [ri'diu:s] vt a reduce; a scădea; a scurta; a preface; a schimba; a dilua; vi a slăbi

reed [ri:d] s trestie f; stuf n; săgeată f; registru n; caval n; vt a acoperi cu stuf

reek [ri:k] vi a fumega; a duhni; a avea un iz; s miros n urît; duhoare f; evaporare f; căpiţă f, claie f

reel [ri:l] vi a se învîrti; a se clătina; s legănare f, clătinare f; ameţeală f

refer [ri'fă:r] vt a deferi; a supune; a atribui; a amîna; a trînti; a imputa

reference ['refărăns] s referire f; competinţă f; raport n; referinţă f; citare f; atribuire f; aluzie f; referent m; pl recomandaţie f

refine [ri'fain] vt a rafina; a şlefui; a ameliora; vi a se rafina; a se purifica

reflect [ri'flekt] vt a reflecta; a oglindi; vi a se reflecta; a dăuna cuiva

reflex ['ri:fleks] s reflectare f; reflecţie f, reflex n; adj reflex; introspectiv

reform [ri:'fo:m] vt a reforma, a îndrepta; a stîrpi; a amenda; vi a se corija; a amenda; s reformă f; amendare f

refrain [ri'frein] vi a se abţine; a se stăpîni; a se păzi

refresh [ri'freş] vt a înviora, împrospăta; a răcori; a întări; a anima; a odihni; vi a se reface; a se odihni

refreshment [ri'freşmănt] s gustare f; aperitiv n; răcorire f; băutură f răcoritoare

refrigerator [ri'frigiă'reităr] s frigider n

refugee [,refiu:'gi:] s refugiat m

refund [ri'fand] vt a rambursa; a compensa; ['ri:,fand] s
    rambursare f

refuse ['refiu:s] s rebut n, deşeu n; gunoi n; [ri'fiu:z] vt, vi a
    refuza; a respinge

regard [ri'ga:d] s privire f; privinţă f; părere f; deferenţă f; pl
    salutări f pl; vt a privi; a ţine cont; a socoti; a preţui

regime [rei'ji:m] s regim n

region ['ri:giăn] s regiune f; ţinut n; domeniu n; sector n,
    district n; zonă f

register ['registăr] s registru n; tabel n; catalog n; coñtor n;
    cargou n; vt a înregistra; a marca; a înscrie; a
    exprima; vi a se înscrie; a se instala

regret [ri'gret] s regret n; căinţă f; vt a regreta

regular ['reghiulăr] adj regulat; precis; riguros; fix; ordonat;
    reglementar; normal; simetric

regulation [,reghiu'leişăn] s ordin n; pl statut n; reglare f;
    ordonare f; reglementare f

rehearse [ri'hă:s] vt a repeta; a recita; a enumera; a repovesti;
    vi a repeta

reign [rein] s domnie f; putere f; vt a domni; a guverna; a
    predomina

reject [ri'gekt] vt a respinge; a lepăda; a evacua; ['ri:gekt] s
    rebut n; lepădătură f

rejoice [ri'giois] vi a se bucura, a jubila; vi a bucura

relation [ri'leişăn] s relaţie f; analogie f; privinţă f; rudă f;
    relatare f; expunere f

relationship [ri'leişănşip] s relaţie f, raport n; referire f

relative ['relătiv] adj relativ; respectiv; reciproc; s rudă f;
    pr/adj relativ

relax [ri'læks] vt a destinde; a odihni; a desface; a atenua; vi a
    se relaxa; a se odihni

release [ri'li:s] s eliberare f; scutire f; emitere f; lansare f; vi a
    elibera; a scuti; a ceda; a lansa; a difuza

relevant ['relivănt] adj relevant, important; pertinent

reliable [ri'laiăbăl] adj demn de încredere, de nădejde, sigur; trainic

reliance [ri'laiăns] s sprijin n, reazem n, suport n

reliant [ri'laiănt] adj încrezător

relic ['relik] s urmă f; pl relicve f pl, vestigii n pl; amintire f

relief [ri'li:f] s uşurare f; destindere f; reducere f; ajutor n; reparaţie f

relieve [ri'li:v] vt a uşura; a degreva; a ajuta; a schimba; a distra; a relaxa

religion [ri'ligiăn] s religie f, cult n; credinţă f, crez n; evlavie f; călugărie f

religious [ri'ligiăs] adj pios, religios, evlavios; monahal; s călugăr m, călugăriţă f

reluctant [ri'laktănt] adj ezitant, şovăitor; care se opune; fără chef/poftă

rely on [ri'lai on] vi a se bizui pe, a se încrede în

remain [ri'mein] vi a rămîne; a zăbovi; a se menţine; s pl vestigii f pl, urme f pl

remark [ri'ma:k] s observaţie f; remarcă f; replică f; vt a observa; a declara; a replica; vi a face o remarcă

remarkable [ri'ma:kăbăl] adj remarcabil, deosebit; uluitor

remedy ['remidi] s remediu n; medicament n; corectiv n; compensaţie f; vt a remedia

remember [ri'membăr] vt a-şi aminti; a răsplăti; a memora; vi a-şi aminti; a nu uita

remind [ri'maind] vt a aminti

remnant ['remnănt] s rest n; deşeu n; gunoi n; vestigiu n; fragment n

remorse [ri'mo:s] s căinţă f, remuşcare f

remote [ri'măut] adj izolat; îndepărtat; distant; separat; străin; minim; vag

remove [ri'mu:v] vt a muta; a îndepărta; a scoate; a demite; a
   şterge; a aboli; a suprima; vi a se muta; a se retrage; s
   treaptă f, grad n; interval n; etapă f; neam n; mutare f
rend, rent, rent [rend, rent, rent] vt a sfîşia; a crăpa; a frînge;
   vi a se rupe; a se crăpa; s sfîşiere f
renew [ri'niu:] vt a reînnoi; a renova; a restaura; a reface; a
   relua; vi a se reînnoi; a renaşte; a reîncepe
rent [rent] s chirie f; rentă f; închiriere f; vt a închiria; a
   arenda; vi a fi închiriat
repair [ri'peăr] vt a repara; a remedia; a vindeca; a renova; s
   reparaţie f; depanare f; renovare f; stare f, condiţie f
repeat [ri'pi:t] vt a repeta; a recita; vi a repeta; vr a se repeta;
   a reveni; s repetare f; bis n; repetenţie f
repent [ri'pent] vt a regreta, a se căi; vi a-i părea rău
repetition [,repi'tişăn] s repetare f; recitare f
replace [ri'pleis] vt a pune la loc; a înlocui; a restitui
reply [ri'plai] s răspuns n; replică f; vi a răspunde
report [ri'po:t] s raport n; ştire f; faimă f; reportaj n; vt a
   raporta; a face un reportaj; vi a raporta; a se prezenta;
   a informa
represent [,repri'zent] vt a (re)prezenta; a denota; a descrie; a
   juca
representative [,repri'zentătiv] adj tipic; reprezentativ; grăitor;
   s reprezentant m; trimis m; deputat m; membru m al
   Camerei Reprezentanţilor; mostră f
reproach [ri'prăuci] s reproş n; imputare f; vt a certa
reptile ['reptail] s reptilă f; lingău m; linguşitor m; adj tîrîtor;
   linguşitor; corupt
republic [ri'pablik] s republică f; cerc n, grup n
repugnant [ri'pagnănt] adj antipatic; ostil; opus
repulsive [ri'palsiv] adj refractar; ostil; repulsiv
reputation [,repiu'teişăn] s reputaţie f; faimă f
request [ri'kuest] s cerere f; întrebare f; rugăminte f; dorinţă f;
   vt a cere; a ruga; a pretinde; a invita

require [ri'kuaiăr] vt a cere, a pretinde; a solicita; a necesita; a impune, a obliga

rescue ['reskiu:] s salvare f; eliberare f; adj atr salvator; vt a salva; a mîntui; a elibera

research [ri'să:ci] s cercetare f; căutare f; studiere f; vi a face cercetări ştiinţifice

resemble [ri'zembăl] vt a semăna cu; a fi similar cu

resent [ri'zent] vt a-i displăcea; a fi jignit/iritat

reservation [,reză'veişăn] s rezervare f; rezervă f; restricţie f; rezervaţie f

reserve [ri'ză:v] s rezervă f; stoc n; reţinere f; păstrare f; rezervaţie f; vt a rezerva; a nu se pronunţa

reservoir ['reză,vua:r] s bazin n, rezervor n; sursă f; stoc n; lac n de acumulare

residence ['rezidăns] s reşedinţă f; domiciliere f

residue ['rezi,diu:] s reziduu n; depunere f; excedent n

resign [ri'zain] vt a demisiona din; a ceda; a renunţa la; vi a demisiona; a se resemna

resist [ri'zist] vt a rezista; a se abţine; vi a rezista; s strat n protector

resolute ['reză,lu:t] adj decis, hotărît; ferm

resolve [ri'zolv] s hotărîre f, decizie f; vt a decide; a rezolva; a risipi; vi a se desface; a se decide

resort [ri'zo:t] vi a recurge la; a apela la; a face uz de

resource [ri'so:s] s resursă f; remediu n; soluţie f; truc n; distracţie f; agrement n

respect [ris'pekt] s respect n; atenţie f; privinţă f; relaţie f; pl omagii n pl; vt a acorda atenţie; a respecta

respectable [ris'pektăbăl] adj onorabil, respectabil; decent; demn; prezentabil; considerabil

respective [ris'pektiv] adj respectiv, corespunzător

respond [ri'spond] vt a riposta, a răspunde

rest [rest] s odihnă f; tihnă f; somn n; pauză f; suport n; adăpost n; vi a se odihni; a se sprijini; a se bizui; a se fixa; a depinde de; vt a odihni; a(-şi) sprijini; a baza

restaurant ['restăroŋ] s restaurant n

restless ['restlis] adj agitat, nervos

restore [ri'sto:r] vt a reda, a restitui; a restabili; a reface; a restaura

restrict [ri'strikt] vt a restrînge; a constrînge

restroom ['rest,ru:m] s closet n, toaletă f

result [ri'zalt] s rezultat n; sfîrşit n; vi a rezulta; a se termina

resume [ri'ziu:m] vt a relua; a continua; a recupera; a recîştiga; a recapitula; vi a reîncepe

retain [ri'tein] vt a reţine; a păstra; a menţine; a angaja

retire [ri'taiăr] vi a pleca; a se retrage; a demisiona; vt a retrage; a pensiona

retreat [ri'tri:t] vt a se retrage; a se refugia; vt a retrage; s retragere f; stingere f; refugiu n

retrieve [ri'tri:v] vt a recupera; a regăsi; a salva; a remedia; a-şi reface; vr a se reabilita; s refacere f

retrospect ['retrău,spekt] s privire f retrospectivă

return [ri'tă:n] vi a reveni, a se întoarce; a replica; vt a restitui; a repune; a răspunde; a oglindi; a declara; s revenire f; repetare f; profit n; refacere f; oglindire f; răsplată f; schimb n; alegere f

reveal [ri'vi:l] vt a dezvălui; a divulga; a dovedi

revenge [ri'vengi] s răzbunare f; revanşă f; vt a răzbuna; vr a se răzbuna

reverse [ri'vă:s] adj invers, opus; s revers n; verso n; opus n; năpastă f; marşarier n; vt a inversa; a răsturna; a schimba

review [ri'viu:] s revistă f; bilanţ n; vt a revedea; a corecta; a analiza; a recenza

revise [ri'vaiz] vt a revedea, a revizui; a corecta

revival [ri'vaivăl] s renaştere f; reluare f; recăpătare f

revolt [ri'văult] s revoltă f; rebeliune f; vi a se revolta; a se răscula; vt a revolta

revolution [,revă'lu:şăn] s revoluţie f; rotaţie f

reward [ri'uo:d] s răsplată f, premiu n; vt a răsplăti, a premia, a recompensa

rhyme [raim] s rimă f; vi a rima; a scrie poezii; vi a rima

rib [rib] s coastă f; nervură f; nevastă f; arc n; vt a întări cu grinzi; a tachina

ribbon ['ribăn] s panglică f; cordon n; şnur n; fîşie f; zonă f; teren n; vi a şerpui

rice [rais] s orez n; vt a pasa

rich ['rici] adj bogat; fertil; copios; luxos; elegant; intens; consistent; puternic

rid, rid, rid [rid, rid, rid] vi a debarasa; a salva; a scăpa de; adj liber, eliberat

riddle ['ridăl] s ghicitoare f; mister n; vt a rezolva, a explica; vi a vorbi enigmatic

ride, rode, ridden [raid, răud, 'ridăn] vi a călări; a domina; a cuprinde; a înfrunta; a enerva; s plimbare f călare; cursă f; călătorie f cu maşina

ridiculous [ri'dikiulăs] adj ridicol; caraghios

rifle [raifl] s puşcă f; ghint n; carabină f; şanţ n; vt a împuşca; a ghintui; vi a trage cu arma

right [rait] adj drept; corect; just; adevărat; curat; s drept n; dreptate f; justiţie f; adv drept; îndată; chiar; exact; just; perfect; cu totul

rigid ['rigid] adj rigid; dur; aspru; statornic; strict, sever

rigorous ['rigărăs] adj sever; strict; exact; minuţios

rim [rim] s margine f; ramă f; obadă f; vt a încercui; a obăda

rind [raind] s scoarţă f; coajă f; crustă f; vt a coji; a jupui

ring [riŋ] s inel n; cerc n; verigă f; cearcăn n; ring n; arenă f; cartel n; vi a alerga în cerc; vt a încercui

ring, rang, rung [riŋ, ræŋ, raŋ] vi a suna; a răsuna; vt a suna; a vesti; s dangăt n; ţîrîit n; timbru n; intonaţie f

rink [riŋk] s patinoar n; vi a patina; a face patinaj

rinse [rins] vt a clăti; a spăla; s clătire f; spălare f; alcool n; loțiune f capilară

riot ['raiăt] s tărăboi n; răscoală f; dezmăț n; exces n; bogăție f; nebunie f; vi a face tărăboi; a face excese; a se revolta

rip [rip] vt a despica, a tăia; a inciza; vi a se zbengui; a înjura; s tăietură f; sfîșiere f; spintecare f; deșirare f

ripe [raip] adj copt; în vîrstă; dispus să; înțelept; complet; vt a coace

rise, rose, risen [raiz, răuz, 'rizăn] vi a se urca, a se sui; a se ridica; a se scula; a crește; a răsări; a se răscula; vt a urca; a stîrni; s ridicare f; parvenire f; creștere f; răsărit n; origine f

risk [risk] s risc n; vt a risca; a încerca; a îndrăzni să

risky ['riski] adj riscant; riscat; decoltat, picant

rival ['raivăl] s rival m; adj atr rival; opus; vt a concura; vi a rivaliza cu

river ['rivăr] s rîu n; fluviu n; potop n; adj fluvial

road [răud] s drum n; cale f; șosea f; stradă f; mijloc n; radă f; vt, vi a adulmeca

roam [răum] vi a hoinări; a rătăci; a străbate; s cutreier (at) n; hoinăreală f

roar [ro:r] vi a urla; a răcni; a zbiera; a tuna; a mugi; a vîjîi; a hohoti; vt a răcni; s urlet n; țipăt n; răcnet n; vuiet n; hohot n; muget n

roast [răust] vt a frige; a coace; a prăji; a tachina; vt a se încălzi; vi a se frige; a se coace; a se prăji; s frigere f; coacere f; prăjire f; friptură f; barbecue n

rob [rob] vt a jefui; a fura; a priva de; vi a face jaf

robber ['robăr] s tîlhar m; haiduc m

robe [răub] s robă f; mantie f; costum n de ceremonie; garderob n; vt a îmbrăca într-o robă

robot ['răubot] s robot m; automat n

robust [rău'bast] adj robust; tare; violent, aprig; intens

rock [rok] s stîncă f; rocă f; cap n; acadea f; piatră f

rocket ['rokit] s rachetă f; vi a zbura cu o rachetă; a lansa o rachetă; a creşte vertiginos; vt a bombarda cu rachete

rod [rod] s vargă f; vergea f; băţ n; năpastă f; sceptru n

roll [răul] s rulou n; film n; balot n; chiflă f; registru n; tabel n; bubuit n; ruliu n; vt a roti; a rula; a netezi; vi a se roti; a rula; a bubui; a se legăna

roller ['răulăr] s tăvălug n; sul n; rulou n; compresor n

roller coaster ['răulă,kăustăr] s montagne russe n

rolling ['răuliŋ] s rostogolire f; rulare f; ruliu n; laminare f; adj rulant; care trece

romance [ră'mæns] s roman n; idilă f; romantism n; basm n; poezie f; feerie f; fantezie f; farmec n; ficţiune f; vi a scrie romane; a inventa; a exagera; adj atr romantic

romantic [rău'mæntik] adj romantic; romanţios; romanesc; pitoresc; s romantic m

roof [ru:f] s acoperiş n; boltă f; plafon n; imperială f; vt a acoperi; a adăposti

room [ru:m] s cameră f; pl locuinţă f; loc n, spaţiu n; ocazie f; vi a locui la comun; vt a găzdui

roommate ['ru:m,meit] s coleg m de cameră

root [ru:t] s rădăcină f; sursă f; radical n; strămoşi m pl; fond n; vt a împlînta; a ţintui; vi a se înrădăcina

rope [răup] s frînghie f; odgon n; lason n; coardă f; vt a lega cu o funie; a prinde cu lasonul

rose [răuz] s trandafir m, roză f; bujor m; rozetă f; roşeaţă f; roz n; adj trandafiriu

rot [rot] vi a putrezi; a se strica; a zăcea; a degenera; vt a descompune; a rata; s cădere f; putrezire f; descompunere f

rotate [rău'teit] vi a se roti; vt a roti; a alterna, a varia

rotten ['rotăn] adj putred, stricat; clocit; cariat; corupt

rough [raf] adj aspru; brut; grosolan; pietros; ţepos; alterat; discordant; vijelios; neprelucrat; s dezordine f; stare f brută; bătăuş m; vt a schiţa; a bruftui; vi a se purta aspru; adv dur, aspru

round [raund] adj rotund; sferic; circular; întreg; vioi; sonor; fluent; s cerc n; rond n; plimbare f; ciclu n; ocol n; rundă f; vt a rotunji; a ocoli; vi a se rotunji; a se învîrti; adv în cerc, în jur

route [ru:t] s rută f, cale f; vt a dirija; a repartiza

routine [ru:'ti:n] s rutină f; pricepere f; adj atr curent, normal, banal, şablon; cotidian

row1 [răn] s şir n, rînd n; şir n de case; strădulă f

row2 [răn] vi a vîsli; s vîslit n, canotaj n; plimbare f cu barca

row3 [rau] s scandal n, zarvă f; ceartă f; tapaj n; dojană f; încăierare f; vi a se certa; vt a certa

royal ['roiăl] adj regesc, regal; princiar; măreţ; s coală f mare de hîrtie

royalty ['roiălti] s regalitate f; regat n; monarhie f; arendă f; redevenţă f

rub [rab] vt a freca; a roade; a reduce; a copia un model; a şterge; a lustrui; vi a se freca; a se uza; s frecare f; frecţie f; piedică f

rubbish ['rabiş] s gunoi n; moloz n; prostii f pl

rucksack ['rak,sæk] s rucsac n

rude [ru:d] adj rudimentar; grosolan; nepoliticos; brusc; aspru; insolent; violent; brut

rug [rag] s carpetă n; pled n

ruin [ruin] s ruină f; pieire f; vt a ruina; a nărui; a prăda; vi a se ruina; a decădea

rule [ru:l] s regulă f; lege f; normă f; domnie f; decizie f; riglă f; vt a conduce; a linia; a decide

ruler ['ru:lăr] s conducător m; domnitor m

rumor ['ru:măr] s zvon n, ştire f; vt a răspîndi zvonuri despre

run, ran, run [ran, ræn, ran] vi a fugi, a alerga; a se grăbi; a
pluti; a funcționa; a curge; a șiroi; a deveni; a se juca;
a se șterge; a glăsui; a fi în vigoare; a circula; vt a
conduce; a administra; a turna; a acționa; a vîrî; a
străbate; s fugă f; alergare f; etapă f; traseu n; avînt n;
plimbare ; mers n; curs n; categorie f

rural ['ruărăl] adj rural, de țară, rustic; țărănesc

rush [raș] vi a se grăbi; a năvăli; a se ivi; a țîșni; vt a grăbi; a
face repede; a năvăli în; s grabă f; năvală f; cursă f;
asalt n; salt n; afluență f

Russia ['rașă] s Rusia f

rust [rast] s rugină f; vt a rugini; a lăsa în părăsire; vi a (se)
rugini; a se prosti; a regresa; a deveni leneș

ruthless ['ru:θlis] adj crud, nemilos

rye [rai] s secară f; whisky n

S

sack [sæk] s sac n; vt a pune într-un sac; a concedia

sacred ['seikrid] adj sacru; sfinţit; religios; scump; de neatins; inviolabil

sacrifice ['sækrifais] s sacrificiu n; jertfă f; ofrandă f; lipsă f; abnegaţie f; vt, vi a jertfi; vr a se jertfi

sad [sæd] adj trist; mîhnit; abătut; melancolic; mohorît; regretabil; tragic; jalnic

saddle ['sædăl] s ş(e)a f; coamă f; vt a înşeua; a îngreuia, a împovăra

safe [seif] adj ferit; sigur; protejat; eficace; teafăr; solid; convins; prudent; s seif n; frigider n

safety ['seifti] s siguranţa f

safety pin ['seifti,pin] s ac n de siguranţă

sag [sæg] vi a se îndoi; a se lăsa; a se încovoia; a atîrna; a se ofili; a se tîrî; vt a face să se îndoaie; s îndoire f; lăsare f; tasare f

sail [seil] s velă f, pînză f; velier n; plimbare f cu un vas; vi a naviga; a pluti; a luneca; a plana; a se legăna; vt a pluti; a naviga pe; a străbate

sailor ['seilăr] s marinar m; matelot m; pălărie f marinar

saint [seint] s sfînt; adj atr sfînt; vt a sanctifica

salad ['sælăd] s salată f

salary ['sælări] s salariu n

sale [seil] s vînzare f; sold n; licitaţie f

salesman ['seilzmăn] s vînzător m; comisionar m; angrosist m

saliva [să'laivă] s salivă f

salmon ['sæmăn] s somon m; adj roz-portocaliu

salt [so:lt] s sare f; farmec n, haz n; adj sărat; piperat; picant; nostim; marin; vt a săra; a păstra în saramură

salute [să'lu:t] s salut n; vi a saluta; a întîmpina

same, the [seim ðă] adj acelaşi; aceeaşi; aceleaşi; identic;
   neschimbat; monoton; indiferent; pr acelaşi lucru;
   aceeaşi persoană; acesta; aceasta; aceştia; acestea; adv
   la fel, în acelaşi mod

sample ['sa:mpăl] s mostră f; eşantion n; exemplu n; probă f;
   model n; şablon n; vt a proba; a gusta; a lua probe de;
   a alege; a compara

sanctify ['sæŋkti,fai] vt a canoniza; a sfinţi; a purifica; a
   consfinţi

sanction ['sæŋkşăn] s sancţiune f; confirmare f; vt a aproba; a
   confirma; a susţine

sanctuary ['sæŋktiuări] s sanctuar n; templu n; biserică f; altar
   n; adăpost n; azil n; rezervaţie f

sand [sænd] s nisip n; curaj n; pl plajă f; vt a presăra nisip

sandal ['sændăl] s sanda(lă) f

sandwich ['sænuigi] s sandviş n; vt a intercala; a înghesui

sane [sein] adj sănătos la minte; raţional; judicios; normal

sanitary ['sænitări] adj sanitar; igienic; s toaletă f

sarcasm ['sa:kæzăm] s sarcasm n

sardine ['sa:di:n] s sardea f

satire ['sætaiăr] s satiră f

satisfaction [,sætis'fækşăn] s satisfacţie f; compensare f

satisfactory [,sætis'fæktări] adj satisfăcător; plăcut; acceptabil

satisfy ['sætis,fai] vt a satisface; a îndeplini; a plăti; a
   compensa; a acoperi; a convinge; a astîmpăra; a ispăşi

Saturday ['sætădi] s sîmbătă f

sauce [so:s] s sos n; suc n de fructe; compot n; farmec n;
   neruşinare f; vt a asezona; a atenua; a vorbi obraznic

saucepan ['so:spæn] s cratiţă f, oală f

saucer ['so:săr] s farfurioară f; suport n

sausage ['so:sigi] s cîrnat m; salam n; crenvurşt m

save [seiv] vt a salva de; a feri; a scuti de; a izbăvi; a excepta;
   a recupera; vr a se cruţa; vi a economisi; a salva

savior ['seiviăr] s salvator m

savor ['seivăr] s savoare f; gust n; aromă f; nuanţă f; vt a asezona; a savura; a avea gust de; a aminti de

saw, sawed, sawn [so:, so:d, so:n] vt a tăia cu ferăstrăul; a cînta la vioară; vi a tăia cu ferăstrăul; s ferăstrău n

say, said, said [sei, sed, sed] vt a spune, a zice; a rosti; a articula; a pronunţa; a afirma; a admite; a recita; a promite; vi a vorbi; a sta scris; s cuvînt n; părere f

scab [skæb] s crustă f; rîie f; spărgător m de grevă; rugină f; vi a forma o crustă

scale [skeil] s scală f, scară f; cîntar n; balanţă f; gamă f; mărime f; riglă f; vt a urca; a asalta; vi a (se) urca

scandal ['skændăl] s scandal n; zarvă f; ocară f; calomnie f

scar [ska:r] s cicatrice f; rană f; urmă f; vt a umple de răni; vi a se cicatriza

scarce [skeăs] adj rar; puţin; adv chiar, tocmai; nu tocmai; nu prea

scare [skeăr] vt a îngrozi; a speria; a alunga; vi a se speria; s spaimă f; panică f; adj atr înfiorător; de groază

scarf [ska:f] s eşarfă f; şal n; fular n; batic n

scatter ['skætăr] vt a risipi; a presăra; a răvăşi; a strica; a despărţi; a alunga; vi a se risipi; s risipire f; difuzare f; împrăştiere f

scene [si:n] s scenă f; tablou n; decor n; peisaj n; scandal n; spectacol n; episod n

sceptical ['skeptikăl] adj sceptic; neîncrezător

schedule ['skediu:l] s program n; orar n; plan n; grafic n; vt a înregistra; a programa; a adăuga

scholar ['skolăr] s savant m; bursier m; om m studios

school [sku:l] s şcoală f; lecţii f pl; elevii m pl; instrucţie f; concepţie f; vi a da la şcoală; a instrui; a educa; a-şi stăpîni

science [saiăns] s ştiinţă f; artă f; măiestrie f

scissors ['sizăz] s pl foarfece f

scoop [sku:p] s lopată f; cupă f; excavare f; căuş n; ştire f
    senzaţională; vt a săpa; a curăţa; a scoate cu lopata

scope [skăup] s orizont n; gamă f; libertate f; diapazon n; cîmp
    n; posibilităţi f pl

score [sko:r] s urmă f; dungă f; tăietură f; socoteală f; scor n;
    însemnare f; spirit n; motiv n; succes n; partitură f; vt
    a cresta; a tăia; a marca; a zgîria; a cîştiga; a estima; a
    înregistra; vi a marca

scorn ['sko:n] s dispreţ n; batjocură f; desconsiderare f; vt a
    urî, a dispreţui

scoundrel ['skaundrăl] s om m de nimic, ticălos; adj josnic,
    ticălos

scramble ['skræmbăl] vi a se urca; a se tîrî; a se agăţa; vt a
    amesteca; a strînge; a face jumări; s căţărare f; agăţare
    f; bătaie f (pentru ceva)

scrap [skræp] s bucată f; rest n; fragment n; deşeu n; tăietură f
    (de ziar); vt a da la rebut; a arunca

scrape [skreip] vt a răzui; a zgîria; a hîrşîi; a scîrţîi; a nivela; a
    freca; a şterge; a scobi; a rîcîi; vi a rade; a zgîria; a
    scîrţîi; s răzuire f; hîrşîit n; scîrţîit n; necaz n

scratch ['skræci] vt a juli; a zgîria; a mîzgăli; a şterge; a rîcîi;
    a scărpina; a freca; s zgîrietură f; parafă f; semn n;
    scărpinat n; scîrţîit n

scream [skri:m] vi a ţipa; a rîde cu hohote; a vui; a striga; a
    şuiera; s ţipăt n; sunet n strident; şuierat n; hohot n

screen [skri:n] s ecran n; scut n; paravan n; perdea f; adăpost
    n; sită f; vt a apăra; a cerne; a cerceta; a ecraniza; a
    alege

screw [skru:] s şurub n; elice f; spirală f; cornet n; sul n; avar
    m; vt a înşuruba; a fixa; a presa; a sili; a stoarce

screwdriver ['skru:,draivăr] s şurubelniţă f

scribble ['skribăl] vt a mîzgăli; a murdări; vi a scrie în grabă;
    a mîzgăli; s scris n neciteţ; mîzgălitură f

---

scrub [skrab] vt a freca; a curăţa; vi a freca; a trudi pentru; s
       frecat n/frecare f cu peria; salahor m; perie f

scrupulous ['skru:piulăs] adj cinstit, scrupulos; meticulos

scrutinize ['skru:ti,naiz] vt a scruta, a cerceta atent

sculpture ['skalpciăr] s sculptură f; vt a sculpta

sea [si:] s mare f; larg n

seafood ['si:,fu:d] s peşti m pl de mare comestibili

seal [si:l] s sigiliu n; marcă f; ştampilă f; vt a sigila; a
       ştampila; a ratifica; a izola; a parafa

seam [si:m] cusătură f; cută f; tiv n; vt a coase; a încreţi; vi a
       crăpa; a se încreţi

seamstress ['semstris] s cusătoreasă f

search ['să:ci] vt a căuta; a scotoci; a cerceta; a urmări; vi a
       căuta; a examina; s căutare f; examinare f

seaside ['si:,said] s ţărm n; litoral n

season ['si:zăn] s anotimp n; sezon n; timp n; moment n
       potrivit; vt a asezona; vi a se coace; a se adapta

seasoning ['si:zăniŋ] s uscare f; asezonare f; preparare f;
       condiment n

seat [si:t] s loc n; scaun n; spate n, dos n; reşedinţă f; vt a
       oferi un scaun; a avea locuri pentru; a plasa; vr a lua
       loc

secluded [si'klu:did] adj izolat; depărtat; retras

second ['sekănd] s secundă f; moment n, clipă f

second-hand ['sekănd,hænd] adj uzat, vechi; de la a doua
       mînă; adv de ocazie; de la a doua mînă

secret ['si:krit] adj secret; confidenţial; ascuns; izolat; s secret
       n; mister n; discreţie f

secretary ['sekrătri] s secretar m; secretară f; birou n de scris;
       ministru m

section ['sekşăn] s secţiune f; parte f; tăietură f; segment n;
       fîşie f; paragraf n; secţie f; capitol n; vt a secţiona; a
       diviza

secular ['sekiulăr] adj laic, secular; lumesc; străvechi

secure [si'kiuăr] adj sigur; apărat; solid; vt a asigura; a apăra; a fixa; a realiza

security [si'kiuăriti] s securitate f; siguranţă f; pază f; apărare f; garanţie f; girant m; chezaş m

sediment ['sedimănt] s sediment n; noroi n; reziduu n

seduce [si'diu:s] vt a seduce; a corupe; a atrage

see, saw, seen [si:, so:, si:n] vt a vedea; a observa; a zări; a vizita; a pricepe; a întîlni; a descoperi; a afla; a consulta; a primi; vi a (se) vedea; a pricepe; a privi; a afla; a se gîndi; a cerceta

seed [si:d] s sămînţă f; germen m; început n; spermă f; vt a semăna; a însămînţa; a alege; vi a semăna; a sădi

seek, sought, sought [si:k, so:t, so:t] vt a căuta; a cere; vi a căuta; a cerceta

seem [si:m] vi a (se) părea

seep [si:p] vt a se prelinge; a se strecura; s fisură f

segment ['segmănt] s parte f; bucată f; segment n; secţiune f; vt a segmenta

segregate ['segri,gheit] vt a separa; vi a se separa; a se segrega; a se scinda

seize [si:z] vt a apuca, a prinde; a confisca; a cuceri; a pricepe; a aresta; a cuprinde

seldom ['seldăm] adv rar; cînd şi cînd

select [si'lekt] adj select; ales; selectiv; mofturos; vi a selecta; a sorta

selection [si'lekşăn] s alegere f; selecţionare f; antologie f

self [self] s eu n, sine n; identitate f; ego n; subiect m adj atr acelaşi; identic

selfish ['selfiş] adj egoist

self-service [,self'să:vis] s autoservire f

sell, sold, sold [sel, săuld, săuld] vt a vinde; a desface; a trăda; a populariza; a înşela; vi a (se) vinde; a avea succes; s decepţie f; regret n; hoţie f

---

send, sent, sent [send, sent, sent] vt a trimite; a difuza; a expedia; vi a transmite; a emite; a porunci

sender ['sendăr] s trimiţător m; expeditor m; emiţător n

senior [si:niăr] adj senior; mai în vîrstă; s bătrîn; student m în ultimul an

sensation [sen'seişăn] s emoţie f; senzaţie f; impresie f; vîlvă f

sense [sens] s simţ n; pl minte f; luciditate f; constiinţă f; tendinţă f; înţeles n; esenţă f; dispoziţie f; vt a pricepe; a simţi; a detecta

sensible ['sensibăl] adj logic; raţional; inteligent; sensibil; practic; perceptibil

sensitive ['sensitiv] adj sensibil; susceptibil; emotiv; simţitor; supărăcios

sentence ['sentăns] s sentinţă f; verdict n; propoziţie f; frază f; vt a condamna

sentiment ['sentimănt] s sentiment n; atitudine f; patos n; sensibilitate f; dispoziţie f; sentimentalism n

sentimental [,senti'mentăl] adj sentimental; emotiv; dulceag

separate ['seprit] adj separat; diferit; distinct; particular; ['sepă,reit] vt a separa; a sorta; a diviza; a izola; vi a se separa; a divorţa

September [sep'tembăr] s septembrie m, răpciune

sequence ['si:kuăns] s ordine f, succesiune f; secvenţă f; rezultat n; episod n

serene [si'ri:n] adj senin

series ['siări:z] s serie f; progresie f; succesiune f

serious ['siăriăs] adj serios; grav; sobru; sever; aşezat; real; adînc; periculos; sincer

servant ['să:vănt] s servitor m; funcţionar m; sclav m

serve [să:v] vt a servi; a aduce; a aproviziona; a trata; vi a servi; a funcţiona

service ['să:vis] s serviciu n; funcţie f; slujbă f; muncă f; ajutor n; favoare f; ordin n; servire f; vt a deservi

session ['seʃăn] s şedinţă f; conferinţă f; sesiune f; an m şcolar;
semestru n; curs n

set, set, set [set, set, set] vt a pune, a aşeza; a fixa; a monta; a
regla; a sădi; a vîrî; a repara; a pregăti; vi a se întări;
a cloci; a prinde; a se fixa; a apune; a se modela; a
porni; a se îndrepta; adj fix; stabilit; ferm; clădit; gata;
întărit; s sens n; contur n; grup n; serie f; set n; decor
n

setting ['setiŋ] s aşezare f; decor n; montură f; apus n; montare
f; direcţie f

settle ['setăl] vt a stabili; a fixa; a stabiliza; a hotărî; a aplana;
a plăti; vr a se instala; vi a se aşeza; a se domoli; a se
limpezi; a se tasa

seven ['sevăn] num şapte; s şapte m, şeptar m

seventeen ['sevăn'ti:n] num şaptesprezece

seventy ['sevănti] num şaptezeci

several ['sevrăl] adj mai mulţi/multe; cîţiva; diferiţi, diverşi;
fiecare; respectiv; separat; individual

severe [si'viăr] adj sever; strict; grav; sobru; caustic

sew, sewed, sewn [său, săud, săun] vt, vi a coase

sewer ['su:ăr] s canal n colector

sex [seks] s sex n; sexualitate f; viaţă f sexuală

sexual ['seksiuăl] adj sexual

shack [şæk] s cocioabă f; baracă f

shade [şeid] s umbră f; răcoare f; colorit n; nuanţă f; iluzie f;
abajur n; vt a umbri; a haşura; a întuneca; a ascunde

shadow [şædău] s umbră f; spirit n; fantomă f; vt a umbri; a
fila; a întrista

shake, shook, shaken [şeik, şu:k, 'şeikăn] vt a scutura; a
zgîlţîi; a clătina din; a slăbi; a distruge; a zdruncina; vi
a tremura; a se zgudui; a se clătina; s tremur n;
zguduire f

shall [şæl, şǎl, şl] v aux voi; vom; o/am sǎ; o/avem sǎ; vei;
    veţi; o/ai sǎ; o/aveţi sǎ; v mod trebuie; trebuie sǎ; v
    aux mod vei; o/ai sǎ; va; o/are sǎ; veţi; o/aveţi sǎ
shallow ['şælǎu] adj mic, puţin adînc; de suprafaţǎ; deşert
shame [şeim] s ruşine f; ocarǎ f; patǎ f; necinste f; vt a face de
    ruşine; a ruşina; a necinsti
shampoo [şæm'pu:] s şampon n; vt a spǎla cu şampon
shape [şeip] s formǎ f; figurǎ f; model n; imagine f; tipar n;
    mostrǎ f; configuraţie f; vt a modela; a produce; a
    aranja; vi a se contura
share [şeǎr] s parte f; aport n; contribuţie f; participare f; cotǎ-
    parte f; vt a diviza; a distribui; a împǎrtǎşi
shark [şa:k] s rechin m; om m rapace; tîlhar m; expert m; vt a
    devora; vi a face escrocherii
sharp [şa:p] adj ascuţit; ironic; incisiv; precis; brusc; iute;
    acru; ager; şiret; aprig; energic; s escroc m; adv
    brusc; precis, fix
shave [şeiv] vt a bǎrbieri, a rade; a tunde; a tǎia; a rǎzui; vr,
    vi a se rade; a se tunde; a se tǎia; s ras n, bǎrbierit n;
    apropiere f; brici n
she [şi:] pr ea; dînsa; s fatǎ f; femeie f; femelǎ f
sheep [şi:p] s oaie f; persoanǎ f timidǎ; enoriaşi m pl
sheer [şiǎr] adj diafan; curat; transparent; complet; abrupt; adv
    vertical; complet
sheet [şi:t] s cearşaf n; coalǎ f; pînzǎ f; strat n; înveliş n; vt a
    acoperi; a înveli; a placa
shelf [şelf] s raft n; etajerǎ f; stîncǎ f; prag n
shell [şel] s scoarţǎ f; valvǎ f; cochilie f; carapace f; scoicǎ f;
    obuz n; vt a coji; a decortica; a bombarda; vi, vr a se
    coji; a se desprinde
shelter ['şeltǎr] s adǎpost n; refugiu n; apǎrare f; azil n;
    paravan n; grînar n; vt a adǎposti; a gǎzdui; a apǎra;
    vi a se adǎposti; a se ascunde

shield [și:ld] s scut n; ecran n; apărător m; paravan n; blindaj
  n; vt a apăra; a tăinui

shift [șift] vt a (stră)muta; a deplasa; a comuta; a răsădi; a
  înlocui; vi a se muta; a se mișca; a se întoarce; a (se)
  feri; a schimba viteza; a se descurca; s mutare f;
  schimbare f; pretext n; schimb n; mijloc n; viclenie f;
  truc n

shine, shone, shone [șain, șon, șon] vi a (stră)luci; a lumina; a
  se remarca; vt a lustrui; a face să (stră)lucească; s
  luciu n; strălucire f; lumină f; lustru n; măreție f;
  farmec n

shiny ['șaini] adj strălucitor; lucios; senin; lucitor

ship [șip] s navă f; vapor n; avion n; vt a îmbarca; a expedia;
  vi a se îmbarca

shirt [șă:t] s cămașă f; cămașă f de noapte; bluză f

shit [șit] s excrement n; defecare f; prostii f pl; om m de
  nimic; calabalîc n; vi a se defeca; vt a minți; a exagera

shiver ['șivăr] vi a tremura; a se înfiora; s tremur n

shock [șok] s șoc n; ciocnire f; lovitură f; comoție f; atac n; vt
  a șoca; a ului; a ofensa; a scîrbi; a zgudui; a izbi

shoe [șu:] s pantof n; gheată f; talpă f; potcoavă f; sabot m; vt
  a încălța; a potcovi

shoelace ['șu:,leis] s șiret n

shoot, shot, shot [șu:t, șot, șot] vt a împușca; a ținti; a trage; a
  marca; a arunca; a traversa; vi a trage în; a țîșni; a
  trece iute; a vîna; a se ivi; a zvîcni; a durea; a filma; a
  fotografia; s vlăstar m; boboc m; tir n

shop [șop] s magazin n; atelier n; vi a face cumpărături

shore [șo:r] s țărm n; uscat n

short [șo:t] adj scurt; scund; puțin; redus; incomplet; sec;
  fraged; tăios; deficitar; adv brusc; pe termen scurt; s
  lipsă f; scurtime f

shortage ['șo:tigi] s lipsă f; criză f

shorts s șort n; chiloți m pl bărbătești; rebut n

short-sighted [,şo:t'saitid] adj miop; obtuz; neprevăzător

should [şud, şăd, şd] v aux aş; am; voi; vom; o/am să; o/avem să; trebuie să; v mod ar fi bine; ar trebui, s-ar cuveni

shoulder ['şăuldăr] s umăr n; vt a împinge cu umărul; a-şi asuma

shout [şaut] s strigăt n; ţipăt n; vt, vi a striga; a ţipa

shove [şav] vt a împinge; a urni; a îmbrînci; a îndesa; a lovi; a aşeza; s împingere f; trîntire f; îndesare f; ghiont n; lovire f; punere

shovel ['şavăl] s lopată f; cupă f de excavator; vt a săpa; a înfuleca; a căra cu nemiluita

show, showed, shown [şău, şăud, şăun] vt a arăta; a indica; a dovedi; a etala; a conduce; a îndruma; a lămuri; vr a se arăta; a se dovedi; vi a se ivi; a se vedea; a juca; a arăta; s manifestare f; acces n; tablou n; spectacol n; pompă f; aparenţă f; aspect n; semn n

shower ['şauăr] s aversă f; ploaie f torenţială; răpăială f; abundenţă f; duş n; jerbă f; vt a stropi, a inunda; a copleşi; a bombarda

shrewd [şru:d] adj ager; şiret; subtil; răutăcios; violent; aspru; iscusit

shriek [şri:k] vi a ţipa; s ţipăt n, sunet n strident

shrimp [şrimp] s crevete m; pitic m

shrink, shrank, shrunk/shrunken [şriŋk, şræŋk, şraŋk, şraŋkăn] vi a se strîmta; a se scurta; a se contracta; a intra la apă; a scădea; a ezita; vt a strînge; a strîmta; a scoroji; s strîngere f; strîmtare f

shrub [şrab] s arbust m, tufă f

shrug [şrag] vt a ridica din umeri; s ridicare f din umeri

shun [şan] vt a evita; a se abţine de la; a se feri

shut, shut, shut [şat, şat, şat] vt a închide; a astupa; a opri; a întrerupe; a strînge; a împiedica; vi a se închide

shy [şai] adj timid; rezervat; prudent; ruşinos; sperios; vi a tresări; s timid m; fricos m

sick [sik] adj pred bolnav; indispus; adj atr dezgustat; palid;
         bolnav; abătut; galben; de boală; nesănătos

sickness ['siknis] s maladie f, boală f; greață f

side [said] s latură f, parte f; aspect n; față f; pantă f; secție f;
         descendență f; echipă f; opinie f; pagină f

sidewalk ['said,uo:k] s trotuar n

siege ['si:gi] s asediu n; vt a asedia

sieve [si:v] s sită f; ciur n; flecar m; vt a strecura; a cerne

sift [sift] vt a cerne; a strecura; a analiza; a presăra; a selecta;
         vi a se cerne

sigh [sai] vi a suspina; a geme; s suspin n, oftat n

sight [sait] s vedere f, privire f; văz n; prezență f; scenă f;
         apariție f; spectacol n; vt a vedea; a urmări; a observa;
         a zări; a ținti

sign [sain] s semn n; marcă f; gest n; indiciu n; firmă f;
         simptom n; reclamă f; indicator n; vt a semna; a marca

signal ['signăl] s semnal n; semn n; indicator n; vt a semnala; a
         vesti; vi a semnaliza; adj atr remarcabil

signature ['signăciăr] s semnătură f, iscălitură f

significance [sig'nifikăns] s semnificație f; însemnătate f

silence ['sailăns] s liniște f; uitare f; vt a înăbuși; a face să tacă

silent ['sailănt] adj tăcut; rezervat; taciturn; reticent; s film n
         mut

silk [silk] s mătase f; adj atr mătăsos; de mătase

silly ['sili] adj neghiob; prost; nătîng; stupid; absurd; necugetat;
         s prost m, neghiob m

silver ['silvăr] s argint n; argintărie f; adj argintat; de argint;
         argintiu; vt a arginta; a încărunți; vi a albi

similar ['similăr] adj analog, asemănător; identic; similar; s
         obiect n asemănător

simmer ['simăr] vt a fierbe la foc mic; vi a clocoti; a fierbe la
foc mic; s fierbere f (la foc mic)

simple ['simpăl] adj simplu; uşor; modest; natural; cinstit; curat; sincer; primitiv; de rînd; naiv; elementar; inferior

simplify ['simpli,fai] vt a uşura; a simplifica

sin [sin] păcat n; ofensă f; crimă f; sacrilegiu n; vi a păcătui

since [sins] adv de atunci; prep de; de la; din; conj de cînd; din clipa (vremea) cînd; deoarece, întrucît, fiindcă

sincere [sin'siăr] adj sincer; credincios; cinstit; adevărat

sing, sang, sung [siŋ, sæŋ, saŋ] vt a cînta; a lăuda; a intona; vi a cînta; a ciripi; a susura; a ţîrîi; a şuiera

single ['siŋgăl] adj unic; separat; singur; celibatar; s bilet n simplu; vt a selecta; a distinge; a remarca

sinister ['sinistăr] adj din partea stîngă, stîng; funest; sinistru; dezastruos; cumplit

sink, sank, sunk, sunken [siŋk, sæŋk, saŋk, saŋkăn] vi a se afunda; a se scufunda; a se lăsa; a cădea; a coborî; a se nărui; a se potoli; a apune; a slăbi; vt a scufunda; a coborî; a apleca; a săpa; a achita; s chiuvetă f; cloacă f; canal n de scurgere

sip [sip] vt a înghiţi, a sorbi; s înghiţitură f

sir [să:r] s domnule m

sister ['sistăr] s soră f; infirmieră f; călugăriţă f

sister-in-law ['sistărin'lo:] s cumnată f

sit, sat, sat [sit, sæt, sæt] vi a şedea; a sta; a poza; a se potrivi; a se reuni; vt a aşeza; a rezema; a sta pe; vr a se aşeza

site [sait] s loc n; aşezare f; poziţie f

sitting-room ['sitiŋ,ru:m] s salonaş n; cameră f de zi

situation [,sitiu'eişăn] s aşezare f; situaţie f; serviciu n, slujbă f

six [siks] num şase

sixteen ['siks'ti:n] num şaisprezece n; format n; statură f; vt a sorta; a clasa; a potrivi

skate [skeit] s patină f; vi a patina

skeleton ['skelităn] s schelet n; schemă f; schiţă f; cadru n

skeptic ['skeptik] adj sceptic; neîncrezător; s sceptic m

ski [ski:] s schi n; vi a schia

skill [skil] s pricepere f; deprindere f; măiestrie f

skim [skim] vt a smîntîni; a răsfoi; a atinge uşor; a rasoli; vi a trece în zbor; a pluti

skin [skin] s piele f; crustă f; înveliş n; vi a se jupui; a se cicatriza; vt a jupui; a stoarce

skinny ['skini] adj slab; sărăcăcios

skip [skip] s salt n; vi a sări; a o întinde; a divaga; vt a omite; a sări (ceva)

skirt [skă:t] s fustă f; vt a evita; a ocoli; vi a fi la periferie

skull [skal] s ţeastă f, craniu n

sky [skai] s cer n; vt a ridica

skylark ['skai,la:k] s ciocîrlie f

skyscraper ['skai,skreipăr] s zgîrie-nori n

slab [slæb] s lespede f; dală f; tabletă f; bucată f; parte f; vt a pava; a acoperi cu dale

slacks [slæks] s pantaloni m pl largi

slam [slæm] vt a trînti; vi a se închide cu zgomot; s zgomot n; izbitură f

slang [slæŋ] s slang n; jargon n; argou n

slant [sla:nt] vi a se înclina; vt a înclina; a falsifica; s înclinare f; opinie f; tendinţă f, înclinaţie f

slap [slæp] vt a pălmui; s palmă f; insultă f; adv brusc; direct

slaughter ['slo:tăr] s masacru n, măcel n; tăiere f; vt a ucide; a măcelări; a tăia

Slav [sla:v] s, adj slav m

slave [sleiv] s sclav m; vi a munci ca un rob

sled [sled] s sanie f; tîrnăcop n; mai n; vt a duce cu sania; vi a merge cu sania

sleep, slept, slept [sli:p, slept, slept] vi a (a)dormi; a fi
      adormit; a hiberna; a lîncezi; vt a dormi; a adăposti; s
      somn n; somnolenţă f; hibernare f

sleepy ['sli:pi] adj somnoros; indolent; răscopt; apatic

sleeve [sli:v] s mînecă f; manşon n; vt a pune mîneci la

slender ['slendăr] adj zvelt; tăios; redus; slab

slice [slais] s felie f; parte f; vt a tăia felii

slick [slik] adj lucios; neted; isteţ; abil; rafinat; grozav; bine
      scris (dar superficial); adv direct; perfect; vt a aranja;
      vr a se găti

slide, slid, slid(den) [slaid, slid, 'slidăn] vi a (a)luneca; a se
      scurge; a se furişa; vt a furişa; s alunecare f; lamă f;
      pantă f

slight [slait] adj slab; uşor; fragil; subţire; superficial; vt a
      desconsidera; s neglijare f; desconsiderare f

slim [slim] adj zvelt; redus; slab; frugal; uşor; vi a slăbi

slimy ['slaimi] adj vîscos; noroios; murdar; slugarnic;
      dezgustător

slip [slip] vi a aluneca; a se deplasa; a se scurge; a se furişa; a
      se repezi; a se vîrî; a se surpa; a greşi; vt a scăpa din;
      a dezlega; s pas m greşit; greşeală f; gafă f; ghinion n;
      alunecare f; bileţel n; foaie f

slipper ['slipăr] s papuc m

slippery ['slipări] adj şiret; nesigur; alunecos

slit [slit] vt a despica; s crăpătură f; semn n; fantă f; fisură f;
      crestătură f

slogan ['slăugăn] s lozincă f; slogan n; motto n; deviză f

slope [slăup] s versant m; pantă f; taluz n; înclinare f; vi a se
      înclina; vt a înclina

slot [slot] s crăpătură f; crestătură f; tăietură f; fantă f; vt a
      cresta, a tăia

slovenly ['slavănli] adj neîngrijit, neglijent; murdar; adv
      neglijent

slow [slău] adj încet; leneş; agale; greoi; neglijent

slumber ['slambăr] s somn n; vi a dormi

sly [slai] adj viclean; glumeţ; ascuns; ironic; furiş

small [smo:l] adj mic; uşor; slab; puţin; sărac; redus; umil; subţire; modest; banal; meschin; jenat; josnic; adv mic; încet

smart [sma:t] adj usturător, dureros; rapid; aspru; vioi; isteţ; priceput; modern; şic; s usturime f; durere f acută; vi a ustura; a suferi; a înţepa

smash [smæş] vt a izbi; a pocni; a trînti; a sparge; a distruge; vi a se izbi; a se sparge; a eşua; s izbitură f; sfărîmare f; ciocnire f

smear [smiăr] vt a păta; a unge; a murdări; a defăima; s pată f; murdărie f; defăimare f

smell, smelt, smelt [smel, smelt, smelt] vt a mirosi; a simţi; a adulmeca; a presimţi; vi a mirosi; a adulmeca; a duhni; s miros n; duhoare f; mireasmă f

smile [smail] vi a zîmbi; vt a spune zîmbind; s zîmbet n

smog [smog] s (amestec de) fum n şi ceaţă f

smoke [smăuk] s fum n; ţigară f; vi a fumega; a fuma; vt a fuma; a bănui; a afuma

smoker ['smăukăr] s fumător m; vagon n pentru fumători

smooth [smu:δ] adj neted; lin; lucios; calm; plăcut; omogen; fluent; s netezire f; vt a netezi; a şlefui; a întinde; a linişti; a scuza; a uşura

smother ['smaδăr] s fum n des; vt a sufoca; a înăbuşi; a acoperi; a stinge; vi a se sufoca

smudge ['smagi] s murdărie f; pată f; mîzgălitură f; vt a păta, a murdări

smuggle ['smagăl] vt a face contrabandă cu; vi a face contrabandă; a fi contrabandist

snack [snæk] s gustare f; aperitiv n; înghiţitură f

snail [sneil] s melc m

snake [sneik] s şarpe m; viperă f; vt a încolăci

snap [snæp] s muşcătură f; clănţănit n; pocnet n; energie f; aperitiv n; fermoar n; adv brusc, deodată; vt a apuca; a ciocni; a frînge; a ţăcăni; a face un instantaneu; a pocni; vi a înşfăca; a plesni; a se frînge

snare [sneăr] s capcană f; laţ n; vt a prinde în capcană

snatch ['snæci] vt a înşfăca; a smulge; s înşfăcare f; fărîmă f; interval n scurt

sneak [sni:k] vt a duce pe furiş; a fura; vi a se furişa; a pîrî; s pîrîtor m; laş m

sneakers ['sni:kăz] s pl pantofi m pl de tenis; bascheţi m pl

sneeze [sni:z] s strănut(at) n; vi a strănuta

sniff [snif] vi a pufni; a smiorcăi; vt a aspira; a priza; a mirosi; a bănui; s miros n; prizare f; aspirare f

snob [snob] s snob m

snore [sno:r] vi a sforăi; s sforăit n

snout [snaut] s rît n; bot n

snow [snău] s zăpadă f; vi a ninge; vt a troieni; a înzăpezi

so [său] adv aşa/atît de; atît de mult etc; extrem de; foarte; astfel, aşa; în felul acesta; la fel, de asemenea; aşadar, deci; prin urmare; de aceea

soak [său] vt a uda (leoarcă); a îmbiba; a stoarce; vi a fi ud; a trage la măsea; s udare f

soap [său] s săpun n; linguşire f; vt a săpuni; a linguşi

soar [so:r] vi a zbura sus; a se înălţa; a pluti; a plana

sober ['săubăr] adj sobru; calm; moderat; treaz; vt a trezi; a dezmetici; vi a se trezi

soccer ['sokăr] s fotbal n

sociable ['săuşăbăl] adj intim; sociabil; s reuniune f

social ['săuşăl] adj social; sociabil; monden; public; s serată f; întrunire f

socialism ['săuşălizăm] s socialism n

society [să'saiăti] s societate f (mondenă); companie f

sock [sok] s şosetă f, ciorap m scurt

sofa ['săufă] s sofa f, divan n, canapea f

soft [soft] adj moale; fin; slab; blînd; delicat; plăcut; politicos; liniştit; milos; adv moale; încet; liniştit

soft drink ['soft,driŋk] s băutură f nealcoolică

soil [soil] vt a murdări; a păta; s pată f; corupţie f

soldier ['săulgiăr] s soldat m

sole [săul] s talpă f; pingea f

solemn [solăm] adj solemn; venerabil; sacru; festiv; serios

solid ['solid] adj solid; dens; compact; omogen; masiv; sigur; robust; tare; puternic; s solid n

solitary ['solitări] adj singur; izolat; retras; unic; depărtat; s solitar m

solitude ['solitiu:d] s izolare f; singurătate f

solo ['săulău] s solo n

solve [solv] vt a rezolva; a descifra; a dezlega

some [săm, sm, sam] adj ceva, cîtva, nişte, puţin; cîţiva; unii; pr ceva, cîtva; cîţiva, unii; adv vreo, cam; ceva, cîtva, întrucîtva

somebody ['sambădi] pr cineva; s cineva m, persoană f importantă

someday ['sam'dei] adv într-o (bună) zi

somehow ['samhau] adv cumva; oricum; pentru un motiv oarecare

someone ['samuan] pr, s v **somebody**

something ['samθiŋ] pr ceva; adv cam, întrucîtva, într-o oarecare măsură, puţin

sometimes ['sam,taimz] adv uneori, cîteodată; cînd şi cînd; din cînd în cînd

somewhere ['sam,ueăr] adv undeva; în jurul; într-un loc oarecare

son [san] s fiu m; copil m; fecior m

song [soŋ] s cîntec; ciripit n; melodie f; cînt n; cîntare f

son-in-law ['sanin'lo:] s ginere m

soon [su:n] adv curînd; îndată; devreme

soothing ['su:ðiŋ] adj alinător, liniştitor

sophisticated [sə'fisti,keitid] adj sofisticat; rafinat; versat;
    nenatural; complicat; experimentat
sore [so:r] adj dureros; suferind; inflamat; supărat; s rană f;
    punct n sensibil
sorrow ['sorău] s supărare f; necaz n; durere f; regret n; vi a-şi
    face griji; a fi trist; a plînge după
sorry ['sori] adj pred mîhnit; atr jalnic; mizer; amărît
sort [so:t] s fel n, gen n; sort n; caracter n; specie f; calitate f;
    vt a sorta; a alege
soul [săul] s suflet n; spirit n; energie f; simţire f
sound [saund] s sunet n; glas n; zgomot n; sens n; ton n; vi a
    (ră)suna; a părea; vt a suna; a exprima; a vesti; a
    rosti; a declara; a părea
soup [su:p] s supă f
sour [sauăr] adj acru; acid; posac; stătut; mlăştinos; sterp;
    supărăcios; vt a acri; a otrăvi; a irita; vi a se acri; a
    deveni posac
source [so:s] s sursă f; izvor n; origine f
south [sauθ] s sud n, miază-zi n; adj atr de/din sud
sovereignty ['sovrănti] s suveranitate f
sow, sowed, sown [său, săud, săun] vt a semăna; a însămînţa;
    a imprima; a sădi; vi a semăna
space [speis] s spaţiu n; cîmp n; domeniu n; loc n; aer n; gol
    n; răstimp n; atmosferă f; vt a rări; a spaţia
spacious ['speişăs] adj spaţios
spade [speid] s hîrleţ n; cazma f; lopată f; vt a săpa
spare [speăr] adj disponibil; de rezervă; liber; simplu; sobru;
    frugal; vt a cruţa; a scuti; a renunţa; a economisi; vi a
    fi econom; vr a se cruţa
spark [spa:k] s scînteie f; strop m; sclipire f; vi a scînteia
sparrow ['spærău] s vrabie f
spasm ['spæzăm] s spasm n; convulsie f; criză f

speak, spoke, spoken [spi:k, spăuk, 'spăukăn] vi a vorbi; a
    conversa; vt a spune; a enunţa; a exprima; a cunoaşte
    (o limbă)
speaker ['spi:kăr] s vorbitor m; crainic m; orator m; purtător
    m de cuvînt
special ['speşăl] adj special; deosebit; excepţional; aparte;
    urgent; formal; s ediţie f specială; tren n special
specialist ['speşălist] s expert m, specialist m
specialize ['speşă,laiz] vt a specializa; a specifica; a distinge; vi
    a se specializa
specialty ['speşălti] s specific n; specialitate f; înţelegere f;
    caracteristică f
specific [spi'sifik] adj tipic; specific; precis; concret
specimen ['spesimin] s specimen n; mostră f; exemplar n; tip n
spectacles ['spektăkălz] s pl ochelari m pl
spectator [spek'teităr] s spectator m; martor m
speech ['spi:ci] s vorbire f; limbă f; rostire f; discurs n;
    articulare f; conferinţă f
speed, sped, sped [spi:d, sped, sped] vt a accelera; a grăbi; a
    trimite; vi a goni; a se grăbi; s viteză f; grabă f;
    turaţie f
spell, spelt, spelt [spel, spelt, spelt] vt a ortografia; a însemna;
    vi a ortografia; a se scrie
spend, spent, spent [spend, spent, spent] vt a cheltui; a risipi;
    a termina; a petrece; vr a se epuiza; vi a cheltui; a se
    termina; a se uza
sphere [sfiăr] s sferă f; glob n; domeniu n; limită f; astru m;
    competenţă f; specialitate f
spice [spais] s condiment n; gust n; savoare f; spirit n; vt a
    condimenta
spicy ['spaisi] adj picant; condimentat; piperat; echivoc;
    arţăgos; irascibil; fără perdea
spider ['spaidăr] s păianjen m

spill, spilt, spilt [spil, spilt, spilt] vt a vărsa; a răsturna; a
    arunca; vi a vărsa; a se împrăştia; s pată f

spin, spun, spun [spin, span, span] vt a toarce; a depăna; a
    răsuci; a învîrti; a ţese; a dansa; vi a toarce; a depăna;
    a se învîrti; s răsucire f

spinach ['spinigi] s spanac n

spine [spain] s şira f spinării; ghimpe m; miez n; esenţă f

spirit ['spirit] s spirit n; suflet n; minte f; intelect n; geniu n;
    cuget n; demon m; fire f; energie f; alcool n; sens n
    real; tendinţă f; spiriduş m; vt a încuraja; a înflăcăra

spiritual ['spiriciuăl] adj spiritual; transcendental; sacru;
    intelectual; sufletesc; s cîntec n religios popular

spit, spat, spat [spit, spæt, spæt] vi a scuipa; a ploua slab; vt a
    scuipa; s scuipat n; expectorare f; ploiţă f

spiteful ['spaitful] adj duşmănos; ciudos

splash [splæş] vt a împroşca; a murdări; a presăra; a vărsa; a
    bălăci; a împodobi; vi a ţîşni; a stropi; a se împroşca;
    a se murdări; a pleoscăi; s stropire f; strop m;
    pleoscăit n; pată f

splendid ['splendid] adj superb; splendid; strălucitor

splinter ['splintăr] s aşchie f; surcea f; vt a sparge; vi a se
    despica; a aşchia; a crăpa

split, split, split split, split, split] vt a despica; a rupe; a
    sfărîma; a dezbina; vi a crăpa; a se sfărîma; a se
    scinda; a da greş; s crăpare f; rupere f; fisură f;
    sciziune f; sfărîmare f

spoil, spoilt, spoilt [spoil, spoilt, spoilt] vt a strica; a distruge;
    a răsfăţa; vi a se strica; a se învechi; s trofeu n; pradă
    f; jertfă f; premiu n

sponge ['spangi] s burete m; curăţare f; parazit m; beţiv m; vt
    a spăla cu buretele; a absorbi; a da uitării; vi a se
    îmbiba; a absorbi

sponsor ['sponsăr] s naş m/naşă f; sponsor m; iniţiator m;
    garant m; vt a iniţia; a patrona; a garanta; a finanţa

spontaneous [spon'teiniăs] adj spontan; firesc; direct; reflex

spool [spu:l] s mosor n; bobină f; vt a înfășura, a bobina

spoon [spu:n] s lingură f; vt a lua cu lingura; a scobi

sporadic [spă'rædik] adj rar; sporadic; izolat

sport [spo:t] s distracție f; pl sport n; sportiv m; vt a expune;
vi a face sport; a glumi; a juca; a petrece

spot [spot] s loc n; pată f; semn n; urmă f; colț n; strop n;
localitate f; vt a păta; a murdări; a înjosi; a distinge; vi
a păta; a se murdări

spouse [spaus] s soț m, soție f; mire m, mireasă f

spout [spaut] s burlan n; canal n de scurgere; trombă f; jgheab
n; țîșnire f; vt a împroșca; a scuipa; a vărsa; a recita;
vi a țîșni; a gîlgîi; a perora

sprain [sprein] vt a suci; a luxa; s scrîntire f, luxație f

spray [sprei] stropi m pl; lichid n pulverizat; ceață f;
pulverizator n; vt a stropi; a pulveriza; vi a se
pulveriza

spread, spread, spread [spred, spred, spred] vt întinde; a
aşterne; a desfășura; a exala; a presăra; a difuza; a
extinde; vi a se întinde; a se difuza; a se împrăștia; s
anvergură f; difuzare f; desfacere f; față f de masă;
cuvertură f

spring, sprang, sprung [spriŋ, spræŋ, spraŋ] vi a sări; a se
ivi; a țîșni; a răsări; a crăpa; a izvorî; vt a exploda; s
resort n; salt n; izvor n; cauză f; elasticitate f

sprinkle ['spriŋkăl] vt a stropi; a pulveriza; a risipi; a presăra;
vi a stropi; a se cerne; a bura; s burniță f; stropitură f

sprint [sprint] s sprint n; finiș n; vi a fugi

spruce [spru:s] adj îngrijit; afectat; elegant; vt a dichisi; vi a se
dichisi

spy [spai] s spion m; spionaj n; vi a spiona; a zări; a cerceta; a
descoperi

squander ['squondăr] vt a cheltui; a pierde; a risipi; s risipă f

square [squeăr] s pătrat n; scuar n; cvartal n; vt a pune în
    ordine; a achita; a îndoi; a potrivi; adj lat; solid; egal;
    potrivit; (la) pătrat; onest

squeak [skui:k] vi a chiţăi; a ţipa; a scîrţii; a scheuna; a fi
    turnător; s scîrţiit n; cîrîit n; ţipăt n

squeeze [skui:z] vt a apăsa; a smulge; a stoarce; a sili; a
    frămînta; a vîrî; a furişa; vi a se stoarce; a răzbate; s
    apăsare f; presiune f; smulgere f; şantaj n; îmbulzeală
    f

squirrel ['skuirăl] s veveriţă f

squirt [skuă:t] vt a împroşca; a pulveriza; a ţîşni; s jet n;
    izbucnire f; seringă f

stab [stæb] vt a înjunghia; a tăia; a înfige; vi a răni cu; vr a se
    înjunghia; s lovitură f; durere f; junghi n

stability [stă'biliti] s tărie f; stabilitate f; soliditate f

stable ['steibăl] adj stabil; solid; constant; durabil

stack [stæk] s stog n; claie f; morman n; grămadă f; potop n;
    vt a stivui; a măslui cărţile

stadium ['steidiăm] s stadion n; teren n de sport

staff [sta:f] s personal n; conducere f; stat n major

stage ['steigi] s scenă f; podium n; estradă f; tribună f; arenă f;
    fază f; haltă f; stagiu n; vt a monta; a plănui; a juca;
    vi a se juca

stagnant ['stægnănt] adj inert; stătător

stain [stein] s pată f; ocară f; murdărie f; strop n; vt a păta; a
    pîngări

stair [steăr] s treaptă f; pl scară f, scări f pl

staircase ['steă,keis] s scară f, casa f scării

stake [steik] s par m; ţăruş m; stîlp m; jalon n; miză f; pl
    premiu n; vt a jalona; a bate pari; a miza; a risca;

stale [steil] adj rînced; vechi; perimat; răsuflat; vi a se învechi;
    a se strica

stall [sto:l] s grajd n; stand n; tarabă f; stal n; adăpost n; vt a
    opri; a îngloda; vi a se bloca; a se îngloda

---

stand, stood, stood [stænd, stu:d, stu:d] vi a sta (în picioare); a se afla; a se opri; a rămîne; a se ridica; a rezista; vt a rezema; a aşeza drept; a se opune; a suporta; a face cinste; s pauză f; poziţie f; ţinută f; opoziţie f; suport n; raft n; cuier n; stagnare f; tribună f; stand n

standard ['stændăd] s steag n; standard n; tip n; criteriu n; grad n; regulă f; consolă f; adj etalon; normal; exemplar; clasic; excelent

star [sta:] s stea f; planetă f; noroc n; soartă f; star n; vt a străluci; a fi star

starch ['sta:ci] s amidon n; formalism n; vt a scrobi

start [sta:t] vi a tresări; a sări; a începe; a pleca; vt a speria; a stîrni; a începe; a porni; a desface; a lansa; a fonda; s salt n; tresărire f; debut n; avans n; pornire f

starve [sta:v] vi a fi lihnit; vt a înfometa

state [steit] s stat n; situaţie f; stare f; ceremonie f; pompă f; formă f; specific n; vt a fixa; a afirma; a expune; a specifica

statement ['steitmănt] s afirmaţie f; formulare f; expunere f; relatare f

station ['steişăn] s gară f; staţi(un)e f; rang n; post n; condiţie f; poziţie f socială; postură f; imobilitate f; vt a posta; a aşeza

stationary ['steişănări] adj staţionar; imobil

stationery ['steişănări] s papetărie f

statue ['stætiu:] s statuie f

stay [stei] vi a sta; a locui; a continua; a rămîne; a dura; a se opri; a aştepta; vt a opri; a reţine; a aplana; a amîna; a preveni; s şedere f; oprire f; obstacol n; vizită f; amînare f; ajutor n; prudenţă f

steady [stedi] adj ferm; sigur; constant; regulat; stabil; vt a stabiliza; a întări; a calma; a sprijini; s suport n; iubit m, iubită f; logodnic(ă) m, f

steak [steik] s biftec n; felie f; cotlet n; antricot n

steal, stole, stolen [sti:l, stăul, 'stăulăn] vt a fura; a răpi; a
    delapida; a cuceri; vi a fura; a se furişa; s ciordit n;
    şarlatanie f; chilipir n

steam [sti:m] s vapori n pl; putere f; avînt n; vi a se evapora; a
    aburi; a fumega; vt a aburi

steamer ['sti:măr] s vapor n

steel [sti:l] s oţel n; spadă f, sabie f; amnar n; vt a oţeli

steep [sti:p] adj prăpăstios; abrupt; extrem; exagerat; s
    prăpastie f

steer [stiăr] vt a conduce; a dirija; a pilota; a cîrmi; a însoţi; vi
    a conduce

steering wheel ['stiăriŋ,ui:l] s volan n; timonă f, cîrmă f

stem [stem] s tulpină f; lujer n; trunchi n; suport n; coadă f;
    gen n; ramură f; neam n

step [step] s pas m; urmă f; drum n; acţiune f; măsură f; prag
    n; treaptă f; vt a călca; a dansa; vi a păşi; a merge; a
    se plimba; a veni/a se duce

step-father ['step,fa:ðăr] s tată m vitreg

step-mother ['step,maðăr] s mamă f vitregă

sterile ['sterail] adj steril; sărac; searbăd; plat; gol

stew [stiu:] vt a găti înăbuşit; a face compot; vi a frige/a fierbe
    înăbuşit; a se încălzi; s tocană f; agitaţie f

stick, stuck, stuck [stik, stak, stak] vt a înfige; a vîrî; a tăia; a
    înţepa; a lipi; a îndura; a aplica; a învinge; vi a se
    prinde; a se lipi; a rămîne; a se bloca; a stărui; s băţ
    n; par m; baston n; lipire f; ghiont n; lovitură f

sticky ['stiki] adj lipicios; vîscos; adeziv; ceţos; umed

stiff [stif] adj ţeapăn; aspru; fixat; compact; greu; rece; formal;
    s cadavru n; prost m

still [stil] adj calm; tăcut; blînd; rezervat; încet; s pace f; linişte
    f; tăcere f; cadru n; vt a linişti; a amuţi

stimulate ['stimiu,leit] vt a stimula; a îndemna; a excita; vi a
    stimula

sting [stiŋ] vt a înţepa; a răni; a împunge; a îndemna; vi a
        înţepa; a durea; a răni; s ac n; înţepătură f; usturime f;
        provocare f; îndemn n

stingy ['stingi] adj zgîrcit; rar; sărac; insuficient; puţin

stink, stank, stunk [stiŋk, stæŋk, staŋk] vi a mirosi urît; a
        avea o proastă reputaţie; s duhoare f, miros n greu

stir [stă:] vt a agita; a trezi; a deranja; a urni; a stîrni; a
        încuraja; vi a se clinti; a se trezi; a ieşi la iveală; s
        agitaţie f; vîlvă f

stitch ['stici] s cusătură f; fir n; junghi n; vt a coase; a tigheli;
        a broda; vi a coase

stock [stok] s trunchi n; butuc n; tulpină f; neam n; strămoş m;
        capital n; stoc n; vite f pl; vt a furniza; a culege; a
        aduna; a spori; vi a înmuguri

stocking ['stokiŋ] s ciorap m

stomach ['stamăk] s stomac n; abdomen n; dispoziţie f; chef n;
        vt a suporta, a răbda

stone [stăun] s piatră f; dală f; prundiş n; nestemată f; calcul
        m; grindină f; sîmbure m; vt a lapida; a pietrui

stool [stu:l] s scaun n; taburet n; trunchi n; butaş m

stop [stop] vt a opri; a sfîrşi; a închide; a astupa; a bloca; a
        reţine; vi a se opri; a se sfîrşi; a zăbovi; s oprire f;
        sfîrşit n; piedică f; pauză f; şedere f

store [sto:r] s rezervă f; belşug n; provizie f; depozit n; sursă
        f; tezaur n; magazin n; vt a aproviziona; a aduna

storm [sto:m] s furtună f; zbucium n; izbucnire f; vt a ataca; a
        asalta; vi a se dezlănţui; a năvăli

story ['stori] s poveste f; istorie f; relatare f; vorbă f; zvon n;
        biografie f; temă f; minciună f; vt, vi a povesti

stove [stăuv] s sobă f; cuptor n; plită f; seră f; vt a pune în
        seră; a dezinfecta

straight [streit] adj direct; drept; corect; precis; exact; sigur;
        sincer; adv direct; precis; sincer, cinstit

strain [strein] vt a încorda; a forţa; a apăsa; a strînge; a cerne; a încălca; a exagera; vi a se încorda; a se forţa; a se cerne; s tensiune f; cernere f; surmenaj n; luxaţie f; efort n

strand [strænd] s şuviţă f; fir n; trăsătură f; vt a răsuci

strange ['streingi] adj străin; neobişnuit; straniu; nou; bizar

stranger ['streingiăr] s străin m, necunoscut m

strangle ['stræŋgăl] vt a gîtui; a înăbuşi; a strînge; a reprima; vi a se sufoca

strap [stræp] s curea f; cordon n; chingă f; ştreang n; vt a bate cu cureaua

strategy ['strætigi] s tactică f; strategie f; uneltiri f pl

straw [stro:] s pai n

strawberry ['stro:bări] s căpşun m; căpşună f; frag m; fragă f

stray [strei] vi a se rătăci; a hoinări; a se abate; s animal n rătăcit; copil m rătăcit

streak [stri:k] s linie f; dungă f; înclinaţie f; fîşie f; vt a linia; a dunga; vi a alerga

stream [stri:m] s şuvoi n; rîu n; torent n; curs n de apă; curent n; nivel n; vt a emana; a răspîndi; a radia; vi a curge; a izvorî; a se răspîndi

street [stri:t] s stradă f

strength [streŋΘ] s putere f; rezistenţă f; reazem n; efectiv n; trăinicie f; forţă f

stress [stres] s încordare f; tensiune f; forţă f; efort n; apăsare f; accent n; vt a apăsa; a accentua; a solicita

stretch ['streci] vt a întinde; a lărgi; a încorda; a forţa; a doborî; a depăşi; a denatura; vi a se întinde; a se mări; s întindere f; efort n; zonă f; spaţiu n; durată f; abuz n

strike, struck, struck [straik, strak, strak] vt a lovi; a bate; a izbi; a găsi; a frapa; a reuşi; a suna (ora); a încheia; vi a lovi; a bate; a face grevă; s grevă f; noroc n

string [striŋ] s sfoară f; şnur n; şiret n; coardă f; rînd n; şirag n; **strung, strung** [straŋ, straŋ] vt a încorda; a lega; a excita; a păcăli

strip [strip] vt a dezbrăca; a jupui; a priva; a înlătura; a goli; vi a se despuia; a se coji; s bandă f; fîşie f; pistă f; panglică f; nimicire f

striped [straipt] adj vărgat, dungat

strive, strove, striven [straiv, străuv, 'strivan] vi a năzui; a se strădui; a se lupta

stroke [străuk] s lovitură f; idee f; mişcare f; mîngîiere f; bătaie f; vt a mîngîia

stroll [străul] vi a cutreiera; vt a străbate; s hoinăreală f; plimbare f

strong [stroŋ] adj puternic; viguros; vînjos; robust; iute; intens; drastic; înţepător

structure ['strakciăr] s structură f; construcţie f; edificiu n; organizare f

struggle ['stragăl] vi a (se) lupta; a se zbate; a răzbi; s luptă f; conflict n; competiţie f; concurenţa f; sforţare f

stubborn ['stabăn] adj aspru; încăpăţînat; refractar

student ['stiu:dănt] s student m; elev m; savant m

studious ['stiu:diăs] adj studios; chibzuit; silitor; afectat

study ['stadi] s studiu n; ţintă f; efort n; rîvnă f; birou n; eseu n; vt a studia; a urmări; a observa; a plănui; vi a studia

stuff [staf] s material n; stofă f; marfă f; ţesătură f; prostii f pl; vt a înţesa; a vîrî; a împăna; a împăia

stumble ['stambăl] vi a se împiedica; a greşi; a se bîlbîi; a păcătui; s poticnire f; obstacol n; greşeală f

stun [stan] vt a buimăci, a năuci; a ului; a orbi; a şoca; a copleşi

stupid ['stiu:pid] adj stupid; prost; idiot; prostesc; s idiot m, tîmpit m

stupidity [stiu:'piditi] s stupiditate f, prostie f

sturdy ['stă:di] adj robust, voinic; ferm, hotărît

style [stail] s stil n; ac n; ascuţiş n; arătător n; mod n; gen n; modă f; model n; şic n; vt a denumi; a porecli; a numi

subdue [săb'diu:] vt a supune; a cuceri; a îmblînzi; a slăbi

subject ['sabgikt] adj supus; cucerit; s supus m; subiect n; materie f; individ m; pacient m; motiv n; [săb'gekt] vt a supune; a cuceri

submarine ['sabmă,ri:n] s submarin n; adj submarin

submit [săb'mit] vt a supune spre; a susţine; a propune; vi a se supune; a ceda

subscribe [săb'skraib] vt a subscrie; a favoriza; a sprijini; vi a subscrie; a fi de acord cu; a consimţi să

subsidiary [săb'sidiări] adj auxiliar, subsidiar; s ajutor n; filială f

subsidize ['sabsi,daiz] vt a subvenţiona

substance ['sabstăns] s esenţă f; substanţă f; materie f; fond n; realitate f

substantial [săb'stænşăl] adj substanţial, material; solid; hrănitor; important; avut

substitute ['sabsti,tiu:t] vt a substitui; a înlocui; s surogat n; înlocuitor m; înlocuire f

subtle ['satăl] adj subtil, fin; ingenios; delicat; dibaci; rafinat

subtract [săb'trækt] vt, vi a scădea

suburb ['sabă:b] s suburbie f; pl margine f

subway ['sab,uei] s metrou n; pasaj n subteran; tunel n

succeed [săk'si:d] vi a urma, a succeda; a reuşi; vt a succeda

success [săk'ses] s succes n

successful [săk'sesful] adj reuşit; prosper; înfloritor

such ['saci] adj aşa, atare; asemenea; asemănător; cutare; adv aşa de; pr acesta, aceasta, aceştia, acestea

suck [sak] vt a suge; a sorbi; a absorbi; vi a suge; a aspira; a absorbi; s sugere f, supt n; absorbire f; aspirare f

sudden ['sadăn] adj brusc; subit; impetuos; iute

suddenly ['sadănli] adv brusc, deodată

sue [su:] vt a cere; a intenta proces; a apela la; vi a intenta
    proces

suffer ['safăr] vt a suferi; a îndura; a permite; vi a suferi; a fi
    omorît

sufficient [să'fişănt] adj suficient; mulţumitor

suffocate ['safă,keit] vt a sufoca; a stinge; a asfixia; vi a se
    sufoca

sugar ['şugăr] s zahăr n; linguşire f; vt a îndulci; a presăra cu
    zahăr; vi a se zaharisi

suggest [să'gest] vt a sugera; a insinua; a inspira; vr a se
    impune; a-i trece prin minte

suggestion [să'gesciăn] s sugestie f; sfat n; îndemn n; aluzie f;
    ispită f; idee f; urmă f

suicide ['su:i,said] s sinucidere f; sinucigaş m

suit [su:t] s costum n; proces n; cerere f; curte f; vt a conveni;
    a i se potrivi; vr a face cum vrea; vi a se potrivi; a
    conveni

suitable ['su:tăbăl] adj potrivit; convenabil; adecvat

suitcase ['su:t,keis] s valiză f, geamantan n

sum [sam] s sumă f; esenţă f; fond n; rezultat n; vt a calcula; a
    rezuma

summary ['samări] adj sumar; concis; s conspect n; rezumat n;
    recapitulare f; expunere f

summer ['samăr] s vară f; înflorire f; adj atr văratic

summer resort ['samă ri'zo:t] s staţiune f (climaterică) de vară

summer school ['samă,sku:l] s cursuri n pl de vară

summon ['samăn] vt a cita; a soma; a convoca; a invita

sun [san] s soare m; zi f; vară f; lumina f soarelui; vt a usca la
    soare; a face baie de soare; vi a străluci; a face baie de
    soare

Sunday 'sandi] s duminică f

sunny ['sani] adj însorit; voios; optimist; fericit

sunrise ['san,raiz] s răsărit n de soare; răsărit n

sunset ['san,set] s apus n de soare; amurg n; declin n

sunshine ['san,şain] s lumina f soarelui; fericire f; spor n

superb [su'pă:b] adj superb; luxos; somptuos; impunător

superficial [,su:pă'fişăl] adj superficial; artificial

superior [su:'piăriăr] adj superior; excelent; încrezut; arogant;
   s superior m; director m; comandant m; şef m; abate
   m

superstition [,supă'stişăn] s superstiţie f

supervise ['su:pă,vaiz] vt a supraveghea; a conduce

supper ['sapăr] s cină f

supple ['sapăl] adj suplu; iute; supus; docil; acomodabil

supply [să'plai] vt a furniza; a aproviziona; a procura; a livra;
   a înlocui; a alimenta; s furnizare f; aprovizionare f;
   livrare f; procurare f; stoc n

support [să'po:t] vt a susţine; a ajuta; a tolera; a confirma; s
   sprijin n; susţinător m

suppose [să'păuz] vt a socoti, a presupune; a crede; a bănui; a
   implica; a trebui să

suppress [să'pres] vt a curma; a înăbuşi; a interzice; a ascunde;
   a reţine

supreme [su'pri:m] adj suprem; extrem; ultim; fatal

sure [şuăr] adj pred sigur; negreşit; adj atr cert; adv sigur,
   desigur

surf [să:f] s val n; surf n

surface ['să:fis] s suprafaţă f; aparenţă f; zonă f; arie f; vt a
   lustrui; a pietrui; vi a ieşi la suprafaţă

surgery ['să:giări] s chirurgie f; sală f de operaţii; cabinet n
   medical

surname ['să:,neim] s nume n de familie; poreclă f; vt a da un
   nume de familie; a porecli

surpass [să:'pa:s] vt a depăşi; a fi superior

surplus ['să:plăs] s surplus n; adj excedentar

surprise [să'praiz] s surpriză f; uimire f; cadou n; vt a mira; a
   surprinde

516

surrender [să'rendar] vt a ceda; a preda; a părăsi; a pierde; vi a capitula; s capitulare f; abdicare f

surround [să'raund] vt a înconjura; a îngrădi

surroundings [să'raundiŋz] s pl împrejurimi f pl; ambianţă f; anturaj n; mediu n

survive [să'vaiv] vi, vt a supravieţui

suspect [să'spekt] vt a suspecta; a crede; a simţi; a se îndoi de; a adulmeca; vi a fi bănuitor; ['saspekt] s suspect; adj bănuit; suspect

suspense [să'spens] s suspensie f; aşteptare f; încordare f; nehotărîre f; nesiguranţă f

suspicion [să'spişăn] s suspiciune f; neîncredere f; presupunere f; umbră f; urmă f

suspicious [să'spişăs] adj bănuitor; dubios; neîncrezător

sustain [să'stein] vt a propti; a susţine; a îndura; a menţine; a juca; a rezista la; a întări

swallow ['suolău] vt a înghiţi; a-şi stăpîni; a sorbi; s gîtlej n; sorbitură f

swamp [suomp] s mlaştină f; vt a scufunda; a doborî; a inunda; vi a se scufunda; a se prăbuşi

swampy ['suompi] adj mlăştinos, mocirlos

swan [suon] s lebădă f

swap [suop] s troc n; schimb n; vt a face troc cu; a schimba; vi a face schimb

swarm [suo:m] s roi n; mulţime f; furnicar n; vi a roi; a se înghesui; a mişuna; vt a ticsi

swarthy ['suo:ði] adj brunet

swathe [sueið] s legătură f; bandaj n; vt a bandaja; a înconjura

sway [suei] vt a legăna; a influenţa; a mînui; a conduce; vi a se legăna; a ezita; a se înclina; s legănare f; domnie f

swear, swore, sworn [sueăr, suo:r, suo:n] vi a jura; a înjura; vt a (se) jura; a presta jurămînt; a declara

sweat [suet] s sudoare f; corvoadă f; vi a transpira; a trudi; vt a asuda; a exsuda

sweep, swept, swept [sui:p, suept, suept] vt a mătura; a duce; a străbate; a şterge; vi a mătura; a năvăli; a goni; a zbura; s măturare f; rotire f; coşar m; cuprins n; trăsătură f

sweet [sui:t] adj dulce; suav; afabil; melodios; parfumat; proaspăt; s dulceaţă f; pl dulciuri n pl; bomboană f

sweetheart ['sui:t,ha:t] s iubită f, iubit m

swell, swelled, swelled/swollen [suel, sueld, sueld/'suăulăn] vt a umfla; vi a se umfla; a creşte; a se mări; s umflare f; hulă f; intensificare f; tip m elegant; adj dichisit; grozav

swift [suift] adj repede; grăbit; adv iute, repede

swim, swam, swum [suim, suæm, suam] vi a înota; a se scălda; a pluti; a avea vertij; vt a trece înot; a inunda; s înot n; scaldă f; tumult n; vîrtej n

swimming pool ['suimiŋ,pu:l] s bazin n de înot, ştrand n

swim suit ['suim,su:t] s costum n de baie

swine [suain] s porc m

swing, swung/swang, swung [suiŋ, suaŋ/suæŋ, suaŋ] vi a se legăna; a se clătina; a oscila; a se roti; a fi spînzurat; vt a legăna; a roti; a spînzura; a se bălăbăni; a răsuci; a agita; s legănare f; leagăn n; şvung n

switch ['suici] s nuia f; băţ n; baston n; comutator n; vt a lovi; a scutura; a manevra; a agita; vi a schimba viteza

swop [suop] vt a schimba; s troc n, schimb n

sword [so:d] s sabie f; spadă f; lamă f

symbol ['simbăl] s simbol n; emblemă f; semn n

sympathy ['simpăθi] s milă f; compasiune f; atracţie f; simpatie f; condoleanţe f pl

symptom ['simptăm] s simptom n; indiciu n, semn n

synagogue ['sină,gog] s sinagogă f

synonym ['sinănim] s sinonim n

synthetic [sin'θetik] adj sintetic; artificial

system ['sistăm] s sistem n; regim n; metodă f; reţea f

systematic [,sisti'mætik] adj metodic, sistematic

table ['teibăl] s masă f; tabel n; mîncare f; tarif n; tablou n;
    podiş n; indicator n; placă f; vt a înscrie; a depune
tablecloth ['teibăl,kloΘ] s faţă f de masă
tablespoon ['teibăl,spu:n] s lingură f de supă
tablet ['tæblit] s tăbliţă f; tabletă f; carnet n de note
tackle ['tækăl] s sculă f; instrument n; vt a fixa; a aborda; a
    ataca; a placa
tactful ['tæktful] adj cu tact, plin de tact, abil
tag [tæg] s capăt n; gaică f; etichetă f; refren n; aforism n;
    epilog n; înfloritură f; vt a adăuga; a fi pe urmele
tail [teil] s coadă f; suită f; revers n; vt a urmări pas cu pas; a
    adăuga; a ataşa
tailor ['teilăr] s croitor m; vt a croi; vi a face croitorie
take, took, taken [teik, tuk, 'teikăn] vt a lua; a apuca; a
    scoate; a împrumuta; a duce; a susţine; a pricepe; a
    primi; a mînca; a încasa; a porni pe; a necesita; vi a
    reuşi; a avea efect; a se întinde
tale [teil] s poveste f; basm n; legendă f; nuvelă f; zvon n;
    bîrfă f; născocire f
talent ['tælănt] s talent n; aptitudine f; dar n
talk [to:k] vi a vorbi; a discuta; a exprima; a bîrfi; vt a vorbi;
    a discuta; s discuţie f; vorbire f; conferinţă f; vorbărie
    f
tame [teim] adj îmblînzit; slab; supus; cultivat; banal;
    inofensiv; vt a îmblînzi; a potoli; a dresa; vi a se
    îmblînzi
tan [tæn] s scoarţă f; tanant m; culoare f cafenie; vt a tăbăci; vi
    a se bronza
tangerine [,tængiăr'i:n] s mandarină f

tangle ['tæŋgăl] s încurcătură f; dezordine f; ceartă f; blocare f
    a traficului; vt a încurca; a complica; a amesteca; vi a
    se încîlci

tank [tæŋk] s cisternă f; tanc n; bazin n; rezervor n

tap [tæp] s robinet n; vt a găuri; a scoate; a capta; a străpunge;
    a intercepta

tape [teip] s panglică f; fîşie f; ruletă f; bandă f (de
    magnetofon); vt a lega cu şnur etc; a măsura; a repera;
    a tivi

tape recorder ['teip ri'ko:dăr] s magnetofon n

tapestry [tæpistri] s tapiserie f; vt a tapisa, a decora

target ['ta:ghit] s ţintă f; ţel n; normă f; sarcină f

tarnish ['ta:niş] vt a păta; a defăima; vi a-şi pierde luciul; s
    pată f

tart [ta:t] adj acru; picant; caustic; rigid; muşcător

task [ta:sk] s sarcină f; corvoadă f; pedeapsă f; vt a da de
    lucru; a testa; a solicita; a chinui

taste [teist] s gust n; aromă f; savoare f; urmă f; fineţe f;
    preferinţă f; probă f; vt a (de)gusta; a savura; a
    consuma; vi a avea gust

tasty ['teisti] adj savuros; cu bun gust; şic

tax [tæks] s impozit n; taxă f; solicitare f; tensiune f; vt a taxa;
    a solicita; a chinui

taxi ['tæksi] s taxi(metru) n; vi a merge cu taxiul; a rula pe sol

tea [ti:] s ceai n; infuzie f; vi a bea ceai; vt a trata cu ceai

teach, taught, taught ['ti:ci, to:t, to:t] vt a preda; a instrui; a
    da o lecţie; a deprinde; vi a preda; a fi instructiv

teacher ['ti:ciăr] s profesor m de liceu; învăţător m; pedagog
    m; institutor m

teapot ['ti:,pot] s ceainic n

tear, tore, torn [teăr, to:r, to:n] vt a sfîşia; a smulge; a
    despărţi; a distruge; vi a se uza; a se rupe; a trage; s
    uzură f; defect n; elan n; agitaţie f

tease [ti:z] vt a dărăci; a tapa; a scărmăna; a tachina; a hărțui; s sîcîitor m; vampă f

technique [tek'ni:k] s tehnică f, tehnologie f

tedious ['ti:diăs] adj anost, plicticos; încet; dificil; obositor

teenager ['ti:n,eigiăr] s adolescent m; adolescentă f; tinerel m; tinerică f

telephone ['teli,făun] s telefon n; vi, vt a telefona

television ['teli,vijăn] s televiziune f; televizor n

tell, told, told [tel, tăuld, tăuld] vt a spune; a exprima; a relata; a prezenta; a anunța; a arăta; a discerne; a prevedea; a invita; a dezvălui; vi a spune; a povesti; a avea efect

temper ['tempăr] s caracter n; dispoziție f; furie f; calm n; vt a calma; a alina; vi a se tempera

temperature ['tempriciăr] s temperatură f, căldură f

temple ['tempăl] s templu n

temporary ['tempărări] adj temporar; trecător

tempt [tempt] vt a ademeni; a provoca; a seduce

temptation [temp'teișăn] s tentație f; seducere f

tempting ['temptiŋ] adj tentant; atractiv; seducător

ten [ten] num zece; s nota f zece

tenant ['tenănt] s arendaș m; chiriaș m; vt a închiria

tend [tend] vt a îngriji; a sluji; a dirija; a-i păsa de

tendency ['tendănsi] s tendință f; scop n; efect n

tender ['tendăr] vt a oferi; a furniza; a propune; a întinde; a înmîna; a decerna; a produce; s ofertă f; propunere f

tennis ['tenis] s tenis n

tense [tens] adj încordat; agitat, iritat

tension ['tenșăn] s încordare f; agitație f

tent [tent] s cort n; umbrar n; șopron n; vi a campa

term [tă:m] s termen n; durată f; dată f; trimestru n; sfîrșit n; pl clauze f pl; vt a numi; vr a se intitula

terminal ['tă:minăl] adj fatal; terminal; definitiv; final; s capăt n; terminal n; aerogară f

terminate ['tă:mi,neit] vt a sfîrşi; a limita; a întrerupe; vi a se
    termina

terrible ['teribăl] adj enorm; teribil; aspru; formidabil

terrific [tă'rifik] adj grozav; teribil; oribil; colosal

terrify ['terifai] vt a speria, a îngrozi, a înspăimînta

territory ['teritări] s sferă f; teritoriu n; posesiune f

terror ['terăr] s teroare f; groază f; tip m insuportabil; drac m
    de copil

test [test] s probă f; examen n; control n; analiză f; test n; vt a
    proba; a verifica; a analiza; a controla; vi a face
    analize

testify ['testifai] vt a atesta; a susţine; vi a depune mărturie

testimony ['testimăni] s depoziţie f; atestat n; protest n;
    manifestare f

texture ['teksciăr] s ţesătură f; desime f; structură f

than [ðăn, ðæn] conj decît, ca

thank [Өæŋk] s recunoştinţă f; vt a mulţumi; a fi recunoscător

thank you [Өæŋk iu:] (îţi/vă) mulţumesc

thank you very much [Өæŋk iu: 'veri 'maci] (îţi/vă)
    mulţumesc foarte mult

that [ðæt] pr acela/aceea; ăla; aia; aceasta, asta; primul
    pomenit; adj acela, ace(e)a, ăla, aia; [ðăt] pr relativ
    care; în care; pe care; conj încît; ca, pentru ca; fără ca

thaw [Өo:] vi a se dezgheţa; a se dizolva; a se încălzi; s
    dezgheţ n; dizolvare f

the [ðă, ði(:)] art hot -- lamp lampa; -- nose nasul; adv cu
    cît...cu atît

theater [Өiătăr] s teatru n; sală f de cinema; amfiteatru n

theft [Өeft] s furt n; hoţie f

their [ðăr, ðeăr] adj pos lor

theme [Өi:m] s temă f; subiect n; eseu n; compoziţie
f; motiv n; radical n; lucrare f

then [ðen] adv atunci; apoi, după aceea; pe atunci; la urma urmei; pe lîngă asta; conj în acest caz; aşadar, deci; pe de altă parte

there [ðeăr] adv acolo; aici; interj ei! ajunge!; iată, uite

therefore ['ðeă,fo:r] adv conj de aceea; aşadar, deci; astfel

thermometer [Өă'momităr] s termometru n

these [ði:z] pr pl de la **this**

they [ðei] pr personal ei; ele; impersonal se

thick [Өik] adj gros; dens; adînc; vîscos; murdar; excesiv; lipicios; adv gros; dens; s toi n; mijloc n

thickness ['Өiknis] s grosime f; strat n; densitate f; încîlceală f; obtuzitate f

thief [Өi:f] s hoţ m; tîlhar m

thigh [Өai] s coapsă f

thin [Өin] adj slab; subţire; şubred; diluat; adv subţire; vt a dilua; a rări; vi a se dilua; a se rări

thing [Өiŋ] s lucru n; articol n; gest n; detaliu n; fapt n; pl haine f pl

think, thought, thought [Өiŋk, Өo:t, Өo:t] vt a gîndi; a concepe; a reflecta la; a crede; a pricepe; a-şi închipui; vi a gîndi, a cugeta

third [Өă:d] num treilea; trei; s treime f; terţ m, terţă f

thirsty ['Өă:sti] adj însetat; arid; doritor

this [ðis] pr demonstrativ acesta, aceasta; ăsta, asta; adj acest, aceasta, această; adv aşa (de), atît (de)

thorn [Өo:n] s spin m; ghimpe m; mărăcine m

thorough [Өară] adj minuţios; serios; profund; perfect; ferm; adevărat

those [ðăuz] pr demonstrativ pl de la **that**

thought [Өo:t] s gînd n, idee f; gîndire f; reflecţie f; opinie f; intenţie f; grijă f

thoughtful [Өo:tful] adj gînditor; profund; atent

thousand [Өauzănd] num o mie; s mie f; liotă f; imensitate f

thrash [Θræʃ] vt a ciomagi; a treiera; a învinge; vi a se
  zvîrcoli

thread [Θred] s fir n; aţă f; fibră f; vt a pătrunde; a înşira; vi
  a-şi croi drum

threat [Θret] s ameninţare f

threaten ['Θretăn] vt, vi a ameninţa

three [Θri:] num trei

threshold [Θreşăuld] s prag n; uşă f; poartă f; început n

thrifty ['Θrifti] adj econom; prosper; moderat

thrill [Θril] s fior m; emoţie f; tresărire f; vt a înfiora; a
  tulbura; a ameţi; vi a se înfiora; a fremăta; a zvîcni

thrilling ['Θriliŋ] adj înfiorător; senzaţional; emoţionant;
  tulburător

throat [Θrăut] s gît n; gîtlej n; voce f

throne [Θrăun] s tron n; templu n; coroană f; vt a aşeza pe
  tron

through [Θru:] prep prin; de la, din; peste; printre; graţie,
  datorită; din cauza; în timpul; inclusiv; pînă la; adv
  direct; adj direct; gata, sfîrşit; rupt, ros

throw, threw, thrown [Θrău, Θru:, Θrăun] vt a arunca; a
  părăsi; a lansa; a oferi; a făta; vr a se arunca; s
  lansare f, aruncare f; anvergură f

thrust, thrust, thrust [Θrast, Θrast, Θrast] vt a vîrî; a înfige;
  a scoate; a împinge; a-şi croi drum; vi a se împinge; a
  se vîrî; a fanda; s fandare f; îmbrînceală f; aluzie f

thumb [Θam] s degetul n mare; vt a mînui stîngaci; a murdări;
  a solicita

thunder ['Θandăr] s tunet n; furtună f; ropot n; ameninţare f;
  vi a tuna; a vui; a fi mînios

thunderstorm ['Θandă,sto:m] s furtună f

Thursday ['Θă:zdi] s joi f

thus [ðas] adv astfel, aşa

tick [tik] vi a ticăi; a ciocăni; a ciuguli; vt a bate (minutele); a
  puncta; a bifa; s ticăit n; clipă f; bifare f

ticket ['tikit] s bilet n; bon n; tichet n; anunţ n; aviz n; etichetă
    f; dovadă f; buletin n de vot; vt a marca (preţul)

tickle ['tikăl] vt a gîdila; a amuza; a excita; a măguli; vi a fi
    gîdilitor; a gîdila; s gîdilare f; iritaţie f

tide [taid] s maree f; flux n; soartă f; schimb n; timp n; vt a
    duce; vi a se lăsa dus

tidy ['taidi] adj ordonat; îngrijit; vt a aranja; a curăţa; a îngriji;
    vi a face ordine/curăţenie

tie [tai] vt a lega; a îmbina; a obliga; a egala; vi a egala; vr a
    se obliga; s legătură f; fundă f; nod n; cravată f;
    mariaj n; obligaţie f

tiger ['taigăr] s tigru m; călău m, criminal m

tight [tait] adj compact; dens; etanş; solid; strîns; întins; vînjos;
    apăsător; beat; fix; adv strîmt; ferm; ermetic

tights [taits] s pl costum n de balerin; dress n

tile [tail] s ţiglă f; cahlă f; cărămida f; vt a înveli/a acoperi cu
    ţigle/plăci

till [til] prep pînă (la); conj pînă (ce, să)

tilt [tilt] vt a răsturna; a apleca; vi a se clătina; a se apleca; s
    înclinare f; pantă f

timber ['timbăr] s cherestea f; buştean m; grindă f; pădure f;
    vt a propti; a forma; a făuri

time [taim] s timp n; răgaz n; sezon n; epocă f; durată f; stagiu
    n; ocazie f; viaţă f; ritm n; vt a fixa; a măsura; a se
    adapta; a regla

timid ['timid] adj timid; şovăitor; fricos; sperios

tin [tin] s cositor n; tablă f galvanizată; bidon n; cutie f de
    conserve; veselă f; adj de cositor/tablă; vt a cositori; a
    conserva

tint [tint] s culoare f; tentă f; vt a nuanţa, a colora

tiny ['taini] adj mititel

tip [tip] vt a înclina; a doborî; a deşerta; vi a se răsturna; a se
    înclina; s înclinaţie f

tipsy ['tipsi] adj beat, pilit

tire [taiăr] vt a obosi; a extenua; a plictisi; vi a obosi; a se
plictisi; s pneu n; vt a schimba cauciuc la

tired ['taiăd] adj obosit; istovit; dezgustat

tissue ['tişiu:] s ţesătură f; voal n; ţesut n; stofă f fină; urzeală
f; vt a ţese; a urzi

title ['taităl] s titlu n; rang n; drept n; vi a titra; a denumi; a da
drepturi

to [tu:, tă] prep spre, către; la; despre; de; în; pînă (la);   pe
lîngă; potrivit, după

toad [tăud] s nemernic m; broască f rîioasă; linguşitor m

toast [tăust] s pîine f prăjită; pesmet; vt a prăji; vi a se
prăji/rumeni

today [tă'dei] adv astăzi; în zilele noastre; s ziua f de azi

toe [tău] s deget n de la picior; vîrf n; bază f; vt a lovi cu
vîrful piciorului

together [tă'gheðăr] adv împreună (cu); laolaltă; simultan; în
şir; consecutiv

toil [toil] vi a (se) trudi; a se tîrî; a-şi continua munca; s trudă
f; osteneală f

toilet ['toilit] s toaletă f; îmbrăcăminte f; baie f; closet n;
curăţire f

token ['tăukăn] s indiciu n; semn n; dovadă f; simbol n; adj
simbolic; semnificativ; vt a dovedi; a denota

tolerant ['tolărănt] adj tolerant; indulgent

tolerate ['tolăreit] vt a tolera; a permite; a suporta

tomato [tă'meitău] s roşie f; tomată f; faţă f

tomb [tu:m] s mormînt n; cavou n; criptă f; vt a înmormînta

tomorrow [tă'morău] adv mîine; s ziua f de mîine

ton [tan] s tonă f; grămadă f

tone [tăun] s ton n; modulaţie f; intonaţie f; nuanţare f;
atitudine f; iniţiativă f; vt a acorda; a da tonul; a
nuanţa; vi a se armoniza; a se nuanţa

tongue [taŋ] s limbă f; limbaj n; grai n; vt a linge; a sări cu
gura; vi a trăncăni

tonight [tă'nait] adv diseară, astă seară; la noapte; s seara f/noaptea f asta

too [tu:] adv prea; de altfel; foarte; de asemenea, şi; pe deasupra

tool [tu:l] s unealtă f; mijloc n; instrument n; agent m; vt a prelucra; a ciopli

tooth [tu:θ] s dinte m; măsea f; poftă f; gust n; vt a muşca

toothbrush ['tu:θ,braş] s periuţă f de dinţi

toothpaste ['tu:θ,peist] s pastă f de dinţi

top [top] s vîrf n; pisc n; capotă f; acoperiş n; capac n; imperială f; adj superior; din vîrf; maxim

torch ['to:ci] s torţă f, făclie f; lanternă f

torment ['to:mănt] s tortură f; supliciu n; chin n; [to:'ment] vt a tortura

torture ['to:ciăr] s tortură f; supliciu n; vt a tortura

toss [tos] vt a azvîrli; a legăna; a clătina; a alarma; vi a se zvîrcoli; a se legăna; a se agita; a trage la sorţi; s aruncare f; zguduire f; tragere f la sorţi; scuturare f

total ['tăutăl] adj total; absolut; întreg; s total n; întreg n; vt a însuma; a aduna

touch ['taci] vt a atinge; a pipăi; a apăsa; a mişca; a egala; a aborda; a modifica; a retuşa; a marca; vi a se lovi; a se atinge; s pipăit n; tuşeu n; nuanţă f; atac n; pic n

touchy ['taci] adj extrem de sensibil, ultrasensibil

tough [taf] adj dur; dificil; inflexibil; tenace; rigid; robust; încăpăţînat; s bandit m; huligan m

tour [tuăr] s călătorie f; tur n; plimbare f; excursie f; turneu n; cursă f; vi a voiaja; vt a colinda; a face un turneu

tourist ['tuărist] s turist m

tow [tău] s cablu n; remorcă f; vt a remorca; vi a fi remorcat

towards [tă'uo:dz] prep către, spre; referitor, faţă de; în scopul de a; aproape de

towel ['tauăl] s prosop n; vt a şterge cu prosopul

tower ['tauăr] s turn n; reazem n; bastion n; apărător m

town [taun] s oraş n; centru n; capitală f; comună f; adj atr urban; citadin; de oraş

toy [toi] s jucărie f; adj atr de jucărie; de copii; vi a se juca (cu); a se amuza (cu)

toxic ['toksik] adj toxic

trace [treis] s urmă f; semn n; vt a trasa; a copia; a urmări

track [træk] s urmă f (de paşi); făgaş n; pistă f; şină f; vt a urmări; a descoperi

trade [treid] s comerţ n; profesie f; afacere f; rută f regulată; conivenţă f; vi a face comerţ; vt a negocia; a face schimb de; adj comercial

tradition [tră'dişăn] s obicei n; tradiţie f; legendă f

traditional [tră'dişănăl] adj tradiţional, legendar

traffic ['træfik] s circulaţie f; trafic n comercial; comerţ n ilicit; vi a face comerţ; vt a face schimb de; a negocia

tragedy ['trægidi] s tragedie f; întîmplare f tragică

tragic ['trægik] adj tragic; grav; îngrozitor; funest

trail [treil] vt a tîrî; a remorca; a călca pe; a fila; vi a se tîrî; s dîră f; urmă f; trenă f; alai n; cărare f

training ['treiniŋ] s instruire f, formare f; perfecţionare f; antrenament n; instrucţie f

traitor ['treităr] s trădător m

tram [træm] s tramvai n; vt a duce cu tramvaiul

tranquil ['træŋkuil] adj calm, liniştit

tranquility [træŋ'kuiliti] s seninătate f, linişte f

transaction [træn'zækşăn] s tranzacţie f; gestiune f; negociere f; pl acte n pl

transcend [træn'send] vt a depăşi; vi a excela

transfer [træns'fă:r] vt a transfera; a muta; a vira; a remite; a transpune; a copia; ['trænsfă:r] s transfer n; mutare f; predare f; cedare f; copiere f; virament n

transform [træns'fo:m] vt a transforma; a reforma

translate [træns'leit] vt a traduce; a interpreta; a relua; vi a traduce; a se explica

translation [træns'leişăn] s traducere f; interpretare f; reluare
    f; explicare f

transparent [træns'pærănt] adj transparent; clar; sincer;
    inefabil; diafan

transportation [,trænspo:'teişăn] s transport n; mijloc n de
    transport; bilet n de călătorie

trap [træp] s capcană f; trapă f; brişcă f; vt a prinde în cursă

trash [træş] s gunoi n; rebut n; moft n; ratat m; fleac n

travel ['trævăl] vi a călători; a umbla; a se deplasa; vt a
    străbate; s călătorie f

traveler ['trævălăr] s călător m; pasager m; comis voiajor m

tray [trei] s tavă f; scoc n; baie f; compartiment n

treacherous ['treciărăs] adj trădător; perfid; fals; nesigur

treason ['tri:zăn] s trădare f de ţară; perfidie f

treat [tri:t] vt a trata; a oferi; a îngriji; a dezbate; vi a negocia;
    a face cinste; s plăcere f; trataţie f

treaty ['tri:ti] s tratat n; înţelegere f; convenţie f

tree [tri:] s copac m; arbore m genealogic; vt a încolţi

tremble ['trembăl] vi a tremura; a-i fi teamă; a trepida; s
    tremur n; vibraţie f

tremendous [tri'mendăs] adj groaznic; uimitor; fantastic

trend [trend] s direcţie f; tendinţă f; vi a tinde către

trespass ['trespas] vi a încălca legea; a viola o proprietate; s
    delict n; abuz n; păcat n; violare f

trial [traiăl] s probă f; necaz n; experienţă f; durere f; concurs
    n; proces n; chin n

triangle ['trai,æŋgăl] s triunghi n

tribe [traib] s trib n; neam n

trick [trik] s truc n; festă f; iluzie f; chichiţă f; secret n; manie
    f; subterfugiu n; vt a păcăli; vi a juca feste

trickle ['trikăl] vi a se prelinge; a se infiltra; a pătrunde; vt a
    picura; s şiroi n; dîră f; prelingere f

tricky ['triki] adj viclean; abil; complicat

trifle ['traifăl] s fleac n; moft n; prostie f; amuzament n; mic
     dar n; vi a glumi; a-şi bate joc

trigger ['trigăr] s trăgaci n; asasin m; vt a declanşa; a activa

trim [trim] adj îngrijit; cochet; vt a aranja; a potrivi; a curăţi; a
     netezi; a garnisi; s ordine f; pregătire f; tunsoare f

trip [trip] s excursie f; drum n; pas m greşit; piedică f; vi a se
     poticni; a greşi; vt a pune piedică

triple ['tripăl] adj triplu; vi a se tripla; vt a tripla

triumph ['traiămf] s triumf n; succes n; vi a triumfa

troop [tru:p] s trupă f; grup n; bandă f; turmă f; vi a mărşălui;
     a se aduna

trouble ['trabăl] s necaz n; nenorocire f; încurcătură f; durere
     f; boală f; deranj n; pană f; vt a deranja; a incomoda;
     a supăra; a chinui; vi a se deranja

trousers ['trauzăz] s pl pantaloni m pl

trout [traut] s păstrăv m

truce [tru:s] s armistiţiu n; sfîrşit n

truck [trak] s troc n; schimb n; fleacuri n pl; vi a face troc; a
     cultiva legume; vt a face schimb de

true [tru:] adj adevărat; sincer; fidel; exact; original; legal;
     corect; adv adevărat; exact; interj aşa e! adevărat!

trumpet ['trampit] s trompetă f; megafon n; porta-voce f; vt a
     trîmbiţa; vi a suna din trompetă

trunk [trank] s trunchi m; butuc m; bust n; pl pantaloni m pl
     scurţi; chiloţi m pl; cufăr n; trompă f; portbagaj n

trust [trast] s încredere f; datorie f; credit n; trust n; tutelă f;
     vt a încredinţa; a acorda încredere; a spera; a se bizui
     pe; vi a se încrede în

truth [tru:Θ] s adevăr n; fidelitate f; realitate f

try [trai] vt a încerca; a verifica; a corija; a deprima; a necăji;
     a judeca; a decide; a examina; a obosi; a se strădui; vi
     a încerca; a se strădui; s încercare f; probă f

tub [tab] s cadă f; baie f; putină f; butoi n; vt a spăla; a
     îmbăia; vi a face baie

tube [tiu:b] s tub n; conductă f; canal n; cameră f (auto); vt a
   drena; vi a merge cu metroul

Tuesday [tiu:zdi] s marţi f

tumble ['tambăl] s tumbă f; salt n mortal; cădere f; vi a face o
   tumbă; a cădea; vt a trînti; a rostogoli; a răvăşi

tune [tiu:n] s melodie f; arie f; cîntec n; dispoziţie f; vt a
   acorda; a crea (o stare)

tunnel ['tanăl] s tunel n; pasaj n; galerie f; vt, vi a săpa un
   tunel prin

turbulent ['tă:biulănt] adj agitat; turbulent; impetuos; violent;
   zgomotos

turkey ['tă:ki] s curcan m; curcă f; carne f de curcan

turn [tă:n] vt a întoarce; a învîrti; a răsuci; a abate; a răsturna;
   a ocoli; a preface; a acri; a cizela; a scîrbi; vi a se
   răsuci; a se îndrepta; a se schimba; a deveni; a se acri;
   s învîrtire f; rotire f; tur n; schimbare f; tură f;
   serviciu n; folos n; şoc n; număr n

turn off ['tă:n 'o:f] vt a opri; a închide; a stinge; a abate; vi a
   se abate; a intra în grevă; a coti

turn on ['tă:n 'on] vt a deschide; a aprinde; vi a se învîrti în
   jurul; a ataca; a depinde de; a se agăţa de

turtle ['tă:tăl] s ţestoasă f

tweezers ['tui:zăz] s pensetă f; cleştişor n

twelve [tuelv] num doisprezece; doisprezecilea; s duzină f

twenty ['tuenti] num douăzeci

twin [tuin] s geamăn(ă) m, f; tiz n; pereche f; adj geamăn;
   omonim; pereche; vi a naşte gemeni; a fi pereche (cu);
   vi a îngemăna

twist [tuist] s rotire f; twist n; cotitură f; funie f; cornet n;
   amăgire f; specific n; vt a răsuci; a deforma; a stoarce;
   a păcăli; vi a se învîrti

two [tu:] num doi/două; doilea; s (grup n de) doi/două

type [taip] s tip n; clasă f; model n; gen n; vi a tipiza

typewriter ['taip,raităr] s maşină f de scris

typical ['tipikăl] adj tipic
typist ['taipist] s dactilograf m; dactilografă f
tyrant ['tairănt] s tiran m

U

ugly [agli] adj urît; neplăcut; amenințător; hidos
ulcer ['alsăr] s ulcerație f; ulcer n; corupție f
ultimate ['altimit] adj ultim; esențial
umbrella [am'brelă] s umbrelă f
unable [an'eibăl] adj incapabil
unanimous [iu:'nænimăs] adj unanim
unarmed [an'a:md] adj neînarmat
unbearable [an'beărăbăl] adj insuportabil
unbelievable [,anbili:văbăl] adj de necrezut, nemaipomenit
unbutton [an'batăn] vt a descheia
uncanny [an'kæni] adj straniu; ciudat; supranatural
uncle ['aŋkăl] s unchi m
uncommon [an'komăn] adj rar; neobișnuit; extraordinar
uncover [an'kavăr] vt a descoperi; a dezvălui; vi a se descoperi
under ['andăr] prep sub; într-o, în; adv jos, dedesubt; adj
      inferior; pe lîngă; subordonat
underdeveloped [,andădi'velopt] adj subdezvoltat; nedezvoltat
underdog ['andă,dog] s inferior m; supus m
underestimate [,andăr'estimeit] vt a subaprecia, a subestima
undergraduate [,andă'grædiuit] s student m
underground ['andă,graund] adj subteran; clandestin; s metro
      n; subteran n; ilegalitate f
underline [,andă'lain] vt a sublinia; a reliefa
undermine [,andă'main] vt a submina; a slăbi
underneath [,andă'ni:Θ] prep, adj, adv v **under**
underpants ['andă,pænts] s pl chiloți m pl; izmene f pl
underprivileged ['andă'priviligid]] adj sărac; persecutat;
      defavorizat
undershirt ['andășă:t] a maiou n, flanelă f de corp

understand, understood, understood [ˌandə'stænd, ˌandə'stud, ˌandə'stud] vt a înţelege; a deduce; a se înţelege cu; a subînţelege; vi a înţelege

understatement ['andə'steitmănt] s adevăr n spus doar pe jumătate

underwear ['andə‚ueăr] s lenjerie f de corp; izmene f pl

undesirable [ˌandi'zaiărăbăl] adj indezirabil; s persoană f indezirabilă; intrus m

undisciplined [an'disiplind] adj nedisciplinat

undo, undid, undone [an'du:, an'did, an'dan] vt a desface; a distruge; a corupe; a strica; a dezlega

undress [an'dres] vt a dezbrăca; vi a se dezbrăca; s neglijeu n; ţinută f de casă

uneasy [an'i:zi] adj tulburat; jenat; nerăbdător; instabil; speriat; adv agitat; incomodat; tulburat; stînjenit

unemployed [ˌanim'ploid] adj şomer; nefolosit; neangajat

unemployment [ˌanim'ploimănt] s şomaj n; neutilizare f

uneven [an'i:văn] adj neregulat; accidentat

unexpected [ˌanik'spektid] adj brusc; surprinzător; subit

unfair [an'feăr] adj nedrept; necinstit; nedemn; nesportiv

unfaithful [an'feiθful] adj necredincios; fals; păgîn

unfamiliar [ˌanfa'miliăr] adj nefamiliar; straniu; neobişnuit

unfit [an'fit] adj nepotrivit; inoportun; vt a face invalid

unfold [an'făuld] vt a întinde; a desfăşura; a dezvolta; a dezvălui; vi a se desfăşura; a se arăta; a se dezvolta

unfortunate [an'fo:ciănit] adj nefericit; nenorocos; supărat; s nenorocit m; prostituată f

unfriendly [an'frendli] adj ostil; neprietenos; glacial; antipatic; neospitalier

unfurnished [an'fă:nişt] adj nemobilat

unhealthy [an'helθi] adj nesănătos; insalubru

uniform ['iu:ni‚fo:m] adj omogen; uniform; armonios; s uniformă f; vt a uniformiza

union [ˈiu:niăn] s unire f; uniune f; îmbinare f; acord n; sindicat n; asociaţie f; mariaj n; adj sindical

unique [iu:ˈni:k] adj unic; neobişnuit; straniu

unit [ˈiu:nit] s unitate f

unite [iu:ˈnait] vt a uni; a îmbina; a lega; vi a se uni

universe [ˈiu:ni,vă:s] s univers n; sistem n; lume f

university [,iu:niˈvă:siti] s universitate f; adj universitar

unjust [anˈgiast] adj injust

unknown [anˈnăun] adj obscur; necunoscut

unless [anˈles] conj dacă nu; în afară de cazul cînd

unlike [anˈlaik] prep spre deosebire de; altfel decît

unlikely [anˈlaikli] adj improbabil; neverosimil

unload [anˈlăud] vt a descărca; a debarasa de; a remite; vi a descărca

unlock [anˈlok] vt a descuia

unnatural [anˈnæciărăl] adj nefiresc; inuman; sălbatic

unpack [anˈpæk] vt a despacheta; a desface; a revela; vi a despacheta

unpleasant [anˈplezănt] adj neplăcut; greţos; antipatic

unprepared [,anpriˈpeăd] adj nepregătit, improvizat

unreal [anˈriăl] adj imaginar; nereal; nefiresc; fantastic

unreliable [,anriˈlaiăbăl] adj neserios; nestatornic; nesigur

unrest [anˈrest] s nelinişte f; agitaţie f

unruly [anˈru:li] adj nesupus; obraznic; refractar; detracat

unsanitary [anˈsænitări] adj nesănătos, insalubru

unstable [anˈsteibăl] adj şubred; instabil; nesigur; inconstant; dezechilibrat

untidy [anˈtaidi] adj neîngrijit; dezordonat

until [anˈtil] prep pînă la; conj pînă (ce)

unusual [anˈiu:jual] adj insolit; nefiresc; excepţional; extraordinar

up [ap] adv (în) sus; vertical; în aer; în picioare; spre/la mine; la suprafaţă; încolo, departe; vioi; ridicat; prep în

susul; de-a lungul; contra; spre (mine); adj de/în sus;
înalt; treaz; superior; înalt; sfîrşit; informat; ridicat

upbringing [ap'briŋiŋ] s creştere f, educaţie f

update [ap'deit] vt a aduce la zi; a moderniza; a pune la curent

upon [ă'pon] prep pe

upper ['apăr] adj superior; de sus; s parte f superioară

upright ['ap,rait] adj drept, vertical; onest; adv drept; s
verticală f; perpendiculară f

uprising ['apraiziŋ] s răscoală f

upset, upset, upset [ap'set, ap'set, ap'set] vt a răsturna; a
deranja; a tulbura; a învinge; vi a se răsturna; adj
agitat; tulburat

upside-down ['apsaid'daun] adj inversat; dezordonat; adv în
dezordine; invers

upstairs [ap'steăz] adv la etaj; sus (pe scări); adj de la etaj; de
sus; s etajul n de sus

up-to-date ['aptă'deit] adj la modă; adus la zi; modern; nou;
adv la zi; de ultima oră

urge ['ă:gi] s îndemn n; apel n; impuls n; stimulent n; vi a
îndemna; a forţa; a solicita; a recomanda; a impune

urgent ['ă:giănt] adj urgent; necesar; insistent; important

urine ['iuărin] s urină f

use [iu:s] s folos n; profit n; utilitate f; valoare f; scop n;
obicei n; [iu:z] vt a folosi; a consuma; a trata; a uza

useful [iu:sful] adj folositor; capabil; valoros

useless [iu:slis] adj inutil; fără efect; zadarnic; lipsit de valoare

usher ['aşăr] s plasator m; vt a anunţa; a introduce; a inaugura;
a conduce

usual ['iu:juăl] adj obişnuit

usually [iu:juăli] adv în mod obişnuit, de obicei

utmost ['atmăust] adj maxim; extrem; suprem; s maximum n;
extrem n; efort n suprem

utter ['atăr] adj complet; fără cruţare; groaznic

V

vacancy ['veikănsi] s post n liber; lapsus n
vacant ['veikănt] adj vacant; liber; uituc; inexpresiv
vacation [vă'keişăn] s vacanţă f; concediu n; vi a pleca în
   vacanţă/concediu
vaccinate ['væksi,neit] vt a vaccina
vacuum cleaner ['vækiuăm,kli:năr] s aspirator n (de praf)
vague [veig] adj vag; nedecis
vain [vein] adj inutil; stupid; steril; orgolios; de prisos
valiant ['væliănt] adj viteaz
valid ['vælid] adj valabil; justificat; serios; acceptat
valley ['væli] s vale f
valuable ['væliuăbăl] adj preţios; s obiect n de valoare
value ['væliu:] s valoare f; evaluare f; etalon n; preţ n;
   apreciere f; importanţă f; deviz n; vt a evalua
valve [vælv] s supapă f; lampă f de radio
van [væn] s furgonetă f; camion n de mobilă; autodubă f;
   vagon n de marfă
vanilla [vă'nilă] s vanilie f
vanish ['væniş] vi a se şterge; a dispărea
vanity ['væniti] s îngîmfare f; frivolitate f; capriciu n;
   zădărnicie f
variable ['veăriăbăl] adj variabil; s variabilă f
variation [,veări,eişăn] s variaţie f, schimbare f
variety [vă'raiiti] s specie f; varietate f; soi; varieteu n;
   diversitate f
various ['veăriăs] adj variat; distinct; divers; mulţi/multe
varnish ['va:niş] s lac n; smalţ n; lustru n; vt a lăcui; a
   împodobi; a da lustru
vary ['veări] vt a diversifica; a schimba; vi a varia; a se
   abate; a se schimba
vase [va:z] s vază f

veal [vi:l] s carne f de viţel
vegetable ['vegităbăl] s legumă f; adj vegetal
vehicle ['vi:ikăl] s vehicul n; modalitate f, mijloc n
veil [veil] s văl n; paravan n; camuflaj n; vt a ascunde; a voala; a învălui
vein [vein] s vînă f; toană f; nervură f; ton n; vt a stria
velvet ['velvit] s catifea; adj catifelat; de catifea
venereal [vi'niăriăl] adj veneric
vengeance ['vengiăns] s răzbunare f
venison ['venzăn] s carne f de vînat
vent [vent] s ieşire f; supapă f; uşurare f; vt a slobozi; a da frîu liber; a-şi vărsa
venture ['venciăr] s aventură f; speculaţie f; hazard n; companie f; vt a risca; a exprima; a îndrăzni să facă; vi a risca; a îndrăzni
verb [vă:b] s verb n
verbal ['vă:băl] adj verbal
verdict ['vă:dikt] s verdict n; opinie f; sentinţă f
verge ['vă:gi] s margine f; vi a se îndoi
verify ['veri,fai] vt a dovedi; a verifica
versatile ['vă:să,tail] adj adaptabil; multilateral; mobil; elastic; inconstant
vertical ['vă:tikăl] adj cel mai înalt; vertical; s verticală f
very ['veri] adv foarte; chiar; extrem de; prea; tocmai; adj precis; adevărat; tocmai acela/ aceea/aceia/acelea
vest [vest] vestă f; maiou n; vt îmbrăca; a plasa; a investi; vi a se îmbrăca; a investi
veto ['vi:tău] s veto n; opoziţie f; vt a opune un veto
vex [veks] vt a necăji; a vexa; a plictisi; a contraria; a dezbate; a agita; vi a se mîhni
via [vaiă] prep prin, via
vibrate [vai'breit] vi a vibra; a se legăna; a palpita; a se agita; a răsuna; vt a face să vibreze
vice [vais] s viciu n; defect n; corupţie f; nărav n

vicious ['vişăs] adj vicios; viciat; rău(tăcios); incorect

victim ['viktim] s victimă f

victory ['viktări] s victorie f

view [viu:] s privire f; poză f; vedere f; privelişte f; opinie f; esenţă f; imagine f; scop n; vt a vedea; a studia; a inspecta; a vizita; a discerne

vigorous ['vigărăs] adj robust; viguros; energic; curajos

village ['viligi] s sat n; comună f; localitate f

villain ['vilăn] s iobag m; nemernic m; răufăcător m

vine [vain] s viţă f; lujer m de viţă

vinegar ['vinigăr] s oţet n; vt a acri, a oţeti

violate ['vaiă,leit] vt a viola; a profana; a contraveni

violence ['vaiălăns] s violenţă f; brutalitate f; furie f

violent ['vaiălănt] adj intens, violent; brutal; aspru; furios; sălbatic; ascuţit

violin [,vaiă'lin] s vioară f

virgin ['vă:gin] s fecioară f, virgină f; adj virgin(al), pur; nedesţelenit; neumblat

virile ['virail] adj viril; curajos; sclipitor; viguros

virtue ['vă:tiu:] s virtute f; cinste f; valoare f; însuşire f; iscusinţa f; putere f

visa ['vi:ză] s viză f; vt a viza

visibility [vizi'biliti] s vizibilitate f

vision ['vijăn] s imagine f; privelişte f; ficţiune f; vedere f; fantomă f; vt a-şi imagina; a visa

visit ['vizit] s vizită f; taifas n; inspecţie f; vt a vizita; a inspecta; a pedepsi; vi a tăifăsui; a face o vizită

visitor ['vizităr] s vizitator m

vital ['vaităl] adj vital; urgent; fatal; esenţial

vitamin ['vitămin] s vitamină f

vivid ['vivid] adj însufleţit; strălucitor, viu

vocabulary [vă'kæbiulări] s vocabular n; glosar n; lexic n

vocal ['văukăl] adj vocal; zgomotos; sonor

vogue [văug] s vogă f, modă f

voice [vois] s voce f; opinie f; sonoritate f; sufragiu n; cîntăreț
    m; vt a rosti; a vota pentru; a enunța

void [void] adj neocupat; pustiu; liber; vacant; nul; s vid n;
    lipsă f; vt a evacua; a goli; a anula

volcano [vol'keinău] s vulcan m; refulare f

volume ['voliu:m] s volum n; pl cantitate f; vi a se umfla

voluntary ['volăntări] adj voluntar; benevol; spontan

vomit ['vomit] vi a vomita; vt a vomita; a scoate; s vărsat n

vote [văut] s vot(are) n, f; scrutin n; rezoluție f; vi a vota; vt a
    admite; a vota; a propune

vow [vau] s jurămînt n; vt a jura; vi a jura, a se lega

voyage ['voiigi] s călătorie f; croazieră f; vt a străbate; vi a
    călători

vulgar ['valgăr] adj vulgar; grosolan; obișnuit; de rînd

vulnerable ['valnărăbăl] adj vulnerabil; criticabil

vulture ['valciăr] s vultur m

W

wade [ueid] vi a se bălăci; vt a-şi face drum cu greu

waffle ['uofăl] s vaf(l)ă f; problemă f dificilă; vi a trăncăni

wage ['ueigi] s pl salariu n

wagon ['uægăn] s furgon n; car n; căruţă f; camion n; vagon n de marfă; vt a transporta

wail [ueil] vi a urla; a plînge; a hohoti; a se văita; vt a deplînge; a jeli; s bocet n; urlet n; hohotit n

waist [ueist] s talie f

wait [ueit] vi a aştepta; a servi; vt a aştepta; a amîna; a servi (la masă); s aşteptare f; pîndă f; expectativă f

waiter ['ueităr] s chelner m

waitress ['ueitris] s ospătară f, chelneriţă f; servitoare f

wake, woke, woke(n) [ueik, uăuk, 'uăuk(ăn)] vi a se trezi; a se stîrni; a izbucni; vt a trezi; a stîrni; s veghe f

walk [uo:k] vi a umbla; a se plimba; a hoinări; a merge; vt a călca pe; a umbla pe; a inspecta; a conduce pe jos; a scoate la plimbare

wall ['uo:l] s zid n; obstacol n; dig n; vt a zidi; a închide

wallet [uolit] s portofel n; sac n; toc n; mapă f de piele

wallow ['uolău] vi a se bălăci; a se legăna; a se tăvăli în noroi; s bălăceală f

walnut ['uo:l,nat] s nuc m; nucă f; lemn n de nuc

wander ['uondăr] vi a hoinări; a şerpui; a delira; a se rătăci; vt a cutreiera; s pribegire f

want [uont] vt a vrea; a-i trebui; a pofti; a-i lipsi; a necesita; a trebui să; vi a fi sărac; a duce lipsă; a lipsi; s lipsă f; cerere f

war [uo:r] s război n; luptă f; vi a purta război; a lupta

warden ['uo:dăn] s îngrijitor m; custode m; administrator m; supraveghetor m; temnicer m

wardrobe ['uo:drăub] s garderobă f, şifonier n

warehouse ['ueă,haus] s depozit n de mărfuri; antrepozit n

warm [uo:m] adj cald; călduros; prietenos; cordial; indecent;
recent; plăcut; vesel; vi a învira; a încălzi; vr a (se)
încălzi; a dezmorţi

warning ['uo:niŋ] adj atr avertisment n; alarmă f; semnal n;
indiciu n; înştiinţare f

warp [uo:p] s urzeală f; sucire f; deformare f; deviere f; vt a
urzi; a suci; a perverti; a deforma; vi a se strîmba; a
se perverti; a se deforma; a devia

warrant ['uorănt] s motiv n; mandat n; justificare f; drept n; vt
a justifica; a garanta; a fi sigur că; a asigura

warrior ['uoriăr] s luptător m; soldat m; războinic m

wash [uoş] vt a spăla; a se spăla pe; a curăţa; a stropi; a
inunda; a scobi; a albi; vi, vr a se spăla; s spălat n,
spălare f; stropire f; leşie f; rufe f pl spălate; vorbărie
f goală

washing machine ['uoşiŋ mă'şi:n] s maşină f de spălat

wasp [uosp] s viespe f

waste [ueist] vt a risipi; a irosi; a strica; a distruge; vi a se
irosi; a cheltui; a slăbi; a se reduce; s irosire f; moloz
n; deşeuri n pl; pustietate f

wasteful ['ueistful] adj cheltuitor; extravagant

watch ['uoci] s pază f; atenţie f; gardă f; pîndă f; santinelă f;
vt a păzi; a urmări; a se uita la; vi a se uita; a fi atent;
a pîndi; a veghea

water ['uo:tăr] s apă f; mare f; inundaţie f; sudoare f; urină f;
lacrimi f pl; acuarelă f; vt a uda; a scălda; a adăpa; vi
a se umezi; a lăcrăma

watermelon ['uo:tă,melăn] s pepene m verde

wave [ueiv] s val n; ondulaţie f; semn n; vi a se văluri; a face
semn; a flutura; vt a undui; a agita; a flutura

wavy ['ueivi] adj unduios; vălurit; sinuos; ondulat, creţ

wax [uæks] s ceară f; lumînare f; parafină f; vt a cerui

way [uei] s stradă f; drum n; mod n; direcţie f; privinţă f;
    obicei n; stare f; domeniu n; adv departe

we [ui, ui:] pr noi

weak [ui:k] adj slab; delicat; şubred; difuz; diluat; moale;
    incapabil; şovăitor

weaken ['ui:kăn] vt a slăbi; a potoli; a atenua; vi a slăbi; a se
    potoli; a se reduce; a scădea; a se înmuia; a se ofili

weakness ['ui:knis] s neputinţă f; slăbiciune f; moliciune f;
    defect n; pornire; şubrezenie f

wealth [uelΘ] s avere f; belşug n; abundenţă f

wealthy ['uelΘi] adj bogat

weapon ['uepăn] s armă f; bombă f atomică; mijloc n

wear, wore, worn [ueă, uo:r, uo:rn] vt a purta; a toci; a ţine;
    a uza; vi a se strica; a se purta; a rezista; a deveni; a
    trece; s purtat n; uzare f; modă f; confecţii f pl

weary 'uiări] adj epuizat; plictisitor; obositor; vt a plictisi; a
    obosi

weather ['ueðăr] s vreme f; timp n; furtună f; vt a aerisi; a
    decolora; a înfrunta; vi a se decolora

weave, wove, woven [ui:v, uăuv, 'uăuvăn] vt a ţese; a împleti;
    a lega; a urzi; a ticlui; vi a ţese; a (se) împleti; a
    croşeta

web [ueb] s ţesătură f; pînză f; fir n; voal n; urzeală f; reţea f;
    împletitură f

wedding ['uediŋ] s cununie f, nuntă f; adj atr nupţial

Wednesday ['uenzdi] s miercuri f

weed [ui:d] s buruiană f; vt a plivi

week [ui:k] s săptămînă f

weekend ['ui:k,end] s sfîrşit n de săptămînă, weekend n; vi a-şi
    petrece weekend-ul

weep, wept, wept [ui:p, uept, uept] vi a plînge; a picura; a se
    aburi; a se prelinge; vt a plînge (după); a deplînge

weigh [uei] vt a cîntări; a chibzui; a evalua; a cumpăni; vi a
    conta; a cîntări

weight [ueit] s greutate f; apăsare f; povară f; cuvînt n greu;
  influenţă f; gravitate f; vt a îngreuna; a cîntări

weird [uiăd] adj nefiresc, ciudat; fantomatic; trăsnit

welcome ['uelcam] interj bun venit! bine ai/aţi venit! s bun-
  venit n; salut n; primire f; vt a întîmpina; a ura bun
  venit; a saluta; adj binevenit

well [uel] adv (prea) bine; mulţumitor; foarte bine; mult, cu
  mult; prea; considerabil; adj sănătos; în ordine;
  potrivit; interj ei poftim! o! vai! asta-i bună!

well-off ['uel'o:f] adj bogat; înstărit; norocos

west [uest] s vest n; occident n; adj vestic; occidental

wet [uet] adj u(me)d; ploios; lichid; stropit; moale; ageamiu; vt
  a uda; a înmuia

whale [ueil] s balenă f; vi a vîna balene

what [uot] pr interog ce? ce fel? cum? cît?; pr nehot ceva; pr
  relat conj (ceea) ce; adj interog care? ce?

whatever [uot'evăr] adj orice, oricare, indiferent de; pr interog
  ce; ce anume; pr relat conj orice; indiferent ce

wheat [ui:t] s grîu n

wheel [ui:l] s roată f; volan n; timonă f; rotire f; cerc n; vt a
  roti; vi a se învîrti

when [uen] adv cînd; pe cînd, în timp ce; (numai) dacă; cu
  toate că, deşi; pr relat cînd; în care

whenever [uen'evăr] adv cînd (anume); conj cînd; oricînd

whether ['ueðăr] conj dacă

which ['uici] pr interog şi relat (pe) care; care/ce/pe care
  anume; adj interog relat care/ce (anume)

while [uail] conj în timp ce, pe cînd; pe cîtă vreme; cît timp;
  dar, însă; cu toate că, deşi; s (răs)timp n

whip [uip] s bici n; nuia f; cravaşă f; vizitiu m; aripă f; hăitaş
  m; frişcă f; organizator m parlamentar; vt a biciui; a
  bate (lapte); a mînui; vi a trece; a răpăi; a fîlfîi; a urla;
  a se năpusti

whirl [uă:l] vt a învîrti; vi a se învîrti; a se
    învîrteji; a goni; a ameţi; s vîrtej n; zbucium n;
    confuzie f; răsucire f; zăpăceală f

whisk [uisk] s mişcare f rapidă; moment n; pămătuf n; tel n; vt
    a scutura; a goni; a bate; vi a trece repede

whiskers ['uiskăz] s pl favoriţi m pl

white [uait] adj alb; deschis; argintiu; inocent; onest; sincer; s
    albuş n; puritate f; (om) alb m; vt a albi

who [hu, hu:] pr interog şi relat conj cine; pe cine; care; pe
    care

whoever [hu:'evăr] pr relat conj oricine; acela care/ce; cel
    care/ce; toţi cei care/ce; interog cine? cine oare?

whole [hăul] adj atr întreg; tot; complet; integral; total; s întreg
    n; tot n

whom [hum, hu:m] pr dat şi ac de la who căruia; pe cine; pe
    care

whose [hu:z] adj relat pronom al, a, ai, ale cărui/cărei/ căror;
    pr interog relat al, a, ai, ale cui(?)

why [uai] adv interog de ce? pentru ce? din ce cauză? cu ce
    scop?; interj păi! păi cum? cum să/de nu? desigur! ca
    să vezi! s întrebare f; motiv n, cauză f

wicked ['uikid] adj rău; nemernic; imoral; periculos

wide [uaid] adj larg; spaţios; întins; schimbător; apreciabil; adv
    extrem; larg

widow ['uidău] s văduvă f; vt a lăsa văduvă

widower ['uidăuăr] s văduv m

wife [uaif] s soţie f

wig [uig] s perucă f

wild [uaild] adj sălbatic; crud; barbar; pustiu; primitiv; violent;
    nelocuit; despletit; nebunesc; fantezist; desmăţat

will, would [uil, u:d] v aux vei, veţi, va, vor; o să, ai să, are
    să, aveţi să, au să; voi, vei, va, vom, veţi, vor; modal
    vrei; vreţi; vrea; vor; doreşti; doriţi; doreşte; doresc;
    pot, poţi etc; s voinţă f; dorinţă f; testament n

willing ['uiliŋ] adj dispus; favorabil; pregătit; înclinat; binevoitor; bucuros

willow ['uilău] s salcie f

win, won, won ['uin, uan, uan] vi a învinge; a reuşi; vt a cîştiga; a căpăta; a convinge; s succes n; cîştig; victorie f

wind, wound, wound [uaind, uaund, uaund] vi a se răsuci; a coti; a se schimba; vt a roti; răsuci; a întoarce; s curbare f; meandră f; apăsare f; cot n

window ['uindău] s fereastră f; ghişeu n; vitrină f; geam n

windy ['uindi] adj bătut de vînt; vîntos; flecar; fricos

wine [uain] s vin n; băutură f

wing [uiŋ] s aripă f; flanc n; vt a grăbi; a da avînt; a zbura prin; vi a zbura

winner ['uinăr] s cîştigător m

winter ['uintăr] s iarnă f; vi a ierna; a hiberna

wipe [uaip] vt a curăţa; a şterge; a freca; s ştergere f

wire [uaiăr] s sîrmă f; fir n; vt a bobina; a conecta; a telegrafia; vi a telegrafia

wisdom ['uizdăm] s judecată f; înţelepciune f; învăţătură f; experienţa f vieţii

wise [uaiz] adj înţelept; serios; chibzuit; informat

wish [uiş] vt a dori; a ura; a fi păcat că; vi a aspira; a dori; vr a vrea să fie; s poftă f; dorinţă f; urare f

wit [uit] s spirit n; judecată f; isteţime f; ironie f

witch ['uici] s vrăjitoare f; sirenă f; baba-cloanţa f

with [uiδ] prep (împreună) cu; alături de; de partea; la; datorită; prin; împotriva; ca şi; la fel cu; în ciuda; în ceea ce priveşte

withdraw, withdrew, withdrawn [uiδ'dro:, uiδ'dru:, uiδro:n] vt a retrage; a scoate; a retracta; vi a se retrage; a pleca; a retracta; a renunţa

whither ['uiδăr] vt a ofili; a usca; a îmbătrîni; a istovi; a slăbi; a distruge; vi a se ofili; a se usca; a tînji

within [ui'ðin] adv înăuntru; în interior; în sinea sa; prep în; înăuntru; în interiorul; din, dinăuntrul; pînă la; în limitele

without [ui'ðaut] adv afară; la exterior; în aer liber; prep fără; dincolo de; lipsit de

witness ['uitnis] s martor m; dovadă f; mărturie f; probă f; exemplu n; vt a fi martor; a dovedi; a observa; vi a depune

witty ['uiti] adj spiritual; plin de duh; mucalit

wives [uaivz] pl de la **wife**

wizard ['uizăd] s vrăjitor m; magician m; scamator m

woe [uău] s suferinţă f; pl necazuri n pl

wolf [ulf] s lup m; om m hrăpăreţ; vi a vîna lupi; a înfuleca

woman ['umăn] s femeie f; fată f în casă; soţie f; slujnică f

wonder ['uandăr] s uimire f; miracol n; vi a se mira; a se întreba; a fi uimit

wonderful ['uandăful] adj minunat

wood [ud] s pădure f; lemn n; lemne n pl (de foc)

wooden ['udăn] adj atr de/din lemn; împietrit; searbăd

wool [ul] s lînă f; stofă f de lînă; fir n de lînă

woolen ['ulăn] adj atr de/din lînă; s pl confecţii f pl de lînă

word [uă:d] s cuvînt n; ştire f; promisiune f; ordin n; vt a exprima; a formula; a redacta

work [uă:k] s muncă; ocupaţie f; sarcină f; datorie f; pl uzină f; vi a munci; a lucra; a reuşi; a funcţiona; vt a face; a acţiona; a lucra la; a modela; a cauza; a influenţa; a aranja; a convinge

worker ['uă:kăr] s muncitor m; lucrător m

world [uă:ld] s lume f; omenire f; societate f; univers n; viaţă f; regn n; adj mondial

worm [uă:m] s vierme m; larvă f; mizerabil m; vt a smulge un secret; a pătrunde cu greu; vi a se tîrî

worry [uari] s îngrijorare f; tulburare f; năpastă f; vt a
îngrijora; a nelinişti; a supăra; a chinui; a sfîşia; vi a-şi
face griji; a se supăra; a se nelinişti; a-i fi teamă de

worse [uă:s] comp de la **bad** şi **ill** mai rău, mai slab, mai prost
etc; comp de la **badly** şi **ill** (şi) mai rău/slab/prost etc;
(şi) mai mult/tare/rău etc

worship ['uă:şip] s închinare f; slujbă f; cult n; adorare f; vt a
se închina la; a venera; vi a se ruga; a se prosterna

worst [uă:st] sup de la **bad** cel mai rău/prost etc; adv cel mai
rău/prost etc

worth [uă:θ] s valoare f; adj pred care costă/face; care merită;
care are; vrednic de

worthless ['uă:θlis] adj fără valoare; fără caracter; inutil;
mizerabil

worthy ['uă:ði] adj vrednic; bun; corespunzător

would [ud] pret şi cond prez de la **will** v aux ai; aţi; aş; am;
ar; vei; va; veţi; vor; o să, am să; vom, o să;
frecventativ obişnuiam să, obişnuiai să etc

wound [u:nd] s rană f; ofensă f; tăietură f; cicatrice f; vt a
răni; a jigni

wrap [ræp] vt a înfăşura; a împacheta; a acoperi; a ascunde; vi
a se acoperi; a se înfăşura; s manta f; palton n; fular
n; învelitoare f

wreath [ri:θ] s ghirlandă f; coroană f; cunună f; şuviţă f

wreck [rek] s epavă f; năruire f; naufragiu n; avarie f; ruină f;
resturi n pl; vt a distruge; a dărîma; a avaria

wrestle ['resăl] vi a se lupta; a se împotrivi; vt a (se) lupta cu;
s luptă f greco-romană; trîntă f

wring, wrung, wrung [riŋ, raŋ, raŋ] vt a suci; a stoarce; a
strînge; a smulge; a chinui; a frînge; vi a se zvîrcoli; s
răsucire f; presare f; presă f

wrinkle ['riŋkăl] s cută f; vt a încreţi; a cuta; vi a se cuta

wrist [rist] s încheietura f mîinii; manşetă f

write, wrote, written [rait, răut, rităn] vt a scrie; a compune;
    a redacta; vi a scrie; a compune; a redacta
writer ['raităr] s scriitor m; autor m; copist m; secretar m
writing ['raitiŋ] s scris n; operă f; caligrafie f; stil n
wrong [roŋ] adj greşit; fals; nepotrivit; imoral; rău; adv greşit;
    injust; s delict n; crimă f; nedreptate f; rău n; vt a
    nedreptăţi; a viola; a jigni; a defăima
wry [rai] adj strîmb; diform; pocit; ambiguu; confuz; ascuns

X

Xmas ['eksmăs, 'krismăs] presc de la **Christmas**
X-ray ['eks,rei] s rază f x; radiografie f Roentgen; vt a
       trata/examina cu raze x
xylophone ['zailă,făun] s xilofon

Y

yacht [iot] s iaht n; vi a călători cu iahtul
yachting ['iotiŋ] s iahting n; călătorie f cu iahtul
yah [ia:] interj daa? ei asta-i! ce vorbești!
yak [iæk] s iac m, yak m
yam [iæm] s batat n; cartof m
yap [iæp] s lătrat n scurt; vorbărie; vi a lătra scurt
yard [ia:d] s curte f; șantier n; depozit n; cimitir n
yarn [ia:n] s fir n; poveste f lungă; născocire f; vi a spune
       povești
yawn [io:n] vi a căsca; a se căsca; s căscat n; prăpastie f
year [iiă] s an m; pl vîrstă f
yearn [iă:n] vi a tînji
yeast [ii:st] s drojdie f
yell [iel] s răcnet n; țipăt n; urale f pl; vi a răcni; a țipa
yellow ['ielău] adj galben; auriu; gălbejit; laș; fricos; ticălos; s
       culoare f galbenă; gălbenuș n; frică f; vt a îngălbeni;
       vi a se îngălbeni
yes [ies] adv da; firește; desigur; s consimțire f
yesterday ['iestă,di] s ieri f; adv ieri; recent, de curînd
yet [iet] adv încă; acum; deja; măcar; mai; cu toate acestea
yield [ii:ld] vt a produce; a livra; a scoate; a da; a ceda; vi a
      produce; a ceda; a se preda; s producție f; recoltă f;
      profit n; venit n; cedare f
yolk [iăuk] s gălbenuș n
you [iu, iă, iu:] pr tu; mata; dumneata; dvs; voi; ție, îți, ți;
      matale; dumitale; vouă, vă, vi; pe tine, te; pe mata; pe
      dumneata; pe voi/dvs, vă
young [iaŋ] adj tînăr; junior; tineresc; începător; s tineri m pl;
      pui m
your [iăr, iur, io:r, iuăr] adj pos tău, ta, tăi, tale; matale;
      dumitale; dvs; vostru, voastră, voștri, voastre

yourself [io:'self, iuă'self] pr refl te; vă; de întărire (tu)
        însuţi/însăţi; (dvs) înşivă; singur(ă)

youth [iu:Θ] s tinereţe f

youthful ['iu:Θful] adj tînăr; tineresc; energic; proaspăt;
        viguros; nou; înfloritor

Z

zany ['zeini] adj caraghios; s măscărici m; bufon m
zealous ['zeläs] adj zelos; dornic
zebra ['zi:brä] s zebră f
zenith ['zeniΘ] s zenit n; apogeu n; culme f
zero ['ziărău] s zero n; nulitate f; om m de nimic
zest [zest] s condiment n; picanterie f; interes n; farmec n;
      energie f
zip [zip] s fermoar n; pîrîit n; energie f; temperament n; vt a
      trage fermoarul; vi a pîrîi; a şuiera; a fi plin de viaţă
zipper [zipăr] s fermoar n
zone [zăun] s zonă f; parte f; regiune f; sector n; vt a zona; a
      înconjura
zoo [zu:] s grădină f zoologică

GEOGRAPHICAL NAMES

Abyssinia [æbisiniă] Abisinia, Etiopia
Accra, Akkra [ă'kra:] Accra
Addis Ababa ['ædis'æbăba] Addis Abeba
Adelaide ['ædăleid] Adelaide
Aden ['eidn] Aden
the Adriatic [,eidri'ætik] Marea Adriatică
the Aegean [i(:)'gi:ăn] Marea Egee
Afghanistan [æf'gænistæn] Afghanistan
Africa ['æfrikă] Africa
Alabama [,ælă'bæmă] Alabama
Alaska [ă'læskă] Alaska
Albania [æl'beiniă] Albania
Albany ['o:lbăni] Albany
Alexandria [,ælig'za:ndriă] Alexandria
Algeria {æl'giăriă] Algeria
Algiers [æl'giăz] Alger
the Alps [[ælps] Alpi
the Amazon ['æmăzăn] Amazon
America [ă'merikă] America
Amman [ă'ma:n] Amman
Amsterdam ['æmstă'dæm] Amsterdam
the Andes ['ændiz] Anzi
Andorra [æn'doră] Andorra
Ankara ['æŋkără] Ankara
Antarctica [æn'ta:ktikă] Antarctica
the Antilles [æn'tili:z] (Insulele) Antile
Antwerp ['æntwă:p] Anvers, Antwerpen
the Appalachians [æpă'leiciănz] Apalaşi
the Appenines ['æpinainz] Apenini
Arabia [ă'reibiă] Arabia
the Arctic ['a:ktik] (Oceanul) Arctic
Argentina [,a:gen'ti:nă] Argentina
the Argentine ['a:gentain] Argentina

555

Arizona [,æri'zăună] Arizona
Arkansas ['a:kănso:] Arkansas
Asia ['eişiă] Asia
Atlanta [ăt'læntă] Atlanta
the Atlantic [ăt'læntik] Atlantic
Auckland ['o:klănd] Auckland
Australia [os'treiliă] Australia
the Avon ['eivăn] Avon

Baghdad [bæg'dæd] Baghdad
the Bahamas [bă'ha:măz] (Insulele) Bahama
the Balkans ['bo:lkănz] Balcani
the Baltic ['bo:ltik] Marea Baltică
Baltimore ['bo:ltimo:] Baltimore
Bangkok [bæn'kok] Bangkok
Barbados [ba:'beidăuz] Barbados
Basutoland [bă'su:tăulænd] Basutoland
Bechuanaland [,beciu'a:nălænd] Bechuanaland
Beirut [bei'ru:t] Beirut
Belfast [bel'fa:st] Belfast
Belgium ['belgiăm] Belgia
Belgrade [bel'greid] Belgrad
Berlin [bă:'lin] Berlin
Bern(e) [bă:n] Berna
Birmingham ['bă:minŋăm] Birmingham
the Black Sea ['blæk'si:] Marea Neagră
Bogota [băugo'ta:] Bogota
Bolivia [bă'liviă] Bolivia
Bombay [bom'bei] Bombay
Borneo ['bo:niău] Borneo
the Bosphorus ['bosfărăs] Bosfor
Boston ['bostăn] Boston
Brazil [bră'zil] Brazilia
Bristol ['bristl] bristol
Brussels ['braslz] Bruxelles

Bucharest ['biu:kărest] Bucureşti
Budapest ['biu:dăpest] Budapesta
Buenos Aires ['buenăs'aiăriz] Buenos Aires
Bulgaria [bal'gheăriă] Bulgaria
Burma ['bă:mă] Birmania

Cairo ['kairău] Cairo
Calcutta [kæl'kată] Calcutta
California [,kæli'fo:niă] California
Cameroons ['kæmăru:nz] Camerun
Canada ['kænădă] Canada
Canberra ['kænbără] Canberra
Cape Horn ['keip'ho:n] Capul Horn
the Cape of Good Hope [keip ăv gud hăup] Capul Bunei
Speranţe
Caracas ['kă'rækăs] Caracas
the Carribbean Sea [,kæri'biăn 'si:] Marea Caraibilor
the Carpathian Mountains [ka:'peiθjăn 'mauntinz] Munţii
Carpaţi
the Caspian Sea ['kæspiăn 'si:]
the Caucasus Mountains ['ko:kăsăs 'mauntinz] Munţii Caucaz
Chad [ciæd] Chad
Cheshire ['ceşă] Cheshire
Chester ['cestă] Chester
Chicago [şi'ka:gău] Chicago
Chile 'cili] Chile
China ['ciaină] China
Cincinnati [,sinsi'næti] Cincinatti
Cleveland ['kli:vlănd] Cleveland
Colombia [kă'lombiă] Columbia
Colombo [kă'lombău] Colombo
Colorado [,kolă'ra:dău] Colorado
Columbia [kă'lambiă] Columbia
Conakry ['konăkri] Conakry
Congo ['koŋgău] Congo

Connecticut [kă'nektikăt] Connecticut
Constantinople [,konstanti'năupl] Constantinopol
Copenhagen [,kăupn'heigăn] Copenhaga
Cornwall ['ko:nuăl] Cornwall
Costa Rica ['kostă'ri:kă] Costa Rica
Coventry ['kovntri] Coventry
Crete [kri:t] Creta
the Crimea [krai'miă] Crimeea
Croatia [krău'eişiă] Croaţia
Cuba ['kiu:bă] Cuba
Cyprus ['saiprăs] Cipru
the Czech Republic [cec ri'pablik] Republica Cehă

Dahomey [dă'hăumi] Dahomey
Dakota [dă'kăută] Dakota
Dallas ['dælăs] Dallas
Damascus [dă'ma:skăs] Damasc
the Danube ['dæniu:b] Dunărea
the Dardanelles [,da:dă'nelz] Dardanelele
the Dead Sea ['ded'si:] Marea Moartă
Delaware ['delăueă] Delaware
Delhi ['deli] Delhi
Denmark ['denma:k] Danemarca
Denver ['denvă] Denver
Des Moines [di'moin(z)] Des Moines
District of Columbia ['distrikt ăv kă'lambiă] Districtul
Columbia
Djakarta [giă'ka:tă] Djakarta
the Dnieper ['(d)ni:pă] Nipru
the Dniester ['(d)ni:stă] Nistru
the Dominican Republic [dă'minikăn ri'pablik] Republica
Dominicană
Dover ['dăuvă] Dover
Dublin ['dablin] Dublin
Durham ['darăm] Durham

Easter Island ['i:stăr'ailănd] Insula Paştelui
Ecuador [,ekuă'do:] Ecuador
Edinburgh ['edinb(ă)ră] Edinburgh
Eire ['iără] Irlanda
El Salvador [el'sælvădo:] Salvador
England ['inglănd] Anglia
the English Channel ['ingliş 'ciænăl] Canalul Mînecii
Erie, Lake ['leik'ieri] Lacul Erie
Erin ['iărin] Irlanda
Essex ['esiks] Essex
Estonia [es'tăuniă] Estonia
Ethiopia [,i:θi'ăupiă] Etiopia
Europe ['iuărăp] Europa
Everest ['evărest] Everest

Finland ['finlănd] Finlanda
Florida ['floridă] Florida
France ['fra:ns] Franţa

Ghent [ghent] Gand
Georgia ['gio:giă] Georgia
Germany ['giă:măni] Germania
Gibraltar [gi'bro:ltă] Gibraltar
Glasgow ['gla:sgău] Glasgow
Grand Canyon [grænd'kænjăn] Canionul Fluviului Colorado
Great Britain ['greit'britn] Marea Britanie
Greece [gri:s] Grecia
Greenland ['gri:nlănd] Groenlanda
Greenwich ['grinigi] Greenwich
Guatemala [,guæti'ma:lă] Guatemala
Guiana [ghi'a:nă] Guiana
Guinea ['ghini] Guineea
the Gulf Stream ['galf'stri:m] Curentul Golfului, Golfstrom

the **Hague** [heig] Haga
Haiti ['heiti] Haiti
Hanover ['hænăva] Hanovra
Harlem ['ha:lăm] Harlem
Havana [hă'vænă] Havana
Hastings ['heistiŋz] Hastings
Hawaii [ha:'waii] (Insulele) Hawai(i)
the **Hebrides** ['hebridi:z] (Insulele) Hebride
Helsinki ['helsinki] Helsinki
the **Himalaya(s)** [,hImă'leiăz] Himalaya
Hiroshima [,hiro'şi:mă] Hiroşima
Holland ['holănd] Olanda
Hollywood ['holiud] Hollywood
Honduras ['hon'diurăs] Honduras
Hong Kong ['hoŋ'koŋ] Hong Kong
Honolulu [,honă'lu:lu:] Honolulu
Houston ['hiu:stăn] Houston
Hudson ['hadsn] Hudson
Hull [hal] Hull
Hungary ['haŋgări] Ungaria
Huron, Lake [,leik'hiuărăn] Lacul Huron

Iceland ['aislănd] Islanda
Idaho ['aidăhău] Idaho
Illinois [,ili'noi] Illinois
India ['indiă] India
Indiana [indi'ænă] Indiana
Indianapolis ['indiă'næpălis] Indianapolis
Indo-China ['indău'ciaină] Indochina
Indonesia [,indău'ni:ziă] Indonezia
Iowa ['aiăuă] Iowa
Iran [i'ra:n] Iran
Iraq [i'ra:k] Irak
Ireland ['aiălănd] Irlanda
Israel ['izreiăl] Israel

560

Istanbul [,istæn'bu:l] Istambul
Italy ['it(ă)li] Italia
the Ivory Coast ['aivări kăust] Coasta de Fildeş
Izmir [iz'mir] Smirna, Izmir

Jamaica [[giă'meikă] Jamaica
Japan [giă'pæn] Japonia
Java ['gia:vă] Java
Jerusalem [giă'ru:sălem] Ierusalim
Johannesburg [giău'hænisbă:g] Johannesburg
Jordan ['gio:dn] Iordania; (fluviul) Iordan

Kabul [ko:bl] Kabul
Kamerun ['kæmăru:n] Camerun
Kansas ['kænzăs] Kansas
Karachi [kă'ra:ci] Caraci
Kashmir [kæş'miă] Kashmir
Kent [kent] Kent
Kentucky [ken'taki] Kentucky
Kenya ['ki:niă] Kenya
the Kilimanjaro [,kilimăn'gia:rău] Kilimanjaro
Kingston ['kiŋstăn] Kingston
Kishinev ['kişinef] Chişinău
Korea [kă'riă] Coreea
Krakow ['kreikău] Cracovia
Kuwait [ku'ueit] Kuwait

Labrador ['læbrădo:] Labrador
Lagos ['leigos] Lagos
Laos [[lauz] Laos
La Paz [la:'pæz] La Paz
the Lebanon ['lebănăn] Liban
Leeds [li:dz] Leeds
Leghorn ['leg'ho:n] Livorno
Leicester ['lestă] Leicester

561

Lima ['li:mă] Lima
Lincoln ['liŋkăn] Lincoln
Lisbon ['lizbăn] Lisabona
Lithuania [,liΘiu(:)'einiă] Lituania
Liverpool ['livăpu:l] Liverpool
London ['landăn] Londra
Long Beach ['loŋ'bi:ci] Long Beach
Long Island ['loŋ'ailănd] Long Island
Los Angeles [los'ængili:z] Los Angeles
Louisiana [lu(:),i:zi'æná] Louisiana
Luxembourg ['laksămbă:g] Luxembourg
Lyon ['laiăn(z)] Lyon

Madagascar [,mædă'gæskă] Madagascar
Madrid [mă'drid] Madrid
Maine [mein] Maine
Malaya [mă'leiă] Malaya
Malaysia [mă'leijă] Malaesia
Malta ['mo:ltă] Malta
Manchester ['mæncistă] Manchester
Manhattan [mæn'hætăn] Manhattan
Manila [mă'nilă] Manila
Massachusetts [,mæsă'ciu:sets] Massachusetts
Mexico ['meksikău] Mexic
Miami [mai'æmi] Miami
Michigan ['mişigăn] Michigan
Milan [mi'læn] Milano
Minnesota [,mini'sătă] Minnesota
Mississippi [,misi'sipi] Mississippi
Missouri [mi'zuări] Missouri
Moldova [mol'dăuvă] Moldova
Monaco ['monăkău] Monaco
Mongolia [mon'găuliă] Mongolia
Montana [mon'tænă] Montana
Montevideo [,montivi'deiău] Montevideo

Montreal [,montri'o:l] Montreal
Morocco [mă'rokău] Maroc
Moscow ['moskău] Moscova
Munster ['manstă] Munster

Naples ['neiplz] Neapole, Napoli
Nebraska [ni'bræska] Nebraska
the Netherlands ['neðălăndz] Olanda
Nevada [ne'va:dă] Nevada
Newcastle ['niu:,ka:sl] Newcastle
Newfoundland ['niu:faundlănd] Terra Nova
New Hampshire [niu:'hæmşiă] New Hampshire
New Jersey [niu:'giă:zi] New Jersey
New Mexico [niu:'meksikău] New Mexico
New York ['niu:'io:k] New York
New Zealand [niu:'zi:lănd] Noua Zeelandă
Niagara Falls [nai'ægără fo:lz] Cascada Niagara
Nicaragua [nikă'ræghiuă] Nicaragua
the Niger ['naigiă] Niger
Nigeria [nai'giăriă] Nigeria
the Nile [nail] Nil
Norfolk ['no:făk] Norfolk
North Carolina [no:Ɵ,kæră'lainăa] Carolina de Nord
North Dakota [no:Ɵ dă'kăută] Dakota de Nord
Norway ['no:uei] Norvegia

Oceania [,ăuşi'einiă] Oceania
Ohio [ău'haiău] Ohio
Oklahoma [,ăuklă'hăumă] Oklahoma
Ontario, Lake [leikon'teăriău] Lacul Ontario
Oregon ['origăn] Oregon
Oslo ['ozlău] Oslo
Ottawa ['otăuă] Ottawa
Oxford ['oksfăd] Oxford

the Pacific [pǎ'sifik] Oceanul Pacific
Pakistan [,pa:kis'ta:n] Pakistan
Palestine ['pælistain] Palestina
Palm Beach ['pa:mbi:ci] Palm Beach
Panama [,pænǎ'ma:] Panama
Paraguay [,pærǎ'guai] Paraguay
Paris ['pæris] Paris
Peking [pi:kiŋ] Peking
the Pennines ['penainz] (Munții) Penini
Pennsylvania [,pensil'veiniǎ] Pennsylvania
Persia ['pǎ:șǎ] Persia
Peru [pǎ:'ru:] Peru
Philadelphia [filǎ'delfiǎ] Philadelphia
the Philippines ['filipi:nz] (Insulele) Filipine
Pittsburgh ['pitsbǎ:g] Pittsburgh
Pnompenh [nom'pen] Pnompenh
Poland ['pǎulǎnd] Polonia
Polynesia [,poli'ni:ziǎ] Polinezia
Portugal ['po:tiugǎl] Portugalia
Prague [pra:g] Praga

Quebec [kui'bek] Quebek

the Rhine [rain] Rin
Rhode Island [rǎud'ailǎnd] Rhode Island
the Rhone [rǎun] Ron
Rio de Janeiro ['riǎu dǎ giǎ'niǎrǎu] Rio de Janeiro
Romania [rǎu'meiniǎ, ru'meiniǎ] Romania
Rome [rǎum] Roma
Rwanda [ru:'a:ndǎ] Rwanda
Russia ['rașǎ] Rusia

the Sahara [sǎ'ha:rǎ] Sahara
Saigon [sai'gon] Saigon
Salem [''seilem] Salem

564

Salisbury ['so:lzbări] Salisbury
the Sandwich Islands ['sænuici 'ailăndz] (Insulele) Sandwich
Santa Fe [,sæntă'fei] Santa Fe
Santiago [,sænti'a:gău] Santiago
Santo Domingo ['sæntău dă'mingău] San Domingo
Saxony ['sæksăni] Saxonia
Scandinavia [,skændi'neiviă] Scandinavia
Scotland ['skotlănd] Scoţia
Senegal ['seni'go:l] Senegal
Seoul [săul] Seul
Serbia ['să:biă] Serbia
Sicily ['sisili] Sicilia
Sierra Leone ['siărăli'ăun] Sierra Leone
Sofia ['săufiă] Sofia
South Carolina [sauϴ ,kæră'lainä] Carolina de Sud
South Dakota [sauϴ dă'kăută] Dakota de Sud
Spain [spein] Spania
Stockholm ['stokhăum] Stockholm
Strasbourg ['stræzbă:g] Strasbourg
Stratford on Avon ['strætfăd on 'eivn] Stratford on Avon
Sudan [su(:)'da:n] Sudan
Suez ['su(:)iz] Suez
Sweden ['sui:dn] Suedia
Switzerland ['suitsălănd] Elveţia
Sydney ['sidni] Sydney
Syria ['siriă] Siria

Taiwan [tai'uæn] Taivan
Tanganyika [tæŋgăni:kă] Tanganica
Tasmania [[tæz'meiniă] Tasmania
Teheran [tiă'ra:n] Teheran
Tennessee ['tenă'si:] Tennessee
Texas ['teksăs] Texas
Thailand ['tailænd] Tailanda
the Thames [temz] Tamisa

Tokyo ['tăukiău] Tokio
Transvaal ['trænzva:l] Transvaal
Transylvania [,trænsil'veiniă] Transilvania
Tunis ['tiunis] Tunis
Tunisia [tiu(:)niziă] Tunisia
Turkey ['tă:ki] Turcia

Uganda [iu(:)'gændă] Uganda
Ulster ['alstă] Ulster
the Union of South Africa [ðă 'iuniăn ăv sauꙨ 'æfrikă]
Uniunea Sud Africană
the United Kingdom of Great Britain and Northern Ireland
[ðă iu'naitid 'kiŋdăm ăv greit 'britn ănd 'no:ðăn 'aiălănd]
Regatul Unit al Marii Britanii și Irlandei de Nord
the United States of America [ðă iu'naitid 'steits ăv ă'merikă]
Statele Unite ale Americii
Uruguay ['uruguai] Uruguay
Utah ['iu:ta:] Utah

Vatican ['vætikăn] Vatican
Venezuela [,vene'zueilă] Venezuela
Victoria [vik'to:riă] Victoria
Vienna [vi'enă] Viena
Vietnam [viet'næm] Vietnam
Virginia [vă'giniă] Virginia
the Volga ['volgă] Volga
Volta ['voltă] Volta

Wales [ueilz] Wales, Țara Galilor
Washington ['uoșiŋtăn] Washington
Wellington 'ueliŋton] Wellington
Westminster ['uestminstă] Westminster
West Virginia [uest vă'gi:niă] West Virginia, Virginia de Vest
Winnipeg ['uinipeg] Winnipeg
Wisconsin [uis'konsin] Wisconsin